FRIEDRICH-KARL BIRNBAUM / CARLHEINZ VORSTEHER

Auf verlorenem Posten

Die 9. Torpedobootflottillen

MOTORBUCH VERLAG STUTTGART

Einbandgestaltung: Siegfried Horn, unter Verwendung eines Fotos der Autoren.

Das Einbandbild zeigt »TA 14« und davor den Einschlag einer 15-cm-Salve der Küstenbatterien von Leros am 12. November 1943.

Herausgegeben mit redaktioneller Unterstützung des Arbeitskreises für Wehrforschung, Stuttgart.

ISBN 3-613-01171-9

1. Auflage 1987
Copyright © by Motorbuch Verlag, Postfach 1370, 7000 Stuttgart 1.
Eine Abteilung des Buch- und Verlagshauses Paul Pietsch GmbH & Co. KG.
Sämtliche Rechte der Verbreitung – in jeglicher Form und Technik – sind vorbehalten.
Satz und Druck: Druckhaus Waiblingen, 7050 Waiblingen.
Buchbinderische Verarbeitung: K. Dieringer, 7016 Gerlingen.
Printed in Germany.

Inhalt

Geleitwort

Viele Jahre beschäftigten sich historische Untersuchungen, schriftstellerische Arbeiten und Erlebnisberichte zum Seekrieg 1939–1945 vorwiegend mit den Operationen der großen Überwasserschiffe, der Hilfskreuzer und der U-Boote, während die Einsätze der leichten Überwasser-Streitkräfte und insbesondere der Sicherungsverbände eher stiefmütterlich behandelt wurden.

Kam es bei den historischen Analysen des Zufuhrkrieges der Überwasserschiffe und U-Boote im Atlantik und in überseeischen Gewässern bald zur Darstellung der Vorgänge auf Grund von Material beider Seiten, so fanden die vielfältigen Formen des Kleinkrieges zur See im Küstenvorfeld vom Nordkap bis in die Biscaya, in der Ostsee, im Schwarzen Meer und im Mittelmeer bisher nur vereinzelt ihre Chronisten, die meist große Mühe hatten, ihren Lesern ein plastisches Bild des Geschehens nahezubringen, das meist nicht aus spektakulären Aktionen, sondern aus einer Vielzahl sich immer wiederholender Einsätze bestand, bei denen man sich nicht nur mit dem Feind, sondern auch mit der Aufrechterhaltung der Einsatzbereitschaft der Einheiten angesichts der immer schwieriger werdenden personellen, materiellen und logistischen Situation auseinanderzusetzen hatte.

Mit ihrem Buch über die beiden 9. T-Flottillen in der Ägäis und der Adria geben die Autoren – selbst als Kommandant und Flottillenchef Akteure des Geschehens – auf Grund der erhalten gebliebenen Akten und der Befragung vieler Zeugen eine nüchterne Chronik des Aufbaus, des Einsatzes und des Unterganges ihrer Flottillen und helfen damit, eine empfindliche Lücke in unserem Wissen um den Seekrieg auf diesen fast vergessenen Schauplätzen zu schließen.

Sie setzen damit den Besatzungen dieser von der deutschen Kriegsmarine übernommenen italienischen Torpedoboote ein Denkmal.

Es wäre sehr wünschenswert, wenn dieses Buch die historische Forschung zu einer intensiveren Beschäftigung mit dem Seekrieg in der Ägäis, der Adria und dem Tyrrhenischen Meer von der italienischen Kapitulation bis zum Kriegsende anregte, der nicht nur aus den großen amphibischen Operationen der Alliierten im westlichen Mittelmeer bestand.

Prof. Dr. Jürgen Rohwer
Präses des Arbeitskreises für Wehrforschung

7

Einführung

Sommer 1943. Um das Kriegsglück der Achsenmächte Deutschland, Italien und ihrer Verbündeten war es nicht mehr zum besten bestellt. Die Katastrophe von Stalingrad lag schon ein halbes Jahr zurück. Seit der Jahreswende 1942/43 hatte die deutsche Ostfront dem starken sowjetrussischen Druck immer wieder nachgeben müssen. Nach vorübergehender Stabilisierung durch Generalfeldmarschall v. Manstein hatte Anfang Juli 1943 der deutsche Versuch, den russischen Keil bei Kursk zurückzudrängen, erfolglos abgebrochen werden müssen. Orel mußte Ende Juli aufgeben, Charkow am 23. August geräumt werden. Ende August zeichnete sich der Verlust Stalinos und des ganzen Donez-Beckens deutlich ab. Die Erfolge der Uboote gingen zurück, ihre Verluste wurden immer größer. Und die alliierten Luftangriffe auf deutsche Städte nahmen nach Zahl und Heftigkeit mehr und mehr zu.

Besonders drastisch hatte sich die Lage im Mittelmeer im Laufe des Jahres 1942 gewandelt. Montgomery hatte das Afrikakorps Rommels bei El Alamein gestoppt, und vor allem seit ihrer Landung in Marokko, Algier und Oran drängten die Angelsachsen die deutschen und italienischen Truppen mehr und mehr zurück. Am 7. Mai 1943 war Tunis gefallen, und am 12. Mai hatten die letzten Verbände der Achsenmächte in Afrika bei Kap Bon kapituliert. Die ganze Südküste des Mittelmeeres war in der Hand der westlichen Alliierten. Die Inseln Pantelleria und Lampedusa ergaben sich am 11./12. Juni 1943, und nach ihrer Landung auf Sizilien am 10. Juli 1943 hatten die Angelsachsen bereits am 12. Juli Syrakus und Augusta genommen.

Unter dem Eindruck dieser Rückschläge erlahmte der italienische Widerstandswille schnell. Am 24./25. Juli setzte der König Mussolini gefangen und ernannte Marschall Badoglio zum Ministerpräsidenten. Obwohl dieser wiederholt versicherte, Italien werde loyal an der Seite Deutschlands weiterkämpfen, mißtraute die deutsche Führung der Treue des Bundesgenossen mehr denn je zuvor; eine schon seit langem schwelende Vertrauenskrise strebte ihrem Höhepunkt zu.

Nachdem am 17. August der letzte deutsche Brückenkopf auf Sizilien geräumt war und sich nun die ganze Insel in der Hand der Angelsachsen befand, erwartete die deutsche Führung jetzt die Landung auf dem italienischen Festland; und sie befürchtete, daß damit die Alliierten Italien aus dem Achsenbündnis herausbrechen wollten und könnten. So gab am 18. August Hitler die Richtlinien für die weitere Kampfführung im Falle einer Kapitulation Italiens heraus (Lt. 07, S. 377).

Daraufhin erließ am 30. August das Oberkommando der Wehrmacht Weisungen zur Vorbereitung des deutschen Zugriffs auf den Achsenpartner. Der deutschen Kriegsmarine fiel darin die Aufgabe zu, nach Möglichkeit die italienischen Kriegsschiffe zu übernehmen, jedenfalls aber ihre Flucht zum Feinde zu vereiteln, und sei dies durch Versenkung (Lt. 07, S. 376/377). Dieser »Fall Achse« stellte die Marine mit ihren äußerst geringen Kräften vor eine Aufgabe, die ohne Mitwirkung von Heereseinheiten nicht zu lösen war.

Aber nun überstürzten sich die Ereignisse derart, daß es zu weiteren Vorbereitungen nicht mehr kam. Am 3. September landeten die Westalliierten an der Küste Calabriens. Am 8. September 1943 kapitulierte Italien und trat bald darauf auf der Gegenseite in den Krieg ein.

Zwei nicht fahrbereite Schlachtschiffe, fünf leichte Kreuzer, fünf Zerstörer, dreizehn Torpedoboote, drei Korvetten und sieben U-Boote konnten von den Deutschen sichergestellt werden. Die übrigen Einheiten konnten, wenn auch unter Verlusten, entkommen, versenkten sich selbst oder hatten andere Schicksale (Lt. 07, S. 379). Und von einigen dieser in deutsche Hand gefallenen Einheiten berichtet dieses Buch.

Die deutsche Seekriegsleitung hatte die Landung in Süditalien zunächst nur als Absprungbasis für den erwarteten Hauptstoß gegen die Adriaküste und den Balkan begriffen. Sie schlug deshalb die Räumung der »strategisch gesehen nunmehr wertlosen Inseln im Dodekanes sowie Kretas« und die Konzentration der deutschen Abwehrkraft auf dem Balkan vor. Aber Hitler lehnte diesen Vorschlag ab, denn er befürchtete einen kombinierten Großangriff auf die Ägäis, den Balkan, den Einbruch ins Schwarze Meer und daraus schwerwiegende politische Folgen für die Türkei (Lt. 07, S. 381).

Aber beide, die Seekriegsleitung wie Hitler, irrten. Die Alliierten landeten nicht auf dem Balkan, wohl aus politischen Rücksichten auf die Sowjetunion, der an einer Wiederholung angelsächsischer Operationen auf dem Balkan wie im Ersten Weltkrieg nichts gelegen war (Lt. 07, S. 381). So konnte die Marine 1943/44 ihre Verteidigung in der Ägäis und in der Adria »so gut es eben ging« aufbauen (Lt. 07, S. 382).

Mit dem Übertritt Italiens zu den Feindmächten entfielen für die deutsche Marine alle Voraussetzungen jeglicher maritimer Mittelmeerkriegführung. Die großangelegte seestrategische Konzeption früherer Jahre gehörte nun endgültig der Vergangenheit an (Lt. 07, S. 382). Die alliierten Seemächte besaßen im ganzen Mittelmeer zwischen Gibraltar und Suez die unbestrittene Seeherrschaft. Lediglich in den Randmeeren des Ägäischen, des Adriatischen und des Ligurischen Meeres oblagen der Marine noch Aufgaben der Küstenvorfeldsicherung und des Nachschubs. »Schon bald rückte das östliche Mittelmeer aus dem Brennpunkt des militärischen Geschehens heraus, der Krieg in der Adria, der Ägäis erstarb nach und nach. Die Marine . . . hielt den Nachschubverkehr zu den Inseln und zum Festland aber im wesentlichen aufrecht – Kärrner eines Nebenkriegsschauplatzes . . .« (Lt. 07, S. 382).

Dieses Buch soll nun zeigen, was sich hinter diesen Kärrnerdiensten eines »Nebenkriegsschauplatzes« zwischen »strategisch gesehen nunmehr wertlosen Inseln« in einem »nach und nach absterbenden Krieg« doch noch alles an aufopfernden Leistungen von Männern der deutschen Kriegsmarine verbarg. Nicht um spektakulärer Ereignisse oder strategischer Auswirkungen, sondern um dieser Männer und ihrer selbstlosen Pflichterfüllung willen wurde dieses Buch geschrieben.

Dabei stehen die Männer der 9. Torpedobootflottille in der Ägäis, der 9. Torpedobootflottille in der Adria und ihres Vorläufers, der 1. Geleitflottille in der Adria, von denen hier berichtet wird, stellvertretend für alle deutschen Soldaten der Marine, der Luftwaffe, des Heeres und die Zivilbediensteten der Wehrmacht, die den zermürbenden Kleinkrieg zur Sicherung des Küstenvorfelds als ganz selbstverständlichen Dienst leisteten und ertrugen.

Ihrem Andenken ist dieses Buch gewidmet, dem Andenken jener, die unversehrt zurückkehren durften, jener, die bleibende Schäden an Leib oder Seele davontrugen, und jener, die geblieben sind auf jenem Felde, das das »Feld der Ehre« zu nennen man sich wieder angewöhnen sollte.

Als sich unter dieser Zielsetzung die beiden Verfasser zusammenschlossen, um dieses Buch zu schreiben, da stellten sie ihre gemeinsame Arbeit unter ein oberstes Gesetz: Sie wollten ein Buch schaffen, von dem sie hoffen durften, es auch vollenden zu können. Denn F.-K. Birnbaum stand in der Mitte seines achten, C. Vorsteher in der Mitte seines siebten Lebensjahrzehnts.

Diesem Gesetz fielen als erstes alle weiterführenden Pläne des einen oder des anderen zum Opfer. Die Absicht, eine Geschichte *aller* Torpedoboote des Mittelmeeres zu schreiben, wurde aufgegeben, zumal das Buch »Die Flottille« von W. von Gartzen über die 10. Torpedobootflottille im Ligurischen Meer kurz vor seinem Erscheinen stand. Auch eine Geschichte des ganzen Seekrieges in der Ägäis oder in der Adria stand nicht länger zur Debatte. Warum sie dann das Thema gerade auf die im Untertitel genannten Flottillen einengten bzw. ausdehnten, wird im 14. Kapitel begründet dargelegt.

Diesem obersten Gesetz entsprechend mußten sich die Verfasser nahezu ausschließlich auf die Geschicke und Ereignisse dieser drei Flottillen konzentrieren. Kaum je einmal konnten sie einen Blick auf die zum Teil dramatischen Geschehnisse werfen, die sich in ihrer unmittelbaren Nähe bei den ihnen benachbarten Flottillen ereigneten. Dem dadurch möglichen Eindruck, in der Ägäis sei die 9. T-Flottille und in der Adria seien die 1. Geleitflottille und die spätere 9. T-Flottille die alleinigen oder maßgeblichen Träger des Seekrieges gewesen, wird entgegengehalten, daß man sich in diesen drei Flottillen immer bewußt war, nur einen Teil – und nicht einmal den größten oder schwersten! – der Last des Kriegsgeschehens zu tragen. Mögen auch andere Einheiten jemand finden, der ihre Geschichte schreibt; die Verfasser dieses Buches sind dazu leider nicht in der Lage, getreu ihrem obersten Gesetz.

Dennoch haben sie das von ihnen dargestellte Geschehen nicht isoliert gesehen, gleichsam in der Retorte. Den meisten Kapiteln haben sie eine Lagebetrachtung voran- und eine Schlußbetrachtung nachgestellt, in denen das engere Geschehen in einen größeren Rahmen gestellt wurde.

Wichtig war die Frage nach der Form dieses Buches: Sollte es ein volkstümlicher Erlebnisbericht werden oder ein geschichtliches Fachbuch?

Für einen lebendig erzählenden Erlebnisbericht fehlte den Verfassern die Möglichkeit, das dafür wirksamste Formelement anzuwenden, den Ich-Stil. Zwei Verfasser können nicht »ich« sagen. Und F.-K. Birnbaum hätte in der Ich-Form nur für die Adria schreiben können, und für C. Vorsteher wäre »ich« nur für sein Boot und nur für die Zeit September 1943 bis März 1944 möglich gewesen.

Erzählende Erlebnisberichte in der dritten Person gibt es für die Ägäis, weniger für die Adria, als Kapitel in anderen Büchern. Es hatte daher wenig Sinn, diese Erzählungen um eine weitere zu vermehren, wenn auch diese Verfasser sicherlich ausführlicher und mit sehr viel weniger sachlichen Fehlern hätten schreiben können.

Also entschieden sie sich für das geschichtswissenschaftliche Fachbuch, und vielleicht findet sich dereinst einmal eine gewandte Feder, die auf dieser historischen Darstellung aufbauend die Geschichte der beiden 9. T-Flottillen lebendig erzählt.

Unter ihrem übergeordneten Gesetz mußten nun die Autoren aber hinsichtlich der historischen Wissenschaftlichkeit einige Zugeständnisse machen. Zwar ist das Gebot der Vollständigkeit der Darstellung mit Blick auf die Einsätze im wesentlichen erfüllt worden, und das meiste in diesem Buch ist durch authentische Quellen, die Kriegstagebücher in erster Linie, als unbezweifelbar wahr gesichert. Aber in diesen Quellen gab es Lücken, Ungenauigkeiten und sogar Widersprüche untereinander sowie mit den Ergebnissen späterer Forschungen. Hier mußten die Verfasser auf die wissenschaftliche Akribie verzichten, in jahrelanger Arbeit an einigen Einzelheiten die Wahrheit zu ergründen und darüber das Gesamtwerk unvollendet zu lassen. Die auf diese Weise wissenschaftlich nicht voll abgesicherten Aussagen sind aber in der Form der Darstellung von den einwandfrei belegten unterschieden.

Wer Geschichte schreibt, ist dafür verantwortlich, daß seine einzelnen Aussagen wahr und daß die Zusammenhänge richtig dargestellt sind; diese Verantwortung übernehmen die Verfasser für dieses Buch. Es besteht aber keine Verpflichtung, jede Einzelheit, die den Quellen entnommen werden könnte, auch wirklich darzustellen. Was unwesentlich und für den Zusammenhang bedeutungslos ist, darf fortgelassen werden. Von dieser Freiheit haben die Verfasser, nicht zuletzt aus Platzgründen, Gebrauch gemacht. Viele routinemäßige Ereignisse und Vorgänge minderer Wichtigkeit wurden nicht erwähnt. So konnten manche Unternehmungen, auf denen »nichts Besonderes« geschah, mit nur wenigen Zeilen abgehandelt werden zugunsten ausführlicherer Darstellung bei bedeutenderen Unternehmungen.

Insgesamt sind die nüchternen Aussagen dieses Buches nur das dürre, hölzerne Spalier, an dem jeder seine Erinnerungen an eigene Erlebnisse oder seine der eigenen Vorstellungskraft entstammenden Bilder, wie und was damals war, emporranken lassen und zu Blüte und Frucht treiben kann. –

ERSTER TEIL

ÄGÄIS

1. KAPITEL

Der Aufbau der 9. Torpedobootflottille in der Ägäis

8.9. bis 10.11.1943

Die Anordnungen für den »Fall Achse« betrafen nicht nur Italien selbst, sondern auch die italienischen Besitzungen im Dodekanes und das von Italien besetzte Griechenland mit dem Festland und der Ägäischen und Ionischen Inselwelt.

In den Teilen Griechenlands, in denen deutsche Truppen, die den »Fall Achse« durchführen konnten, stationiert waren, gab es nur wenige italienische Kriegsschiffe: In Piräus zwei Zerstörer, zwei Torpedoboote, ein Minenschiff und ein paar kleinere Einheiten, sowie auf Kreta zwei Torpedoboote. Aber auch die deutschen Kräfte waren nur sehr gering, sie bestanden im wesentlichen aus den Besatzungen der 21. U-Jagdflottille (Qu. 30, S. 13/14).

Am 8. September 1943 sind einige Küstenjäger unter Hauptmann Kuhlmann mit ihren Booten in den Hafen von Piräus eingelaufen und haben die Kommandanten der Torpedoboote »San Martino« und »Calatafimi« unter Androhung von Waffengewalt veranlaßt, ihre Schiffe kampflos zu übergeben. Unter Führung von Korv. Kpt. d. R. Dr. Brandt haben Soldaten der 21. U-Jagdflottille von den Kommandanten der Zerstörer »Turbine« und »Francesco Crispi« durch Verhandlungen die kampflose Übergabe ihrer Boote erreicht. Die Torpedoboote »Castelfidardo« und »Solferino« wurden in Kreta sichergestellt und als Prisen nach Piräus überführt.

Eines dieser Torpedoboote, »Calatafimi«, wurde unter dem Namen »Achilles« in die 21. U-Jagdflottille eingegliedert, wies aber so erhebliche Mängel auf, daß zuerst eine gründliche Instandsetzung notwendig war. Zur Indienststellung der anderen Kriegsschiffe fehlte das Personal.

Deswegen erhielten zahlreiche deutsche Flotteneinheiten, vornehmlich Zerstörer und Torpedoboote, den Befehl, Besatzungskontingente für »Sonderkommando...« abzugeben. Diese Soldaten wurden nicht namentlich kommandiert, sondern nur nach Zahl je Dienstgrad, Fachrichtung und Sonderausbildung befohlen. Die Kommandanten wählten die entsprechenden Soldaten aus und meldeten die Namen. Es war bedauerlich, daß einige Kommandanten diese Gelegenheit benutzten, ihre Besatzungen von den schwierigen Disziplinarfällen zu reinigen. Diese Besatzungskontingente sollten auf das Stichwort »Fanfare« nach Waren/Müritz in Marsch gesetzt, die Inmarschsetzungen durch das Stichwort »Dragoner reitet!« gemeldet werden. Ziele und Zwecke waren unbekannt (Qu. 47).

Das geschah am 18. September 1943. Die Kontingente wurden in Waren/ Müritz zu einem Sammeltransport zusammengestellt und per Bahn in Güterwagen auf den Weg nach Piräus gebracht.

Die Offiziere wurden namentlich auf bestimmte Zerstörer oder Torpedoboote mit italienischen Namen kommandiert, aber ein Ort der Kommandierung wurde nicht genannt. Sie sollten sich am Abend des 18. September 1943 in Berlin in einem bestimmten Hotel unter dem Stichwort »Columbus« (Qu. 47) beim Empfang melden. Und dann flogen die Kommandanten und mehrere Offiziere am 19. September mit einer Ju 52 über Wien und Belgrad nach Sofia und am 20. September über Saloniki nach Athen.

Genaueres erfuhren diese Offiziere erst, als sie sich beim Chef des Stabes des Admirals Ägäis, Kapt. z. S. von der Forst, meldeten. Sie sollten zwei italienische Zerstörer und vier Torpedoboote, darin eingeschlossen die »Achilles« der 21. U-Jagdflottille, übernehmen, die dann unter den deutschen Bezeichnungen »TA 14« bis »TA 19« die neu aufzustellende 9. Torpedobootflottille bilden sollten; in den Bezeichnungen stand »T« für Torpedoboot und »A« für Ausland.

Und dies waren die Boote der 9. T-Flottille:
Zerstörer »Turbine«, fortan Torpedoboot »TA 14«,
Zerstörer »Francesco Crispi«, fortan Torpedoboot »TA 15«,
Torpedoboot »Castelfidardo«, fortan Torpedoboot »TA 16«,
Torpedoboot »San Martino«, fortan Torpedoboot »TA 17«,
Torpedoboot »Solferino«, fortan Torpedoboot »TA 18«,
Torpedoboot »Calatafimi« (ex »Achilles«), fortan Torpedoboot »TA 19«.

(Hier werden sogleich die endgültigen Bezeichnungen der Boote verwendet. Zuerst waren die Namen »TA 14« bis »TA 19« in anderer Folge auf die Boote verteilt.)

Hier ist der Hinweis notwendig, wieso denn aus den beiden Zerstörern auf einmal Torpedoboote wurden. Die Grenzen zwischen dem größeren, artilleristisch stärker bestückten Zerstörer und dem meist kleineren, artilleristisch nur schwach bestückten Torpedoboot waren von jeher fließend. In der Kriegsmarine wurde die Unterscheidung in erster Linie durch die Besetzung mit Offizieren deutlich: Zerstörer hatten planmäßig einen Stabsoffizier als Kommandanten, einen Ersten Offizier, vier Wachoffiziere, einen Leitenden Ingenieur, zwei Wachingenieure, einen Schiffsarzt und einen Schiffsverwaltungsoffizier; sie waren selbständige Dienststellen. Torpedoboote hingegen hatten planmäßig einen Kapitänleutnant als Kommandanten, keinen Ersten Offizier, nur zwei Wachoffiziere und einen Leitenden Ingenieur; sie waren keine selbständige Dienststelle, dies war erst die Flottille. Da die Zerstörer in der Ägäis personell aber wie Torpedoboote besetzt wurden, galten sie fortan als Torpedoboote.

Die Offiziere hatten an Hand von Weyers »Taschenbuch der Kriegsflotten« die Erwartungen an ihre neuen Boote von vornherein recht niedrig gehalten, allein die Baujahre 1917 bis 1927 ließen keine hohen Erwartungen zu!

Aber als sie nun der Boote ansichtig wurden, sanken diese Hoffnungen noch um vieles tiefer. »TA 17« und »TA 18« waren altertümliche Fahrzeuge mit einer turmartigen Brücke, dünnen Röhrenschornsteinen und einem frei hinter dem Heck angebrachten Ruder. »TA 16« und »TA 19« sahen nicht viel moderner aus, hatten aber wenigstens das Ruder unter dem Heck. »TA 15« wirkte schon etwas moderner, und »TA 14« war eine gewisse Schnittigkeit der Linien nicht abzusprechen.

Abgesehen von »TA 19«, das ja als »Achilles« bereits in Dienst gestellt war, war allen Booten gemeinsam der Zustand grenzenloser Verwahrlosung und Zerstörungen. Überall an Deck lagen Trümmer, Scherben, beschädigte Geräte, zerstörte Optiken, demolierte Gegenstände herum. In den Betriebsräumen waren Armaturen eingeschlagen, Handräder abmontiert, Gestänge verbogen, Isoliermatten zerfetzt. Die Wohndecks waren gefüllt mit einer Schicht aus zertrümmerten Spinden, aufgeschlitzten Matratzen, Scherben, und darauf in regelmäßigen Abständen verteilt Haufen menschlichen Kots – und dies bei nicht verschalten Decks und Bordwänden aus Blech in der Septembersonne Griechenlands! Dieser Eindruck war fürchterlich (Qu. 12).

Es konnte nicht ermittelt werden, ob diese Zustände noch von den Italienern vor ihrem Vonbordgehen angerichtet worden waren, oder ob sie auf das Konto der Wachmannschaften gingen.

Am 25. September trafen dann auf dem Luftwege weitere Offiziere und eine größere Anzahl Abschnittsoberfeldwebel in Athen ein. Und dann trat Freg. Kpt. Walter Riede seinen Dienst als Chef der 9. Torpedobootflottille an. Die 9. T-Flottille war damit »aufgestellt«. Man schrieb den 4. Oktober 1943.

In seiner ersten Offizierbesprechung sagte der Flottillenchef: »Ich werde Sie durchs Wasser schleifen, bis wir eine zünftige Torpedobootflottille sind!« Als er sich dann aber die Boote angesehen hatte, platzte diese Illusion wie eine Seifenblase, und er sagte recht kleinlaut: »Wir werden uns sehr anstrengen müssen, diese Schlitten zu halbwegs brauchbaren Instrumenten des Seekrieges zu machen« (Qu. 47).

Aber die in Athen anwesenden Offiziere und Oberfeldwebel waren nicht gewillt, vor den vorgefundenen Zuständen zu kapitulieren. Sie gingen unverzüglich ans Werk. Mit Arbeitskommandos aus italienischen Kriegsgefangenen begannen sie aufzuräumen und Ordnung zu schaffen. Und die Obermaschinisten saßen mit ihren italienischen Kollegen, die man ebenfalls aus dem Kriegsgefangenenlager geholt hatte, unter den Sonnensegeln auf dem Achterdeck, über Blaupausen gebeugt, und ließen sich die Maschinenanlage erklären. Und oft geschah dies auch durch Unterweisung vor Ort.

Am 8. Oktober 1943 traf dann endlich der große Mannschaftstransport mit der Bahn aus Waren/Müritz ein. Am Tage darauf wurden die Soldaten auf die einzelnen Boote eingeteilt, aber sie mußten vorerst noch in recht dürftigen Landquartieren wohnen.

Und nun begann auf allen Booten ein eifriges Schaffen: Aufräumungsarbeiten, Reinigung, Entwesung, Instandsetzungen, Umbauten, Neueinbauten so

16

mancher Waffen und Geräte, für mehrere Boote Eindocken, Gängigmachen, Rostpicken, Malen. Und es war geradezu erstaunlich, wie sich das Aussehen der Boote wandelte! Die Soldaten arbeiteten mit vorbildlicher Hingabe und vollem Einsatz, auch über Dienstausscheiden hinweg und auch an Samstagen und Sonntagen.

Eine Unterbrechung dieser Arbeiten gab es am 16. Oktober, als der Flottillenchef die erste Musterung seiner ganzen Truppe machte.

Diese Soldaten, die hier unter vollem Einsatz arbeiteten, die den Zustand der Boote von Tag zu Tag verbesserten und die nun hier als ordentliche Truppe vor ihrem Chef standen, waren das dieselben Männer, von denen als disziplinarische »Päckchen« manche Kommandanten ihre Besatzungen »gereinigt« hatten? Waren dies dieselben Soldaten, von denen ein Kommandant berichtete, er habe in seine Besatzung zwölf Mann bekommen mit dem Vermerk: »Hat noch ... Tage geschärften Arrest zu verbüßen«? (Qu. 47)

Ja, das waren dieselben Männer, nur an Bord waren sie anders! Denn dort spürten sie, wie dringend sie gebraucht wurden und wie nötig ihre Arbeit war. Sie fühlten, welches Vertrauen ihr Chef und ihre Kommandanten in sie setzten, daß die Boote den immer dringender werdenden Forderungen des Admirals Ägäis entsprechend schnell fertig werden mußten. Und daß es dieselben Männer waren, das zeigte sich bei der zweiten Unterbrechung der Arbeiten, in den Tagen der Entwesung, als sie an Bord nicht arbeiten konnten und an Land gehen durften; an diesem Tage hatte die Standortkommandantur sehr viel Arbeit mit ihnen!

Die Lösung dieses scheinbaren Widerspruchs ist einfach: Diese Soldaten waren »Frontschweine« im besten Sinne des Wortes, Männer, auf die sich die Vorgesetzten im härtesten Einsatz, im Kampf und in den kritischsten Lagen felsenfest verlassen konnten, die aber, wie eh und je und überall, der Schrecken der Etappe waren! Und solche Soldaten wurden in der Ägäis gebraucht; mit Paradesoldaten war hier nicht viel zu erreichen!

Die Kommandanten wurden mit ihnen, jeder auf seine Art, fertig. Sie brachten ihnen viel Verständnis entgegen und sahen ihnen vieles nach, was an Land geschah, Hauptsache daß sie an Bord und im Einsatz gehorchten und ihre Pflicht taten. So wuchs auf den Booten schnell jenes Vertrauensverhältnis zwischen Kommandanten und Besatzungen heran, das für die kleinen Einheiten der Sicherungsstreitkräfte charakteristisch war.

Und diese Männer hatten das Wunder vollbracht: In den letzten Oktobertagen waren vier Boote »fertig«! »TA 19« war ja schon als »Achilles« in Dienst gestellt worden. Am 28. Oktober 1943 wurden »TA 14« und »TA 17« in Dienst gestellt, am 30. Oktober folgte »TA 15«. Bei »TA 16« würde es noch etwa vierzehn Tage dauern. Nur bei »TA 18« sah es böse aus, hier war ein baldiges Ende der Reparaturarbeiten überhaupt nicht abzusehen.

Als dann am 30. Oktober 1943 Freg. Kpt. Riede seinen Flottillenstander erstmalig auf seinem Führerboot »TA 15« setzte, war die 9. Torpedobootflottille mit vier Booten geschaffen.

Was aber wäre nun bei in Deutschland neu in Dienst gestellten Booten alles erforderlich gewesen, bis sie als einsatzbereit gelten konnten! Probefahrt, Waffen- und Maschinenerprobungen, Meilenfahrten, Justieren der Waffenanlagen, magnetische Vermessung und Behandlung, Anschießen, Restarbeiten, vor allem aber Einzelausbildung, Verbandsausbildung, Gefechtsausbildung, Torpedo- und Artillerieschießabschnitte, und zum Schluß die Abschlußbesichtigung durch den Flottillenchef.

Nichts davon in der Ägäis! Das einzige, was den Booten zugestanden wurde, waren eine Probefahrt, ein Tag zur Einzelausbildung in See, ein halber Tag Verbandsfahren mit ein paar Schuß je Waffe zur Funktionsprüfung, und ein Kompensieren der Kompasse vor der Hafeneinfahrt. Dann mußten die Boote auf Befehl des Admirals Ägäis k. b. (= kriegsbereit) gemeldet werden, ob sie es nun waren oder nicht – und natürlich waren sie es unter diesen Umständen in Wirklichkeit nicht! – und in der Nacht 10./11. November 1943 liefen die ersten vier Boote der 9. T-Flottille zu ihrer ersten Feindfahrt aus. –

2. KAPITEL

Die 9. Torpedobootflottille (Ägäis)
Personen, Daten, Fakten

ÜBERSICHT

Das Marinegruppenkommando Süd war der dem Oberkommmando der Kriegsmarine, Seekriegsleitung, unmittelbar unterstellte Führungsstab für den Südostraum. Oberbefehlshaber war seit März 1943 Admiral Kurt Fricke. Der »Gruppe Süd« unterstanden die drei Kommandierenden Admirale Adria, Ägäis und Schwarzes Meer. Sitz der Gruppe Süd war Sofia, ab September 1944 Wien, ab November 1944 Kammer am Attersee. Der Stab wurde im Dezember 1944 aufgelöst.

Der Kommandierende Admiral Ägäis war der Führungsstab für das Ionische und das Ägäische Meer. Ihm unterstanden die Kommandanten der Seeverteidigung (Westgriechenland, Peloponnes, Attika, Saloniki, Lemnos, Kreta, ab Dezember 1943 Dodekanes; die Seekommandanten Saloniki und Lemnos wurden im April 1944 zum Seekommandanten Nordgriechenland zusammengelegt) und die Seestreitkräfte (9. Torpedobootflottille, 21. U-Jagdflottille, 24. Schnellbootflottille, 12. Räumbootflottille und, ab Januar 1944, 15. Landungsflottille). Kommandierender Admiral war seit Februar 1943 Vizeadmiral Lange, Werner, Chef des Stabes war ab Oktober 1943 Kapt.z.S. Waue, Georg. Der Stab hatte seinen Sitz in Athen, ab Anfang Oktober 1944 bei Saloniki. Der »Admiral Ägäis« wurde im November 1944 aufgelöst.

Die 9. Torpedobootflottille war dem Admiral Ägäis unmittelbar unterstellt. Zu ihr gehörten die Boote »TA 14«, »TA 15«, »TA 16«, »TA 17«, »TA 18«, »TA 19«, ab 24. September 1944 auch »TA 37«, »TA 38« und »TA 39«.

Die 9. Torpedobootflottille (Ägäis)
aufgestellt 4. Oktober 1943
aufgelöst 24. Oktober 1944
Flottillenchefs

Freg.Kpt. Riede, Walter	4.10.43 – 14. 3.44
Freg.Kpt. Dominik, Hans	15. 3.44 – 24.10.44
Flottilleningenieure	
Kptlt. (Ing.) Züllich, Günter	10.43 – 2.44
Kptlt. (Ing.) Retzer, Michael	2.44 – 10.44

Torpedoboot »TA 14« (ex ital. »Turbine«)
Indienststellung 28.10.1943
Kommandanten

Kptlt. Dehnert, Hans	10.43 –	1.44
Kptlt. Quaet-Faslem, Hans	2.44 –	7.44
Kptlt. Densch, Hermann	7.44 –	9.44

Leitender Ingenieur

Oblt. (Ing.) Rübesamen, Hermann	10.43 –	9.44

gesunken 15.9.1944 durch Bombentreffer in Salamis

Torpedoboot »TA 15« (ex ital. »Francesco Crispi«)
Indienststellung 30.10.1943
Kommandant

Kptlt. Vorsteher, Carlheinz	10.43 –	3.44

Leitender Ingenieur

Oblt. (Ing.) Krüger, Karl	10.43 –	3.44

gesunken 8.3.1944 vor Iraklion (Kreta) nach Raketenbombentreffer

Torpedoboot »TA 16« (ex ital. »Castelfidardo«)
Indienststellung 14.11.1943
Kommandanten

Kptlt. Quaet-Faslem, Hans	11.43 –	1.44
Kptlt. Schmidt, Günther	2.44 –	6.44

Leitende Ingenieure

Oblt. (Ing.) Fritz, Mathias	11.43 –	2.44
Oblt. (Ing.) d.R. Fey	2.44 –	6.44

gesunken 2.6.1944 in Iraklion (Kreta) nach Bombentreffern
in See am 1.6.1944

Torpedoboot »TA 17« (ex ital. »San Martino«)
Indienststellung 28.10.1943
Kommandanten

Kptlt. Düvelius, Helmuth	10.43 –	6.44
i.V. Oblt.z.S. Winkelmann, Winfried	6.44 –	9.44

Leitende Ingenieure

Lt. (Ing.) Sachse †	10.43 –	6.44
i.V. Ob.Masch. Schmogrow	6.44 –	9.44

fahrunklar am 18.9.1944 in Skaramanga außer Dienst gestellt

Torpedoboot »TA 18« (ex ital. »Solferino«)
Indienststellung 25.7.1944
Kommandant

Kptlt. Schmidt, Günther †	7.44 –	10.44

Leitender Ingenieur
Oblt. (Ing.) d.R. Fey †   7.44 – 10.44
Nach Gefecht mit brit. Zerstörern am 19.10.1944 auf Strand gesetzt,
Besatzung gefallen oder in Gefangenschaft von Partisanen großenteils
erschossen

Torpedoboot »TA 19« (ex ital. »Calatafimi«, ex »Achilles«)
Indienststellung 10.9.1943 als »Achilles« für die 21. U-Jagdflottille, am
1.11.1943 als »TA 19«, 9. T-Flottille
Kommandant
Oblt. z.S. Hahndorff, Jobst   9.43 – 5.44
Kptlt. Hahndorff, Jobst   6.44 – 8.44
Leitender Ingenieur
Oblt. (Ing.) Dahmen, Hans   9.43 – 8.44
gesunken 9.8.1944 nach Torpedotreffer nördlich Samos
(Oblt. z.S. Hahndorff wurde als Kommandant vertreten: Vom 16.12.1943
bis 14.1.1944 durch Oblt. z.S. Fritz Löhrl, vom 12.2.1944 bis 18.4.1944
durch
Oblt. z.S. Werner Foth. Die Einsätze vom 27.2.1944 bis 5.3.1944 hat
Kptlt. Düvelius, die vom 7. bis 18.3.1944 Kptlt. Schmidt, die späteren
Oblt. z.S. Foth als Kommandant i.V. geführt)

Torpedoboot »TA 37« (ex ital. »Gladio«)
Indienststellung 8.1.1944 in Triest (siehe Adria)
Übernahme durch 9. T-Flottille (Ägäis) 24.9.1944
Kommandanten
unbesetzt   1.44 – 5.44
Oblt. z.S. Goldammer, Friedrich   5.44 – 9.44
i.V. Oblt. z.S. Winkelmann, Winfried †   9.44 – 10.44
Leitender Maschinist
Stbs.Ob.Masch. Krüger †?   1.44 – 10.44
gesunken 7.10.1944 im Gefecht mit brit. Zerstörern in der Bucht
von Saloniki

Torpedoboot »TA 38« (ex ital. »Spada«)
Indienststellung 12.2.1944 in Triest (siehe Adria)
Übernahme durch 9. T-Flottille (Ägäis) 24.9.1944
Kommandanten
Unbesetzt   2.44 – 3.44
Kptlt. Vorsteher, Carlheinz   3.44 – 4.44
Oblt. z.S. Kunst, Miron   5.44 – 7.44
Lt. z.S. Scheller, Wilhelm (zuvor I.W.O.)   7.44 – 10.44
Leitende Ingenieure bzw. Maschinisten
Stbs.Ob.Masch. Pirsig   2.44 – 9.44

Oblt. (Ing.) d.R. Meyer   9.44
Oblt. (Ing.) Unger, Johannes   9.44 – 10.44
selbst gesprengt 13.10.1944 in der Hafeneinfahrt von Volos
nach Grundberührung und Bombentreffern

Torpedoboot »TA 39« (ex ital. »Daga«)
Indienststellung 27.3.1944 in Triest (siehe Adria)
Übernahme durch 9. T-Flottille (Ägäis) 24.9.1944
Kommandanten
   Kptlt. Vorsteher, Carlheinz   3.44 – 5.44
   Kptlt. Lange, Werner   5.44 – 10.44
   Leitender Maschinist
   Stbs.Ob.Masch. Knauf   3.44 – 10.44
selbst gesprengt 16.10.1944 nach Minentreffer vor Saloniki

EINZELANGABEN ZU DEN BOOTEN

Die Aussagen und Daten über die Boote der 9. T-Flottille sind in der Literatur außerordentlich widersprüchlich und zum großen Teil unrichtig. Hier
wird deshalb wie folgt verfahren:
Die Wasserverdrängung wird in runden Zahlen angegeben und durch »ca.«
als ungefährer Anhalt gekennzeichnet, durch den mehr eine Größenvorstel-
lung vermittelt werden soll als eine genaue Zahlenangabe.
Bei der Bewaffnung wurde davon ausgegangen, daß die damals vor Ort gemachten und im Kriegstagebuch (Qu. 08) niedergeschriebenen Angaben für
den Zeitpunkt der Übernahme der Boote zuverlässiger sind als alle Angaben
in der Literatur. Sofern über spätere Umarmierung etwas bekannt ist, wird
dies angegeben.
Angaben über Geschwindigkeiten, Brennstoffvorräte und Fahrstrecken
werden nicht gemacht, da sie für die alten Boote ohnehin nicht mehr zutref-
fen würden. Alle Boote konnten aber, sofern die Maschine klar war, eine
Marschfahrt von 24 Knoten halten.
Auch die Besatzungsstärken wurden nur mit »ca.« als ungefährer Anhalt
angegeben.

Torpedoboot »TA 14« (ex ital. Zerstörer »Turbine«)
Zum italienischen Namen: Die Zerstörer der Klasse, zu der »Turbine« gehörte, hatten als Namen die Bezeichnungen von Winden, vornehmlich der
Antike, wie sie schon Homer verwendete, wenn auch in italienischer Schreibweise. Zu »Borea, Euro, Zeffiro« usw. kam »Turbine« hinzu – der Ton liegt
auf der ersten Silbe – was »der Wirbelwind« bedeutet.
Werdegang: Bauwerft Odero-Terni, Genua. Baubeginn 1925, Fertigstellung 1927.

22

Abmessungen: Wasserverdrängung ca. 1200 t, Länge 94 m, Breite 9,3 m, Tiefgang 3,3 m.

Bewaffnung: 4–12 cm L/45 Armstrong in zwei Doppellafetten; 2–3,7 cm Breda; 4–2 cm Breda in zwei Doppellafetten; 4–2 cm Breda in Einzellafetten; 3–53,3 cm Torpedorohre als Drillingsrohrsatz; Wasserbomben; keine Minenlademöglichkeit.

Spätere Bewaffnung: 4–12 cm; 2–3,7 cm Breda; 2–3,7 cm Rheinmetall in Doppellafette; 4–2 cm Rheinmetall in Vierlingslafette; 4–2 cm Breda in zwei Doppellafetten; 4–2 cm Einzellafetten; 3–53,3 cm Torpedorohre als Drillingsrohrsatz; Wasserbomben mit Werfern; keine Minenlademöglichkeit.

Antrieb: Solleistung 40 000 WPS auf 2 Schrauben, 2 Getriebeturbinen, 3 Wasserrohrkessel Express.

Besatzung: 4 Offiziere und ca. 180 Unteroffiziere und Mannschaften.

Torpedoboot »TA 15« (ex ital. Zerstörer »Francesco Crispi«)
Zum italienischen Namen: Francesco Crispi, geb. 1818, gest. 1901, war ein italienischer Politiker. Er war von 1887 bis 1891 und wieder von 1893 bis 1896 Ministerpräsident. Als solcher unternahm er den Versuch, Abessinien zu erobern. Als dieser mit der Niederlage der Italiener in der Schlacht bei Adua 1896 scheiterte, mußte er zurücktreten.

Werdegang: Bauwerft C. & T. T. Pattison, Neapel. Baubeginn 1925, Fertigstellung 1926. Umbau 1937 mit neuer Maschinenanlage und neuen Kanonen (Qu. 12).

Abmessungen: Wasserverdrängung ca. 1100 t. Länge 86 m, Breite 8,2 m, Tiefgang 3,0 m.

Bewaffnung: 4–12 cm L/45 Odero-Terni in zwei Doppellafetten; 2–3,7 cm Breda; 8–2 cm Oerlikon; 2–53,3 cm Torpedorohre als Zwillingsrohrsatz; Wasserbomben, keine Minenlademöglichkeit.

Spätere Bewaffnung: 4–12 cm; 1–4 cm Bofors; 2–3,7 cm Breda, 4–2 cm Rheinmetall in Vierlingslafette; 6–2 cm Oerlikon; 2–53,3 cm Torpedorohre als Zwillingsrohrsatz; Wasserbomben mit Werfern; keine Minenlademöglichkeit.

Antrieb: Solleistung 36 000 WPS auf 2 Schrauben, 2 Getriebeturbinen, 3 Wasserrohrkessel Thornycroft 20 atü.

Besatzung: 4 Offiziere und ca. 170 Unteroffiziere und Mannschaften.

Torpedoboot »TA 16« (ex ital. Torpedoboot »Castelfidardo«)
Zum italienischen Namen: Castelfidardo ist eine Ortschaft in der Nähe von Ancona. Hier haben am 18. 9. 1860 sardinische Soldaten die päpstlichen Truppen besiegt.

Werdegang: Bauwerft Orlando, Livorno. Baubeginn 1920, Fertigstellung 1924.

Abmessungen: Wasserverdrängung ca. 1000 t, Länge 85 m, Breite 8,0 m, Tiefgang 2,9 m.

Bewaffnung: 4–10,2 cm L/45 in zwei Doppellafetten; 1–4 cm; 2–3,7 cm Breda in einer Doppellafette; 8–2 cm; 3–45 cm Torpedorohre in einem Drillingsrohrsatz; Wasserbomben; Minenlademöglichkeit (Qu. 48 und 49).
Antrieb: Solleistung 22 000 WPS auf 2 Schrauben, 2 Getriebeturbinen, 4 Wasserrohrkessel Thornycroft 18 atü.
Besatzung: 4 Offiziere und ca. 130 Unteroffiziere und Mannschaften.

Torpedoboot »TA 17« (ex ital. Torpedoboot »San Martino«)
Zum italienischen Namen: San Marino ist eine Ortschaft südlich des Gardasees. Hier schlug 1859 eine piemontesische Truppe die Österreicher. Diese konnten sich unter Benedek geordnet zurückziehen.
Werdegang: Bauwerft Orlando, Livorno. Baubeginn 1917, fertig 1921.
Abmessungen: Wasserverdrängung ca. 950 t. Länge 80 m, Breite 7,5 m, Tiefgang 2,8 m.
Bewaffnung: 3–10,2 cm L/45 in drei Einzellafetten; 6–2 cm; 4–45 cm Torpedorohre in 2 Zwillingsrohrsätzen; Minenlademöglichkeit; Wasserbomben. Spätere Verstärkung der Flugzeugabwehr zusätzlich oder zu Lasten anderer Waffen ist anzunehmen.
Antrieb: Solleistung 22 000 WPS auf 2 Schrauben, 2 Getriebeturbinen, 4 Wasserrohrkessel Thornycroft 18 atü.
Besatzung: 4 Offiziere und ca. 130 Unteroffiziere und Mannschaften.

Torpedoboot »TA 18« (ex ital. Torpedoboot »Solferino«)
Zum italienischen Namen: Solferino ist eine Ortschaft südlich des Gardasees. Am 24.6.1859 siegten hier die Franzosen und Piemontesen unter Kaiser Napoleon III. über die Österreicher unter Kaiser Franz-Joseph. Unter den Eindrücken dieser Schlacht und des Elends der Verwundeten schrieb ein Augenzeuge, der Schweizer Henri Dunant, sein Buch »Un souvenir de Solférino«, das eine Entwicklung auslöste, die zur Genfer Konvention und zur Gründung des Roten Kreuzes führte.
Werdegang: Bauwerft Orlando, Livorno. Baubeginn 1917, Fertig 1922.
Abmessungen: Wasserverdrängung ca. 950 t. Länge 80 m, Breite 7,5 m, Tiefgang 2,8 m.
Bewaffnung: 4–10,2 cm L/45 in 2 Doppellafetten; 1–3,7 cm Breda; 4–2 cm in Vierlingslafette; 8–2 cm in Einzellafette; 3–45 cm Torpedorohre in 1 Drillingsrohrsatz; Wasserbomben; Minenladefähigkeit (Qu. 49).
Antrieb: Solleistung 22 000 WPS auf 2 Schrauben, 2 Getriebeturbinen, 4 Wasserrohrkessel Thornycroft 18 atü.
Besatzung: 4 Offiziere und ca. 130 Unteroffiziere und Mannschaften.

Torpedoboot »TA 19« (ex ital. Torpedoboot »Calatafimi«, ex »Achilles«)
Zum italienischen Namen: Calatafimi ist eine Ortschaft im Westen Siziliens. Hier lieferten die Freischaren Garibaldis den Truppen des Königsreichs Neapel 1860 ein erfolgreiches Gefecht.
Werdegang: Bauwerft Orlando, Livorno. Baubeginn 1921, Fertigstellung

1924. Am 10.9.1943 von der 21. U-Jagdflottille als »Achilles« in Dienst gestellt, am 1.11.1943 für die 9. T-Flottille als »TA 19« in Dienst gestellt.

Abmessungen: Wasserverdrängung ca. 1000 t, Länge 85 m, Breite 8,0 m, Tiefgang 2,9 m.

Bewaffnung: 2–10,2 cm L/45; 1–3,7 cm in U-Bootlafette; 5–2 cm Oerlikon; 2–45 cm Torpedorohre als Zwillingsrohrsatz; Wasserbomben; Minenlademöglichkeit. Die Verstärkung der Flugzeugabwehr ist anzunehmen.

Antrieb: Solleistung 22 000 WPS auf 2 Schrauben, 2 Getriebeturbinen, 4 Wasserrohrkessel Thornycroft 18 atü.

Besatzung: 4 Offiziere und ca. 130 Unteroffiziere und Mannschaften.

Torpedoboote »TA 37«, »TA 38« und »TA 39«

siehe 2. Teil »Adria«, 15. Kapitel.

Die Torpedoboote in der Ägäis trugen auf ihren Bordwänden und Aufbauten keinerlei Kennzeichnung, keine Buchstaben, Ziffern, taktischen Zeichen, Eiserne Kreuze, Balkenkreuze oder nationalsozialistische Embleme. Zur besseren Identifizierung aus der Luft war das Deck des ganzen Vorschiffs mit breiten, schräg verlaufenden Streifen, rot und weiß abwechselnd, gemalt.

Dazu aber gab es zwei Ausnahmen: Erstens fuhr »TA 15« auf beiden Seiten des achteren Schornsteins ein Wappenschild mit einer Sonne. Hier dazu seine Geschichte:

Als der Kommandant, Kptlt. Vorsteher, das deutsche Torpedoboot »T 18« übernahm, fand er an dessen Schornstein ein buntes Gemälde mit Sonne, Wolken, Torpedorohren und anderen Figuren vor. Er hat es dann durch ein schlichtes, heraldisches Wappenschild ersetzt, das eine Sonne mit acht breiten Strahlenbändern in gelb auf schwarzem Grund zeigte. Der Kommandant und das für die Ägäis bestimmte Besatzungskontingent von »T 18« haben dann dieses Sonnenwappen auf »TA 15« übernommen zusammen mit dem dazugehörenden Bordlied von den »Wilden Gesellen, vom Sturmwind durchweht« mit der Schlußzeile jeder Strophe »Uns geht die Sonne nicht unter!«

Dieser Wahlspruch, das Wappen und das Lied haben auf die Besatzung einen ganz ungewöhnlich solidarisierenden und stimulierenden Einfluß gehabt im Sinne eines unbeugsamen Selbstbehauptungswillens und einer Lebensbejahung allen Widrigkeiten zum Trotz. Nach dem Ende von »TA 15« haben Kommandant und Besatzung Wappen, Lied und Wahlspruch auf »TA 39« übernommen, und Kptlt. Lange hat sie weitergeführt bis zum Untergang von »TA 39«. Als Kptlt. Lange dann Kommandant von »TA 43« wurde, hat er von Kptlt. Vorsteher ganz förmlich die Erlaubnis erbeten und erhalten, auch dieses Boot unter dem Sonnenwappen fahren zu dürfen. »TA 43« hat dann das Wappen bis zum Kriegsende gezeigt. –

Und zweitens fuhr »TA 16« auf beiden Seiten des vorderen Schornsteins ein kreisrundes, weißes Feld mit einem schwarzen Ausrufezeichen als Warnung an den Feind, sich in acht zu nehmen.

3. KAPITEL

Die Lage in der Ägäis und ihre Entwicklung bis zur Eroberung von Leros

8.9. bis 10.11.1943

Die Männer der 9. T-Flottille, die sich mit ganzer Hingabe abmühten, ihre Boote einsatzklar zu machen, blieben von den Kriegsereignissen selbst in ihrer näheren Umgebung unberührt. Und doch fand um sie herum ein Kriegsgeschehen statt, höchst eigenartig, mit manchen Verlusten, im Endergebnis aber doch von Erfolg gekrönt.

Die ganze Inselwelt des Ägäischen Meeres zwischen dem griechischen Festland und dem Peloponnes im Westen und der türkischen Küste im Osten, zwischen der Küste Mazedoniens und Thraziens im Norden und dem Inselbogen Rhodos – Karpathos – Kreta – Kythera im Süden war bis zur Kapitulation Italiens fest in der Hand der Achsenmächte. Dadurch sicherten sie sich die freie Durchfahrt durch die Dardanellen und damit die Verbindung zwischen den Häfen Griechenlands und denen des Schwarzen Meeres und letztlich über die Donau bis nach Deutschland. Zugleich aber stützten sie damit die Neutralität der Türkei gegen den wachsenden Druck von britischer Seite. Die Position der Achsenmächte beruhte vor allem auf dem Besitz von Rhodos und der Inseln des Dodekanes, von denen Leros stark befestigt und zu einem Flottenstützpunkt ausgebaut war.

Denn Rhodos und der Dodekanes waren ja nicht erst, wie die griechischen Inseln, im 2. Weltkrieg besetzt worden, sondern schon im italienisch-türkischen Kriege von 1911/12, und 1924 waren sie offiziell von der Türkei an Italien abgetreten worden.

Mit der Kapitulation Italiens am 8. September 1943 änderte sich die Lage in der Ägäis schlagartig und radikal. Der Dodekanes, die südlichen Sporaden, die Kykladen (außer Milos), Euböa, Castellorizo, die Osthälfte von Kreta und der größte Teil von Rhodos waren in italienischer Hand und damit von einem Tag zum anderen Feindgebiet. Die Deutschen saßen nur auf Lemnos, Lesbos, Chios, Ägina, Milos, der Westhälfte von Kreta und mit schwachen Kräften auf Rhodos (Qu. 30, S. 9). Somit entstand alsbald die Aufgabe, die italienischen und italienisch besetzten Inseln in deutsche Hand zu bekommen.

Die hierfür zur Verfügung stehenden Mittel waren äußerst gering. Sie bestanden (Qu. 30, S. 13) aus

– der 21. U-Jagdflottille (Korv. Kpt. d. R. Dr. med. Günther Brandt) mit den beiden Minenschiffen »Drache« und »Bulgaria«, dem gerade erst aus dem

westlichen Mittelmeer eingetroffenen Torpedoboot »TA 10« (ex franz. »La Pomone«, Oblt. z. S. Jobst Hahndorff), 6 U-Jägern verschiedenen Typs, 5 Holzschonern und 2 Kriegsfischkuttern,
– der 12. Räumbootflottille (Kptlt. Mallmann) mit 10–12 Räumbooten,
– der Küstenschutzflottille Attika (Korv. Kpt. d. R. Dr. jur. Ado Brune) mit 2 kleinen Fischdampfern und einigen Fischkuttern,
– der Küstenschutzflottille Saloniki (Korv. Kpt. d. R. Dr. Ing. Heinz Peters) mit einigen Fischkuttern.

Zwischen dem 10. und 17. September 1943 landeten die Engländer kleine Kampfgruppen und Kommandos auf Castellorizo, Kos, Leros, Kalymnos, Samos, Simi und Stampalia und richteten sich mit den dort befindlichen Italienern zur Verteidigung der Inseln ein (Qu. 30, S. 10).

Auf Rhodos jedoch kamen diese Einsätze zu spät: Am 11. September 1943 kapitulierten (Qu. 31, S. 60) die 30 000 Italiener nach kurzem Widerstand vor den 7000 Deutschen (Qu. 30, S. 10). Damit war der eine Eckpfeiler der Ägäis mit seinem wichtigen Flugplatz in deutscher Hand, und auch auf dem anderen Eckpfeiler, Kreta, gewannen die Deutschen bald die Oberhand.

Nun galt es, diese Inseln mit Nachschub zu versorgen und die gefangenen Italiener abzutransportieren. Dazu waren zahlreiche Geleite erforderlich, bei denen Erfolge und schmerzliche Verluste abwechselten. Nachdem am 14. September »UJ 2101« das griechische U-Boot »Katsonis« gerammt und versenkt hatte (Lt. 05, S. 384), versenkten am 17. September die britischen Zerstörer »Echo« und »Intrepid« den »UJ 2104« vor Stampalia, und die Zerstörer »Faulknor«, »Eclipse« und »Vasilissa Olga« beschädigten 2 Schiffe eines Geleits (Lt. 05, S. 384). Am 23. September wurden südlich von Rhodos das Torpedoboot »TA 10« und der Dampfer »Donizetti« versenkt; von den an Bord befindlichen 1576 italienischen Gefangenen konnte nur ein Teil gerettet werden (Lt. 05, S. 384).

Während dieser Zeit war die 21. U-Jagdflottille mit ihren schwachen Kräften, aber mit viel Energie, Wagemut und Geschick, mit Hilfe eingeschiffter Kommandotrupps des Heeres erfolgreich bemüht, die Inseln der Kykladen nach und nach in Besitz zu nehmen. Syra kapitulierte mit 3000 Soldaten nach mehrtägigen Verhandlungen vor nur einem U-Jäger (Qu. 30, S. 17). Andros ergab sich erst nach harten Kämpfen (Qu. 30, S. 19/20). Die anderen Inseln ergaben sich nach und nach kampflos, nur auf Naxos gab es noch Schwierigkeiten, die aber überwunden wurden (Qu. 30, S. 21).

Am 26. September 1943 begann der eigentliche deutsche Gegenangriff in der Ägäis mit einem Bombenangriff auf Leros. Neben beträchtlichen Schäden an Land (Qu. 31, S. 92ff) wurden die Zerstörer »Intrepid« und »Vasilissa Olga« versenkt. Am 1. Oktober versenkte ein weiterer Angriff auf Leros den italienischen Zerstörer »Euro«, und einer am 5. Oktober den italienischen Minenleger »Legnano«.

Die britischen Zerstörer hatte bisher von Leros aus operiert. Nach diesen Ereignissen zogen sie es statt dessen vor, in den türkischen Hoheitsgewässern zu ankern, wo sie in geschützten Buchten liegen und sicher sein konnten, daß die Deutschen die Neutralität der Türkei achten und keine Kampfhandlungen in ihren Gewässern vornehmen würden aus Sorge, die Türkei ins alliierte Lager zu treiben (Qu. 30, S. 10/11).

Denn die Türkei wahrte keine strikte Neutralität, sondern betrieb eine Politik sorgsam ausgeglichener Vorteile, die sie beiden Seiten gewährte. So durften deutsche Schiffe die Meerengen durchfahren, obwohl die Türken wußten, daß sie bewaffnet waren und oft auch militärisches Personal an Bord hatten, und die Engländer protestierten nicht dagegen. Denn die Türkei gestattete ihnen, sich in ihren Hoheitsgewässern aufzuhalten, und dagegen protestierten wiederum die Deutschen nicht; die Engländer haben später sogar die Marmarisbucht gegenüber von Rhodos als Schnellbootstützpunkt benutzt! Aber die Türken wachten eifersüchtig darüber, daß nichts dieses »Gleichgewicht« störte, und so respektierte die deutsche Seite die türkischen Gewässer peinlich genau als neutral. (Siehe hierzu Lt. 06, S. 296ff).

Das nächste größere Vorhaben war das Unternehmen »Eisbär«, die Eroberung der Insel Kos. Unter der Führung von Generalleutnant Friedrich-Wilhelm Müller wurde in Kreta und in Piräus eine Kampfgruppe aus Soldaten des Heeres und der Luftwaffe zusammengestellt, die am 1. Oktober mit drei Dampfern aus Kreta und mit zwei Dampfern aus Piräus auslief. Seitens der Marine hatte der Chef der 21. U-Jagdflottille die Führung, dem außer seiner eigenen Flottille noch 6 Räumboote, mehrere Marinefährprähme und einige andere Landungsfahrzeuge unterstellt wurden.

Durch geschicktes Manövrieren und weil der britische Zerstörer »Aldenham« und die Griechen »Pindos« und »Themistokles« wegen Brennstoffmangels nicht auslaufen konnten (Lt. 05, S. 389), gelang es, die Truppen an drei Stellen auf Kos anzulanden und mit allen Schiffen unbehelligt nach Piräus zurückzukehren. Nach der Landung am 3. Oktober war am Abend des 4. Oktober (Qu. 30, S. 26) die Insel Kos in deutscher Hand, 1388 Engländer und 3145 Italiener (Lt. 05, S. 389) wurden gefangengenommen. Sofort danach wurde die nördlich von Kos gelegene Insel Kalymnos mit wenigen Truppen nach einem nur kurzen Gefecht besetzt.

Nun begannen die Engländer, die Ägäis fortgesetzt durchzukämmen, um den Nachschub zu unterbinden. Und wenn auch das eine oder andere Geleit erfolgreich sein Ziel erreichte, so waren die Verluste – auf beiden Seiten! – doch empfindlich:

Ein Geleit, bestehend aus dem Frachter »Olympos«, 7 Marinefährprähmen und »UJ 2111« wurde südlich von Levitha von den britischen Kreuzern »Sirius« und »Penelope« und den Zerstörern »Faulknor« und »Fury« bis auf einen Marinenfährprahm zusammengeschossen (Lt. 05, S. 389). Der ablaufende britische Verband wurde in der Karpathos-Straße von Ju 87 und Ju 88 angegriffen und »Penelope« durch Bombentreffer beschädigt.

Es erwies sich als notwendig, die Ostseite von Kalymnos durch eine Minensperre zu schützen. Dazu wurden die Minenschiffe »Drache« und »Bulgaria« mit Minen und Truppen in Marsch gesetzt. Am 8. Oktober torpedierte das U-Boot »Unruly« die »Bulgaria«. Aber »Drache«, Kommandant i. V. Kptlt. Düvelius von der 9. T-Flottille, kam durch, mußte sich dann einige Zeit in den Buchten von Kalymnos vor den britischen Zerstörern verborgen halten, konnte aber am 15. Oktober die wichtige Flankensperre legen und un-angefochten nach Piräus zurückkehren.

Am 9. Oktober stießen der Kreuzer »Carlisle« und die Zerstörer »Panther« und »Rockwood« in die Ägäis vor. In der Karpathos-Straße wurden sie von Ju 87 angegriffen, »Carlisle« wurde schwer beschädigt, »Panther« versenkt (Lt. 05, S. 389).

Am 11. Oktober konnte das britische U-Boot »Unruly« den Transporter »Marguerite« versenken; von den 900 Gefangenen an Bord wurden 350 geret-tet (Lt. 05, S. 392). Dagegen scheiterten zwei Versuche der Engländer, mit dem Kreuzer »Phoebe« und den Zerstörern »Faulknor« und »Fury« bzw. den Zerstörern »Belvoir« und »Beaufort« ein Geleit zu stellen, an den deut-schen Luftangriffen (Lt. 05, S. 393).

Am 16. Oktober versenkte das U-Boot »Torbay« den Dampfer »Kari«, und in der Nacht vom 16./17. Oktober konnten der britische Zerstörer »Hursley« und der griechische Zerstörer »Miaoulis« »UJ 2109« und den Transporter »Trapani« vernichten. Nördlich Kreta griffen am 19./20. Okto-ber Mitchell-Bomber und Beaufighter-Flugzeuge ein Geleit an und versenk-ten den Transporter »Sinfra«; von seinen 2664 meist italienischen Gefangenen konnten nur 556 gerettet werden (Lt. 05, S. 393).

Die Engländer verlegten nun den Schwerpunkt ihrer Tätigkeit auf den Nachschub nach Leros und Samos. Bis zum 4. November brachten Überwas-serschiffe 2230 Mann und 470 Tonnen Material, U-Boote nochmals 17 Mann und 288 Tonnen Material heran (Lt. 05, S. 393). Dabei verloren die Briten am 22. und 24. Oktober auf der von »Drache« gelegten Minensperre die briti-schen Zerstörer »Hurworth« und »Eclipse«, und der griechische Zerstörer »Adrias« büßte sein Vorschiff ein. Bomben beschädigten die Kreuzer »Sirius« und »Aurora« und den Zerstörer »Belvoir«. Fünf deutsche Nachschubsegler wurden durch das polnische U-Boot »Sokol« versenkt, der Transporter »In-geborg« und der Zollkreuzer »Nioi« durch das britische U-Boot »Unspa-ring«. Und nachdem die U-Bootfalle »GA 45« das britische U-Boot »Troo-per« vernichtet hatte, wurde sie selbst durch die Zerstörer »Penn« und »Path-finder« versenkt (Lt. 05, S. 393).

In zunehmendem Maße suchten nun die britischen Zerstörer nachts die Buchten ab, erschienen vor den Häfen von Kos und Kalymnos und belegten sie mit Artilleriefeuer.

Hält man sich einerseits das unterschiedliche Potential der beiden Sei-ten vor Augen – hier einige behelfsmäßige U-Jäger, dort Kreuzer und Zer-störer –, andererseits aber das Mißverhältnis, welche Truppenzahlen vor relativ kleinen Einheiten kapitulierten, so wird man zugeben, daß das ein-gangs erwähnte Prädikat »eigenartig« für dieses Kriegsgeschehen zutreffend war. Diese Aufzählungen zeigen aber auch, wie hart der Kampf geführt wurde.

Wenn es trotz allem gelungen war, daß nach nur zwei Monaten die Ägäis weitgehend in deutscher Hand war und sich die Lage für die Deutschen ganz wesentlich verbessert hatte, so wird man das Verdienst daran – neben der Luftwaffe – in allererster Linie dem beispielhaften Einsatzwillen der Soldaten der 21. U-Jagdflottille und der Energie und dem Geschick ihres Chefs, Korv. Kpt. d. R. Dr. Günther Brandt, zuerkennen müssen – und dies mit Stolz auch tun!

Aber die Rückgewinnung der Ägäis blieb Stückwerk, solange noch eine der großen Inseln, Samos, und die wohl wichtigste Insel, Leros, im Besitz der Gegner waren. Deshalb war das nächste Ziel die Eroberung von Leros.

Leros, nördlich von Kalymnos gelegen und von dieser Insel nur durch einen schmalen Sund getrennt, ist eine Felseninsel, die sich etwa von Südost nach Nordwest in 13 km Länge erstreckt und etwa 6 km breit ist. An der Nordostküste drängt sich die Alinda-Bucht tief in die Insel hinein, und auf der Südwestseite tun dies im Norden die Thremona-Bucht und südlich davon die Portolago-Bucht. Zwischen der Thremona- und der Alinda-Bucht sowie zwischen der Portolago-Bucht und der Nordostküste ist die Insel kaum 1 km breit.

Portolago ist ein idealer Naturhafen. Eine geräumige Reede ist nach See zu durch ein leicht zu sperrendes, enges Felsentor geschlossen. Diesen Hafen hatten die Italiener zu einem leistungsfähigen Flottenstützpunkt ausgebaut, dem bedeutendsten ihrer Besitzungen im Dodekanes.

Und zum Schutz dieses Flottenstützpunktes war Leros zu einer Inselfestung gemacht worden, bestückt (Qu. 31, S. 88) mit

3 Batterien 152 mm
2 Batterien 120 mm
4 Batterien 102 mm
1 Batterie   90 mm
14 Batterien 76 mm.

Waren diese Kanonen auch alt, so waren sie doch sehr geschützt in die Felsen und artilleristisch günstig recht hoch eingebaut. Besetzt war die Insel mit rund 5000 Italienern und 2000–3000 Engländern (Qu. 30, S. 46). Italienischer Befehlshaber war Konteradmiral Luigi Mascherpa, englischer Oberbefehlshaber Brigadegeneral Robert Tilney (Qu. 31, S. 176), als Festungskommandant der maßgebliche Mann.

Und diese waffenstarrende Felsenfestung mit ihren rund 7000 bis 8000 Verteidigern sollten die schwachen deutschen Kräfte erobern?!

Den Oberbefehl über die Gesamtoperationen hatte, wie schon bei Kos, Generalleutnant Friedrich-Wilhelm Müller. Und ebenfalls wie bei Kos hatte der Admiral Ägäis die Führung der Seeoperationen auf den Chef der 21. U-Jagdflottille, Korv. Kpt. d. R. Dr. Brandt, delegiert.

Der Operationsplan sah vor, mit zwei getrennten Gruppen gleichzeitig im

30

Nordteil der Insel an der Ostseite und an der Westseite zu landen. Die Ostgruppe sollte unter Führung von Oblt. z. S. d. R. Kampen von der Isolavecchia-Bucht auf der Ostseite von Kalymnos aus, wo sich auch die Befehlsstelle befand, zunächst zur Insel Kalolimnos und dann mit Nordwestkurs im Abstand von 2 bis 3 Seemeilen entlang der Ostseite von Leros laufen und dann nördlich und südlich der Alindabucht an insgesamt vier Punkten landen (siehe Karte 6 im Anhang). – Die Westgruppe unter Führung von Oblt. z. S. Weißenborn sollte von der Bucht vor dem Hafen von Kalymnos aus an der Westseite von Leros entlanglaufen und an der Nordseite der Thremona- (oder Gurna-)Bucht landen. U-Jäger und Räumboote sollten den Geleitschutz übernehmen (alle Angaben vornehmlich aus Qu. 30, S. 46–51).

Die Landungsfahrzeuge waren als Geleit im Laufe des 10. November eingetroffen und in den Buchten und Häfen von Kos und Kalymnos verteilt worden. In der Nacht vom 10. zum 11. November beschossen britische Zerstörer den Hafen von Kos aus nur wenigen hundert Metern Entfernung, drei andere Zerstörer schossen 1500 Schuß 12 cm-Granaten in den Hafen von Kalymnos. (Qu. 30, S. 56). Außerdem kämmten die Zerstörer die Buchten der Inseln durch. Trotzdem waren die insgesamt verursachten Verluste der Deutschen sehr gering (Qu. 30, S. 57).

Der Abmarsch der besetzten Landungsfahrzeuge sollte in der Nacht vom 11. zum 12. November, die Landung am 12. November um 05.00 Uhr erfolgen (Qu. 30, S. 54).

Eine solche Operation erschien aber als ein »Unding«, wenn man den Landungsverbänden nicht einen gewissen Schutz gegen die ja nur wenige Seemeilen entfernt in den türkischen Gewässern liegenden Zerstörer geben würde (Qu. 30, S. 44). Und dies war der Grund dafür, daß der Admiral Ägäis so dringend gefordert hatte, die Arbeiten auf den Booten der 9. T-Flottille so zu forcieren und warum er die Boote im Zustand völlig unzureichender Einsatzbereitschaft in den Einsatz schickte. Sie sollten den Landungsoperationen Flankenschutz gewähren, und zwar »TA 17« und »TA 19« auf der Ostseite von Leros, »TA 14« und »TA 15« auf der Westseite.

Das ganze Vorhaben lief unter dem Namen Unternehmen »Leopard«. Da es aber wiederholt hatte aufgeschoben werden müssen, war zu befürchten, daß dieser Deckname enttarnt war. So wurde am 2.11.1943 der Name geändert in Unternehmen »Taifun« (Qu. 12). In der Literatur lief aber das Unternehmen weiterhin unter dem Namen »Leopard« (Lt. 05, S. 400).

Nach zwei Monaten eines harten, wechselhaften, »eigenartigen« Seekrieges auf einem »Nebenkriegsschauplatz« waren dies also nun die Lage und der Plan, da hinein die ersten vier Boote der 9. T-Flottille ihren ersten Einsatz fuhren.

Aber: »Mit Attrappen und Silhouetten kann ein Seekrieg nicht geführt werden!« (Qu. 11). Waren denn diese Boote mehr als bloße Attrappen und Silhouetten, diese materiell unzulänglich einsatzfähigen, personell unausgebildeten Neulinge in diesem Geschehen? Mußte nicht dieser erste Einsatz zugleich der letzte sein? –

DIE ROLLE DER BRITISCHEN FUNKAUFKLÄRUNG (»ULTRA«)

Seit 1974 sind zahlreiche Veröffentlichungen erschienen, in denen die Rolle geschildert wird, welche die britische und alliierte Funkaufklärung für die Lagebeurteilungen und die Entscheidungsprozesse sowie den operativ-taktischen Verlauf von Operationen während des Zweiten Weltkrieges gespielt hat.

Da durch einige dieser Veröffentlichungen der Eindruck entstanden ist, als hätten die Alliierten durch die Entzifferung des deutschen Funkverkehrs ständig im voraus Kenntnis der deutschen Operationsabsichten erlangt, erscheint es notwendig, an dieser Stelle kurz auf den Einfluß dieser Techniken auf die Operationen in der Ägäis und in der Adria einzugehen.

Zur Übermittlung von Nachrichten, Befehlen und Meldungen benutzte man auf deutscher Seite – soweit möglich – Drahtverbindungen (Fernschreiber, Telefon), ansonsten Funkverbindungen.

Fernschreibverbindungen wurden insbesondere zwischen den ortsfesten Hauptquartieren höherer Führungsstäbe benutzt, sofern solche Drahtverbindungen bestanden oder eingerichtet werden konnten. Die auf diesem Wege übermittelten Nachrichten wurden beim Heer und der Luftwaffe mit dem S-L-Schlüsselzusatzgerät, bei der Kriegsmarine mit dem Siemens-Geheimschreiber T-52 verschlüsselt. Wurden die Fernschreiblinien z. B. durch Partisanen-Aktionen oder Sabotage unterbrochen, konnten die Strecken mit Hilfe von Richtfunkverbindungen überbrückt werden. Derartige Verbindungen spielten jedoch für die Operationen der Marine in der Ägäis und in der Adria eine untergeordnete Rolle, so daß auf eine Schilderung der Entzifferung dieses Verkehrs durch die Briten hier verzichtet werden kann.

Wichtiger waren die Funkverbindungen, welche die Landführungsstellen, die keine Drahtverbindungen besaßen, miteinander verbinden konnten, und die vor allem dort eingesetzt wurden, wo Inseln, in See befindliche Schiffe oder beweglich operierende Einheiten erreicht werden mußten.

Dabei wurde der sich zwischen Heeresgruppen, Armeen, Korps und Divisionen sowie selbständigen Kommandos beim Heer, Luftflotten, Fliegerkorps und Geschwadern der Luftwaffe, sowie Landführungstellen und Schiffen untereinander bei der Marine abspielende Verkehr im allgemeinen mit der Schlüsselmaschine »Enigma« verschlüsselt. Das für diese Maschine in ihren verschiedenen Versionen angewandte Schlüsselsystem hielt man insoweit für sicher, als man den für eine kryptologische Entzifferung – sofern sie überhaupt möglich war – nötigen Zeitaufwand für so hoch einschätzte, daß eventuell gelungene Entzifferungen für eine operative oder taktische Nutzung zu spät kommen mußten.

Da die Gefahr eines krytologischen Einbruches oder einer Kompromittierung des Schlüssels auch ohne die Erbeutung von Schlüsselmaschinen oder Schlüsselunterlagen mit der Menge des im gleichen Schlüssel übermittelten Fernmeldeverkehrs zunahm, hatte man bei allen drei Wehrmachtteilen zu einer zunehmenden Unterteilung der Schlüsselbereiche, in denen die gleichen Schlüsseleinstellungen benutzt wurden, Zuflucht genommen. Beim Heer gab es hierarchisch oder regional voneinander getrennte Schlüsselbereiche, bei der Luftwaffe hatten z. B. neben den allgemeinen Luftwaffenschlüsseln die einzelnen Fliegerkorps ihre eigenen Schlüsselbereiche, und auch bei der Marine hatte sich die Zahl der insgesamt für die »Enigma«-Schlüsselmaschine eingesetzten unterschiedlichen Schlüsselbereiche Ende 1943 auf 24 erhöht. In jedem dieser voneinander getrennten Schlüsselbereiche wurde die Schlüsseleinstellung täglich ein-, später teilweise mehrmals geändert.

Den britischen Kryptologen in dem Entzifferungszentrum Bletchley Park war es nun – aufbauend auf polnisch-französischen Vorarbeiten – seit 1940 gelungen, in verschiedene der von der deutschen Wehrmacht und anderen Dienststellen benutzten »Enigma«-Schlüsselbereiche mit kryptologischen Mitteln einzubrechen und die Tagesschlüssel-Einstellungen teilweise regelmäßig, wenn auch mit gewissen Verzögerungen zwischen wenigen Stunden und mehreren Tagen, zu lösen und damit den gesamten Funkverkehr des betreffenden Tages mitzulesen.

Für die Beurteilung der alliierten Führungsentscheidungen ist es von größter Wichtigkeit, daß sich der Historiker genaue Rechenschaft darüber ablegt, welche Schlüsselbereiche in einem Operationsraum von den drei Wehrmachtteilen verwendet wurden, in welche Schlüsselbereiche die alliierte Funkaufklärung z. Zt. der behandelten Operationen Einbrüche erzielt hatte und wie groß die Verzögerungen in der Lösung der Tagesschlüssel jeweils waren.

Für den Bereich der Ägäis ist z. B. wichtig zu wissen, daß Bletchley Park von September/Oktober 1943 bis zum Ende der Operationen auf dem Balkan den Hauptschlüsselbereich für Südost-Europa (britischer Code ›Woodpecker‹) sowie die drei von der Heeresgruppe E benutzten Schlüsselbereiche (›Raven I‹ bis ›III‹) mit Verzögerungen von durchschnittlich ein bis drei Tagen entziffern konnte. Die bei der Luftwaffe von den im ägäischen Raum eingesetzten Fliegerverbänden verwendeten »Enigma«-Schlüssel konnten mit stundenweisen Verzögerungen durchgehend entziffert werden. Von der Marine konnte der zur Verbindung zwischen OKM und den oberen Marine-Führungsstellen im Südraum verwendete Schlüssel »Uranus«, der im Oktober 1943 eingeführt worden war, ab April 1944 von Bletchley Park entziffert werden (›Trumpeter‹), der für den Funkverkehr innerhalb des Marinegruppenkommandos Süd verwendete Schlüssel »Hermes« jedoch schon seit Oktober 1943 mit relativ kurzen Verzögerungen von maximal drei Tagen (»Porpoise«).

Da sowohl im Fernschreib- als auch im Funkverkehr auf deutscher Seite vielfach Codebegriffe und Decknamen verwendet wurden, war es für die alliierten Intelligence-Offiziere nicht immer einfach, aus den aufgefangenen entzifferten Funksprüchen auf eindeutige deutsche Absichten zu schließen, zumal ja die eigentlichen vorausgehenden Operationsbefehle nur in Ausnahmefällen über Funk übermittelt wurden.

Dank ihrer seit 1940–1941 gewonnenen Erfahrungen hatten die Alliierten allerdings eine große Fertigkeit in der Interpretation der auf diesem Wege gewonnenen Nachrichten erlangt. Es war jedoch für die alliierte Führung von größter Wichtigkeit, die Tatsache dieser großen Erfolge der Funkaufklärung gegenüber der deutschen Seite geheimzuhalten. Deshalb konnten die Erkenntnisse nur den oberen Führungsstellen auf den einzelnen Kriegsschauplätzen mit Hilfe der sogenannten »Special Liaison Units« übermittelt werden. Diese oberen Führungsstellen mußten ihre auf derartigen »Ultra«-Erkenntnissen beruhenden Einsatzbefehle jedoch stets so formulieren, daß die Erkenntnisquelle daraus nicht hervorging. Eine Angriffsoperation mußte z. B. auf vorher erfolgte Luftauflärungsergebnisse zurückgeführt werden können. Luftangriffe oder Einsätze von Überwasserschiffen gegen erkannte deutsche Bewegungen wurden deshalb nicht direkt angesetzt, sondern erst, nachdem die aufgrund der »Ultra-Intelligence« angesetzte Luftaufklärung die Ziele erfaßt hatte.

Nach britischen Angaben (F. H.-Hinsley, .A.: British Intelligence in the Second World War, Vol. III, part 1, Page 121 ff) erkannte die alliierte Funkaufklärung zwischen dem 18. und 27. September 1943 die Verlegung stärkerer Luftwaffenverbände (20 Jäger sowie die II./K. G. 51 und II./K. G. 6) nach Griechenland, denen bald darauf noch weitere Sturzkampfflugzeuge folgten, womit die deutsche Seite eine deutliche Luft-Überlegenheit im Gebiet des Dodekanes gewann, die alliierte Überwasser-Operationen auf die Nachtstunden reduzierte. Das Anlaufen der Operation »Eisbär« gegen Kos wurde durch Fotoluftaufklärung zwischen dem 30. September und 2. Oktober erkannt, wobei jedoch das Ziel der deutschen Operation zunächst nicht klar wurde. Noch bis zum frühen Morgen des 3. Oktober konnte man nicht sicher sein, ob die gesichteten deutschen Verbände Verstärkungen nach Rhodos brachten, oder ob die Operation eventuell gegen Leros gerichtet war.

Am 2. Oktober 1943 entzifferte deutsche Marinefunksprüche vom Vortage wiesen auf eine bevorstehende Landung hin, gaben jedoch keinen Hinweis auf das Ziel, so daß nur eine allgemeine Warnung vor einer für den 3. Oktober geplanten Operation nach Kairo übermittelt werden konnte.

Zwar konnte die deutsche Seite so die geplante Operation mit einem gewissen Moment der Überraschung durchführen, doch wurde der am 4. Oktober per Funk übermittelte Bericht über die Operation am folgenden Tage entziffert.

Nachdem die durch konventionelle Aufklärung zustande gekommene Vernichtung des »Olympus«-Konvois durch eine britische Kreuzer-Zerstörergruppe und die Versenkung eines Minenschiffes durch ein britisches U-Boot die Vorbereitungen für die geplante Operation »Leopard«, die Landung auf Leros, durcheinandergebracht hatten, erfuhr die britische Funkaufklärung seit dem 9. Oktober 1943 durch die Entzifferung wiederholter Funksprüche von der ständigen Verschiebung der Operation »Leopard«, und die operative Führung konnte Mitte Oktober in verschiedenen Fällen Flugzeuge, U-Boote und Überwasserschiffe auf deutsche Einzelschiffe und Konvois ansetzen, die dann aufgrund von »Ultra«-Nachrichten zunächst durch die britische Aufklärung konventionell erfaßt und später angegriffen wurden.

Seit dem 5. November erkannten die Briten erneut aus der Funkaufklärung das Anlaufen der Vorbereitung für die Landung auf Leros. Obgleich in den folgenden Tagen zahlreiche Entzifferungen immer wieder Hinweise auf die Bewegungen und Standorte deutscher Schiffe und Schiffsgruppen gaben und schließlich sogar detaillierte Einzelheiten über den Operationsansatz gegen Leros entziffert werden konnten, erlaubte es die Wetterlage (helles Mondlicht) angesichts der deutschen Luftüberlegenheit nicht, Überwasserschiffe zeitgerecht anzusetzen. Während der laufenden Operation vom 12. bis 15. November kamen die Entzifferungen mit ihrer Verzögerung von 18 bis 30 Stunden oft für einen Ansatz von Gegenmaßnahmen zu spät.

Die um Mitternacht vom 16. zum 17. November gefunkte Meldung über die Kapitulation wurde von britischer Seite aufgefangen und führte schließlich zur Zurückziehung der alliierten Seestreitkräfte aus türkischen Gewässern.

Auch in den folgenden Monaten gab es immer wieder Fälle, bei denen deutsche Schiffe oder Konvois aufgrund von rechtzeitig entzifferten Funksprüchen durch britische U-Boote oder Luftstreitkräfte angegriffen wurden.

Das war meist dann der Fall, wenn auf deutscher Seite aufgrund der Feinlagebeurteilung oder der Wetterlage Änderungen in den vorgesehehen Plänen an in See stehende Schiffe übermittelt werden mußten oder wenn Operationen aus den genannten Gründen um 24 Stunden verschoben wurden. Erhielten die deutschen Schiffe und Verbände dagegen ihre Einsatzbefehle auf dem normalen Wege in Schriftform, erlangte die alliierte Funkaufklärung ihre Erkenntnisse im allgemeinen erst im Nachhinein durch die Entzifferung über Funk gemeldeter Gefechtsberichte.

Bei einer künftigen Untersuchung der Operationsverläufe mit den Ansätzen von beiden Seiten wird es erforderlich sein, die im Public Record Office in London-Kew vorhandenen Entzifferungen deutscher Funksprüche gründlich auf die aus dieser Quelle erlangten Kenntnisse zu durchforschen.

4. KAPITEL

Die Rückgewinnung des Dodekanes

11.11. bis 24.11.1943

11.–14. November 1943

Führung: Freg. Kpt. Riede auf »TA 15«
Beteiligte Boote: »TA 14«, »TA 15«, »TA 17«, »TA 19«
Aufgaben: (1) Kriegsmarsch Piräus – Syra – Leros; (2) Flankensicherung für die Landungsoperationen gegen Leros (a) auf der Ostseite, (b) auf der Westseite; (3) Kriegsmarsch Leros – Syra – Piräus.
(1) Die 9. T-Flottille lief mit vier Booten am 11.11.1943 um 00.15 Uhr aus Piräus aus. Dafür, daß dies die erste Fahrt war, verlief zuerst alles erstaunlich gut. Dann machte auf »TA 15« die Maschine Feuer aus, aber die Störung war schon bald behoben. Um 06.30 Uhr lagen die vier Boote in Syra fest zur Übernahme von Heizöl und Kesselspeisewasser. Es gab ärgerliche Verzögerungen, weil die Schlauchanschlüsse nicht paßten, zudem erwies sich das Wasser als unbrauchbar für die Kessel (oder waren die Ingenieuroffiziere noch zu sehr in deutschen Maßstäben befangen?).

Erst um 15.00 Uhr konnten drei Boote in Syra wieder ablegen. »TA 14« hatte Salz im Speisewasser und mußte liegenbleiben. Da die Störungssuche schwierig war, konnte das Boot erst am 12.11. um 04.00 Uhr auslaufen.

»TA 15«, »TA 17« und »TA 19« liefen nun auf die Durchfahrt zwischen Kos und Kalymnos zu. Ursprünglich hatten sie südlich um Kos herumfahren sollen, um nicht in den Aufmarsch der Landungsboote zu geraten und dort Verwechslungen mit feindlichen Einheiten zu verursachen. Nach dem Zeitverlust in Syra aber war dies nun nicht mehr möglich, aber auch nicht mehr erforderlich, da die Landungsboote bereits weiter nördlich standen.

Um 21.30 Uhr standen die drei Boote nahe beim Ort Kalymnos. Hier entließ der Flottillenchef »TA 17« und »TA 19« auf die Ostseite von Leros. »TA 15« wollte sich auf seine Position auf der Westseite der Insel begeben, als der Funkspruch eintraf, im Osten seien zwei Zerstörer mit Kurs West gesichtet, und das ganze Unternehmen sei um eine Stunde verschoben. »TA 17« und »TA 19« setzten ihren Marsch fort und hatten keine Feindberührung. »TA 15« legte sich westlich der Insel Neros auf die Lauer, um die feindlichen Zerstörer, sollten sie nördlich oder südlich vorbeifahren, überraschend mit Torpedos und Artilleriefeuer zu überfallen. Aber als nichts geschah, bezog »TA 15« seine Position als Flankensicherung auf der Westseite von Kalymnos/Leros und dampfte dort auf einer Standlinie auf und ab.

36

(2a) Im Osten verlief der Marsch des Landungsverbandes zunächst planmäßig, wenn auch um eine Stunde verspätet. Es war eine helle Vollmondnacht mit überklarer Sicht. Nachdem dann aber der Verband Kalolimnos passiert hatte, kam es zweimal zu Feindberührung mit kleinen Fahrzeugen, die nach kurzen Feuergefechten durch die Nahsicherung des Landungsverbandes zum Abdrehen gezwungen wurden. Ein dritter Angriff von zwei italienischen Schnellbooten konnte durch Bluff mit falschem Erkennungssignal abgewendet werden.

Bei jeder Feindberührung erhielten die Landungsfahrzeuge den Befehl, auf Gegenkurs zu gehen. Das kostete zwar wertvolle Zeit, aber so traten Verluste bisher zum Glück nicht ein. In der Morgendämmerung des 12.11. erreichten die Landungsfahrzeuge den vorgesehenen Punkt, von wo aus die Landungsplätze angesteuert werden sollten. Bei Annäherung an die Küste bekamen die Verbände heftiges Feuer von den Küstenbatterien. Ein Landungsfahrzeug erhielt einen Volltreffer und wurde von einem R-Boot nach Kalymnos zurückgeschleppt. Trotz des Feuers der Landbatterien gelang dann die Anlandung an drei der vier vorgesehenen Punkte bei nur geringen eigenen Verlusten.

»TA 17« und »TA 19« marschierten östlich der eigenen Sperre nach Norden. Um 02.35 Uhr lief ein feindliches Schnellboot an, »TA 17« eröffnete ein gutliegendes Feuer, so daß der Gegner ablief.

Gegen 06.00 Uhr beobachteten die beiden Boote starkes Feuer der Landbatterien gegen die Landeplätze. Der Gruppenführer, Kptlt. Düvelius auf »TA 17«, entschloß sich daraufhin, diese Batterien unter Feuer zu nehmen, weniger um sie niederzukämpfen, als vielmehr um das Feuer auf sich zu ziehen und so die Landeplätze zu entlasten. Die Boote belegten die Batterien mit 24 Salven und wurden dann erwartungsgemäß unter Feuer genommen. Treffer erzielte der Gegner nicht.

Um 06.50 Uhr gerieten zwei Pionier-Landungsboote unter Beschuß von Land. »TA 19« legte eine Nebelwand. Die Insassen hatten die T-Boote für Engländer gehalten und ihre Waffen fortgeworfen. Die beiden Boote wurden nach Kos geschickt.

Danach bezogen die beiden T-Boote eine Wartestellung nahe Kalolimnos. Dort bekamen sie von 09.55 Uhr bis 10.04 Uhr Feuer von Land aus 130–140 hm, dem sie sich entzogen.

Nachdem die Landung auf der Ostseite geglückt war, aus dem Funkbild aber ersichtlich war, daß es im Westen nicht so klar ging, entschloß sich der Gruppenführer um 11.35 Uhr, seine Position im Osten zu verlassen und die Westgruppe zu unterstützen. Die beiden Boote liefen durch die Kalymnos-Straße nach Westen und dann westlich von Kalymnos und Leros nach Norden. Da bekamen sie um 13.04 Uhr starkes Feuer von Land, sie drehten ab und nebelten. Bei der vierten Salve erhielt »TA 17« einen Treffer im Kesselraum 3, der 2 Tote und 3 Verwundete forderte. Die Kesselräume 3 und 4 waren ausgefallen, dazu zeitweilig auch das Ruder.

Ganz kurz danach, um 13.38 Uhr, wurde ein Sehrohr gesichtet und unter Feuer genommen.

Angesichts der Einbuße an Einsatzbereitschaft infolge des Treffers und mit Rücksicht auf das eigene Boot entschloß sich der Gruppenführer um 14.20 Uhr, nach Syra zu gehen. Dort trafen gegen 23.30 Uhr »TA 17« und »TA 19« wieder mit »TA 14« und »TA 15« zusammen.

Die Engländer hatten in dieser Nacht bemerkenswertes Pech entwickelt – sehr zum Glück für die deutschen Unternehmungen! Der Chef der 8. Zerstörerflottille erwartete die ablösende Zerstörergruppe erst in der Nacht 12./13.11. und war deshalb genötigt, Heizöl zu sparen. So schickte er in der Landungsnacht nur zwei Zerstörer der »Hunt«-Klasse in die Gewässer östlich von Leros und blieb mit den anderen zu Anker. Da er das Eintreffen der Landungsfahrzeuge bemerkt hatte, ging er davon aus, daß die Deutschen die Landung nicht schon in der darauffolgenden Nacht unternehmen würden, vielmehr erwartete er sie erst eine Nacht später und hielt den Einsatz seiner Zerstörer dann für erfolgversprechender.

Die beiden »Hunt«-Zerstörer hatten keine Feindberührung, aber eine britische Motor-Torpedobootgruppe meldete ein Gefecht »mit zwei unbekannten Zerstörern«, wobei es sich aber offenbar um deutsche Räumboote gehandelt hatte (Qu. 30, S. 60). Später wurden zwei Zerstörer gesichtet, offenbar »TA 17« und »TA 19«, sie wurden aber für eigene Zerstörer gehalten; anscheinend hatten die Engländer noch nicht bemerkt, daß es nun in der Ägäis eine deutsche 9. T-Flottille gab.

Trotz so mancher Unklarheiten auf beiden Seiten waren die beiden Landungen auf der Ostseite von Leros geglückt. Nun standen die Truppen in harten Kämpfen an Land.

(2b) Auf der Westseite verliefen die Operationen nicht so glatt. Der Landungsverband verließ die Bucht vor Kalymnos-Ort planmäßig, marschierte dicht unter der Westküste von Kalymnos entlang und hinein in den Telendos-Sund zwischen Kalymnos und der kleinen vorgelagerten Insel Telendos. Hier stießen die Sicherungskräfte am 12.11. um 01.36 Uhr auf das britische Minensuchboot »BYMS 72« und konnten es nach kurzem Feuergefecht entern (Qu. 30, S. 61). Dabei fielen den Deutschen alle Geheim- und Schlüsselunterlagen in die Hände; sie wurden schnellstens nach Athen geflogen und ausgewertet. Diese Bloßstellung der Unterlagen hat das britische Befehls- und Meldewesen sehr gehemmt.

Dieser für die Folge so bedeutsame Vorteil für die Deutschen wurde aber für den Augenblick mehr als aufgehoben durch den Zeitverlust als Folge des Gefechts sowie dadurch, daß nun auf der Westseite eine Überraschung nicht mehr möglich war.

So bekam denn auch am 12.11. um 04.30 Uhr der Landungsverband schweres Feuer von der 15 cm-Batterie San Giorgio auf den Felsen der Südwestecke von Leros. Von »TA 15« aus konnte man, wie man von dort aus auch das Feuergefecht im Telendos-Sund hatte beobachten können, nun sehen, wie der

Landungsverband kehrt machte und nach Kalymnos-Hafen zurücklief. »TA 15« sicherte diesen Rückzug nach See zu.

Eine Anlandung am Tage hatte sich als fast unmöglich erwiesen. »TA 15« begab sich deshalb auf die Ostseite von Leros, um die dortige Sicherung zu verstärken. Auf dem Wege dorthin wasserte vor Kalymnos-Hafen eine Arado und überbrachte den Befehl, die Landung an der Westseite trotz allem erneut zu versuchen, »TA 15« sollte dabei die Sicherung übernehmen und artilleristische Unterstützung gewähren. Der Flottillenchef sagte die Sicherung zu, lehnte aber die artilleristische Unterstützung ab.

Auf dem Wege wieder auf die Westseite ging auf »TA 15« der Funkspruch ein, in dem General Müller die artilleristische Unterstützung verlangte. Etwas später wasserte bei »TA 15« abermals eine Arado, der Chef der 21. U-Jagdflottille kam an Bord zu einer Besprechung mit dem Chef der 9. T-Flottille, als deren Ergebnis auch artilleristische Unterstützung zugesagt wurde.

Gegen 08.00 Uhr stieß »TA 14« wieder zu »TA 15«. Beide Boote sicherten nun den Landungsverband auf seinem abermaligen Wege nach Norden. Um 09.30 Uhr eröffneten die Küstenbatterien das Feuer auf die Landungsboote. Die Torpedoboote konnten das Feuer nicht erwidern, weil die Entfernung zu groß war. Statt dessen liefen sie an, um zwischen den Verband und die Küste eine Nebelwand zu legen. Dabei zogen sie das Feuer auf sich. Es lag bei den T-Booten schnell deckend und wurde so heftig, daß sich der Flottillenchef entschließen mußte, die Nebelwand nicht zwischen den Verband und die Küste, sondern hinter ihn zu legen, damit die Landungsfahrzeuge sich in sie hinein zurückziehen konnten. Dies gelang, und die Boote kamen ohne Verluste außer Artillerieschußweite.

Nun setzten der Verband und die T-Boote den Marsch nach Norden fort. Mit Genugtuung beobachtete man von Bord aus, wie nun Flugzeuge die feindlichen Artilleriestellungen mit Bomben belegten.

Um 11.45 Uhr drehten die Landungsboote und die T-Boote auf Landekurs. Die T-Boote liefen mit 9 Knoten in Kiellinie vorweg, die Landungsboote folgten. Zuerst ging es auf geradem Kurs vierkant auf die Küste zu, dann begannen die T-Boote, Zickzackkurse zu steuern. Das war um 12.18 Uhr, und genau in diesem Augenblick eröffneten die Landbatterien wieder das Feuer.

Nach nur wenigen Salven lag das Feuer deckend bei den T-Booten, und nun überschüttete der Gegner im Wirkungsschießen die beiden Boote mit einem Hagel von Granaten. Die Entfernung betrug etwa 150 Hektometer. Es war äußerst schwierig, die Küstenbatterien als Ziele auszumachen, um das Feuer zu erwidern. Die Torpedoboote wendeten nun auf einen Kurs parallel zur Küste, »TA 15« stand näher zum Lande, »TA 14« in Staffel Backbord achteraus.

Dann eröffnete »TA 15« das Feuer. Da der Kommandant aber fortgesetzt Kursänderungen fahren mußte, um den Einschlägen auszuweichen, fiel die erste Salve der vorderen 12 cm-Doppellafette in achterlicher Hartlage.

Die Wirkung dieser Salve war ungeheuer, allerdings nicht beim Gegner, sondern auf »TA 15« selber. Die Feuerleitgeräte und alle anderen Geräte, die am Brückenschanzkleid befestigt waren, brachen durch die Erschütterungen aus ihren Befestigungen und fielen an Deck! Deshalb blieb es bei dieser und einzigen Salve, der sog. »artilleristischen Unterstützung«.

Die Landungsboote hatten mit Beginn des feindlichen Feuers kehrtgemacht. Und nun befahl der Flottillenchef auch den beiden T-Booten, von der Küste abzulaufen. Bald hörte das Feuer des Feindes auf, Treffer oder Verluste waren trotz mehrere Einschläge in unmittelbarer Nähe nicht zu verzeichnen. Aber damit war es auch aus mit der »artilleristischen Unterstützung«!

Der Landungsverband lief nun nach Süden zurück, und »TA 14« und »TA 15« sicherten den Rückmarsch. Da wurden sie von einem großen Verband Flugzeuge angeflogen. Schon bereitete man sich an Bord auf ein hartes Gefecht vor, da wurden die Flugzeuge als deutsche Ju 52 erkannt, die dann über Leros hinwegflogen. Plötzlich war der Himmel voller Fallschirme: Die Luftwaffe hatte Fallschirmjäger abgesetzt. An diesem ersten Tage der Kämpfe um Leros hatte die Luftwaffe 206 Flugzeuge eingesetzt (Lt. 05, S. 400).

Gegen 16.00 Uhr wurden die T-Boote entlassen, sie liefen zurück und lagen um 23.20 Uhr zusammen mit »TA 17« und »TA 19« in Syra fest zur Heizöl- und Wasserergänzung.

Während dieses ganzen 12. Novembers 1943 wurde auf Leros mit äußerster Härte und Erbitterung von beiden Seiten gekämpft. Die deutschen Truppen benötigten dringend Verstärkung, fehlten ihnen doch die Verbände, die auf der Westseite von Leros hatten landen sollen. In der Nacht 12./13.11. gelang es, diese Truppen auf Marinefährprähmen von Kalymnos-Hafen aus an der Ostküste der Inseln entlang heranzuführen und in den Brückenköpfen als Verstärkungen zu landen. Dieser Transport wurde von den Engländern nicht gestört, ja er wurde nicht einmal bemerkt. Zum einen erwarteten sie eine Wiederholung der Landung an der Westseite und hatten deshalb in den Abendstunden des 12.11. einen Vorstoß in das Gebiet westlich von Leros gemacht, dabei auch artilleristisch in die Landkämpfe eingegriffen, aber sonst niemand angetroffen. Zum anderen meinten sie, daß »stürmischer Wind den Einsatz von leichten Einheiten auf beiden Seiten« verhindern werde (Qu. 30, S. 66).

(3) In der Tat briste es in der Nacht sehr stark auf. Da das beschädigte »TA 17« am schnellsten zurück mußte, wurde es in der Nacht zuerst beölt und mit Wasser versorgt. Das Boot lief am 13.11. um 04.40 Uhr aus Syra aus und konnte gerade noch um 12.00 Uhr in Piräus einlaufen, bevor der Sturm seine volle Stärke erreichte.

Für die drei anderen Boote dauerten Öl- und Wasserübernahme bis zum Mittag des 13.11., und als sie dann ausgelaufen waren, trafen sie draußen Süd-südwestwind Stärke 6–7 an, der sich bis 16.00 Uhr zu einem Schirokko Stärke 7–8 steigerte. In der groben See hatten die Boote Beschädigungen an Oberdeck, und für den dann notwendigen Kurs quer zur See mußte man um die

Stabilität sehr besorgt werden. Deshalb entschloß sich der Flottillenchef, um 19.20 Uhr unter dem Schutz der Küste von Seriphos zu ankern.

Um 04.00 Uhr am 14.11., als es ruhiger geworden war, gingen die Boote Anker auf. Der Anker von »TA 15« war auf dem Grunde unklar und mußte mit 60 m Kette geschlippt werden. Um 11.00 Uhr lagen die Boote in Piräus fest.

Am 13. und 14. 11. fuhr die Marine keine Einsätze nach Leros. Die Boote hatten zahlreiche Schäden zu beheben. Auf der Insel gingen die wechselvollen Kämpfe mit unverminderter Härte weiter. Britische Zerstörer griffen artilleristisch in die Kämpfe ein, dabei versenkte die Luftwaffe den Zerstörer »Dulverton« (Lt. 05, S. 400).

Die 9. T-Flottille hatte ihre Feuertaufe bestanden. Daß sie ihre Aufgabe, die Seeflanke der Landungsoperationen zu sichern, hatte erfüllen können, verdankte sie dem Glück und der Passivität der Engländer mehr als eigenem Verdienst.

15.–16. November 1943

Führung: Freg.Kpt. Riede auf »TA 15«
Beteiligte Boote: »TA 15«, »TA 16«
Aufgaben: (4) Schnelltransport von Truppen Piräus – Kalymnos; (5) Kriegsmarsch Kalymnos – Piräus.

Im Verlauf des 13. und 14.11. hatte sich die Lage auf Leros krisenhaft zugespitzt. Man hatte ursprünglich damit gerechnet, daß die Operation in drei Tagen beendet sein würde (Qu. 30, S. 47). Diese waren jetzt verstrichen, aber eine Entscheidung zeichnete sich noch nicht ab. Da wurden Verstärkungen das dringendste Erfordernis.

(4) Von den vier Booten, die von Leros zurückgekehrt waren, war nur »TA 15« mit Einschränkungen fahrklar. Das Boot ging nach Salamis in die Werft zur Erledigung wichtiger Arbeiten. Um 21.00 Uhr erhielt es den Befehl zu sofortiger Bereitschaft, und um 22.45 Uhr noch am Tage des Einlaufens stand es an der Pier in Piräus wieder zur Verfügung.

Inzwischen war aber »TA 16« am 14.11. in Dienst gestellt worden und sollte nun den ersten Einsatz mit »TA 15« fahren. Beide Boote nahmen je etwa 100 Mann des Regiments »Brandenburg« an Bord und liefen am 15.11. um 01.30 Uhr aus Piräus aus. Zunächst verlief der Marsch störungsfrei. Am Vormittag erhielten die Boote Schutz durch 2 Arados und 4 Ju 88. Trotzdem wurden sie dann in der Nähe von Levitha von 9 Hudson-Flugzeugen im Tiefflug mit Bordwaffen angegriffen. Starkes Abwehrfeuer wies den Angriff ab, der nicht wiederholt wurde. Treffer waren nicht erzielt worden.

Um 13.45 Uhr ankerten die beiden Boote in der Akti-Bucht der Insel Kalymnos und gaben ihre Truppen an Marinefährprähme ab.

(5) Nachdem »TA 16« seinen am Grunde verklemmten Anker nicht lichten konnte und diesen schließlich mit einigen Kettenlängen und einer Boje hatte

schlippen müssen, verließen »TA 15« und »TA 16« um 16.40 Uhr Kalymnos und trafen ohne Zwischenfälle am 16.11. um 03.30 Uhr in Piräus ein.

In der Nacht 14./15.11. beschossen britische Zerstörer, die die bisherige Gruppe abgelöst hatten, erneut Leros, und sie wiederholten dies in der Nacht 15./16.11. Trotzdem gelang es, in der Nacht 15./16.11. die »Brandenburger« von Kalymnos in die Brückenköpfe auf Leros zu verbringen.

Wenn Korv. Kpt. Dr. Brandt (Qu. 30, S. 72) zu seiner Feststellung, daß T-Boote zum Schutz nicht zur Verfügung standen, hinzufügt, er kenne die Gründe dafür nicht, so sind sie hier zu suchen:

Angesichts der äußersten Dringlichkeit, Nachschub und Truppen nach Leros heranzuführen, war es wichtiger und richtiger, die T-Boote als die schnellsten Schiffe des Raumes für Schnelltransporte einzusetzen, als sie in einer stationären Sicherung zu verwenden und die Transporte auf langsameren Fahrzeugen – und damit zu spät! – durchzuführen.

Vor allem aber war wichtig: Die Schlacht um Leros tobte nun schon viermal 24 Stunden ununterbrochen mit unvorstellbarer Härte. Auf beiden Seiten waren die Truppen völlig abgekämpft und erschöpft. Da richtete auch die größere Zahl nicht mehr viel aus. Der Sieg würde der Seite gehören, die jetzt als *erste* frische Truppen in den Kampf werfen konnte. Und diesem Zwecke hatte diese Fahrt gedient.

15.–17. November 1943

Führung: Kptlt. Dehnert auf »TA 14«

Beteiligte Boote: »TA 14«

Aufgaben: (6) Schnelltransport Piräus – Kalymnos; (7) Kriegsmarsch Kalymnos – Piräus.

(6) Am Abend des 15.11. war auch »TA 14« wieder fahrklar geworden und wurde nun ebenfalls zu einem Schnelltransport eingesetzt. »TA 14« sollte für die von »TA 15« und »TA 16« transportierten »Brandenburger« den Troß, Material und Personal, nachbringen.

Das Boot lief am 15.11. um 22.40 Uhr aus Piräus aus und traf draußen noch so viel Seegang an, daß es nur 17 Knoten laufen konnte. Unbehelligt vom Feind und ohne größere Störungen ankerte das Boot am 16.11. um 10.15 Uhr vor dem Hafen von Kalymnos.

Die Ausschiffung von Material und Personal war um 12.30 Uhr beendet.

Nun gab es einiges Hin und Her um die neue Aufgabe, aber dann sollte das Boot doch so schnell wie möglich in Piräus zur Verfügung stehen.

(7) Also ging »TA 14« um 15.40 Uhr vor Kalymnos-Hafen Anker auf und trat den Marsch an, wegen einer Maschinenstörung mit 17 Knoten. Später konnte die Fahrt auf 24 Knoten erhöht werden. Am 17.11.1943 um 02.20 Uhr lief das Boot in Piräus ein.

Während diese Fahrt noch andauerte, nahmen die Ereignisse auf Leros die entscheidende Wendung. Die von »TA 15« und »TA 16« herangeführten

»Brandenburger« (neben weiteren auf dem Luftwege transportierten), die noch in der Nacht 15./16. 11. nach Leros gebracht wurden, traten zum Sturm auf den Monte Meraviglia an, auf dem sich das Hauptquartier des englischen Befehlshabers befand. Es gelang, den Befehlsstand zu stürmen und den Befehlshaber, General Tilney, und seinen ganzen Stab gefangenzunehmen. Darauf bot der General die Kapitulation der Insel an.

Es verlautete damals, der General habe nicht wegen seiner und seines Stabes Gefangennahme kapituliert, sondern weil er ein Fortführen des Kampfes für sinnlos hielt, obwohl die Deutschen nur etwa ein Zehntel der Insel in ihrem Besitz hatten (Qu. 30, S. 76). Aber, so habe er damals gesagt, wenn die Deutschen jetzt noch so frische, unverbrauchte Truppen hätten wie die Männer, die den Gefechtsstand stürmten und ihn gefangennahmen, dann hätten seine total abgekämpften und zu Tode erschöpften Männer keine Chance mehr.

Sieht man es so, dann war der Schnelltransport der »Brandenburger« mit »TA 15« und »TA 16« und mit den Flugzeugen der entscheidende Beitrag zum Sieg auf Leros gewesen.

Die Kapitulationsverhandlungen zogen sich noch eine Weile hin, aber am 16. November 1943 um 18.34 Uhr nach italienischen Uhren trat die Kapitulation in Kraft (Qu. 31, S. 250). Es gab zwar noch einzelnen italienischen Widerstand bis in den Vormittag des 17. 11. (Qu. 31, S. 251), aber dann schwiegen auf Leros die Waffen, die Schlacht war beendet.

3200 englische und 5350 italienische Soldaten gerieten in Gefangenschaft (Lt. 05, S. 400). Rechnet man die hohen Verluste der viereinhalbtägigen Schlacht hinzu, so dürfte Leros einschließlich der Verstärkungen von Samos von fast 10 000 Mann verteidigt gewesen sein.

Die von »TA 14« herangeführten Truppen kamen nicht mehr in den Kampf, aber sie und ihr Material kamen gerade richtig, um beim Durchkämmen der Insel mitzuwirken.

16.–18. November 1943

Führung: Kptlt. Vorsteher auf »TA 15«

Beteiligte Boote: »TA 15«

Aufgaben: (8) Schnelltransport von Material Piräus – Kalymnos; (9) Kriegsmarsch Kalymnos – Piräus.

In den Mittagsstunden des 16. 11. erhielt »TA 15« den Befehl, um 16.00 Uhr klar zu sein zu einem weiteren Schnelltransport von Truppen nach Kalymnos – allein, denn »TA 14« war noch in See, und die anderen Boote waren nicht fahrbereit. Aber auch »TA 15« war nicht fahrbereit, denn das Fahrventil hatte sich nicht schließen lassen und war zur Reparatur ausgebaut. Das Auslaufen wurde auf 20.00 Uhr verschoben. Zu dieser Zeit war von der Kapitulation von Leros noch nichts bekannt.

Die einzuschiffenden Truppen standen schon zur Verladung auf der Pier, da wurde der Befehl widerrufen. Nun verlautete gerüchtweise etwas von der

Kapitulation auf Leros, aber von den wirklichen Ereignissen wußte die Truppe in Piräus noch nichts. Nun sollte »TA 15« mit »Drache« eine Fahrt machen, aber auch dies wurde alsbald widerrufen. Um 22.00 Uhr lag der endgültige Befehl vor, um 23.00 Uhr mit Material in einer Alleinfahrt nach Kalymnos aufzulaufen.

(8) Um 23.00 Uhr am 16.11. legte »TA 15« in Piräus ab, an Bord Sanitätsmaterial, 2 cm-Munition und verschiedene Spezialgeräte. Vor der Netzsperre hing sich befehlsgemäß »R 211« an.

Um 01.00 Uhr, nun schon am 17.11., ging der Funkspruch des Chefs der 21. U-Jagdflottille an den Admiral Ägäis ein, daß Leros kapituliert hatte. Er löste große Freude aus.

Der Marsch verlief ohne Zwischenfälle. In den ersten Morgenstunden begegneten sich »TA 14« und »TA 15«. Um 07.30 Uhr lag der Funkspruch vor, daß »TA 15« nicht nach Kalymnos gehen, sondern direkt in Portolago auf Leros einlaufen sollte.

Um 10.00 Uhr stand »TA 15« vor Portolago. Es gelang, in dem engen Felsentor der Einfahrt die Balkensperre auszumachen, durch deren schmale Lücke man in S-förmigen Kursen hindurchfahren mußte. Das war schwierig genug, zudem mußte man von den schräg in die Lücke hineinlaufenden Haltetauen klarkommen.

»Es war für uns alle das Gefühl einer großen Erleichterung, als wir ... dicht unter den Felsen von Leros entlangliefen: Auf den Hügelkämmen die zahlreichen Batterien mit hochgeschwenkten Geschützrohren, an denen weiße Tücher befestigt waren; auf den Wegen lange Kolonnen von Italienern und Engländern, ohne Waffen, auf dem Marsch zu den Gefangenensammelstellen. Hier war der Kampf beendet!«

So beschrieb der Chef der 21. U-Jagdflottille (Qu. 30, S. 77) seine Eindrücke, als er nur wenige Stunden vor »TA 15« mit einigen Booten seiner Flottille in Portolago einlief. Und die Männer auf »TA 15« empfanden ähnlich. Hinzu gesellte sich der großartige Eindruck der Landschaft, dieses drohend-imponierende Felsentor, hinter dem sich die geräumige Bucht von Portolago öffnete.

»TA 15« gelangte gut durch die Sperre hindurch in die Bucht. Dort aber war über die Minen- und Wracklage nichts bekannt. Da die Seekarte sehr kleinen Maßstabs aus dem Jahre 1934, die einzige Unterlage an Bord, an keiner Stelle genug Wasser auswies, um an einer Pier festzumachen, ankerte »TA 15« um 10.23 Uhr vor dem Ort Portolago. Der Kommandant ließ sich an Land pullen und meldete sich beim Chef der 21. U-Jagdflottille. »TA 15« sollte am Nachmittag mit Verwundeten und Gefangenen nach Piräus zurücklaufen.

(9) In den Mittagsstunden wurde die Ladung gelöscht, und dann brachten Boote die Verwundeten und Gefangenen an. Um 16.30 Uhr erhielt »TA 15« von Land den Spruch, das letzte Boot habe nun abgelegt. Darauf meldete »TA 15« sein Auslaufen durch Funkspruch und ging Anker auf.

44

Aber da kam ein weiterer Spruch, noch mehr Verwundete und Gefangene mitzunehmen. Also ankerte das Boot wieder.

Dann endlich hatte »TA 15« seine bunte Ladung an Bord: 5 deutsche Schwerverwundete, 33 deutsche Leichtverwundete, 10 englische Offiziere, 18 englische Mannschaften, 1 verletzter italienischer Offizier, 34 italienische Offiziere, 25 leichtverletzte italienische Mannschaften, 6 italienische Mannschaften, 23 Farbige in englischen Diensten, zusammen also 155 Köpfe. Als neuer Auslauftermin wurde per Funk 21.00 Uhr gemeldet, aber erst um 22.55 Uhr konnte endlich ausgelaufen werden.

Es war äußerst schwierig, nun bei Dunkelheit durch die Sperrlücke zu gelangen, und als »TA 15« gerade in der Sperre stand, wurden in der Einfahrt zwei Schatten mit Kurs Nord, also quer zum Auslaufkurs, gemeldet. Sie sahen wie Schnellboote aus.

Obwohl auf der Back noch mit dem Ankergeschirr hantiert wurde, gab der Kommandant Alarm. Die Flakwaffen faßten die Ziele auf. Aber der Kommandant konnte sich nicht zu Feuererlaubnis entschließen. Denn erstens war er hier in der Sperrlücke und auch noch kurz davor nahezu manövierunfähig. Und zweitens war ihm die Lage feindlicher und eigener Boote gänzlich unbekannt. Wie nun, wenn dies eigene Räumboote waren, die die Einfahrt bewachten? Und auf eine so geringe Entfernung und mit dem Vorteil taktischer Überraschung war zu erwarten, daß der erste Feuerüberfall für die Boote tödlich war, mindestens aber große Verluste verursachen würde – und wenn es eigene Boote waren?!

Die Schatten zogen nach Norden davon und kamen außer Sicht. »TA 15« passierte die Sperrlücke gut und lief nach Südwesten ab.

Da erhielt der Kommandant den Funkspruch, daß bei Neros, in der Straße zwischen Kos und Kalymnos, zwei feindliche Schnellboote gesichtet worden seien, Kurs West. Ein Nachkoppeln ergab, daß diese Boote genau zu der Zeit vor der Einfahrt hätten sein können, als »TA 15« dort die Schatten sah. Demnach waren die Schatten also doch feindliche Schnellboote gewesen!

Aber nun war es zu spät. Jetzt im Dunkeln den Booten nachzuspüren, hätte diesen alle taktischen Vorteile zugespielt. Zudem widersprach dies der »TA 15« gestellten Aufgabe. Also konnte der Kommandant die verpaßte Gelegenheit nur bedauern und trat mit 24 Knoten den Rückmarsch an. Er lief nach störungsfreier Fahrt am 18.11.1943 um 07.30 Uhr in Piräus ein.

18.–20. November 1943

Führung: Freg.Kpt. Riede auf »TA 15«
Beteiligte Boote: »TA 14«, »TA 15«, »TA 19«
Aufgaben: (10) Schnelltransport von Material und Personal Piräus – Leros; (11) Transport von Gefangenen Leros – Piräus.

(10) Kaum hatte »TA 15« nach seiner Rückkehr die Gefangenen und Verwundeten ausgeschifft, begann auch schon die Übernahme der nächsten La-

dung. Auch »TA 14« und »TA 19« wurden beladen. Zusätzlich stiegen noch Offiziere für die auf Leros zu errichtenden Dienststellen sowie einige Herren des Stabes Admiral Ägäis ein.

Am 18.11.1943 um 16.30 Uhr liefen »TA 14« und »TA 15« aus und marschierten mit 17 Knoten Fahrt nach Leros. »TA 19« war mit dem Beladen nicht rechtzeitig fertiggeworden, da der Kran zeitweilig unklar war. Es lief erst um 19.10 Uhr aus Piräus aus und den beiden Booten nach. Kurz vor Leros gegen 05.00 Uhr waren dann die drei Boote zusammen und ankerten am 19.11. um 08.00 Uhr in Portolago vor dem Ort.

(11) Nach dem Ausschiffen der Ladung übernahmen die Boote je etwa 100 Gefangene sowie einige schwerverwundete deutsche Soldaten. Sie liefen zuerst mit 22 Knoten Fahrt aus, aber als »TA 19« mehrmals Ruderstörung hatte, mußte die Fahrt auf 17 Knoten herabgesetzt werden.

Als dann die Boote am 20.11.1943 um 03.30 Uhr in Piräus festmachten, stand zur großen Freude der Besatzungen der Stellvertretende Führer der Zerstörer, Kapt. z. S. Max-Eckart Wolff, zu ihrem Empfang auf der Pier. Er ließ sich an Bord ausführlich vom Flottillenchef und den Kommandanten berichten und machte um 15.00 Uhr eine Musterung der ganzen Flottille.

20.–22. November 1943

Führung: Freg.Kpt. Riede auf »TA 15«
Beteiligte Boote: »TA 14«, »TA 15«
Aufgaben: (12) Kriegsmarsch Piräus – Leros; (13) Schnelltransport von Kampftruppen Leros – Piräus.

(12) In den späten Nachmittagsstunden des 20.11. traten »TA 14« und »TA 15« den Kriegsmarsch nach Leros an und trafen ohne Zwischenfall am 21.11. gegen 07.15 Uhr in Portolago ein.

(13) Dort übernahmen sie zwei Kompanien Fallschirmjäger mit Gerät und holten vom Schwimmkran noch einiges Gerät ab. Mittags traten sie den Rückmarsch an. Abgesehen von einer U-Boots-Fehlortung gab es keine Störungen, die Boote lagen am 22.11. nachts wieder in Piräus fest.

22.–24. November 1943

Führung: Freg.Kpt. Riede auf »TA 15«
Beteiligte Boote: »TA 15«, »TA 19«
Aufgaben: (14) Kriegsmarsch Piräus – Leros; (15) Sicherung der Landungsunternehmungen gegen Samos (Unternehmen »Damokles«); (16) Demonstrativer Kriegsmarsch vor Samos; (17) Rücktransport von Truppen Leros – Piräus.

Gleich nach der Inbesitznahme von Leros hatten Boote der 21. U-Jagdflottille und Räumboote begonnen, die kleinen Inseln nördlich von Leros zu besetzen. Im Laufe des 18.11. besetzten sie Lipsos, Patmos und Phurni, ohne

46

Widerstand zu finden. Auf Nikaria befand sich eine stärkere italienische Truppe, aber es gelang auch hier, die Insel durch Verhandlungen in Besitz zu nehmen (Qu. 30, S. 78/79). Insgesamt wurden dabei 310 Gefangene gemacht (Lt. 05, S. 400).

(14) Am 22.11. hatte die große Insel Samos nach einem schweren Luftangriff von Ju 87 kapituliert (Lt. 05, S. 400). In der Nacht 22./23.11. sollte die Insel besetzt werden. Dazu liefen am 22.11. morgens »TA 15« und »TA 19« aus Piräus aus. Gegen 11.00 Uhr erhielten sie den Funkspruch von der Kampfgruppe Müller: »Kapitulation angenommen«, und gleich darauf den Befehl, in der Nacht einen Vorpostenstreifen während der Dunkelheit zwischen den kleinen Inseln Gaidaronisi und Pharmakonisi (beide Namen auch ohne »-nisi«) im Osten von Leros zu bilden.

(15) Um 20.00 Uhr am 22.11. trafen die T-Boote dort ein. Sie standen während der Dunkelheit auf ihrer Position auf und ab, ohne daß sich etwas ereignete. Am 23.11. um 05.20 Uhr verließen sie ihre Position und liefen um 08.00 Uhr in Portolago ein zur Heizölergänzung.

(16) Sogleich nach dem Festmachen in Portolago ging der Funkspruch ein: »Baldige Unterstützung erforderlich. Insel demonstrativ umlaufen, dann Vathi-Bucht!«.

Um 11.00 Uhr wurde die Heizöl- und Wasserübernahme abgebrochen, die beiden Boote liefen aus Portolago aus und standen gegen 13.00 Uhr vor der Westecke von Samos. Nun liefen sie dicht unter der Küste entlang und machten mit der Artillerie Feuerleit- und Richtübungen als »Demonstration«.

Um 13.30 Uhr ging der Funkspruch ein: »Absicht T-Boote nach Durchführung Aufgabe Samos mit 100 Fallschirmjägern von Leros zurück Piräus. Von Kampfgruppe Müller nicht weiter benötigt«.

Um 14.35 Uhr wurde während des Marsches entlang der Nordküste von Samos nach Osten ein einzelnes Ruderboot gesichtet. Die Insassen, vier Italiener mit Waffen, wurden gefangengenommen.

Von 15.30 Uhr bis 16.00 Uhr lagen die beiden Boote in der Vathi-Bucht von Samos zu Anker. Der Flottillenchef ging zu Besprechungen an Land. Danach liefen die Boote wieder aus, und um 21.30 Uhr lagen sie wieder in Portolago an der Ölpier.

Auf Samos wurden insgesamt 2 500 italienische Soldaten entwaffnet (Lt. 05, S. 401). Die Engländer hatten ihre Truppen vorzeitig abgezogen, und die Italiener wurden in voller Auflösung angetroffen. Hunderte von ihnen versuchten, mit irgendwelchen primitiven schwimmenden Untersätzen, sogar mit Autoreifen, über die schmale Samos-Straße in die Türkei zu entkommen; die deutschen Truppen hinderten sie daran nicht (Qu. 30, S. 79).

(17) Am 24.11.1943 stiegen um 09.00 Uhr auf »TA 15« und »TA 19« je 50 Mann Fallschirmjäger ein. Nach einem Marsch ohne Zwischenfälle lagen die Boote um 18.30 Uhr in Piräus fest.

SCHLUSSBETRACHTUNG

Damit war die Rückgewinnung des Dodekanes abgeschlossen. Alle Inseln des Ägäischen Meeres waren in deutscher Hand, nur auf die Besetzung von Castellorizo wurde verzichtet, da es, obwohl zum vormals italienischen Dodekanes gehörend, außerhalb der geografischen Ägäis etwa 120 km östlich von Rhodos unter der türkischen Küste lag. Die Engländer zogen ihre Zerstörer aus der Ägäis und aus den türkischen Gewässern zurück, blieben aber noch mit mehreren U-Booten präsent und unternahmen Vorstöße mit Flugzeugen von Alexandrien aus.

Diese Rückgewinnung der Inseln war zweifellos eine Kette großartiger taktischer Erfolge. Über die strategische Bedeutung sind die Ansichten geteilt. Viele Historiker verneinen sie im allgemeinen. Ruge (Lt. 04, S. 382) widmet dem Dodekanes ganze 13 Zeilen und sagt von den Inseln, sie »spielten aber ebensowenig eine Rolle wie die ausgesparten japanischen Inseln im Pazifik«. Salewski (Lt. 07, S. 382) verneint eine strategische Bedeutung. Dagegen spricht Brandt (Qu. 30, S. 80) von der Ägäis als »strategisch bedeutsame(r) Position«.

In mündlichen dienstlichen Verlautbarungen der damaligen Zeit wurde folgende Sicht vertreten: Als mit dem Abfall Italiens der Dodekanes plötzlich in westalliierter Hand war, habe die Türkei die vertraglich vereinbarten Lieferungen von Chromerz mehr und mehr verzögert und die Verhandlungen über weitere Verträge immer wieder hinausgeschoben. Nachdem dann aber die Deutschen die starke Position Leros vor ihrer Haustür wieder in Besitz hatten, kamen die Chromerzlieferungen wieder pünktlich und liefen die Verhandlungen zügig. Die Haltung der Türkei änderte sich zu Gunsten der Deutschen. Daß der Dodekanes nun wieder in deutscher Hand war, hatte also doch eine gewisse strategische Bedeutung (Qu. 47).

Dies gilt auch im Hinblick auf die Durchfahrt durch die türkischen Meerengen. Zwar fuhren Kriegsschiffe, als Handelsschiffe getarnt, durch die Dardanellen, aber über ihren wahren Charakter konnte niemand getäuscht werden. Entsprechend ihrer pragmatischen Politik behandelten die Türken solche Fälle je nach der militärischen Gesamtlage, und als diese sich direkt vor ihren Küsten nun zu Gunsten der Deutschen gewandelt hatte, waren sie mehr geneigt, die Augen zuzudrücken.

Die Rückgewinnung des Dodekanes war in erster Linie das Verdienst der Kampfgruppe Müller mit ihren Truppen der 22. Infanteriedivision, den Küstenjägern, den Landungspionieren, den Fallschirmjägern und dem III./1. Jägerregiment der Division »Brandenburg«, ferner der Flieger der Luftwaffe und des Luftwaffen-Jägerbataillons. Sie hatten die Hauptlast des Kampfes getragen, der mit erbitterter Härte pausenlos viereinhalb Tage getobt hatte; er war deshalb so hart, weil keine Seite jemals eine Truppe aus dem Kampf ziehen, sie durch eine andere ersetzen und ihr Ruhe gönnen konnte.

Seitens der Marine hatten die U-Jäger, die Räumboote und die Marinefährprähme den Hauptanteil am Erfolg. Nicht nur waren ihre Kräfte schon in den

		Chef	TA 14	TA 15	TA 16	TA 17	TA 19
11.–14.11.	(1)	x	x	x		x	x
	(2)	x	x	x		x	x
	(3)	x	x	x		x	x
15.–16.11.	(4)	x		x	x		
	(5)	x		x	x		
15.–17.11.	(6)		x				
	(7)		x				
16.–18.11.	(8)			x			
	(9)			x			
18.–20.11.	(10)	x	x	x			x
	(11)	x	x	x			x
20.–22.11.	(12)	x	x	x			
	(13)	x	x	x			
22.–24.11.	(14)	x		x			x
	(15)	x		x			x
	(16)	x		x			x
	(17)	x		x			x
Summe	17	13	9	15	2	3	9

Wochen vor dem 11.11.1943 sehr stark beansprucht gewesen, auch während der Landungsoperationen waren sie fast ununterbrochen im Einsatz gewesen und hatten unermüdlich Nachschub von Kos und Kalymnos nach Leros geschafft.

Aber auch die Boote der 9. T-Flottille hatten ihren Anteil am Erfolg. So war der Schnelltransport der »Brandenburger« auf »TA 15« und »TA 16« gewiß keine kämpferische Leistung gewesen, hatte aber die entscheidende Wende auf Leros mitbewirkt.

Von den Booten der Flottille war »TA 15« pausenlos eingesetzt gewesen. Die Stunden, die das Boot zwischen den Fahrten in Piräus lag, waren nie der Ruhe gewidmet, vielmehr galt es, mit unermüdlichen Anstrengungen der ganzen Besatzung das Boot für den nächsten Einsatz wieder klar zu haben: Ausladen der mitgebrachten Truppen oder Gefangenen, Übernahme der neuen Truppen oder Transportgüter, Ergänzung der eigenen Bestände aller Art und vor allem Reparaturen, Reparaturen und nochmals Reparaturen. Da die Boote in diesem noch unbekannten Seegebiet stets mit beiden Wachen auf Stationen fahren sollten, hatten die Männer von »TA 15« in den vierzehn Tagen und dreizehn Nächten nur in der Nacht 23./24.11. in Portolago einmal etwas schlafen können.

So durften auch auf den Booten der 9. T-Flottille die Männer stolz sein auf ihre Leistungen. Das hob das Selbstgefühl der Soldaten sehr deutlich, und die dadurch gefestigte Moral der Truppe war von unschätzbarem Wert für die Kampfkraft der Boote; sie vermochte manchen materiellen Mangel auszugleichen. Diese Besatzungen hatten sich ihre Ausbildung vor dem Feinde geholt, sie hatten sich bewährt.

Insgesamt war die Rückgewinnung des Dodekanes eine hervorragende Gemeinschaftsleistung aller drei Wehrmachtteile. Salewski (Lt. 08, S. 380) schreibt dazu:

»Die Aufgaben der Marine ... bestanden ... in ... der Eroberung einiger wichtiger Inseln im Dodekanesraum. Hierbei kam es noch 1943 zu durchaus befriedigender Zusammenarbeit zwischen den drei Wehrmachtteilen; Glanz- und Höhepunkt dieser Operationen »en miniature« dürfte die Eroberung von Leros gewesen sein – ein Kabinettstück triphibischer Kampfführung, das an die »besten« Zeiten der deutschen Wehrmacht erinnerte«.

Zum Schluß dieses Berichts über die Rückgewinnung des Dodekanes sei das Wort zitiert, das ihr der Oberbefehlshaber der Kriegsmarine, Großadmiral Dönitz, in seiner Schlußansprache auf der Tagung für Befehlshaber der Kriegsmarine in Weimar am 17.12.1943 widmete. Er sagte:

»Wenn Sie wüßten, mit welchen Mitteln zur See wir die Eroberungen dort (im Dodekanes) durchführen, dann kann man sagen, daß die Argonautenfahrten früher nichts dagegen gewesen sind.«

Daß es während des Kampfes um Leros vom 11.–17.11. nicht zu Gefechten zwischen Booten der 9. T-Flottille und alliierten Zerstörern kam, ist wohl darauf zurückzuführen, daß die britische Aufklärung die deutschen TA-Boote zu spät erfaßte und die alliierten Zerstörer in der Nacht vom 11./12.11. – wie erwähnt – nicht vor Leros operierten und sich tags den deutschen Luftangriffen entziehen mußten. In der Nacht vom 12./13.11. beschossen die Zerstörer »Faulknor«, »Beaufort« und die griechische »Pindos« an der Ostseite von Leros die eroberte Batterie »Ciano«, während die anmarschierende Gruppe mit den Zerstörern »Echo«, »Belvoir« und »Dulverton« letztere durch einen deutschen Luftangriff verlor. Die beiden restlichen Boote liefen nach Samos, um von hier Verstärkungen nach Leros zu transportieren. In der Nacht vom 13./14.11. beschoß eine dritte Zerstörergruppe mit »Penn«, »Aldenham« und »Blencathra« Stellungen an der Alinda-Bucht an der Ostseite von Leros. In der Nacht vom 15./16.11. mußten die Gruppen wegen Brennstoffmangels zurückgerufen werden, während die zur Ablösung eintreffende Gruppe mit »Fury«, »Exmoor« und der polnischen »Krakowiak« nach Samos zur Einschiffung von Verstärkungen lief. Vor deren Landung in der folgenden Nacht wurde die Gruppe jedoch wegen der aussichtslos gewordenen Lage zurückgerufen, zusammen mit den wenigen noch in Portolago befindlichen italienischen Schnellbooten und Landungsfahrzeugen.

50

5. KAPITEL

Die Phase der Konsolidierung

25.11.1943 bis 10.1.1944

LAGEBETRACHTUNG

In der Lagebetrachtung der deutschen Seekriegsleitung vom 20. November 1943 (Lt. 08, S. 376 und Qu. 25) heißt es:

»In der Ägäis ist der Feind nur äußerst zögernd und mit geringen Kräften, gegen den Balkan trotz der für ihn besonders Anfang September äußerst günstigen Lage überhaupt noch nicht vorgegangen. Der Grund hierfür liegt mit hoher Wahrscheinlichkeit in dem russischen Anspruch auf alleinigen Einfluß im Balkanraum; es ist deshalb auch möglich, daß der angelsächsische Einsatz im ostwärtigen Mittelmeer vorläufig gering bleibt... Besonders gefährdet sind die Inselpositionen der Ägäis, deren Nachschub über See durch die feindlichen Luftstreitkräfte gefährdet und durch Seestreitkräfte wegen Fehlens ausreichender deutscher Streitkräfte abgeschnitten werden kann.«

Der Zustand auf den Inseln des Ägäischen Meeres, wie er nach dem Abschluß der Kämpfe um Leros und Samos entstanden war, konnte kein Dauerzustand sein. Die wertvollen Kampftruppen, die den Dodekanes erobert hatten, waren als Besatzungstruppen zu kostbar. Und die Gefangenen, viele Tausend an der Zahl, stellten für die Inseln eine zu große Belastung dar.

Zur Konsolidierung der Lage, also zur Herstellung eines für die Dauer geeigneten Zustands, waren neben dem normalen Nachschub folgende Aufgaben vordringlich:

– Abtransport der aktiven Kampftruppen von den Inseln,
– Transport von Besatzungstruppen, meist Reservisten, auf die Inseln und
– Abtransport der Gefangenen von den Inseln.

Die Engländer unternahmen zwar keine Versuche, einzelne Inseln wieder in ihren Besitz zu bringen. Aber ganz sicher würden sie diese deutschen Transporte mit U-Booten und Flugzeugen zu stören trachten. Die Transporte mußten also entweder als Schnelltransporte oder als Geleite durchgeführt werden. Beides waren typische Aufgaben für die 9. T-Flottille.

Nach dem 24.11.1943 brauchten die Soldaten aller im Kampf um den Dodekanes eingesetzten Verbände erst einmal Ruhe. Für die Männer der 9. T-Flottille war diese »Ruhe« aber keine erholsame Zeit des Ausspannens und Nichtstuns, sondern harter Arbeit. Denn auf allen Booten gab es nun unendlich viel zu tun. Da waren nicht nur die fälligen Reparaturen und Instandhaltungsarbeiten zu erledigen. Die Kommandanten hatten in den vergangenen Fahrten ihre Boote näher kennengelernt und dabei Fehler und Mängel erkannt sowie Maßnahmen ersonnen, ihnen abzuhelfen. Dies führte zu Änderungen und Umbauten, die nach und nach, großenteils mit der eigenen Besatzung, durchgeführt wurden.

Als ein Beispiel für die Art und das Ausmaß solcher Änderungen sei hier »TA 15« genannt, das allein zur Verbesserung der Stabilität folgende Maßnahmen einleitete und im Verlauf der folgenden Wochen, oft durch Einsätze unterbrochen, ausführte:

– Versetzen der beiden 2 cm Flak Oerlikon vom Deck über dem Kartenhaus auf die Back,

– Ausbau des unbrauchbaren Entfernungsmeßgeräts mit seinem massiven Sockel vom Deck über dem Kartenhaus,

– Wegnehmen aller Überhänge des Kartenhausdecks einschließlich des Schanzkleides, dafür Neubau eines leichten Signaldecks hinter dem Brückendeck,

– Verkürzen beider Schornsteine um ein Drittel,

– Wegnehmen der 15 m langen Maststenge aus massivem Holz, dafür Neubau einer leichten Signal-Kreuzrah und

– Ausbau der schweren Funkrah am achteren Schornstein und Ersatz durch zwei leichte Streben für die Antennen.

Bei solchen Arbeiten, vor allem aber auch bei den umfangreichen Reparatur- und Umbauarbeiten in der Maschine, waren die Besatzungen zumeist auf Selbsthilfe angewiesen. Dabei bewährten sich besonders die kleinen griechischen Schneid- und Schweißtrupps, die nach Anweisung und unter Aufsicht des Bordpersonals arbeiteten und dafür je Mann und Tag ein Kommißbrot erhielten und an Bord mit verpflegt wurden – Griechenland hungerte!

Entsprechend der Notwendigkeit solcher Selbsthilfe ließen die vorgesetzten Stellen den Bordkommandos freie Hand und sahen auch über Maßnahmen hinweg, die die Grenzen der Legalität überschritten, wie die vorgenannte Vergabe von Proviant an griechische Zivilpersonen – Hauptsache die Boote wurden und blieben halbwegs einsatzbereit!

Zu dieser Lagebetrachtung gehört aber auch noch ein Blick in eine andere Richtung, zumal jetzt auch in geringem Maße Hafen- und Werftzeiten eingeplant wurden: Auf das Geld!

Die deutschen Soldaten erhielten ihren Wehrsold zum Teil in einem Kantinengeld, mit dem sie ihren Verbrauch und Verzehr in Kantinen der Wehrmacht, auch an Bord, bezahlen konnten, das aber sonst nichts galt. Zum anderen Teil erhielten sie ihren Wehrsold in griechischen Drachmen. Aber in Griechenland herrschte eine galoppierende Inflation. Bezahlte man im Oktober 1943 für eine Reichsmark 30 Drachmen, so waren es Ende März 1944 30 Millionen Drachmen! Für die Drachmen seines Wehrsolds einer Dekade konnte der Soldat gerade ein Stück Kuchen kaufen. Wenn dann aber die Verwaltung der Geldentwertung nachkam und die Drachmenbezüge der Soldaten, meist mit einer Nachzahlung, erhöhte, dann dauerte es meist nicht einmal eine Stunde, bis die Preise entsprechend nachgestiegen waren.

Unter diesen Verhältnissen konnte von regulärem Kaufen an Land keine Rede sein. Die Bordkommandos waren längst dazu übergegangen, ihren Bedarf an Land auf dem Schwarzen Markt gegen Naturalien aus Bordbeständen einzutauschen oder auch nahe an der Grenze der Legalität zu requirieren. Aber auch die Soldaten gingen ähnliche Wege, und niemand schritt dagegen ein, solange es sich nicht um wichtiges Bordinventar handelte und ein gewisses Maß nicht überschritten wurde.

Besondere Bedeutung gewann dieses Problem aber in anderer Hinsicht. Die Soldaten hatten einen Treueid geschworen, aber sie hatten mönchische Askese nicht gelobt. Und sie waren alle gesunde, junge Männer. Da konnte es nicht Wunder nehmen, wenn sie immer dann, wenn ihre dienstlichen Pflichten einmal etwas Lose ließen, den Bedürfnissen ihrer jungen Männlichkeit nachgingen. Und dafür war Piräus ein ebenso berühmtes wie berüchtigtes Pflaster. Nur – für Drachmen war die Liebe nicht käuflich bzw. vom Wehrsold nicht zu bezahlen! Wer die Haltung dieser Soldaten aus dem Einsatz kennt, wird daher nicht erstaunt sein zu erfahren, daß sie eben andere Wege, wohl auch außerhalb der Legalität, fanden, um zu ihrem Ziele zu kommen, jedenfalls viele von ihnen. Es zeugte dabei von ihrem Geschick, daß sie sich nur in ganz seltenen Einzelfällen dabei erwischen ließen. Kam es doch einmal dazu, so kam der Kommandant meist um die Einleitung eines Gerichtsverfahrens durch Tatbericht, etwa wegen Notzucht unter Androhung von Waffengewalt, nicht herum. Vielleicht lag ja auch ein Mangel an Fürsorge durch die Landdienststellen vor, daß hier nicht wie anderenorts entsprechende wehrmachteigene Institutionen in ausreichender Zahl unterhalten wurden.

Die Soldaten durften und mußten sich zur Herstellung der Einsatzbereitschaft ihrer Boote über sehr viele Befehle, Vorschriften und Sicherheitsbestimmungen hinwegsetzen; hätten sie dies nicht getan, wären die Boote erst nach Monaten, wenn überhaupt je, fahrbereit geworden. Und sie mußten dies auch im laufenden Betrieb immer wieder. So waren sie an's Außergewöhnliche gewöhnt worden. Wie sollte man ihnen klarmachen, daß sie sich zugunsten der Einsatzbereitschaft über alle Gebote und Verbote hinwegsetzen, diese aber in ihren persönlichsten Belangen beachten sollten?

Gewiß ist dies kein Ruhmesblatt für die Soldaten der 9. T-Flottille (und anderer Truppenteile). Wer aber von diesen Männern die volle Hingabe an ihre dienstlichen Aufgaben und den vollen Einsatz im Gefecht erwarten wollte, der mußte hier wohl ein Auge zudrücken. Die meisten Kommandanten haben dies tun müssen und tun können. Die Bewährung dieser Männer an Bord wog schwerer als ihre gewiß unschönen, ja verwerflichen, im Grunde aber verständlichen Verfehlungen an Land.

Der nächste Einsatz wurde für den 6. Dezember 1943 vorgesehen.

30. November – 1. Dezember 1943

Führung: 21. U-Jagdflottille
Beteiligte Boote: »TA 16«
Aufgabe: (18) Geleit Dampfer »Gerda Toft« Portolago – Piräus.

»TA 14«, »TA 15« und »TA 19« mußten in eigener Regie zusehen, wie sie in der Zeit bis zum 6.12.1943 zum nächsten Einsatz wieder klar wurden. »TA 17« benötigte dafür wegen der Schäden durch den Artillerietreffer etwas mehr Zeit. Nur »TA 16«, das nur einen Einsatz gefahren hatte, würde mit weniger Zeit auskommen. Also stellte der Admiral Ägäis die restliche Zeit für eine Woche Einzelausbildung zur Verfügung.

Am 29. November begann das Boot mit dieser Ausbildung und führte Gefechtsausbildung in See durch. Aber schon nach einem Tag mußte die Ausbildung unterbrochen werden, denn das Boot wurde für einen Einsatz benötigt.

(18) Es galt, den Dampfer »Gerda Toft« mit Gefangenen an Bord von Portolago nach Piräus zu geleiten. Zuerst wurde er von Booten der 21. U-Jagdflottille geleitet, doch von der Westspitze von Nikaria an sollte »TA 16« das weitere Geleit bis Piräus verstärken.

»TA 16« lief am 30. November 1943 um 06.20 Uhr aus Piräus aus und trat den Marsch nach Nikaria an. Um 08.45 Uhr wurden zwei Jagdflugzeuge unbekannten Typs mit deutschen Hoheitszeichen gesichtet, und um 10.40 Uhr wurden englische Aufklärer erfaßt und vom Admiral Ägäis bestätigt. Darauf ging das Boot auf Gegenkurs, um die Fühlunghalter irrezuführen. Danach stand das Boot drei Stunden lang auf der befohlenen Position auf und ab, in einem stark U-Boot gefährdeten Gebiet eine unangenehme Sache.

Um 14.40 Uhr kam das Geleit in Sicht, und um 15.35 Uhr nahm »TA 16« die Position achteraus vom Geleitobjekt ein.

Gegen 18.00 Uhr gab es U-Bootalarm. Die U-Jäger bekämpften den Feind, dann setzte das Geleit seinen Marsch fort.

Um 06.00 Uhr am 1. Dezember 1943 wurde »TA 16« aus dem Geleit entlassen. Um 07.40 Uhr wurde eine starke Detonation gehört, zwei Arados standen über der Sichtstelle eines mutmaßlichen U-Boots.

Und um 08.30 Uhr am 1. Dezember 1943 machte »TA 16« in Piräus an der U-Jagdpier fest. Das Boot setzte nun bis zum 6. Dezember 1943 seine Einzelausbildung fort.

6.–8. Dezember 1943

Führung: Freg. Kpt. Riede auf »TA 15«
Beteiligte Boote: »TA 15«, »TA 16«
Aufgaben: (19) Geleit M/S »Leda« mit Truppen an Bord Piräus – Leros; (19) Geleit »Leda« mit Gefangenen an Bord Leros – Vathi (Samos) und Vathi – Piräus (Unternehmen »Hummel«).

(19) Das Motorschiff »Leda« ex »Leopardi« war das einzige moderne Han-

54

delsschiff des ganzen ägäischen Raumes. Es lief 16 Knoten Marschfahrt und war deswegen ein besonders wertvolles Geleitobjekt, das eigentlich einen stärkeren Geleitschutz verdient hätte. Aber mehr als zwei Boote der 9. T-Flottille waren nicht klar.

Seeklar war für 16.00 Uhr am 6.12.1943 befohlen. Da aber die Versorgung mit Wasser nicht rechtzeitig beendet war, lief das Geleit erst um 17.30 Uhr aus. Vor der Hafensperre verstärkte »R 211« die Sicherung.

Die Fahrt verlief zuerst ohne Störungen oder Zwischenfälle. Um 00.50 Uhr am 7.12. aber wurde der Verband von einem Flugzeug umflogen. Wenig später flog dieses den Verband direkt an. Ein Torpedo ging fehl und detonierte am Ende seiner Laufstrecke. Bei einem weiteren Anflug bekam der Angreifer Flakfeuer von »Leda« und »TA 16«.

Um 06.00 Uhr stießen fünf Arados als Luftsicherung zum Geleit. Eine halbe Stunde später griffen vier Beaufighter-Flugzeuge das Geleit im Tiefflug an und eröffneten das Feuer aus ihren Bordwaffen. Ihnen schlug heftiges Flakfeuer entgegen, so daß der Angriff völlig zersprengt wurde. Schäden oder Verluste waren nicht entstanden. Der Verband lief um 07.00 Uhr in Portolago ein, »Leda« und die beiden T-Boote machten an der Ölpier fest.

Im Laufe des Vormittags gab es mehrmals Fliegeralarm. Bordwaffenbeschuß in den Hafen richtete keine Schäden an. Es war nun aber geboten, die beiden T-Boote nicht länger bei »Leda« längsseits liegen zu lassen. Sie legten deshalb nach Beendigung der Heizöl- und Wasserübernahme von »Leda« ab und ankerten einzeln in der Bucht.

(20) Um 15.00 Uhr hatte »Leda« 3000 Gefangene an Bord genommen. Es war aber unzweckmäßig, sofort auszulaufen. Die Engländer flogen kurz vor Einbruch der Dunkelheit Aufklärung. Diese hätte das Geleit erfaßt, sein Marschziel erkannt, und Angriffe wären die Folge gewesen. Erfaßte diese Aufklärung das Geleit aber in Portolago, so würden sich die Angriffe wohl dorthin richten, das Geleit dann aber bereits woanders sein.

Um 16.00 Uhr kam der erwartete Aufklärer. Das Geleit lief daraufhin um 17.00 Uhr aus Portolago aus mit dem Ziel Vathi auf Samos. Der Weg führte durch das Seegebiet zwischen Patmos, Lipsos und Arki mit seinen vielen Inseln und Klippen hindurch. »TA 16« mit seinem klaren S-Gerät fuhr vorn und hatte die navigatorische Führung, »TA 15« sicherte an Steuerbordseite von »Leda« und hing sich in den engen Durchfahrten an, die Fahrt betrug 16 Knoten.

Dann aber hatte »TA 16« Ruderschaden und konnte deshalb die navigatorische Führung an der Spitze des Geleits nicht mehr halten. Also ließ sich das Boot an Backbordseite der »Leda« sacken, während »TA 15« an Steuerbordseite aufdampfte, um die vorliche Position einzunehmen. Aber gerade zu dieser Zeit mußte »Leda« eine Kursänderung nach Backbord machen, um nicht in die Klippen voraus zu geraten. Doch es gelang nicht, »Leda« zu dieser Kursänderung zu veranlassen.

Da half nur ein Gewalttakt! »TA 15« schor im Aufdampfen ganz dicht vor dem Bug der »Leda« vorbei, so daß diese, um eine Kollision zu vermeiden, nach Backbord abdrehte. Doch nun stand »TA 15« vorn, »Leda« folgte auf dem neuen Kurs, und die Gefahr war abgewendet.

Das Geleit lief durch die Samos-Straße und stand um 22.00 Uhr vor der Bucht von Vathi (Samos).

Es wurde eine unruhige Nacht. Um 22.08 Uhr gab es an der Küste eine heftige Detonation. Sie rührte offenbar von einem fehlgegangenen Torpedo her. »TA 16« warf einige Wasserbomben, um das vermutete U-Boot von weiteren Angriffen abzuhalten.

Die T-Boote übernahmen aus Fährprähmen Truppen des Regiments »Brandenburg«. In der Zeit zwischen 23.40 Uhr und 00.30 Uhr flogen die Engländer vier Angriffe, wurden aber durch wütendes Flakfeuer abgewiesen. Dann folgte ein Bombenteppich, der keine Schäden verursachte. Und um 03.13 Uhr gab es wieder zwei Unterwasserdetonationen; »TA 16« bekämpfte das U-Boot.

Um 04.45 Uhr am 8.12. lief das Geleit endlich aus Vathi aus. Um 06.10 Uhr erhielt es fünf Ju 88, um 07.20 Uhr zusätzlich zwei Arados als Luftsicherung. Zunächst verlief der Marsch bei spiegelglatter See und sonnigem Wetter ruhig.

Es war kurz nach 09.00 Uhr, das Geleit stand nördlich von Nikaria. Da wurden plötzlich mehrere Torpedolaufbahnen, von Norden kommend, gesichtet. »Leda« drehte ab, die Torpedos liefen vorbei. »TA 15« lief auf die Ausstoßstelle – diese und die Laufbahnen waren bei der glatten See gut zu sehen – zu und warf Wasserbomben. Gleich darauf aber mußte es selber weiteren Torpedolaufbahnen ausweichen.

Während dies geschah, hatte eine Arado im Süden des Geleitkurses einen Torpedoausstoß gesichtet und dort Wasserbomben geworfen. Auch diese Torpedos verfehlten ihr Ziel, die »Leda«, es waren die, denen »TA 15« ausgewichen war. Das Ganze war ein sachkundig angelegter Zangengriff von zwei U-Booten gewesen.

Das Geleit lief nun weiter, während »TA 15« noch auf der Angriffsstelle verweilte, um das U-Boot unter Wasser und von weiteren Angriffen abzuhalten. Dann lief »TA 15« dem Geleit nach. Um 10.00 Uhr wurde der U-Boot-alarm beendet.

Zu früh! Um 10.20 Uhr kamen abermals Laufbahnen auf das Geleit zu. »Leda« konnte ihnen ausweichen. Diesmal übernahm »TA 16« die Bekämpfung des U-Boots. Dabei fiel eine Maschine aus, »TA 16« war nur noch klar für 10 Knoten. Das war eine höchst unerfreuliche Lage!

Dann passierte das Geleit den Steno-Paß zwischen den Inseln Andros und Tinos. Und dann, um 11.50 Uhr, mußte »Leda« wegen eines Maschinenschadens stoppen. Die T-Boote fuhren Sicherung. Dann entließ der Flottillenchef »TA 16« wegen seiner geringen Fahrt mit »R 211« nach Piräus.

Doch der Schaden auf »Leda« dauerte länger, als zuerst angenommen wurde. Deshalb rief der Flottillenchef »TA 16« und »R 211« zurück, ließ sie die U-Bootsicherung übernehmen und »TA 15« klarmachen zum Abschleppen der »Leda«.

Um 12.50 Uhr meldete »Leda« das Ende der Reparatur für 13.15 Uhr. Daraufhin entließ der Flottillenchef »TA 16« und »R 211« abermals. Um 13.10 Uhr war »Leda« dann wieder klar und setzte mit »TA 15« die Fahrt mit 16 Knoten fort. Als sie »TA 16« und »R 211« überholten, meldete »TA 16« wieder klar für 16 Knoten. So konnte das Geleit vollzählig nach zügigem Marsch um 18.00 Uhr am 8.12. in Piräus einlaufen.

Zu dieser Fahrt hatte *sehr* viel Glück gehört!

12.–14. Dezember 1943

Führung: Freg.Kpt. Riede auf »TA 15«
Beteiligte Boote: »TA 14«, »TA 15«
Aufgaben: (21) Geleit MS »Drache« Piräus – Vathi (Samos) zum Transport von Truppen; (22) Geleit »Drache« Vathi – Piräus zum Transport von Gefangenen (Unternehmen »Hummel«).

(21) Das Geleit sollte am 9.12. um 15.00 Uhr auslaufen. Da aber »TA 15« nach der vorigen Fahrt seine Munition und Wasserbomben noch nicht wieder hatte ergänzen können, wurde es um 24 Stunden verschoben. Am 10.12. war »TA 14« noch nicht klar, was eine abermalige Verschiebung um 24 Stunden verursachte, und am 11.12. erzwang die Wetterlage einen weiteren Aufschub um 24 Stunden. Aber am 12.12.1943 um 15.00 Uhr lief das Geleit dann endlich aus, »R 211« und die Schnellboote »S 36« und »S 55« hingen sich an.

Auf dem Marsch von Piräus nach Vathi wurden um 22.12 Uhr Flugzeuggeräusche gehört, ohne daß ein Angriff erfolgte. Um 01.54 Uhr wurde ein Flugzeug gesichtet, es bekam Abwehrfeuer und verschwand nach Süden. Kurz nach 05.00 Uhr am 13.12. stand der Verband vor Vathi, als es plötzlich im Kielwasser eine starke Detonation mit einer hohen Wassersäule gab; die Ursache blieb ungeklärt.

Von 05.00 bis 16.00 Uhr blieb der Verband in Vathi. »Drache« gab ihre Soldaten von Bord und nahm die Gefangenen an Bord. »TA 14« und »TA 15« fuhren im Wechsel Sicherung vor der Bucht, während das jeweils andere Boot in der inneren Bucht auf und ab stand, seine Truppen von Bord gab und Soldaten des Wachkommandos von Leros und der Kampfgruppe Müller übernahm. Der Flottillenchef war zu Besprechungen an Land. Der Gegner ließ den Verband während der ganzen Zeit ungestört.

(22) Um 16.00 Uhr lief »Drache« mit dem Geleit aus Vathi aus. Da vor Carlovassi (Samos) ein U-Boot gemeldet war, nahm der Verband zuerst Kurs nach Norden und dann erst nach Westen. Der Gegner ließ ihn unbehelligt, aber das schlechter werdende Wetter bereitete »Drache« einige Schwierigkeiten beim Kurs quer zur See. Die Fahrt ging durch den Doro-Paß zwischen Euböa und Andros hindurch. Am 14.·12. um 08.00 Uhr traf das Geleit wohlbehalten in Piräus ein.

Mit dem Unternehmen »Hummel« wurden durch »Leda« von Leros 3000, von Samos 2400, durch »Drache« von Samos 1600, zusammen also 7000 Gefangene zum Festland überführt.

20.–22. Dezember 1943

Führung: Freg. Kpt. Riede auf »TA 15«
Beteiligte Boote: »TA 14«, »TA 15«
Aufgaben: (23) Geleit MS »Drache« mit Truppen Piräus – Carlovassi (Samos); (24) Geleit »Drache« Carlovassi – Piräus mit Truppen und Gefangenen (Unternehmen »Biene«).
(23) Das für den 17.12. vorgesehene Geleit war wiederholt verschoben worden und lief endgültig am 20.12.1943 um 17.00 Uhr aus Piräus aus. »R 211« und »S 54« verstärkten es.
Bald nach Passieren des Doro-Passes mußte der Flottillenchef »TA 14« wegen eines Maschinenschadens zeitweilig entlassen. »TA 14« legte sich von 22.25 Uhr bis 23.50 Uhr gestoppt unter die Südküste von Euböa, folgte dann dem Geleit und hatte es gegen 02.30 Uhr wieder erreicht.
Um 02.30 Uhr ging die Meldung ein, nördlich Nikaria befände sich ein U-Boot. Und richtig stellte dann »S 54« um 04.27 Uhr ein U-Boot fest. Sieben Minuten später gab es eine Unterwasserdetonation, wie man sie nun schon von fehlgegangenen Torpedos kannte, die am Ende ihrer Laufstrecke detonierten.
Um 06.00 Uhr stand der Verband vor Carlovassi. »Drache« und »TA 14« liefen ein, während »TA 15« vor dem Hafen U-Bootsicherung fuhr, nachdem ihm »S 54« den Flottillenchef und die eingeschifften Truppen von Bord genommen und in den Hafen gebracht hatte.
Eine Stunde später holte ein Winkspruch von »TA 14« »TA 15« in den Hafen. Um 07.45 Uhr lag »TA 15« längsseits von »TA 14« an der Innenseite der Außenmole des Hafens. Um 08.25 Uhr flog ein feindlicher Aufklärer über See am Hafen vorbei.
(24) Um 13.00 Uhr wurde von der Mole von Carlovassi aus in westlicher Richtung das Sehrohr eines U-Boot gesichtet, Entfernung etwa 4500 m. Daraufhin lief »TA 15« aus und führte eine U-Bootsuche und -bekämpfung durch. Das Ergebnis war um 13.43 Uhr ein Strudel, aus dem Öl und Ölschaumflocken hochkamen. Danach war die U-Bootortung verschwunden.
Doch um 14.20 Uhr wurde erneut ein Sehrohr gesichtet. »TA 15« bekämpfte das U-Boot mit mehreren blinden und dann scharfen Überläufen. Danach erhob sich ein oben abgeflachter Wasserberg von etwa 80 m Durchmesser und 2 m Höhe über die Oberfläche. Als dieser Berg dann nach oben aufbrach, sprudelten große Mengen schwarzes Öl und wiederum Ölschaumflocken heraus. Trotzdem gab es weitere Ortungen, auf die »TA 15« noch einen Wasserbombenanlauf fuhr. Danach gab es keine Ortungen und keine Sichtmeldungen mehr.

58

Um 15.40 Uhr brachte »S 54« den Flottillenchef an Bord seines Führerbootes. »TA 14« lief aus und übernahm die U-Bootsicherung, da »TA 15« 29 Wasserbomben verbraucht hatte und den Rest für das Rückgeleit aufsparen mußte. »TA 14« aber hatte keine U-Bootortungen oder -sichtungen mehr.

Als die Einschiffung der Gefangenen auf »Drache« beendet war – die beiden T-Boote hatten vorher abgelöste Kampftruppen an Bord genommen –, lief »Drache« aus. »TA 15« übernahm das Geleit, während »TA 14« noch eine Weile auf der Ortungsstelle des U-Bootes blieb und erst nachlief, als das Geleit außer jeder Gefahr war.

Unbehelligt traf der Verband am 22.12.1943 um 06.00 Uhr in Piräus ein.

21.–23. Dezember 1943

Führung: Kptlt. Düvelius auf »TA 17«
Beteiligte Boote: »TA 17«
Aufgaben: (25) Kriegsmarsch mit 75 Mann Truppen an Bord Piräus – Suda (Kreta) – Iraklion (Kreta); (26) Geleit Dampfer »Tanais« und »Livenza« Iraklion – Piräus.

(25) Um dem Befehl, auszulaufen Folge zu leisten, mußte »TA 17« auf Weisung des Admirals Ägäis auf das dringend notwendige Entmagnetisieren und Kompensieren verzichten.

Am 21.12.1943 um 21.00 Uhr verließ das Boot Piräus mit Truppen an Bord und erreichte bei ruhigem Wetter und ohne Störung durch den Feind Suda. Dort lag es am 22.12. um 7.00 Uhr zur Öl- und Wasserergänzung fest.

Nach Ergänzung von Heizöl und Wasser verließ »TA 17« mit den Truppen an Bord Suda mit Ziel Iraklion. Bei der Insel Dia gab es um 17.40 Uhr U-Bootalarm, das vermeintliche U-Boot stellte sich dann auf 700 m Sicht als ein kleiner Motorsegler heraus.

Um 18.20 Uhr stand das Boot vor Iraklion. Da die Einfahrt grundminengefährdet und »TA 17« nicht entmagnetisiert war, wurden die Truppen mit einem KFK nach Iraklion ausgeschifft.

(26) Aus demselben Grunde übernahm »TA 17« das Geleit der Dampfer »Tanais« und »Livenza« draußen in See. Das war am 22.12. um 18.30 Uhr. Mit 7,5 Knoten Marschfahrt wurde der Marsch nach Piräus angetreten.

Ab 06.25 Uhr am 23.12.1943 übernahmen 3 Arados die Luftsicherung bis 16.00 Uhr, ab 10.35 Uhr kamen 2 Me 109 und ab 12.00 Uhr weitere 2 Me 109 hinzu.

Ab 16.00 Uhr marschierte das Geleit ohne Luftsicherung und traf am 23.12. um 19.00 Uhr wohlbehalten in Piräus ein.

22.–24. Dezember 1943

Führung: Freg. Kpt. Riede auf »TA 15«
Beteiligte Boote: »TA 15«

Aufgaben: (27) Kriegsmarsch Piräus – Lemnos; (28) Geleit Dampfer »Balkan« Lemnos – Trikiri-Kanal; (–) Kriegsmarsch Trikiri-Kanal – Saloniki.

(27) Der bulgarische Dampfer »Balkan« hatte, mit einer Ladung Kohlen für Griechenland aus dem Schwarzen Meer kommend, die Dardanellen passiert und dann wegen U-Bootgefahr in der Bucht von Mudros an der Südseite der Insel Lemnos Zuflucht gesucht. Nun sollte er von dort in den Trikiri-Kanal, nördlich der Insel Euböa, geleitet werden. Im Lagezimmer des Admirals Ägäis war die Anwesenheit von zwei U-Booten vor der Mudros-Bucht bekannt.

Von der 9. T-Flottille war »T 15« als einziges Boot eingeschränkt fahrklar. Aber es war für diese Aufgabe denkbar ungeeignet, weil sein S-Gerät wieder einmal nur sehr bedingt einsatzklar war. Wenn nun der Admiral Ägäis für dieses Geleit angesichts der zwei gemeldeten U-Boote nur ein T-Boot einsetzte, noch dazu eines, das zur U-Bootbekämpfung nicht voll einsatzfähig war, so ging er damit ein sehr hohes Risiko ein.

Der Besatzung von »TA 15« gelang es nur unter äußersten Anstrengungen, nach dem Einlaufen am 22.12. morgens bereits um 19.00 Uhr wieder klar zu sein, aber sie schaffte es. Um 19.00 Uhr lief das Boot aus, und vor der Netzsperre hängte sich »R 211« an, nun schon altbekannter Weggenosse.

Um 06.00 Uhr am 23.12. nach einem planmäßigen Marsch stand »TA 15« vor der Bucht von Mudros. Die dortige Signalstelle teilte nach Austausch des Erkennungssignals mit, um 5.05 Uhr sei ein U-Boot unmittelbar vor der Signalstelle weggetaucht.

»TA 15« fuhr mehrere Suchstreifen. Als dabei nichts festgestellt werden konnte, lief das Boot durch die Netzsperre in die Bucht ein und ankerte auf der Reede von Mudros.

(28) »S 54« war zum Geleit gestoßen. Nach einer Besprechung beim Seekommandanten hielt der Flottillenchef eine Kommandantenbesprechung auf »TA 15« ab. Danach lief »TA 15« aus, passierte um 08.40 Uhr die Sperre und begann eine so systematische Suche, wie sie das nur halbklare S-Gerät des Bootes zuließ. Hafenschutzboote meldeten eine Sehrohrsichtung südostwärts der Sperrlücke. Bei einer Erkundung an Ort und Stelle löste auf »TA 15« eine schwimmende Konservendose U-Bootalarm aus. Danach setzte »TA 15« seine Suche fort – ohne Ergebnis.

Um 10.00 Uhr lief dann »Balkan« aus. »TA 15« steuerte Zickzackkurse vor ihrem Kurs aus der Bucht nach Süden heraus. Dann setzte sich »TA 15« mit Kurs 180° vor »Balkan«. Zwei Arados stießen zum Geleit, außerdem »R 211« und »S 54«.

Um 10.27 Uhr ging »Balkan« planmäßig auf den Marschkurs 257 Grad. »TA 15« stand seewärts, also südlich davon und wendete auf den gleichen Kurs. Doch kaum hatte »Balkan« den neuen Kurs anliegen, da gab sie durch einen weißen Stern U-Bootalarm, und im nächsten Augenblick wurde sie von mindestens einem Torpedo mittschiffs getroffen; ein riesiger Pilz aus Qualm, Wasser und Kohlenstaub stand über dem Schiff, und binnen weniger Minuten sank die »Balkan« auf ebenem Kiel. Der Angriff war von dem britischen U-Boot »Sportsman« (Lt. Gatehouse) gefahren worden.

»TA 15« sichtete die Blasenbahn und steuerte auf die Abschußstelle zu. Dann drehte es in eine Ortung ein und warf fünf Wasserbomben nach dem Schnellverfahren. Besondere Beobachtungen wurden nicht gemacht, aber nun war das S-Gerät ganz ausgefallen.

Dann warf ein Arado eine Wasserbombe, um eine U-Bootsichtung zu bezeichnen. »TA 15« lief auf die Stelle zu und warf im Überlaufen vier Gruppen Wasserbomben. Nach den üblichen Erscheinungen der Wasserbombendetonationen erschien plötzlich ein weißes Aufschäumen des Wassers, das sich nach links fortbewegte, zeitweise kurz unterbrechend, dann wieder neu einsetzend. Die Waffen erwarteten klar zum Feuern das Auftauchen des U-Bootes in jedem Augenblick, aber es kam nicht hoch, das Schäumen hörte auf. »TA 15« lief noch in der Richtung des Schäumens nach und warf dort weitere Wasserbomben.

Nun aber war »TA 15«, ohne S-Gerät und mit nur noch vier Wasserbomben, selbst stark gefährdet. Es lief daher mit »R 211« und »S 54«, die inzwischen die Überlebenden der »Balkan« aufgenommen hatten, nach Westen ab.

Um 11.10 Uhr war das S-Gerät wieder eingeschränkt klar. Um 11.20 Uhr stoppte »TA 15« und übernahm von »R 211« die Geretteten. In diese Übernahme hinein kam eine U-Bootortung. Die Übernahme wurde unterbrochen, »TA 15« lief auf die Ortung zu. Aber es handelte sich offenbar um eine Fehlortung des Kielwassers von »S 54«. Um 11.40 Uhr wurde die Übernahme der Überlebenden – Verluste hatte es offenbar nicht gegeben – fortgesetzt.

Danach entließ der Flottillenchef »S 54« nach Saloniki. Und da nun nach der Versenkung der »Balkan« der Marsch zum Trikiri-Kanal gegenstandslos geworden war, trat er mit »TA 15« und »R 211« ebenfalls den Marsch direkt nach Saloniki an.

Ab 18.00 Uhr übernahm »R 211« die navigatorische Führung. Denn seine Besatzung war schon oft hier gewesen und daher ortskundig, während »TA 15« ein Neuling in diesen Gewässern war. Und richtig passierten beide Boote bei bedecktem Himmel, stockdunkler Nacht und schlechter Sicht um 19.00 Uhr die Netzsperre vor der Bucht von Saloniki.

Die Bucht von Saloniki war kreisrund mit einer Einbeulung an der Nordwestseite. Der gerade Weg von der Einfahrt in der Sperre zum Hafen würde etwa über den Durchmesser dieses Kreises führen. Der Zwangsweg aber führte statt dessen in geringem, gleichbleibendem Abstand an der östlichen Peripherie des Kreises entlang. Und dies war bei der herrschenden Dunkelheit sehr schwierig. Feuer gab es nicht, und die Küste wies keinerlei markante Punkte auf. Die Kopplung war durch die oft wechselnden Fahrtstufen ungenau. »R 211« meldete sich deshalb ab, um die Hafeneinfahrt zu erkunden. »TA 15« tastete sich allein weiter.

Noch hatte der Kommandant das sichere Gefühl, auch ohne Schiffsort hier noch fahren zu können, und so setzte er den Marsch langsam fort. Als ihn dann aber dieses Gefühl verließ, schlug er dem Flottillenchef vor zu ankern. Dieser willigte gern ein, und um 20.00 Uhr lag »TA 15« ohne Schiffsort irgendwo auf Saloniki-Reede.

Am nächsten Morgen stellte sich heraus, daß das Boot nicht dort zu Anker lag, wo man vermutet hatte, sondern viel näher an Land, und weiter weg vom Hafen. Dort, wo man gefahren war, hatte man stets gut und sicher fahren können, aber wäre das Boot noch etwa 500 m weitergefahren, so wäre es auf eine Untiefe aufgelaufen.

Um 08.00 Uhr am 24.12.1943 ging »TA 15« Anker auf und ergänzte Öl und Wasser an der Ölpier. Von dort legte das Boot um 11.22 Uhr ab und machte um 11.50 Uhr an der Pier beim Zollamt fest.

Die Besatzung erhielt ihre Weihnachtszuteilung und konnte den Heiligen Abend in Ruhe an Bord feiern. So hatte der so schmerzliche Verlust der »Balkan« für die Männer von »TA 15« doch auch noch wenigstens diese eine gute Seite.

24.–25. Dezember 1943

Führung: Kptlt. Dehnert auf »TA 14«
Beteiligte Boote: »TA 14«
Aufgaben: (29) Kriegsmarsch Piräus – Saloniki
(29) »TA 14« hatte ursprünglich zusammen mit »TA 15« das Geleit »Balkan« fahren sollen, war aber nicht rechtzeitig klar gewesen. So verlegte es nun in der Nacht 24./25.12. nach Saloniki.

Das Boot lief am Heiligen Abend um 21.00 Uhr aus Piräus aus und erreichte nach einer störungsfreien Fahrt mit 25 Knoten Saloniki am 25.12.1943 um 08.50 Uhr.

25.–27. Dezember 1943

Führung: Freg. Kpt. Riede auf »TA 15«
Beteiligte Boote: »TA 14«, »TA 15«
Aufgaben: (30) Geleit der Dampfer »Sabine«, »Susanne« und »Petrella« Saloniki – Piräus.
(30) Geleitobjekte waren die drei Dampfer und zwei Siebelfähren. Der Geleitschutz bestand aus den beiden T-Booten, den U-Jägern »UJ 2106« und »UJ 2110«, sowie »R 211« und »S 54«. Am 25.12. um 11.30 Uhr fand auf »TA 15« eine Besprechung des Flottillenchefs mit allen Kommandanten und Kapitänen statt. Das Geleit sollte von Saloniki bis in den Trikiri-Kanal gehen. Von dort sollten die Geleitobjekte mit den beiden U-Jägern und »R 211« durch die Chalkis-Enge laufen, während die beiden T-Boote und »S 54« außen an Euböa entlang laufen und dann im Süden das Geleit wieder erwarten sollten zum Weitermarsch nach Piräus.

Die Schiffe liefen einzeln aus und sammelten vor der Netzsperre. Darüber verging einige Zeit. Erst um 16.25 Uhr trat das Geleit den Marsch an. Zwei Arados waren hinzugetreten.

Die Marschfahrt des Verbandes betrug 6,5 Knoten. Um diese Fahrt mitzuhalten, mußten die T-Boote entweder Zickzackkurse steuern oder von Zeit zu Zeit eine Maschine stoppen. Beides machte das Koppeln sehr schwierig, und das Zutrauen in die Verläßlichkeit des Koppelortes war nicht groß. Dies war deshalb bedeutsam, weil es galt, nur nach Kopplung die Lücke in der Netzsperre zu finden, die zwischen der Insel Skiathos und dem Festland ausgelegt war.

Abgesehen von einer Fehlortung verlief der Marsch störungsfrei. Als der Verband nach Kopplung kurz vor der Sperre stand, formierten sich die Fahrzeuge zur Kiellinie. Alles war gespannt und erwartete jederzeit die Sperre voraus. Doch dann löste sich alles auf: Um 05.00 Uhr stand der Verband genau vor der Sperrlücke! Das war eine vorzügliche Leistung des Obersteuermanns Ullrich von »TA 15«!

Es dauerte nun geraume Zeit, bis alle Fahrzeuge des Verbandes die Sperrlücke passiert hatten; »UJ 2110« kam dabei mit der Sperre unklar.

Danach entließ der Flottillenchef die Geleitobjekte mit »R 211« unter Führung von »UJ 2106« in den Trikiri-Kanal. Als »UJ 2110« sich von der Sperre klariert hatte, lief er dem Geleit nach. Der Flottillenchef lief mit »TA 14«, »TA 15« und »S 54« entlang der seewärtigen Küste von Euböa weiter. Um 07.00 Uhr passierten diese Boote die Netzsperre, die zwischen der kleinen Insel Pontikonisi und dem Festland ausgelegt war. An der Südspitze von Euböa entließ der Flottillenchef »S 54« nach Piräus und lief mit den beiden T-Booten durch die Lücke in der Netzsperre zwischen Euböa und Cavaliani und dann nach Norden. Um 16.00 Uhr ankerten die beiden T-Boote in Amyro-Potamos, einer Bucht an der Westküste von Euböa gegenüber der geschichtsträchtigen Ebene von Marathon.

In der Nacht gab es Fliegeralarm. In der Ferne im Westen, dort wo Athen lag, wurde Flakfeuer beobachtet.

Gegen Mittag am 27.12. befahl ein Funkspruch die beiden T-Boote nach Athen zurück, da das Geleit in Chalkis wegen Verdachts der Verminung der Enge zurückgehalten wurde. Um 14.00 Uhr gingen die Boote Anker auf und trafen am 27.12.1943 um 19.00 Uhr wieder in Piräus ein.

31. Dezember 1943 – 2. Januar 1944

Führung: Freg. Kpt. Riede auf »TA 15«
Beteiligte Boote: »TA 14«, »TA 15«, »TA 16«
Aufgaben: (31) Geleit M/S »Leda« mit Truppen Piräus – Rhodos; (–) Geleit »Leda« mit Gefangenen Rhodos – Piräus (Unternehmen »Hornisse«); (32) Geleit »Leda« mit Gefangenen Leros – Piräus.

(31) Dieses Geleit war mehrfach verschoben worden. Nun aber, am 31.12.1943 um 10.00 Uhr, lief es aus Piräus aus. »TA 14« kam etwas später

nach. Draußen verstärkten »S 54« und »S 601« das Geleit, und es bekam Luftsicherung. »Leda« hatte 300 Mann Truppen an Bord, jedes T-Boot nochmals 50 Mann.

Dieses Mal sah der Operationsbefehl vor, den Weg südlich um die Kykladen herum zu wählen, da sich die feindlichen U-Boote offenbar auf die bisherigen Wege konzentrierten. So stand das Geleit um 16.00 Uhr westlich von Milos, und »S 601« wurde dorthin entlassen. Außer einigen Maschinenstörungen und blinden U-Bootalarmen verlief der Marsch reibungslos. Beim Jahreswechsel stand das Geleit bei Sirina.

Das neue Jahr begann mit einer Verschlechterung des Wetters. Der Wind frischte stark auf aus Südost, die See wurde grob, es regnete, und die Sicht wurde so schlecht, daß sich die Geleitfahrzeuge zeitweilig aus den Augen verloren. Um 05.20 Uhr stand der Verband vor Rhodos, aber die Küste war nur ganz kurzzeitig als ein schwacher Schatten zu sehen.

Dann konnte die Nordspitze von Rhodos ausgemacht werden. Über die dortige Signalstelle forderte der Flottillenchef den Lotsen für »Leda« an, den er lieber hier unter Landschutz an Bord nehmen wollte, als vor dem Hafen auf Legerwall. Die Signalstelle antwortete aber nur, der Hafen befände sich auf der Ostseite – als ob man das an Bord nicht gewußt hätte!

Nun schickte der Flottillenchef »S 54« zum Hafen, um die dortigen Verhältnisse zu erkunden. Das Boot brachte dann die Meldung, das Übersetzen eines Lotsen vor dem Hafen sei bei diesem Wetter ausgeschlossen. Daraufhin fuhr der Flottillenchef mit »TA 15« vor die Hafeneinfahrt, um sich persönlich von den Bedingungen dort zu überzeugen.

Vor dem Hafen stand eine grüne, steile, sehr hohe Grundsee quer zur Hafeneinfahrt. Sie machte für »Leda« das Einlaufen durch die enge Einfahrt in den kleinen Hafen in der Tat unmöglich, und für die T-Boote wäre es ein Kraftmanöver geworden, dessen Ausgang durchaus fraglich war.

Was tun? Man hätte jetzt auf der Westseite der Insel unter Landschutz eine Besserung des Wetters abwarten können, aber zum einen war dies wegen der U-Bootgefahr untunlich, zum anderen wurde auf »TA 16« das Heizöl knapp.

Also entschloß sich der Flottillenchef, mit dem Verband nach Leros zu gehen, und um 08.20 Uhr trat er den Marsch dorthin an. Nahe der Insel Tilos (Piscopi) begegnete der Verband einem Fischkutter. Zwei Stunden später teilte der Admiral Ägäis mit, der Verband sei »von einer feindlichen Einheit« erfaßt, Uhrzeit vor zwei Stunden. Also hatte der Fischkutter den Verband gemeldet.

»Leda« mußte wegen eines Motorschadens für eine halbe Stunde stoppen. Inzwischen befahl der Admiral Ägäis, Gefangene von Leros nach Piräus zu bringen. Damit war die ursprüngliche Aufgabe, Gefangene von Rhodos abzuholen, hinfällig geworden.

Um 15.00 Uhr am Neujahrstag 1944 lief das Geleit in Portolago ein.

(32) Ausschiffen der Truppen, Ergänzung von Heizöl und Wasser und das Einschiffen von Gefangenen füllten den Rest des Neujahrstages aus. Das Ge-

leit verließ Portolago am 1.1.1944 um 22.00 Uhr. Um 01.00 Uhr am 2.1.1944 wurde ein Schatten gesichtet, der aber nicht als ein U-Boot bestätigt werden konnte. Wegen der Gefangenen an Bord wurde darauf verzichtet, ihn zu bekämpfen. Weiterhin kam es zu keiner Feindberührung. Der Verband lief diesesmal durch die Mykonos-Durchfahrt und traf am 2.1.1944 um 09.30 Uhr in Piräus ein.

Diese beiden Fahrten Piräus – Rhodos – Leros, und Leros – Piräus hatten den Booten in seemännischer Hinsicht viel abverlangt. Der Kompaß auf »TA 15« war über lange Zeit hinweg der einzig verläßliche des Verbandes gewesen. Auf entsprechende Bemerkungen in den Kriegstagebüchern zu solcher ungewöhnlichen Lage bemerkte der Flottillenchef am 2.1.1944:

»Die mit keinem anderen Kriegsschauplatz zu vergleichende Gesamtlage zwingt dazu, Ungewöhnliches zu leisten . . . Fast alle der vielen Einsätze, die die Flottille seit ihrem Bestehen gefahren hat, sind bezüglich des Zustands der Boote ungewöhnlich und unvergleichlich gewesen. Die Verantwortung zu tragen, ist manches Mal überaus schwer.«

Zum Glück hatte der Feind diese Fahrten unbehelligt gelassen.

5.–8. Januar 1944

Führung: Freg. Kpt. Riede auf »TA 16«

Beteiligte Boote: »TA 16«

Aufgaben: (33) Geleit der Dampfer »Charlotte« und »Helga« von Piräus in die türkischen Hoheitsgewässer; (34) Geleit Tanker »Bacchus« aus den türkischen Hoheitsgewässern nach Piräus.

(33) Am 5.1.1944 um 23.40 Uhr verließ »TA 16« mit dem Flottillenchef an Bord Piräus und nahm die Dampfer »Charlotte« und »Helga« ins Geleit. »UJ 2110« stieß hinzu, hatte dann aber Kettenbruch der Ruderleitung. Dadurch verzögerte sich der Beginn des Marsches bis 6.1. um 01.00 Uhr. Dann waren auch »R 211« und »UJ 2105« dabei. Der Marsch begann mit 7,5 Knoten.

Nach einem U-Bootalarm ohne Bekämpfung um 01.50 Uhr verlief der Weitermarsch ruhig. Ab 06.50 Uhr standen 2 Ju 88 und 3 Arados als Luftsicherung beim Geleit.

Nach Passieren der Doro-Durchfahrt verschlechterte sich das Wetter, Nordwind 6–7, See 4–5. Die Marschfahrt sank auf 5 Knoten. »R 211« hatte Wasser in der Maschine und wurde nach Skyros entlassen. Dann blieb auch »UJ 2105« achteraus und mußte zurückgeschickt werden.

Durch die geringe Fahrt wurde das Treffen mit dem Tanker »Bacchus« gefährdet. »TA 16« lief deshalb mit 9 Knoten Fahrt voraus und ließ das Geleit mit »UJ 2110« nachkommen. Das sehr schlechte Wetter hielt an.

Am 7.1. um 05.00 Uhr stand »TA 16« vor Kap Burnu, dem Treffpunkt mit »Bacchus«, auf und ab. Um 07.45 Uhr wurde in den türkischen Hoheitsgewässern ein Fahrzeug gesichtet, das sich als »Bacchus« zu erkennen gab. Um 08.15 Uhr nahm ihn »TA 16« ins Geleit.

(34) Um 08.30 Uhr trafen »UJ 2110«, »Charlotte« und »Helga« ein. »UJ 2210« erhielt Befehl, die Dampfer noch bis in die türkischen Gewässer zu geleiten und dann an das Geleit »Bacchus« heranzuschließen. Die Marschfahrt betrug 8,5 Knoten. Auf die für den Notfall vorgesehene Beölung von »TA 16« aus »Bacchus« in Lemnos wurde verzichtet, sofortiges Durchbringen des Geleits war die beste Chance.

Das Geleit stand am 7.1. um 12.00 Uhr westlich Lesbos. Das Wetter wurde nach vorübergehendem Abflauen wieder hart mit Nordwestwind 5–6, Seegang 5. Um 20.00 Uhr kam bei Nordwestwind 6–7, See 5–6 Kap Doro in Sicht.

Um 20.35 Uhr sichtete »TA 16« etwa 1000 m rechts voraus ein aufgetauchtes U-Boot, Lage Bug rechts quer. Das 1. Geschütz schoß eine Salve, die der Seite nach sogar gut lag, deren Leuchtspurgeschosse aber über den Turm hinwegfegten. Darauf tauchte das U-Boot schnell weg.

Die einmalige Chance, ein aufgetauchtes U-Boot zu vernichten, war gescheitert, weil das T-Boot in der groben See sehr schwer arbeitete; die Back stand ständig unter Wasser, und die Geschützbedienung konnte vom Feind wegen Mängeln der Visiereinrichtung nichts sehen und war auf Zuruf von der Brücke angewiesen. Das Seitenrichtwerk hatte 4 bis 5 Grad Lose!

Zwar setzte der Kommandant mit 15 Knoten, der bei diesem Wetter noch möglichen Höchstfahrt, zum Rammstoß an, war sich aber der Eigengefährdung seines Bootes bewußt. Danach bekämpfte er das U-Boot mit Wasserbomben, aber auch ohne Erfolg, da das S-Gerät bei diesem Wetter keine Ortungen lieferte. Bei einem Versuch kehrtzumachen, holte »TA 16« bis zu 40 Grad nach beiden Seiten über – eine sehr gefährliche Lage für das leergefahrene Boot! »Bacchus« erhielt Befehl, mit Höchstfahrt nach Westen abzulaufen. Wenn auch westlich des Doro-Passes ein zweites U-Boot lag, war dieser gewaltsame Durchbruch die einzige Chance.

Und richtig! Westlich der Durchfahrt wurden um 21.05 Uhr verdächtige Sektoren mit Leuchtgranaten ausgeleuchtet, und um 21.19 Uhr wurde ein zweites U-Boot aufgetaucht an Backbord gesichtet. Das Feuer wurde eröffnet; leider hatte die 4 cm Kanone Versager. Das achtere Geschütz schoß mehrere Salven in die ungefähre Richtung, das U-Boot tauchte weg.

Um 22.20 Uhr war dann der U-Bootalarm beendet. Hier unter Euböa war das Wetter etwas ruhiger. Noch einmal gab es am 8.1. um 02.45 Uhr U-Bootalarm, einige Wasserbomben wurden geworfen, Ölflecken auf der Wurfstelle wurden beobachtet.

Und um 04.50 Uhr passierte das Geleit die Hafensperre von Piräus, »TA 16« lag am 8.1.1944 um 05.25 Uhr in Piräus fest.

Das war eine äußerst harte Fahrt gewesen mit dem guten Erfolg, beide Geleite trotz Wetter und Feind heil zum Ziel gebracht zu haben. Dagegen wog die vertane Chance, ein U-Boot zu vernichten, gering.

SCHLUSSBETRACHTUNG

Die Männer der 9. T-Flottille durften ihre Fahrten in der Phase vom 25.11.1943 bis 10.1.1944 sehr wohl als erfolgreich für sich buchen. Rechnet man jede Fahrt zwischen Abgangsort und Zielort sowie jedes geleitete Fahrzeug einzeln, so hatte die 9. T-Flottille in dieser Zeit 17 Fahrzeuge geleitet. Davon war nur eines, die »Balkan«, am 23.12.43 verlorengegangen, also nicht ganz 6 Prozent.

		Chef	TA 14	TA 15	TA 16	TA 17	TA 19
30.11.–1. 12.	(18)				x		
6.–8.12.	(19)	x		x	x		
	(20)	x		x	x		
12.–14.12.	(21)	x	x	x			
	(22)	x	x	x			
20.–22.12.	(23)	x	x	x			
	(24)	x	x	x			
21.–23.12.	(25)					x	
	(26)					x	
22.–24.12.	(27)	x		x			
	(28)	x		x			
24.–25.12.	(29)		x				
25.–27.12.	(30)	x	x	x			
31.12.–2. 1.	(31)	x	x	x	x		
	(32)	x	x	x	x		
5.–8.1.	(33)	x			x		
	(34)	x			x		
Summe	17	13	8	11	7	2	0
Bisher	17	13	9	15	2	3	9
Insgesamt	34	26	17	26	9	5	9

Die Hauptlast der bisherigen Einsätze hatte »TA 15« getragen mit 26 Unternehmungen, gefolgt von »TA 14« mit 17 Unternehmungen. Aber während allen anderen Booten eine mehrwöchige Pause gewährt worden war (»TA 14« vom 22.11. bis 12.12., »TA 16« vom 16.11. bis 6.12. und vom 8.12. bis 31.12., »TA 17« vom 14.11. bis 21.12., »TA 19« vom 24.11. bis über den 10.1. hinaus), in denen auch größere Instandsetzungsarbeiten vorgenommen werden konnten, war dies bei »TA 15« nicht der Fall gewesen; nur vom 24.11. bis 4.12. hatten notwendige Reparaturen im Dock gemacht werden können. Nach der Rückkehr am 2.1.1944 mußte nun auch »TA 15« eine Pause zugestanden werden, die bis zum 18.1.44 befristet wurde. In dieser Zeit sollten die früher genannten schiffbaulichen Arbeiten zur Verbesserung der Stabilität fortgeführt und nach Möglichkeit beendet werden. Zusätzlich mußten so umfangreiche Arbeiten wie Abdichten der Leckagen und Auswechseln des Schwenkmotors des S-Geräts, Abdichten am Gehäuse einer Turbine und zahlreiche Reparaturen in der Maschinenanlage ausgeführt werden. Und endlich mußte die vordere 12 cm Doppellafette ausgebaut werden, weil sie im Seitenschwenkwerk eine Getriebelose von mehr als einem Grad (!) hatte.

Auch »TA 14« wurde nun eine längere Zeit zu Instandsetzungsarbeiten gegeben.

6. KAPITEL

Bomben auf Piräus

11.1.1944

Die Diensträume der 9. T-Flottille waren von Anfang an in einem Haus im Zentrum von Athen eingerichtet worden. Gleichzeitig aber war der Flottille in Piräus das mehrstöckige Haus am Hafen in der Nähe des Bahnhofs der Schnellbahn Athen–Piräus zugewiesen worden, das vorher den italienischen Kommandostab beherbergt hatte und das deshalb allgemein noch immer das »Commando Marina« genannt wurde. Nur innerhalb der 9. T-Flottille lief es unter dem Namen »Flottillengebäude«, und das umgebende Gelände hieß hier »Flottillengelände«. Das Flottillengebäude diente den wachfreien Besatzungen der Boote als Unterkunft während der Liegezeiten im Hafen, weil die Möglichkeiten für die Unterbringung an Bord gar zu beengt und primitiv waren.

Der einzige Liegeplatz am Flottillengelände, an dem ein Boot, vorn vor Anker, mit dem Heck an der Pier, liegen konnte – in der Marine nannte man das »römisch-katholisches Festmachen« – war der Stammliegeplatz von »TA 15«. Und am Vormittag des 11. Januar 1944 wurde dieses Boot aus dem Trockendock dorthin verholt.

Gegen 12.00 Uhr erging über Telefone und durch Melder an alle Stellen die Warnung, es werde mit einem Großluftangriff auf den Raum Athen – Piräus gerechnet. Bisher waren zwar des öfteren schon einzelne Bomben oder auch ein Reihenwurf auf den Hafen gefallen, aber sie hatten keinen großen Schaden angerichtet. So schenkte man der Warnung zuerst nur wenig Glauben. Als dann aber die Sirenen der Stadt um 12.30 Uhr Fliegeralarm gaben, hielt es der Kommandant von »TA 15« doch für angezeigt, seine Besatzung, soweit sie nicht als Schiffssicherung an Bord bleiben mußte, in den Luftschutzbunker nahe beim Schnellbahnhof zu schicken. Für die verbleibenden Soldaten standen auf dem Flottillengelände Splitterschutzgräben zur Verfügung.

Gegen 13.00 Uhr kamen die Flugzeuge. Sie flogen von Nordwesten her in großer Höhe an. Eine überschlägige Rechnung ergab 120 Maschinen, und kurz dahinter kam noch einmal ein gleich großer Verband. Wie silberne Pünktchen hoben sich die Flugzeuge vom blauen Himmel ab.

Und dann fegte über Piräus das Inferno eines Bombenteppichs hinweg. Er begann in einer Breite von sicher einem Kilometer etwa in der Mitte des Hafenbeckens, rollte über das rechteckige Becken des Alonhafens und die angrenzende Landzunge, auf der das Flottillengebäude stand, über das Flottillengelände und den Liegeplatz von »TA 15« und dann hinein in das winklige, dicht bebaute Stadtviertel am Bahnhof der Schnellbahn.

Dem ohrensprengenden Niedersausen der Bomben, die offenbar Sirenen- oder Pfeifzusätze hatten, folgte das anhaltende Krachen und Bersten der Detonationen, die zu einem fortdauernden, donnernden Getöse zusammenwuchsen. Die Erde wackelte unter den Einschlägen.

»TA 15« lag mitten in diesem Teppich. Zwei Bomben gingen dicht an Steuerbord, eine Bombe dicht an Backbord ins Wasser, eine traf neben dem Heck auf die Pier. Die riesigen Säulen aus Wasser, Qualm und Dreck brachen über dem Boot zusammen, dicke Steinbrocken fielen an Deck. Aber wie durch ein Wunder war das Boot unbeschädigt geblieben. Ein Soldat hatte eine ganz leichte Splitterverletzung.

Auch das Flottillengebäude war unversehrt geblieben, aber einige der angrenzenden Häuser waren zerstört.

In der Stadt waren viele Häuser beschädigt oder ganz zerstört. Überall flackerten Brände, quoll Rauch auf. Es gab ein furchtbares Durcheinander. Deutsche Soldaten sperrten das Gelände ab und ließen niemand hinaus oder herein. Die Soldaten von »TA 15« hatten große Schwierigkeiten, aus dem Bunker heraus und durch diese Absperrung hindurch wieder an Bord zu gelangen, ja einige wurden sogar nicht durchgelassen und nach Athen geschickt.

Nahe beim Bahnhof der Schnellbahn war ein Ölleichter getroffen worden. Das brennende Öl lief aus, brannte auf dem Wasser weiter und griff auf die dicht an dicht liegenden hölzernen Boote über, die dann eines nach dem anderen in Flammen aufgingen. So näherte sich das Feuer in immer bedrohlicherer Weise dem Flottillengebäude von der dem Liegeplatz von »TA 15« abgewandten Seite.

Die Besatzung von »TA 15« begann mit Bergungsarbeiten. Zuerst entfernten sie aus den Bootskammern die – geringen – Mengen Wasserbomben und Benzin, dann das Inventar des Flottillen-Krankenreviers, dann andere Dinge, so viel es eben ging. Andere Männer der Besatzung machten sich unter Leitung des 1. Wachoffiziers, Oblt. z.S. Beyersdorf, daran, einige der hölzernen Boote herauszuschleppen, um so eine Bresche zu schaffen, über die das Feuer vielleicht nicht würde hinweggreifen können. Und als sich in den zerstörten Häusern neben dem Flottillengebäude ein Brand entwickelte, ging der Leitende Ingenieur, Oblt. (Ing.) Krüger, mit einigen Soldaten dagegen vor.

Schon sah es so aus, als würden diese Herr des Feuers werden, da sprang der Wind um 90 Grad um und machte alles wieder zunichte. Nun trieb der Wind das brennende Öl über die Lücke zwischen den Booten, und dort fraß es sich weiter.

Stunden um Stunden arbeiteten die Männer von »TA 15«. Eine Entwarnung hatte es nicht gegeben, vielleicht waren die Sirenen ausgefallen. So konnte auch kein neuer Alarm gegeben werden, als um 19.15 Uhr ein neuer Verband anflog. Statt der Sirenen schoß die 2 cm Flak einige Feuerstöße.

Abermals fielen zahlreiche Bomben, die brennenden Konturen der Hafen-

becken boten ja auch gute Ziele. Eine Bombe traf neben dem Flottillengebäude eine zur Flottille gehörende Bootskammer. »TA 15« und das Flottillengebäude selbst aber blieben wiederum verschont. Doch in die zerstörten
Häuser neben dem Flottillengebäude traf eine weitere Bombe und entzündete
darin einen heftigen Brand. Als bekannt wurde, daß in diesen Häusern angeb-
lich 2 000 Schuß 7,5 cm Munition und Wasserbomben gelagert seien, hielt es
der Kommandant von »TA 15« für geboten, sein Boot zu verholen, und um
02.00 Uhr, nun schon am 12.1.1944, wurde es an den Liegeplatz an der Pier
der 21. U-Jagdflottille verlegt.

Am Vormittag des 12.1.1944 konnte man die Gefahr als beendet ansehen,
»TA 15« verholte wieder an seinen Liegeplatz am Flottillengelände. Die
Feuer am Hafen waren ausgebrannt, nur der Ölleichter selbst brannte noch,
und auch in der Stadt qualmte und brannte es noch hier und da.

Dann aber stellte es sich heraus, daß die Pier am Heck von »TA 15«, wo die
Bombe getroffen hatte, absackte. Damit war dieser Liegeplatz für Torpedoboote ungeeignet geworden, und »TA 15« bekam einen anderen vor dem Ha-
fenbauamt als ständigen Liegeplatz zugewiesen und verholte dorthin.

Damit war der Bombenangriff mit seinen unmittelbaren Folgen überstanden. Die 9. T-Flottille war außer der einen Bootskammer mit ihrem gesamten
Inventar unbeschädigt geblieben. »TA 15« hatte keinen Schaden und nur einen Leichtverletzten, und die anderen Boote waren von dem Angriff so gut
wie gar nicht betroffen geblieben.

Aber etwas war doch anders: Seit unmittelbar nach dem Angriff beginnend, sich die ganze Nacht hindurch fortsetzend und auch jetzt noch anhaltend bewegte sich eine wahre Völkerwanderung aus Piräus hinaus Richtung
Athen und in die Berge. Die Bevölkerung von Piräus verließ ihre Stadt. Dies
geschah aus einer Angst heraus, die durch eine geschickte britische Flüster-
propaganda, weitere Angriffe würden folgen, geschürt wurde. Das Ziel sollte
es wohl sein, den Deutschen die Hilfe der griechischen Arbeitskräfte zu entziehen.

Dieses Ziel wurde zunächst auch voll erreicht. Nach dem Angriff ließ sich
tagelang kein griechischer Arbeiter mehr an Bord sehen. Erst nach dem 16. 1.
kamen sie nach und nach wieder. Und dann genügte es, daß auf dem Hafen-
bauamt die gelb-blau-gelbe Flagge für Fliegeralarm gesetzt wurde, daß sie
fluchtartig von Bord verschwanden und an diesem Tage auch nicht wieder erschienen.

Große Teile der Besatzung von »TA 15« kehrten erst im Laufe des 12.1.
wieder an Bord zurück, ja selbst am 13.1. trafen noch einige Nachzügler ein.
Zum Teil waren sie von der Absperrung nach Athen gewiesen worden, zum
Teil waren sie von der panikartigen Flucht der Bevölkerung einfach mitgeris-
sen worden, nachdem die Absperrposten sie nicht an Bord ließen. Ein Soldat
kehrte überhaupt nicht zurück; sein Schicksal blieb ungeklärt. Er mochte
beim Angriff direkt getötet worden sein. Es konnte aber auch sein, daß er mit
der Bevölkerung die Stadt verlassen hatte und vielleicht in Partisanenhand ge-

fallen war. Schließlich war auch Fahnenflucht nicht auszuschließen. Er wurde als »vermißt« gemeldet und galt damit als ein weiterer Verlust von »TA 15« durch diesen Bombenangriff.

Als Folge des Angriffs kehrten sich auf »TA 15« die Verhältnisse um: Waren zuerst die Arbeiten am S-Gerät bestimmend für den Endtermin der Instandsetzungsarbeiten gewesen, in den sich die anderen Arbeiten hineinzupassen hatten, so wurden jetzt die schiffbaulichen Arbeiten terminbestimmend, die durch das Fernbleiben der griechischen Arbeiter längere Zeit geruht hatten, während die deutschen Monteure ihre Arbeiten am S-Gerät sofort nach dem Angriff wieder aufgenommen hatten.

So dauerte es bis zum 28.1.1944, bis »TA 15« für die nächste Fahrt wieder klar war.

Klar? Die vordere 12 cm Doppellafette war noch nicht fertig. Aber im Stabe des Admirals Ägäis meinte man, dann müßte das Boot eben ohne diese Hälfte seiner Seezielbewaffnung in den Einsatz fahren!

7. KAPITEL

Fahrten mit Erfolgen und Verlusten

11. 1. bis 8. 3. 1944

LAGEBETRACHTUNG

Die britischen und amerikanischen Truppen waren nach ihren Landungen in Süditalien auf unerwartet hartnäckigen Widerstand gestoßen, einen Widerstand, der sich etwas später mit dem Namen Monte Cassino verknüpfte. Deshalb planten die Westalliierten eine Landung bei Anzio, um den Deutschen in ihrem Rücken den Nachschub abzuschneiden. Doch Zweifel, ob man mit den verfügbaren Kräften zu einem Erfolg kommen könne, führten am 22.12.1943 dazu, das Vorhaben aufzugeben (Lt. 02, S. 601).

Hier schaltete sich der britische Premierminister, Winston Churchill, persönlich ein. Weihnachten 1943 traf er sich in Tunis mit den alliierten Befehlshabern und bestand auf der Durchführung des Anzio-Unternehmens. Endlich erreichte er sein Ziel mit der Zustimmung des U.S.Präsidenten F.D. Roosevelt. Dafür mußte er aber unter anderem die Bedingung annehmen, seinen beharrlich verfolgten Plan einer Großoperation gegen Rhodos und die Inseln in der Ägäis aufzugeben. Diesen Plan hatte Churchill im November 1943 auf der Konferenz von Teheran vorgebracht, um durch den Besitz der Ägäis einen sichereren Nachschubweg nach Rußland und, im Zusammenhang mit der Türkei, weitere Vorteile zu gewinnen (Lt. 02, S. 601 und Anm. 12). Diese Pläne sind ein Beweis dafür, daß der ägäische Raum entgegen der Meinung mancher Historiker doch eine strategische Bedeutung hatte.

War also die nur geringe feindliche Aktivität in der Ägäis in den vergangenen Wochen darauf zurückzuführen, daß die britische Führung alles für die geplante Großaktion aufsparte, so waren jetzt, da dieses Vorhaben aufgegeben wurde, zwei Möglichkeiten gegeben. Entweder konnten jetzt die Briten die Ägäis ganz vergessen, oder sie konnten die Mittel, die sie nun nicht mehr aufzusparen brauchten, in der Ägäis einsetzen. Das aber würde regere Aktivität, stärkere Bedrohung und härtere Kämpfe für die Deutschen bedeuten.

Von all diesen Dingen wußte man in der 9. T-Flottille natürlich nichts. Hier sah man, daß mit der im 5. Kapitel dargestellten Phase der Konsolidierung diese Konsolidierung des ägäischen Raumes noch keineswegs abgeschlossen war. Weiterhin mußten Besatzungstruppen auf die Inseln und Kampftruppen und Gefangene von den Inseln transportiert werden. In zunehmendem Maße aber traten zu diesen Aufgaben und zu denen des Nachschubs auch andere Einsätze in den Vordergrund, und so hat es seinen Grund, wenn dem nun folgenden Zeitabschnitt ein eigenes Kapitel mit einer eigenen Überschrift gewidmet wurde.

Für alle diese Aufgaben stand zunächst nur »TA 17« zur Verfügung. Erst im letzten Drittel des Januar 1944 kamen nacheinander »TA 16«, »TA 14« und »TA 15« wieder hinzu, und als zum 7.2.1944 auch »TA 19« wieder klar war, war »TA 14« bereits wieder für längere Zeit ausgefallen. Der materielle Zustand der alten Boote, die Beanspruchungen durch die Einsätze und endlich die Feindeinwirkungen setzten der Kampfkraft der 9. T-Flottille doch sehr enge Grenzen.

11.–12. Januar 1944

Führung Kptlt. Düvelius auf »TA 17«
Beteiligte Boote: »TA 17«
Aufgaben: (35) Geleit MS »Drache« mit Truppen an Bord Piräus – Milos; (36) Geleit MS »Drache« mit Truppen an Bord Milos – Piräus.

(35) Ungeachtet des schweren Luftangriffs auf Piräus legte »TA 17« am 11.1.1944 um 18.20 Uhr in Piräus ab und trat mit dem Minenschiff »Drache«, das Truppen an Bord hatte, und mit »R 195« und »R 211« mit 12 Knoten Marschfahrt den Marsch nach Milos an. Um 23.00 Uhr und abermals am 12.1.44 um 00.20 Uhr verursachten Flugzeuggeräusche Fliegeralarm. Bereits um 01.10 Uhr passierte das Geleit die Netzsperre von Milos und hatte um 01.40 Uhr auf Milos-Reede geankert.

Um 10.10 Uhr gab es Fliegeralarm an Land, drei zweimotorige Flugzeuge flogen von See her in etwa 800 m Höhe die zu Anker liegenden Schiffe an. Ihr richtiges Erkennungssignal verfing nicht, sie bekamen Feuer, denn wer so tief von See her einen Hafen anfliegt, hat feindliche Absichten – und doch waren es eigene Flugzeuge zur Luftsicherung!

(36) Nach Ausschiffung der Soldaten und Einschiffung der anderen Truppen gingen die Schiffe wieder Anker auf. Trotz der großen Schwierigkeiten, die »TA 17« mit seinem gerade erst kompensierten Kompaß hatte, kam das Geleit gut zurück und war um 18.00 Uhr in Piräus eingelaufen.

15.–16. Januar 1944

Führung: Kommandant MS »Drache«
Beteiligte Boote: »TA 17«
Aufgabe: (37) Minenunternehmung mit MS »Drache«

(37) Das MS »Drache« mit Minen an Bord verließ Piräus am 15.1.44 um 11.20 Uhr, »TA 17«, »R 195« und »R 211« bildeten die Sicherung. Die Fahrt verlief bei ruhigem Wetter störungsfrei, bis »TA 17« um 17.33 Uhr etwa 5,5 Seemeilen nordöstlich von Antimilos eine U-Bootortung hatte. »TA 17« bekämpfte das U-Boot mehrmals, bis »Drache« sicher passiert hatte.

Von 19.24 Uhr bis 02.13 Uhr am 16.1.44 warf »Drache« die Minen, derweil sicherten »TA 17« nach See zu und die beiden Räumboote nach Land zu. Ohne Zwischenfälle kamen die Boote um 13.00 Uhr wieder in Piräus an.

»TA 17« hatte diese Fahrt mit unklarem Magnetkompaß fahren müssen. Der Kommandant hatte die Verantwortung übernommen nach der Devise: »Geht es klar, hat der Kommandant Glück gehabt, im umgekehrten Fall kann er halt nichts!« (Qu. 14).

23.–24. Januar 1944

Führung: Kommandant MS »Drache«
Beteiligte Boote: »TA 16«, »TA 17«
Aufgabe: (38) Minenunternehmung mit MS »Drache«.
(38) Am 22.1.1944 gegen 17.00 Uhr liefen »TA 16« und »TA 17« von Piräus aus als Geleit für MS »Drache«, das die Durchfahrten in der Inselkette Keos – Kithnos – Seriphos – Siphnos verminen sollte. »Drache« hatte aber eine Grundberührung, das Unternehmen wurde um 24 Stunden verschoben; »TA 17« ankerte nördlich von Psyttaleia im Kanal von Salamis, »TA 16« vor Perama.

Am 23.1.1944 lief dann um 17.00 Uhr das Unternehmen erneut an. »Drache« und die beiden T-Boote trafen sich bei Phleves. Feindliche Flugzeuge überflogen den Verband, ohne anzugreifen. Zwischen 21.16 Uhr am 23.1.44 und 4.14 Uhr am 24.1.44 warf »Drache« planmäßig seine Minen, und um 10.30 Uhr lagen alle Beteiligten wieder in Piräus fest.

25.–26. Januar 1944

Führung: Freg.Kpt. Riede auf »TA 14«
Beteiligte Boote: »TA 14«, »TA 16«
Aufgaben: (39) Geleit M/S »Leda« Piräus – Leros; (40) Gefangenentransport Leros – Piräus.
(39) Nach vorangegangener Besprechung mit allen Beteiligten verließ »Leda« gegen 17.00 Uhr am 25.1.1944 Piräus. Auch »TA 14«, »TA 16«, »R 194« und »R 211« liefen als Geleitschutz aus. Um 20.20 Uhr hatte »TA 16« ostwärts der Südspitze von Makronisi eine U-Bootortung und warf einige Schreckbomben. Nordwestlich von Keos wurde um 20.55 Uhr ein eigenes Geleit (M/S »Seerose«) nach fehlerhaftem Austausch des Erkennungssignals überholt. Von 22.50 Uhr bis 23.50 Uhr war Fliegeralarm wegen mehrmaliger Flugzeuggeräusche, eines niedrigen Überflugs mit Beschuß auf »TA 16« und einiger Leuchtbomben. Der Verband fuhr Ausweichmanöver und schoß Abwehrfeuer, Schäden traten nicht ein.

Nach Durchlaufen der Mykonos-Passage um Mitternacht sichtete »TA 14« um 03.04 Uhr am 26.1.44 zwischen Nikaria und Patmos 3 Dez an Steuerbord in etwa 600 m Entfernung, Bug quer, ein auftauchendes U-Boot. »TA 14« eröffnete das Feuer mit den Fla-Waffen; die Stromversorgung war wieder einmal ausgefallen, und daher konnten die 12 cm-Kanonen nicht benutzt werden. Das Feuer lag teilweise gut, doch das U-Boot konnte unbehelligt wegtauchen. »Niemand, der die Situation nicht miterlebt hat, kann sich die Gefühle vorstellen, die mich bewegen. Es ist zum Verrücktwerden, solche Chance gibt es nur einmal im Kriege – und man steht wie Piefke auf der Brücke eines sogenannten Torpedobootes oder gar Zerstörers und sieht das U-Boot in 300 m Entfernung im Mittelpunkt der Geschehnisse zwar nicht lächelnd, sondern zweifelsohne erschrocken, aber unbeschädigt wegtauchen. Nicht einmal einen E-Kompaß und ein S-Gerät hat man, um eine Wabo-Bekämpfung anzufangen. Die ganze Situation ist so zum Kotzen, daß nur noch ein doppelter Cognac helfen konnte« (Qu. 11). – Das Geleit setzte seinen Marsch fort, das U-Boot in sicherem Abstand hinter sich lassend.

Um 03.10 Uhr wurden die R-Boote entlassen, um vor dem Geleit mit Räumgerät nach Portolago einzulaufen. Dabei gab es hinter einem R-Boot drei heftige Detonationen. Das Geleit lief unbehelligt ein, die T-Boote lagen am 26.1.44 an der Ölpier von Portolago fest, »Leda« hatte geankert.

(40) Am 26.1.1944 um 08.00 Uhr liefen »TA 14« mit 200 und »TA 16« mit 150 Kriegsgefangenen an Bord aus Portolago aus, Marschfahrt 17 bzw. 21 Knoten. Um 10.52 Uhr flogen südwestlich von Nikaria 2 Beaufighter im Tiefflug an, wurden aber noch vor einem Angriff von der Luftsicherung abgedrängt. Zu den 3 Arados traten dann noch 4 Ju 88 hinzu.

Ohne weitere Zwischenfälle trafen die Boote um 17.15 Uhr in Piräus ein. Die Gefangenen wurden jedoch erst um 23.00 Uhr ausgeschifft.

Eine ereignisreiche Fahrt!

31. Januar bis 3. Februar 1944

Führung: Freg.Kpt. Riede auf »TA 15«

Beteiligte Boote: »TA 14«, »TA 15«, »TA 16«

Aufgaben: (41) Geleit Dampfer »Sieglinde« und Tanker »Centaur« Piräus–Leros; (42) Geleit M/S »Leda« Leros – Vathi (Samos) und Sicherung der Vathi-Bucht; (43) Geleit M/S »Leda« Vathi–Kreta.

Die für den 28.1.44 angesetzte Unternehmung wurde zweimal um 24 Stunden und dann noch einmal bis 31.1. um 07.30 Uhr verschoben. Um 08.00 Uhr passierten »Sieglinde« und »Centaur« mit den drei T-Booten die Netzsperre, »R 195« trat zum Geleit hinzu.

(41) Die Marschfahrt sollte laut Befehl 8 Knoten sein, aber »Centaur« konnte nicht mehr als 5 Knoten laufen. Dadurch aber wurde der ganze Zeitplan für die weiteren Aufgaben gefährdet, und so entließ der Flottillenchef »Centaur« mit »TA 14« um 13.35 Uhr zurück nach Piräus.

Um 13.50 Uhr nordwestlich von Keos gab »TA 16« U-Bootalarm und bekämpfte das vermutliche U-Boot, während das Geleit seinen Marsch mit nunmehr 10 Knoten Fahrt fortsetzte. Um 19.28 Uhr zwischen Syra und Naxos gab »TA 16« abermals U-Bootalarm, doch diesmal war das zweifelsfrei eine Fehlortung gewesen.

»TA 14« hatte »Centaur« bis Phleves zurückgebracht und dort nach Piräus entlassen. Um 16.55 Uhr folgte »TA 14« dann dem Geleit mit 25 Knoten. Um 17.27 Uhr hatte das Boot wieder einmal Totalausfall der Stromversorgung. Zweimal gab es Fliegeralarm, jedoch ohne Angriffe. Um 21.25 Uhr traf »TA 14« wieder beim Geleit ein.

Gegen 05.00 Uhr am 1.2.44 lief der Verband in die Portolago-Bucht ein, die T-Boote gingen an die Ölpier.

Von 11.35 bis 12.55 Uhr gab es Fliegeralarm. Ein feindlicher Verband mit »Mitchell«-Bombern griff in mittlerer Höhe Portolago mit Bomben an. Der Angriff galt dem Werftgelände und dem dort liegenden M/S »Leda«, aber die meisten Bomben fielen in die Berge, Schaden entstand nicht. Die an Bord der T-Boote nicht benötigten Soldaten hatten in den in die Felsen gesprengten Luftschutzräumen Schutz gefunden. Bei einem weiteren Fliegeralarm von 13.15 bis 14.00 Uhr griff der Feind nicht an.

(42) Um 17.00 Uhr schickte der Flottillenchef »TA 14« und »TA 16« vor die Bucht von Portolago zur Sicherung gegen U-Boote. Sie hatten dann auch eine Ortung und warfen Wasserbomben.

Um 18.00 Uhr verließen »Leda«, »TA 15« und »R 195« die Portolago-Bucht und formierten das Geleit zum Marsch. Derweil kreiste über dem Verband ein Flugzeug, das als eine Ju 88 erkannt wurde und das gültige Erkennungssignal schoß; nach späteren Feststellungen hat sich aber zu dieser Zeit kein deutsches Flugzeug in der Luft befunden.

U-Bootalarm um 18.34 Uhr. »TA 15« warf Wasserbomben, gab dann aber die Bekämpfung an »TA 14« ab und übernahm wieder die Führung des Geleits. Erst als das Geleit in sicherer Entfernung war, lief »TA 14« nach.

Gegen 19.00 Uhr wurden Flugzeuggeräusche gehört. Und dann folgte ab 19.10 Uhr fortlaufend ein Angriff mehrerer Flugzeuge mit Bomben, Raketenbomben und Bordwaffen dem anderen. Eine Stunde lang gingen diese Angriffe pausenlos ineinander über, aber durch das heftige Flakfeuer aller Einheiten des Verbandes erzielten sie keinen Treffer.

Und noch einmal, von 21.30 bis 21.40 Uhr, griffen Flugzeuge an, wurden aber ebenfalls durch Flakfeuer abgewiesen.

Gegen 23.00 Uhr stand das Geleit vor der Vathi-Bucht von Samos. »Leda« wurde zum Festmachen in Vathi entlassen, derweil die T-Boote umschichtig vor der Bucht U-Bootsicherung fuhren.

Während der Nacht und des folgenden Tages, 2.2.1944, lud »Leda« an der Pier Material. Die T-Boote sicherten die Bucht und warfen auch Wasserbomben auf U-Bootortungen. Um 13.00 Uhr überflog ein feindlicher Aufklärer die Bucht und bekam Flakfeuer.

In den Nachmittagsstunden liefen die T-Boote umschichtig in die Bucht und übernahmen aus Landungsbooten Truppen der Kampfgruppe Müller an Bord.

(42) Als zwischen 17.00 und 18.00 Uhr »Leda« aus der Vathi-Bucht auslief, hatte »TA 16« gerade wieder eine Ortung und warf Wasserbomben. Als das Geleit passiert hatte, folgte ihm »TA 16« nach. Doch schon bald, nachdem der Verband Ostkurs aufgenommen hatte, mußte auch »TA 15« eine weitere Ortung bekämpfen; die Geleitführung übernahm solange »TA 14«. Dann lief »TA 15« zum Geleit und wollte sich wieder vorsetzen. Dies gelang aber nicht, weil dieses gerade jetzt in die sehr schmale Samosstraße eintrat. Obwohl »TA 15« nach eigener Navigation westlich der die Grenze zur Türkei bildenden Fahrwassermitte stand, bekam es Feuer aus Maschinenwaffen von der türkischen Küste, das aber keinen Schaden anrichtete. Nach Passieren der Samosstraße übernahm »TA 15« wieder die Führung an der Spitze des Geleits. Der Verband nahm südwestlichen Kurs Richtung Kreta.

Um 20.30 Uhr, nordöstlich von Amorgos, flogen zahlreiche feindliche Flugzeuge am Geleit vorbei und flogen es dann im Zangenangriff gegen heftiges Flakfeuer an. Und nun folgte eine ununterbrochene Kette von hartnäckigen und erbitterten Angriffen, teils einzeln und teils zu mehreren, mit Bomben- und Raketenbombenwürfen und Bordwaffenbeschuß auf »Leda« und alle Boote des Geleits. Das Geschehen wurde zu einer regelrechten Geleitzug-Luftschlacht, bei der die Flugzeuge aus allen Richtungen angriffen. Die helle Mondnacht begünstigte sie. Über eine Stunde lang gelang es, durch heftiges Flakfeuer jeden Anflug so zu stören, daß kein Treffer erzielt wurde, obwohl manche Einschläge bedenklich nah lagen.

Aber um 21.50 Uhr gelang dann doch einem im Tiefstflug angreifenden Flugzeug ein Treffer auf dem Achterschiff der »Leda«. Dort brach sofort mit hoher Stichflamme ein Brand aus. Nach späteren mündlichen Berichten soll das Flugzeug gegen den Mast der »Leda« geflogen und dann brennend in die Decksladung, bestehend aus Lastwagen und Benzin, gestürzt sein.

»Leda« schor langsam nach Steuerbord aus und verlor nach und nach Fahrt. Dann gab es eine Folge heftiger Detonationen, und dann brannte »Leda« von mittschiffs bis zum Heck.

Während nun »TA 14« und »TA 16« die Sicherung übernahmen und dabei fortwährend weitere Angriffe abwehrten, versuchte »TA 15«, bei »Leda« längsseits zu gehen. Der Versuch, von Luv Bug gegen Bug längsseits zu gehen, schlug fehl, weil »Leda« stark nach Lee wegtrieb und zudem immer noch etwas Fahrt machte, so daß die Gefahr entstand, daß »TA 15« zu nahe an das Flammenmeer kam. Die Männer auf »TA 15« trugen Stahlhelme zum Schutz gegen die Splitter der nach und nach hochgehenden Munition.

Darauf fuhr »TA 15« ein neues Manöver, diesmal von Lee Bug gegen Bug. Die Besatzung der »Leda« hatte sich auf der Back versammelt. Sie hatten Taue über die Reeling gehängt, und als sich nun »TA 15« näherte, hängten sich die Männer an diese Taue; »TA 15« brauchte nur kurzzeitig mit seiner niedrigeren Back unter diese Tampen zu fahren, so konnten sich die Männer binnen Sekunden an Deck fallen lassen.

Doch da ereigneten sich auf dem Achterschiff der »Leda« mehrere sehr starke Detonationen. Den Männern auf der Back von »TA 15« sengte die Hitze die Gesichter. Wenn »Leda« jetzt in die Luft fliegen würde, wäre es um »TA 15« geschehen. Trotzdem war der Kommandant entschlossen, das Manöver zu Ende zu fahren; brach er es jetzt ab und zog er sein Boot zurück, so würde er fast ebenso lang in der Gefahrenzone gewesen sein, wie wenn er es noch eben vollendete, und die 50 Meter näher oder weiter machten auch nichts aus.

Da war es der Flottillenchef, der mit dem Kommando: »Beide Maschinen äußerste Kraft zurück!« in das Manöver eingriff. Es ist hier nicht der Ort, den kurzen, heftigen Auftritt zwischen Chef und Kommandant zu schildern. Als Ergebnis mußte der Kommandant das Manöver abbrechen und das Boot zurückziehen. Den Männern der »Leda« blieb nur übrig, sich von den Tampen, an denen sie hingen, ins Wasser fallen zu lassen.

»TA 15« legte sich nun in Luv hin. Und während »Leda« nach Lee von den Schiffbrüchigen wegtrieb, trieb »TA 15« von Luv darauf zu. Außerdem beteiligte sich »R 195« tatkräftig an der Bergung. Die ganze Szene wurde von dem Brand auf »Leda« beleuchtet, und die anhaltenden Explosionen machten die Musik dazu.

Gerade als dann »R 195« seine Geretteten auf »TA 15« an Bord geben wollte – es war 22.40 Uhr – gab »TA 16« U-Bootalarm. »TA 15« schickte »R 195« fort und fuhr mit hoher Fahrt aus dem Feuerschein heraus. Dabei geriet das Boot mitten in einen erneuten, sehr heftigen Fliegerangriff hinein.

Um 22.45 Uhr sichtete »TA 14« etwa 2 Seemeilen nördlich der »Leda« rote Sternsignale und steuerte die Stelle an. Es handelte sich um britische Flieger eines weiteren abgeschossenen Flugzeugs. Während noch »TA 14« sie zu bergen versuchte, ging auch hier die Schlacht erneut los. Um 22.58 Uhr wurde »TA 14« im Tiefflug von Steuerbord voraus angegriffen, und nahezu gleichzeitig erfolgten Tiefangriffe von Steuerbord querab und von rechts achteraus. Für »TA 14« ging das Geschehen bei äußerster eigener Abwehr im Hagel der Bordwaffeneinschläge, der ganz nah detonierenden Bomben und der Raketenbomben in einem Inferno unter. »Es spielte sich alles so rasend schnell ab, daß vor dem Eintritt des Bewußtseins der großen Gefahr für das Boot bereits alles vorüber war! Es blieb nichts als ein Einziehen des Kopfes in den Kragen... übrig« (Qu. 11).

Ergebnis: Kesselraum 3 durch Treffer ausgefallen mit Heizölgroßbrand und Kabelbrand, dadurch Ausfall des E-Kompasses, des S-Geräts, der Beleuchtung, der Kraftstromversorgung im Vorschiff (Artillerie!), der Funkanlage. Ruderstörung mit klemmendem Ruder. Der Treffer rührte von einer Raketenbombe her, die in einem Heizölbunker detoniert war und sofort zum Großfeuer führte. Außer leichten Verletzungen gab es keine Verluste.

Noch während die Flugzeuge ihre Angriffe fortsetzten, gab »R 195« seine Geretteten an »TA 15« ab. Dann gingen sie beide wieder in die Nähe der »Leda«, um weiter nach Überlebenden zu suchen. Inzwischen hatte auch »TA 16«, nachdem es einige Wasserbomben geworfen hatte, noch einige Schiffbrüchige aufgenommen.

Um 23.20 Uhr war das Schicksal der »Leda« besiegelt, das schöne Schiff glitt in die Tiefe. Es wurde plötzlich dunkel. Und damit hörten auch nach dreistündiger Dauer endlich die Fliegerangriffe auf.

Mit großer Sorgfalt suchten die Boote weiter nach Schiffbrüchigen. Als sie aber niemand mehr fanden, brach der Flottillenchef um 00.10 Uhr, nun schon am 3.2., die Suche ab.

»R 195« brachte den Flottillenarzt von »TA 14« auf »TA 15« zur Betreuung einiger Leichtverletzter. Das Ergebnis der dreistündigen Schlacht war der Verlust der »Leda«, der Bombentreffer auf »TA 14«, 2 Tote, 1 Vermißter, 13 Schwer- und einige Leichtverletzte.

Um 01.00 Uhr traten die Boote den Heimmarsch nach Piräus an.

Damit war aber diese dramatische Nacht noch nicht beendet. Um 01.17 Uhr sichtete »TA 15« recht voraus ein aufgetauchtes U-Boot. Es lag in einer Entfernung von etwa 3 500 Metern quer auf dem Kurs der T-Boote. Das war eine seltene Chance, aber – die vordere Doppellafette 12 cm stand ja in Salamis in der Werft! Und bevor »TA 15« so weit abgedreht hatte, daß das achtere Geschütz hätte eingesetzt werden können, war das U-Boot weggetaucht. »TA 15« konnte ihm nur noch ein paar Wasserbomben nachwerfen.

Die Boote setzten ihren Marsch fort und trafen am 3.2.1944 gegen 10.30 Uhr in Piräus ein.

2.–5. Februar 1944

Führung: Kptlt. Düvelius auf »TA 17«

Beteiligte Boote: »TA 17«

Aufgaben: (44) Truppentransport Piräus – Iraklion (Kreta); (45) Kriegsmarsch Iraklion (Kreta) – Suda (Kreta); (46) Truppentransport Suda (Kreta) – Piräus.

(44) »TA 17« lief am 2.2.44 aus Piräus aus mit Truppen an Bord. Obwohl der Kessel 4 ausgefallen war, konnte das Boot Fahrtstufen bis 20 Knoten laufen. Nach sonst störungsfreier Fahrt machte es in der Nacht 2./3.2.1944 in Iraklion fest.

(45) Nach Ausschiffung der Truppen lief »TA 17« um 20.30 Uhr aus Iraklion aus und marschierte mit 15 Knoten Fahrt an der Küste Kretas entlang nach Suda, wo es um 2.20 Uhr am 4. Februar 1944 in der Bucht ankerte.

(46) Der Tag verging mit der Einschiffung der Truppen und der Übernahme von Heizöl. Um 19.00 Uhr am 4.2.1944 ging das Boot Anker auf, machte am 5.2.1944 um 6.25 in Perama fest zur Ölübernahme und lag um 10.50 Uhr wieder in Piräus.

7.–12. Februar 1944

Führung: Freg.Kpt. Riede auf »TA 19«

Beteiligte Boote: »TA 16«, »TA 17«, »TA 19«

Fregattenkapitän Walter Riede
Chef der 9. T-Flottille
September 1943–Februar 1944
(Foto: Slg. Vorsteher)

Fregattenkapitän Hans Dominik
Chef der 9. T-Flottille
Februar–Oktober 1944
(Foto: Slg. Vorsteher)

Kapitänleutnant Hans Quaet-Faslem
Kommandant »TA 16«
November 1943–Februar 1944
Kommandant »TA 14«
Februar–Juli 1944
(Foto: Slg. Vorsteher)

Kapitänleutnant Hans Dehnert
Kommandant »TA 14«
Oktober 1943–Februar 1944
(Foto: Slg. Vorsteher)

Kapitänleutnant Carlheinz Vorsteher
Kommandant »TA 15«
Oktober 1943–März 1944
Kommandant »TA 38«
März–April 1944
Kommandant »TA 39«
März–Mai 1944
(Foto: Slg. Vorsteher)

Kapitänleutnant Günther Schmidt
Kommandant »TA 16«
Februar–Juni 1944
Kommandant »TA 18«
Juli–Oktober 1944
(Foto: Slg. Vorsteher)

Kapitänleutnant Jobst Hahndorff
Kommandant »TA 19«
September 1943–August 1944
(Foto: Slg. Vorsteher)

Kapitänleutnant (Ing.) Günter Züllich
Flottilleningenieur
9. T-Flottille
September 1943–März 1944
(Foto: Slg. Vorsteher)

Der Zerstörer »Turbine« 1943 noch unter italienischer Flagge. Das 1925–1927 gebaute Schiff wurde als Torpedoboot »TA 14« am 28. Oktober 1943 für die 9. T-Flottille in Dienst gestellt. (Foto: Archiv BfZ)

Der Zerstörer »Francesco Crispi« 1942 noch unter italienischer Flagge. Das 1923–1927 gebaute Schiff wurde am 30. Oktober 1943 als »TA 15« für die 9. T-Flottille in Dienst gestellt. (Foto: Archiv BfZ)

Das Torpedoboot »Castelfidardo« noch unter italienischer Flagge. Das 1920–1924 gebaute Schiff wurde am 14. November 1943 als »TA 16« für die 9. T-Flottille in Dienst gestellt. (Foto: Archiv BfZ)

Das Torpedoboot »TA 17« (ex italienisch »San Martino«, gebaut 1917–1922) wurde am 28. Oktober 1943 für die 9. T-Flottille in Dienst gestellt. Hier bei einem Einsatz 1944 in der Ägäis. (Foto: Archiv BfZ)

Das Torpedoboot »TA 18« (ex italienisch »Solferino«, 1917–1921 gebaut) wurde am 25. Juli 1944 für die 9. T-Flottille in Dienst gestellt. Längsseits liegt das deutsche U-Boot »U 371«. (Foto: Archiv BfZ)

Das Torpedoboot »TA 19« (ex italienisch »Calatafimi«, gebaut 1920–1924) wurde am 13. September 1943 zunächst als »Achilles« für die 21. U-Jagdflottille in Dienst gestellt und dann als »TA 19« der 9. T-Flottille unterstellt. (Foto: Slg. Vorsteher)

Das Torpedoboot »TA 15« am Flottillengelände in Piräus.   (Foto: Slg. Vorsteher)

Teil der Besatzung eines Torpedobootes der 9. T-Flottille auf der Akropolis.   (Foto: Slg. Vorsteher)

Die Torpedoboote »TA 15« und »TA 17« kurz vor ihrer Indienststellung an der Themistoklesmole in Piräus. Auf der Back von »TA 15« ist die 12 cm Doppella- fette zu erkennen, »TA 17« verfügt über zwei einzelne 10,2 cm ohne Schutz- schilde auf der Back. (Foto: Slg. Vorsteher)

Zur Indienststellung von »TA 15« am 30. Oktober 1943 kommt der Flottillen- chef, Fregattenkapitän Walter Riede, an Bord. (Foto: Slg. Vorsteher)

Das Torpedoboot »TA 15« an seinem Liegeplatz am Flottillengelände in Piräus.
(Foto: Slg. Vorsteher)

Das Torpedoboot »TA 15« im Schwimmdock zur Reparatur. Im Vordergrund rechts ein Räumboot der 12. R-Flottille. (Foto: Archiv BfZ)

Aufgaben: (47) Kriegsmarsch Piräus – Rhodos; (48) Geleit Dampfer »Oria« Rhodos – Leros; (49) Geleit Dampfer »Oria« Leros – Rhodos; (50) Geleit Dampfer »Oria« mit Gefangenen an Bord Rhodos – Piräus.

(47) Am 7.2.1944 traten »TA 16«, »TA 17« und »TA 19« um 16.30 Uhr mit 17 Knoten Marschfahrt den Marsch von Piräus nach Rhodos an. Ohne Zwischenfälle standen die Boote am 8.2.1944 vor Rhodos und warteten mit U-Bootsicherung in der Trianda-Bucht auf das Auslaufen des Dampfers »Oria«.

(48) Um 10.25 Uhr wurde dann der Dampfer, der 4233 Kriegsgefangene an Bord hatte, ins Geleit genommen, Marschfahrt 9 Knoten. Um 12.25 Uhr hatte »TA 17« eine U-Bootortung, der Verband änderte den Kurs und konnte sicher passieren. Zunächst war das Wetter günstig gewesen, es war stark bewölkt und schwachwindig. Ab 16.45 Uhr aber briste es auf, Nordwest bis 6, Seegang 4. Das wurde für die leergefahrenen Boote hart. Aber es flaute bald wieder ab, und um 20.50 Uhr am 8.2.1944 lief das Geleit in Portolago ein.

(49) Am 9.2.1944 um 22.30 Uhr liefen die drei T-Boote aus Portolago aus und warteten auf die »Oria«. Aber diese war festgekommen, also liefen die T-Boote wieder nach Portolago ein.

Am 10.2. war »Oria« um 08.00 Uhr noch nicht klar; sie hatte ein Stück der Netzsperre auf dem Backbord-Anker und lag gefährlich auf Legerwall. Erst um 13.30 Uhr war sie endlich frei, das Geleit trat die Fahrt nach Rhodos an. Und am 11.2. stand das Geleit um 07.00 Uhr vor dem Hafen von Rhodos. Obwohl die Anwesenheit eines U-Bootes und eines Flugzeugs bekannt war, erteilte der Hafenkommandant die Einlauferlaubnis erst um 11.05 Uhr. Um 11.30 Uhr war »Oria« im Hafen, nachdem »TA 16« und »TA 17« eine U-Bootortung mit Wasserbomben bekämpft hatten. Die Sorge war groß, mit den knappen Ölbeständen noch nach Piräus zu kommen, aber der Flottillenchef wollte die Bestände auf Leros schonen; nur die immer neuen Verzögerungen vermehrten die Sorgen.

(50) Um 15.50 Uhr brachten noch zwei kleine Motorboote ein paar Soldaten an Bord, mitten im ubootgefährdeten Gebiet; Sie wurden übernommen.

Um 17.40 Uhr konnte dann der Marsch endlich angetreten werden. Auf den T-Booten befanden sich 41 deutsche Soldaten, auf »Oria« 30 deutsche Soldaten und 4073 (nach ital. Angaben 4115) Gefangene. Der Flottillenchef hatte Betrieb für nur einen Kessel befohlen, Fahrt 7 Knoten.

Das Wetter wurde merklich schlechter, um 22.30 Uhr war Südsüdwestwind 6 bis 7, See 5, es war wenig bedeckt, helle Mondnacht. Das konnte nicht gut gehen! In den Abendstunden griffen mehrmals britische Flugzeuge mit Torpedos und Bordwaffen in schneidig vorgetragenen Angriffen an. Die Abwehr war wegen des starken Seegangs schwierig, letztlich aber doch erfolgreich.

Um Mitternacht 11./12.2.1944 stand das Geleit bei Südsüdwest 6–7, See 5 und mondheller Nacht südlich von Kos. Luftangriffe wurden erwartet, fanden dann auch statt, wurden aber abgewehrt. »TA 17« bekämpfte eine U-

Bootortung mit Wasserbomben. Um 6.00 Uhr am 12.2.1944 stand das Geleit bei Amorgos, 4 Ju 88 erschienen zur Luftsicherung. Aber nun wurde das Wetter der ärgste Feind. Der Wind briste auf auf Süd bis Südwest 9, in Böen bis 10, Seegang 7–8, es wurde ein richtiger Schirocco. Auf »TA 16« und »TA 19« gab es mehrmals Ruderstörungen, durch die recht gefährliche Lagen entstanden. »Oria« aber hielt stur ihren Kurs durch!

Um 16.24 Uhr hatte der Verband die letzte Peilung von Kithnos, und um 18.00 Uhr gelang eine Peilung von Sunion. Der Flottillenchef ließ Leuchtgranaten feuern, um die Konturen der Küste zu erkennen. Mit Kurs 318 Grad steuerte der Verband eben westlich frei von Kap Sunion.

Hier war eine kleine Insel vorgelagert, in einigen Karten als Nisis Patroklou bezeichnet. Die Durchfahrt zwischen ihr und dem Festland war nicht passierbar, sie war voller Felsen und Klippen. Um diese Insel sicher zu runden, mußte der Verband Westkurs steuern. »TA 19« nahm ihn auf, und »Oria« quittierte den Kursbefehl mit »Verstanden!«.

Aber der Transporter drehte nicht an, hielt vielmehr stur gerade durch! »TA 19« befahl, ihm zu folgen und schoß rote Sterne, das verabredete Gefahrsignal, sofort nach Backbord abzudrehen. Vergeblich, »Oria« blieb auf ihrem gefährlichen Kurs! »TA 19« drehte auf Gegenkurs – da schoß auf einmal »Oria« rote Sterne, und auf die Anfrage, was los sei, kam die Antwort »Gestrandet!«. Das war gegen 18.45 Uhr.

Der Flottillenchef ließ »TA 19« nun wieder kehrtmachen, da klemmte das Ruder in Hartlage! Quer zur See holte das Boot gewaltig über. Auf der Brücke entstand ein Chaos: Der Kommandant stürzte quer über die Brücke und fiel mit einem doppelten Knöchelbruch aus, auch der II.W.O. blieb nach einem Sturz ausgefallen. Der I.W.O. bemühte sich achtern um das Ruder. Nun mußte der Flottillenchef die Führung des Bootes selbst übernehmen, er mußte es als sein eigener Wachhabender Offizier fahren, er mußte es aus seiner gefährlichen Lage herausbringen, das Geleitobjekt war gestrandet, und zwei andere T-Boote waren auch noch zu betreuen – wahrlich, etwas zu viel für die Verantwortung eines Menschen!

Es gelang dem Flottillenchef, das Boot von Legerwall freizuhalten, ein Steuern mit den Maschinen war bei der kochenden See unmöglich, höchstens konnte er die gefährlichen Lagen quer zur See etwas abkürzen. Der Sender war ausgefallen, er konnte also auch keine Meldung über das Vorgefallene abgeben.

Um 21.30 Uhr geschah das Wunder, das Ruder war wieder klar. Sofort nahm »TA 19« Kurs auf Phleves, aber kurz vor der Durchfahrt fiel das Ruder abermals aus, und das Boot drehte hart auf Land zu. Doch die Störung war nur kurzfristig. »TA 19« nahm Kurs auf Piräus. »TA 16« und »TA 17« liefen selbständig ein, und kurz vor Mitternacht am 12.2.1944 lag auch »TA 19« in Piräus fest.

Die »Oria« aber, das Geleitobjekt, war verloren. Den ersten Meldungen zufolge (Qu. 26) wurden nur der Kapitän und 14 Deutsche, zum Teil schwer verletzt, an der Felsenküste gerettet. Nach späteren ital. Angaben gelangten

90

21 Italiener, 6 Deutsche und 1 Grieche an Land, so daß 15 Deutsche und 4100 Gefangene den Tod fanden.

Damaligen mündlichen Berichten zufolge soll der Kapitän die Insel bei Sunion für Phleves gehalten haben, das er an seiner Backbordseite lassen wollte. Ob glaubhaft oder nicht, das Ergebnis jedenfalls war dementsprechend! Der Admiral Ägäis ordnete eine kriegsgerichtliche Untersuchung des Untergangs der »Oria« an.

Die Strandung der »Oria« war wohl der tragischste Verlust des gesamten Kriegsgeschehens in der Ägäis. Er war besonders tragisch nicht nur wegen der über viertausend Menschenleben, die er gefordert hatte, sondern weil er völlig unnötig war. »Oria« ging nicht durch Kriegseinwirkung verloren, auch nicht durch Sturm oder Seegang, sondern als Folge eines sehr wohl vermeidbaren Navigationsfehlers. Der Geleitführer hatte den richtigen Schiffsort und steuerte den richtigen Kurs, »Oria« hätte nur hinterher zu fahren brauchen. Und »Oria« hatte den richtigen Kursbefehl erhalten und verstanden, aber nicht befolgt. Ein solches Ereignis ist wohl einiges Nachdenken über die Unergründbarkeit des Schicksals wert! –

15.–17. Februar 1944

Führung: Kptlt. Düvelius auf »TA 17«

Beteiligte Boote: »TA 15«, »TA 17«

Aufgaben: (51) Geleit Dampfer »Agathe« und Motorfrachter »Lühe« Piräus – Suda (Kreta); (–) Kriegsmarsch Suda – Piräus

Am 15.2.1944 sollten »TA 15« und »TA 17« den Dampfer »Agathe« und zwei weitere Fahrzeuge von Piräus nach Suda geleiten. Beim Dampfaufmachen in der Werft von Salamis, wo »TA 15« seine vordere 12 cm Doppellafette wiederbekommen hatte, fiel die Turbo-E-Maschine aus, so daß »TA 17« mit »UJ 2101« und »R 194« um 06.00 Uhr das Geleit allein antrat. Aber das Wetter wurde zu hart, und so machte der Verband kehrt und lag um 12.30 Uhr wieder in Piräus.

(51) Am 17.2. sollten das Geleit wiederholt werden, diesmal nur mit »Agathe« und »Lühe«. Gegen 10.00 Uhr erhielt der Geleitführer die Windwarnung Stärke 7–8, und eine Stunde später lag der Funkspruch des Admirals Ägäis vor, wieder nach Piräus zurückzukehren. Gegen 11.00 Uhr kehrte der Verband um und war um 16.10 Uhr wieder in Piräus.

Vor dem Einlaufen entließ der Geleitführer »TA 15« zu einer Probefahrt. Vor geraumer Zeit war bei diesem Boot eine Undichtigkeit der metallisch gedichteten Fuge zwischen Ober- und Unterschale der Hochdruckturbine 1 festgestellt worden. Der feine Dampfstrahl war an sich harmlos, doch würde er nach und nach wie eine Feile die Leckstelle immer größer machen. In der Werft war die Undichtigkeit geschweißt worden. Die Probefahrt ergab nun, daß diese Schweißung bei Fahrstufen über 20 Knoten nicht dicht hielt. »TA 15« war somit nur noch klar für Fahrtstufen bis 20 Knoten, und es war zu befürchten, daß die mögliche Höchstfahrt künftig noch weiter absinken würde.

19.–23. Februar 1944

Führung: Kptlt. Düvelius auf »TA 17«
Beteiligte Boote: »TA 15«, »TA 17«
Aufgaben: (52) Geleit der Dampfer »Agathe« und »Lisa« und des Motorfrachters »Lühe« Piräus – Iraklion (Kreta); (53) Kriegsmarsch Iraklion – Piräus.

(52) Am 19.2.1944 um 08.00 Uhr liefen »TA 15«, »TA 17«, »UJ 2106«, »R 194« und zwei kleine Geleitfahrzeuge von Piräus zu einem dritten Versuch aus, »Agathe« und »Lühe« nach Kreta zu bringen, »Lisa« war noch hinzugekommen. Aber wieder war das Wetter zu hart. Um 12.00 Uhr setzte der Geleitführer die Fahrt nur mit »Lisa« und den beiden T-Booten fort und schickte alle anderen Fahrzeuge nach Piräus zurück. Aber auch für die größeren Schiffe wurde es zu hart. Als sie bei Phalkonera standen, schickte sie ein Funkspruch des Admirals Ägäis nach Milos, um besseres Wetter abzuwarten. Um 22.45 Uhr liefen die drei Schiffe durch die Netzsperre und ankerten um 23.25 Uhr in der Bucht von Milos.

Am Morgen des 20.2. verlegten die drei Schiffe in den Netzkasten vor dem Ort Milos. Da hier aber die Schwojungskreise nicht klar voneinander gingen, lief »TA 15« nach einem schwierigen Manöver, vom Anker der »Lisa« klarzukommen, aus und ankerte vor dem Netzkasten. Und als die Weiterfahrt verschoben wurde, ankerte es an der Südseite der Bucht und machte Feuer aus, um Öl und Wasser zu sparen.

Auch am 21.2.1944 blieb das Geleit in Milos, bis spät am Abend das Auslaufen für den 22.2. um 02.00 Uhr befohlen wurde.

Draußen war klares Wetter, später heller Sonnenschein. Die See war grob mit einer hohen, unterlaufenden Dünung. Um 10.00 Uhr wurde ein feindliches Flugzeug gesichtet, und alsbald teilte der Admiral Ägäis mit, daß der Verband von der Aufklärung erfaßt und mit Angriffen zu rechnen sei. Mehrere Arados, Ju 88 und 2 Me 109 stießen als Luftsicherung hinzu. Um 12.27 Uhr wurde bei der Insel Christiane ein Rauchpilz beobachtet. Die Me 109 kehrten von dort zurück, die eine wackelte als Zeichen für einen Abschuß.

Um 13.00 Uhr stand das Geleit bei der Insel Dia und hatte sein Ziel, Iraklion, in Sicht. Da flogen vier Mitchell-Bomber im Tiefflug aus Nordwesten an, die Me 109 hinterher.

Kaum waren die Bomber und die Me 109 außer Sicht, da flogen von Südwesten her aus der Sonne im Tiefstflug 20 Beaufighter zum Angriff mit Torpedos und Bordwaffen an; eine Meisterleistung, durch den Scheinangriff der Bomber die Luftsicherung abzuziehen! Die Ju 88 kamen nicht schnell genug aus ihrer Höhe herunter, und die Arados richteten gegen die Beaufighter nichts aus.

Das Gefecht dauerte nur Sekunden, war aber sehr heftig. Die Flugzeuge bekamen volles Abwehrfeuer des Verbandes, vier von ihnen flogen »TA 15« direkt an, die anderen »Lisa« und »TA 17«. »Lisa« erhielt einen Torpedotreffer mittschiffs – zum Glück dort, so daß die Ladung, 3000 t Benzin, nicht explodierte. »TA 17« hatte keinen Treffer bekommen. »TA 15« schoß ein Flugzeug ab, zwang eines zum Notwurf seines Torpedos und wich einem Torpedo aus. Das vierte Flugzeug aber zog längs über das Boot weg und deckte es von vorn bis achtern mit einem Hagel von Bordwaffengeschossen ein. Über dem Boot erhielt es einen Treffer des Vierlings und stürzte hinter dem Heck ab. Dann war der ganze Spuk vorüber.

»Lisa« war auf Gegenkurs ausgelaufen und blieb mit Schlagseite liegen. Viele der Besatzung und der Bordflak waren sofort bei dem Treffer über Bord gesprungen, andere verließen jetzt das Schiff. »TA 17« nahm die Schiffbrüchigen auf, auch »TA 15« beteiligte sich daran, obwohl es zunächst mit sich selbst viel zu tun hatte: 1 Toter, 7 Schwer- und 8 Leichtverwundete waren das traurige Ergebnis, dazu über 80 Einschüsse in den Aufbauten (ohne Bedeutung), mehrere Einschüsse in der Bordwand mit Verlust von Heizöl und Eindringen von Wasser in das Öl, ein Treffer im Kesselraum (der schnell repariert war) und ein Treffer in einer Nebelkanne (die über Bord geworfen wurde).

Während dann »TA 15« die Bergung der Schiffbrüchigen allein fortsetzte und dabei auch zwei englische Flieger barg, versuchte »TA 17«, »Lisa« abzuschleppen. Mehrmals gelang es, eine Schleppverbindung herzustellen, aber immer, wenn das T-Boot »Lisa« in Fahrt gebracht hatte, trieb es nach Lee weg, das Schiff überholte seinen Schlepper, und die Leine brach oder mußte gelöst werden. Aus Iraklion liefen Fahrzeuge und Schlepper zur Hilfeleistung aus, kehrten aber wegen der groben See wieder um.

»TA 15« sollte dann einige Mann der Besatzung auf »Lisa« übersetzen. Beim Längsseitsgehen schlugen die beiden Schiffe in der Dünung so hart zusammen und wieder auseinander, daß jeweils nur wenige Mann übersteigen konnten, und als es genug waren, legte »TA 15« so schnell wie möglich ab; bei längerem Längsseitsliegen mußte man ernste Schäden für das Boot befürchten.

Auf Grund einer Lagemeldung von »TA 15« über seine Brennstoffsorgen nach dem Verlust von Heizöl durch die Treffer funkte der Geleitführer an den Admiral Ägäis: »Schleppen mit T-Boot unmöglich, da Dampfer zu schwer. Besatzung übernommen. Öllage zwingt 20.00 Uhr Rückmarsch Piräus. Erbitte weitere Befehle«, und dann kam die Antwort: »Bei Dunkelheit U-Jagd mit mindestens einem T-Boot. Einschleppen weiter unterstützen. Erneut Lage melden.«

Daraufhin entließ der Geleitführer »TA 15« nach Iraklion zur Abgabe und Versorgung der Verwundeten. Als das Boot um 19.20 Uhr »Lisa« verließ, traf gerade ein Schlepper aus Iraklion ein.

»TA 15« machte um 20.30 Uhr nahe am Kopf der Außenmole von Iraklion fest. Die Abgabe der Verwundeten klappte sehr gut, auch die »Lisa«-Besatzung stieg aus. Während dann das Boot auf die Rückkehr der Leichtverwundeten nach ihrer Versorgung wartete, ging der Funkspruch ein: »Ich verbiete jedes Verlassen des Geleitobjektes. Geleitführer mir persönlich für alle Maßnahmen, die Dampfer retten können, verantwortlich. Mit FT 1715 gemeldete Maßnahme falsch. Dampfer ist einzubringen. Weitere Schlepperhilfe aus Suda im Anmarsch. Ohne Rücksicht auf Brennstofflage verläßt kein Torpedoboot Kretaraum.«

Weswegen dieser Ton? Was war denn versäumt worden oder falsch gemacht? Hatten die beiden Boote nicht alles versucht, »Lisa« einzubringen? Hätte die Besatzung nicht übernommen werden sollen? Und war es denn so absurd, wenn ein Geleitführer seinem Befehlshaber seine Sorgen mitteilte, wie er mit dem verringerten Ölbestand einen Hafen erreichen soll? Kptlt. Düvelius vermerkte mit Bitterkeit: »›Persönlich verantwortlich‹, dieser Satz bedeutet Kriegsgericht, wenn der Dampfer nicht gerettet wird. Ich habe Unterstützung erwartet, aber keinen moralischen Druck« (Qu. 14).

Aber zum Grübeln blieb keine Zeit. Ein Funkspruch folgte: »Ab 21.00 Uhr mit Luftangriffen von Süden anfliegender Maschinen rechnen.«

Und schon gab es um 21.10 Uhr in Iraklion Fliegeralarm. Und da lief auch der Schlepper wieder ein, dessen Abschleppversuche ebenfalls ohne Erfolg geblieben waren.

Um 23.00 Uhr waren dann die Leichtverwundeten wieder an Bord, »TA 15« legte ab. Und kaum waren die Leinen ein, standen über dem Hafen zahlreiche Leuchtbomben, und während das Boot sein Manöver fortsetzte und auf der Stelle auf Auslaufkurs drehte, fielen mehrere Reihenwürfe Bomben quer über den Hafen. »TA 15« blieb unbeschädigt und lief aus. Es lief zu der Stelle, wo es »Lisa« verlassen hatte und suchte dann in der Driftrichtung. Erst um 01.40 Uhr am 23.2.1944 hatte es »Lisa« und »TA 17« gefunden, beide waren etwa 12 Seemeilen vertrieben.

Um 2.08 Uhr kenterte »Lisa« langsam und sank.

(53) Nun galt es zu entscheiden, welchen Hafen man mit dem knappen Heizölbestand von »TA 15« zu erreichen versuchen sollte. Der Leitende Ingenieur glaubte, eine Fahrt bis Piräus verantworten zu können, notfalls müßte man Milos anlaufen. Also traten die beiden Boote den Rückmarsch an.

Im Laufe des Morgens trat Wetterberuhigung ein, und dann wurde es ein ruhiger Marsch bei schönem, sonnigem Wetter.

Ein ruhiger Marsch? Die Heizölförderpumpe auf »TA 15« erfaßte das Öl in den Bunkern nicht mehr. Also mußte es über lange Stunden von Hand gepumpt werden. Und zudem mußte das Restöl aus anderen Bunkern mit Handpumpen und Pützen in einen Bunker zusammengebracht werden. Als die Boote dann um 13.30 Uhr in Piräus festlagen, hatte »TA 15« noch 6,5 Kubikmeter Heizöl (15 Kubikmeter galten als nicht erfaßbar) und 1,6 Kubikmeter Kesselspeisewasser! Es hatte gerade und unter sehr viel Mühe gereicht.

Die Männer auf »TA 15« und »TA 17« waren trotz ihrer Trauer über den Verlust der »Lisa« und ihrer Kameraden froh, ohne noch größere Verluste den Heimathafen erreicht zu haben. Vor allem aber waren sie zufrieden, in dem Bewußtsein, alles versucht und nichts versäumt zu haben, »Lisa« einzubringen. Sie waren gewiß, daß es nicht an ihnen gelegen hatte, daß das Einbringen nicht gelungen war.

Um so bestürzter waren die beiden Kommandanten, als ihnen bei ihrem Vortrag der Chef des Stabes Admiral Ägäis eröffnete, er werde gegen sie ein kriegsgerichtliches Ermittlungsverfahren einleiten wegen »fahrlässiger Preisgabe eines Geleitobjektes«. Allerdings haben schon die allerersten Vernehmungen, eine Viertelstunde je Kommandant, die vollkommene Unhaltbarkeit der Vorwürfe ergeben. Das Verfahren wurde sogleich wieder eingestellt.

Umso unverständlicher war die Stellungnahme des Admirals Ägäis zum Kriegstagebuch (Qu. 08): ». . . Wenn auch kriegsgerichtlich eine fahrlässige Dienstpflichtverletzung bei allen Beteiligten nicht festzustellen war, so sind doch im Verlauf der eingehenden Untersuchung eine Fülle von Fehlern aufgetreten, die . . . auf Unerfahrenheit und mangelnde Praxis zurückzuführen sind.«

Waren denn zwei Vernehmungen zu je einer Viertelstunde genug, um ihre Auswertung eine »eingehende Untersuchung« nennen zu dürfen? Und bei wem darf man wohl von Unerfahrenheit und mangelnder Praxis sprechen, bei diesen beiden Kommandanten, die nun seit vier Monaten unter den Verhältnissen der Ägäis Fahrt auf Fahrt hinter sich gebracht hatten, oder bei den Offizieren im Stabe des Admirals Ägäis, von denen unter eben diesen Verhältnissen kein einziger auch nur einmal zur See gefahren war? Aber es ist eben so: Der beste Kapitän steht immer auf der Pier und weiß hinterher alles besser . . .

27.–28. Februar 1944

Führung: Freg.Kpt. Riede auf »TA 15«
Beteiligte Boote: »TA 15«, »TA 16«, »TA 19«
Aufgabe: (54) Geleit Dampfer »Gertrud« und Schlepper »Titan« Piräus – Leros

(54) Das Geleit sammelte am 27.2.1944 um 02.00 Uhr vor der Netzsperre von Piräus. Auf »TA 19« fuhr Kptlt. Düvelius als Kommandant i.V. Die Marschfahrt sollte 8,5 Knoten betragen, der Schlepper lief aber nur 7 Knoten. In der Keos-Durchfahrt hatte »TA 15« eine U-Bootortung und warf Wasserbomben. Nach vier weiteren Kontrollüberläufen lief das Boot mit seiner Höchstfahrt – wegen stärkeren Blasens der Teilfuge nur noch 17 Knoten – dem Geleit nach und übernahm um 10.30 Uhr wieder die Führung.

Im Laufe des Nachmittags briste es mehr und mehr auf. Um 19.00 Uhr war der Wind Südost 5, die See 3–4, dazu hohe Dünung. »Titan« geriet in Schwierigkeiten und konnte nur noch 5 Knoten laufen. Um 20.10 Uhr erhielt das Geleit eine Windwarnung Südwind 7–8, See 4–5. Aber hier gab es keinen Schutz, den man hätte aufsuchen können, die Fahrzeuge mußten das Wetter durchstehen. Um 22.00 Uhr blies es aus Südost 5–6, See 4–5; die Fahrt sank auf 2 bis 3 Knoten.

Um 22.40 Uhr sprang der Wind plötzlich auf Südsüdost um und nahm zu auf Stärke 7–8, Seegang 5. Gleichzeitig zeigte das Barometer einen sprungartigen Luftdruckfall. Das Geleit stand nördlich von Nikaria.

Dann meldete um 02.15 Uhr am 28.2. »Gertrud«, der Schlepper sei aus Sicht gekommen. Der Flottillenchef schickte »TA 16« zur Suche zurück.

Als es hell wurde, war kein Land zu sehen. Der Schiffsort beruhte nur auf Kopplung seit der letzten Peilung um 18.00 Uhr vom Vortage und war bei unbekannter Abdrift in dem groben Wetter und bei den geringen Fahrtstufen sehr ungenau. Besteckvergleiche ergaben Differenzen von mehreren Seemeilen.

Gegen 05.00 Uhr ging das Geleit auf Gegenkurs, um »Titan« und »TA 16« wieder aufzunehmen. Gegen 06.00 Uhr kamen sie in Sicht, und der Flottillenchef entließ beide nach Carlovassi, um »Gertrud« nicht durch Zeitverzug zu gefährden. Danach nahm das Geleit seinen Marschkurs wieder auf.

Vor der Phurni-Straße wurde die Sicht so schlecht, daß es bei dem unsicheren Schiffsort nicht ratsam war, in sie einzulaufen; das Schicksal der »Oria« war noch in aller Gedächtnis. Gegen 07.40 Uhr raste eine Wasserhose auf das Geleit zu, brach aber zusammen, bevor sie in gefährliche Nähe kam. Das Geleit ging auf Gegenkurs, um Sichtbesserung abzuwarten.

Um 08.00 Uhr klarte es kurzzeitig auf, und der Verband ging auf Marschkurs. Eine Peilung ergab, daß der gekoppelte Schiffsort erstaunlich gut war. Um 10.00 Uhr erhielt das Geleit Luftsicherung durch Arados und Ju 88.

Um 15.30 Uhr liefen »Gertrud«, »TA 15« und »TA 19« in Portolago ein.

»TA 16« hatte auf dem Marsch nach Carlovassi »Titan« in Schlepp genommen. Um 11.30 Uhr vor der Hafeneinfahrt entließ es ihn in den Hafen. »TA 16« erhielt durch Funkspruch den Befehl, zur Unfallstelle einer abgestürzten Arado zu laufen. Um 13.05 Uhr wurde die Arado gesichtet und die Besatzung an Bord genommen. Beim Versuch, das Flugzeug abzuschleppen, kenterte es. Es wurde mit 2 cm versenkt.

»TA 16« traf um 17.25 Uhr in Portolago ein.

28.–29. Februar 1944

Führung: Kptlt. Düvelius auf »TA 19«
Beteiligte Boote: »TA 15«, »TA 16«, »TA 19«
Aufgabe: (55) Einholen des Tankers »Berta« aus den türkischen Hoheitsgewässern bei Samos nach Leros.

Gleich nach dem Einlaufen erhielten die T-Boote den Befehl für ihre nächste Aufgabe. Der Tanker »Berta« war, aus dem Schwarzen Meer kommend, durch die Meerengen gefahren, und hatte sich in den türkischen Hoheitsgewässern bis in die Samos-Straße verholt. Von dort sollte er nach Portolago geleitet werden.

Der Flottillenchef übergab dem stellvertretenden Kommandanten von »TA 19«, Kptlt. Düvelius, die Führung und schiffte sich selber an Land aus. Den von Freg.Kpt. Riede für diesen ungewöhnlichen Schritt angegebenen Grund, ein Unwohlsein, glaubte ihm damals niemand, dafür glaubten aber die Kommandanten, den wahren Grund zu kennen. Denn vor dem Auslaufen aus Piräus hatte der Admiral Ägäis Riede eröffnet, daß er als Flottillenchef abgelöst werden sollte mit der Begründung, er sei »für den Frontdienst zu verbraucht und den Beanspruchungen, die durch die Verschärfung der Feindlage gegeben, nicht mehr gewachsen« (Qu. 04).

Ganz unrichtig war diese Begründung nicht, denn Riede hatte in der Tat des öfteren die notwendige Gelassenheit und Nervenkraft vermissen lassen. Aber das hätte man früher wissen können. Denn Riede war am 7.11.1940 als Chef der 2. Torpedobootflottille mit seinem Führerboot »T 6« vor der schottischen Küste versenkt worden. Die meisten Menschen, die einmal als Letztverantwortliche an Bord versenkt worden sind, trugen eine Schädigung ihrer Nerven, eine gesteigerte Nervosität, für einige Zeit oder lebenslang davon. So wohl auch Riede. Hätte man damals die Verhältnisse in der Ägäis richtig beurteilt, so hätte man ihm deshalb dieses Kommando erst gar nicht geben dürfen. Damit hätte man ihm jetzt den kränkenden Vorwurf erspart, versagt zu haben. Die Kommandanten empfanden für ihren Chef ein tiefes Mitgefühl und billigten ihm deshalb zu, durch seine Ausschiffung erst einmal mit sich selbst ins reine kommen zu wollen.

Damals fand sich die Meinung, die Ablösung Riedes sei eine Folge des Verlusts der »Oria« gewesen. Aber »Oria« war am Abend des 12.2.1944 verlorengegangen, und unter dem 12.2.1944 findet sich darüber eine Eintragung im KTB des Führers der Zerstörer. Und ebenfalls unter diesem Datum ist der Antrag des Admirals Ägäis auf Ablösung Riedes mit Begründung und der Befürwortung durch die Gruppe Süd vermerkt; Antrag und Befürwortung konnten nicht schon gleichzeitig mit dem Vorgang beim F.d.Z. vorliegen. Die Absicht, Riede abzulösen, war also vor dem Verlust der »Oria« gefaßt worden, es mag aber sein, daß der »Oria«-Vorfall die Durchführung beschleunigt hatte.

(55) Am 28.2.1944 um 20.50 Uhr liefen die drei T-Boote aus Portolago aus, Fahrt wie befohlen 17 Knoten. Da dies aber für »TA 15« Höchstfahrt war, wurde das Positionshalten im Verband schwierig.

Um Mitternacht standen die Boote vor der Samos-Straße und sichteten um 00.20 Uhr den Tanker. Die Boote drehten in dem engen Gewässer auf der Stelle und traten mit »Berta« den Rückmarsch an. Um 06.00 Uhr am 29.2.1944 lag der Verband wieder in Portolago.

2.–3. März 1944

Führung: Freg.Kpt. Riede auf »TA 15«
Beteiligte Boote: »TA 15«, »TA 16«

Aufgaben: (56) Geleit Tanker »Berta« von Leros in die türkischen Hoheitsgewässer bei Samos; (57) Geleit Schlepper »Titan« Carlovassi (Samos) – Leros.

(56) Wegen des sehr schlechten Wetters fanden am 29.2. und 1.3.1944 keine Einsätze statt. Erst am 2.3.1944 um 20.00 Uhr verließen »Berta«, »TA 15« und »TA 16« Portolago. Die Torpedoboote erreichten die Samosstraße ohne Zwischenfälle und entließen »Berta« nach Norden.

(57) Die beiden T-Boote liefen ebenfalls durch die Samos-Straße und dann an der Nordküste von Samos entlang nach Carlovassi, wo sie um 00.50 Uhr am 3.3. eintrafen und U-Bootsicherung fuhren. Um 03.50 Uhr lief dann »Titan« aus. Er konnte aber nur 3 Knoten laufen, obwohl es hier unter Land noch ruhig war. Der Flottillenchef schickte ihn wieder nach Carlovassi zurück und lief mit den T-Booten nach Portolago, wo sie um 08.00 Uhr einliefen.

2.–3. März 1944

Führung: Kptlt. Düvelius auf »TA 19«
Beteiligte Boote: »TA 19«
Aufgaben: (58) Truppentransport Leros – Stampalia; (59) Truppentransport Stampalia – Leros

(58) Während der Flottillenchef mit »TA 15« und »TA 16« die »Berta« nach Samos geleitete, lief am 2.3.1944 um 20.00 Uhr »TA 19« unter seinem stellvertretenden Kommandanten, Kptlt. Düvelius, mit Truppen an Bord aus Portolago aus. Mit 17 Knoten Fahrt traf das Boot um Mitternacht vor Porto Scala auf Stampalia ein und begann sofort die Ausschiffung der Truppen mit dem eigenen Kutter, da der Hafenkapitän kein Boot stellen konnte.

Um 00.50 Uhr hatte »TA 19« eine U-Bootortung. Der Kommandant brach daraufhin die Ausschiffung der Truppen ab und drehte sein Boot so, daß er das Echo stets recht achteraus hatte. Dann fuhr er U-Bootjagd.

Um 03.50 Uhr am 3.3.1944 wurde der Kutter wieder ausgesetzt und mit eigenen Leuten die Netzsperre von Maltzano geöffnet. Danach konnten ab 05.20 Uhr an der Pier von Maltzano die Truppen aus- und die neuen eingeschifft werden.

(59) Um 06.20 Uhr am 3.3.1944 lief »TA 19« aus Stampalia aus und traf ohne Zwischenfälle um 07.45 Uhr in Portolago ein.

3.–5. März 1944

Führung: Freg. Kpt. Riede auf »TA 15«
Beteiligte Boote: »TA 15«, »TA 16«, »TA 19«
Aufgaben: (60) Schnelltransport von Truppen Leros – Rhodos; (61) Schnelltransport von Truppen (Urlaubern) Rhodos – Leros; (62) Geleit Dampfer »Gertrud« Leros – Piräus

(60) Am 3.3. um 18.00 Uhr liefen die T-Boote mit Truppen an Bord aus Portolago aus. Da sich die Einschiffung der Truppen um eine Stunde verzögert hatte, der weitere Zeitplan aber unbedingt eingehalten werden mußte, liefen die Boote 20 Knoten, obwohl für »TA 15« 17 Knoten die Höchstfahrt war. Die Teilfuge blies jetzt bei dieser Fahrt so stark, daß die Raumtemperatur auf 55 Grad Celsius stieg und der Dampf so dicht im Turbinenraum wurde, daß die Oberlichter geöffnet gefahren werden mußten. Die Männer konnten sich nur mit Tüchern vor dem Mund im Turbinenraum aufhalten und mußten alle halbe Stunde abgelöst werden.

Um 22.30 Uhr nahe der Nordspitze von Rhodos wurde ein Schatten gesichtet und als ein Schnellboot erkannt. Die Waffen bekamen Feuererlaubnis, aber bevor sie ihr Ziel auffassen konnten, wurden die Abschüsse von Torpedos beobachtet. »TA 15« drehte trotz 20 Knoten Fahrt und trotz der Truppen an Bord hart ab. Ein Torpedo war ein Oberflächenläufer und ging am Heck vorbei. Der andere wurde nicht beobachtet, ging aber auch fehl. »TA 16« und »TA 19« eröffneten das Feuer. »TA 15« drehte wieder auf alten Kurs zurück und griff mit den Flakwaffen ein, weil sich die Seezielgeschütze beim Schwenken in der harten Drehung festgefahren hatten. Das Schnellboot nebelte und lief ab Richtung türkische Küste, wo die Engländer in der Marmaris-Buch einen Schnellbootstützpunkt eingerichtet hatten.

Dann wurden weitere Schnellboote gesichtet und durch heftiges Feuer zum Abdrehen gezwungen. Aber sie griffen immer wieder von neuem an. Dabei standen sie sehr günstig hinter den alten italienischen Minensperren, so daß ihnen die T-Boote nicht nachlaufen konnten.

Diese hatten die Nordspitze von Rhodos passiert und waren dann Südost gesteuert. Um nun vor die Hafeneinfahrt zu gelangen, mußten sie auf Westkurs gehen. Bei dieser großen Kursänderung kam es für einen Augenblick zur Verwechslung von Freund und Feind, so daß sich die T-Boote gegenseitig beschossen. Dies dauerte zwar nur wenige Sekunden lang, war aber doch ärgerlich. Zum Glück waren Schäden oder Verluste nicht entstanden.

Die Schnellboote setzten ihre Angriffe bis kurz vor die Hafeneinfahrt fort. Trotzdem konnten dann die T-Boote nacheinander die Einfahrt passieren und lagen um Mitternacht an der Pier des engen Hafens von Rhodos fest.

(61) Die Truppen wurden aus- und die Urlauber eingeschifft. Alles war sehr gut organisiert, und schon um 01.00 Uhr am 4.3. liefen die drei T-Boote wieder aus Rhodos aus. Noch zweimal griffen die Schnellboote an, aber das Feuer der T-Boote wehrte sie jedesmal ab. Danach verlief der Marsch ohne Ereignisse, und um 06.45 Uhr lag der Verband wieder in Portolago fest.

(62) Am 4.3.1944 um 22.00 Uhr verließen die drei T-Boote mit »Gertrud« im Geleit Portolago und traten mit 8 Knoten Fahrt den Marsch nach Piräus an.

Außer einer U-Bootortung, auf die »TA 16« angesetzt wurde, sowie zahlreichen Funksprüchen, die von Flugzeugen über Leros, Samos, Chios und Kreta berichteten, verlief der Marsch ohne Zwischenfälle.

Am 5.3.44 um 20.30 Uhr erreichte das Geleit wohlbehalten Piräus.
Diese Fahrt war für Freg.Kpt. Riede seine letzte als Chef der 9. Torpedobootflottille.

7.–8. März 1944

Führung: Kptlt. Vorsteher auf »TA 15«
Beteiligte Boote: »TA 15«, »TA 19«
Aufgabe: (63) Kriegsmarsch Piräus – Santorin
(63) Ein Geleit bestehend aus den Dampfern »Agathe« und »Susanne« und
drei U-Jägern war auf dem Marsch von Piräus nach Iraklion (Kreta) von der
feindlichen Luftaufklärung erfaßt worden. Der Geleitführer, Kptlt.z.V. Vollheim, hatte daraufhin in der Bucht von Santorin Schutz gesucht und eine Verstärkung des Geleitschutzes angefordert. »TA 15« und »TA 19« sollten nun
das Geleit verstärken und dazu am 6.3. auslaufen. Wegen der Arbeiten an der
Maschine von »TA 15« wurde das Auslaufen verschoben. Kommandant i.V.
von »TA 19« war Kptlt. Schmidt.
Am 7.3. um 19.00 Uhr verließen die beiden T-Boote Piräus und standen
nach einem Marsch ohne Zwischenfall am 8.3. um 04.00 Uhr vor Santorin.
Der Rottenführer entließ »TA 19« in die Bucht und fuhr mit »TA 15« U-
Bootsicherung vor der Nordeinfahrt der Bucht.
Laut Operationsbefehl sollte »TA 19« in Santorin den Geleitführer übernehmen und danach »TA 15« in der U-Bootsicherung vor der Nordeinfahrt
ablösen. »TA 15« sollte dann eine U-Bootsuche rund um die Insel fahren.
Und so geschah es auch.
Um 06.00 Uhr traf »TA 15« wieder bei »TA 19« ein. Der Kommandant
meldete sein Boot beim Geleitführer und unterstellte ihm damit die beiden T-
Boote.

8. März 1944

Führung: Kptlt.z.V. Vollheim auf »TA 19«
Beteiligte Boote: »TA 15«, »TA 19«
Aufgabe: (64) Geleit der Dampfer »Agathe« und »Susanne« Santorin –
Iraklion (Kreta)
(64) Bei ruhigem, sonnenklarem Wetter trat der Verband den Marsch an
mit einer Fahrt von 7 bis 8 Knoten. Mittags wurde ein Kondensstreifen über
dem Geleit gesehen, das sich nun von der Aufklärung erfaßt wußte. Mit Angriffen wurde gerechnet.
Die Luftsicherung aber wurde erfreulich verstärkt. Zeitweise – nicht zu
Zeiten der Ablösung! – standen 12 Arado, 8 Ju 88 und 10 bis 12 Me 109 beim
Geleit. Zudem war es ein Vorteil, daß sich auf »TA 19« beim Geleitführer ein
Jägerleitoffizier befand, der die Flugzeuge direkt von Bord aus einsetzen
konnte.

Aber die Engländer kamen nicht. Um 18.00 Uhr stand das Geleit vor Iraklion. Der Geleitführer entließ die beiden Dampfer in den Hafen und gab ihnen die drei U-Jäger mit, während die beiden T-Boote vor dem Hafen U-Bootsicherung fuhren.

Als dann die U-Jäger zurückgekehrt waren, entließ der Geleitführer sie nach Suda und übergab die Führung der Torpedobootrotte an den Kommandanten von »TA 15« zum Rückmarsch nach Piräus.

8. März 1944

Führung: Kptlt. Vorsteher auf »TA 15«
Beteiligte Boote: »TA 15«, »TA 19«
Aufgabe: (65) Kriegsmarsch Iraklion (Kreta) – Piräus
(65) Nachdem am 8.3.1944 um 18.10 Uhr die Dampfer »Agathe« und »Susanne« wohlbehalten in den Hafen von Iraklion eingelaufen waren, hatte der Geleitführer das Geleit aufgelöst. Die drei U-Jäger liefen mit Westkurs Richtung Suda ab, und die beiden T-Boote nahmen Nordwestkurs nach Piräus.

Es war ruhiges Wetter. Der Himmel im Osten war klar, die See leuchtete im Schein des Mondes. Im Westen stand eine dunkle Wolkenbank. Auch die Luftlage war ruhig, Meldungen über Flugzeuge lagen nicht vor. Auf dem Flugplatz von Iraklion brannten die roten Lichter, dort starteten jetzt die Ju 52 zu ihren Transportflügen zum Festland. Ein Flugzeug nach dem anderen flog über die Torpedobootrotte hinweg.

Auch um 18.25 Uhr wurde ein Flugzeug gehört, das an Backbordseite mit parallelem Kurs vorbeiflog und das für ein Transportflugzeug gehalten wurde. Es war mit bloßem Auge gegen die Wolkenbank nicht zu sehen, konnte aber mit einem Glas erfaßt werden.

Und dann wurde beobachtet, daß dieses Flugzeug kehrt machte. Das war verdächtig, und »TA 15« gab die Sichtmeldung an »TA 19« ab. Auf »TA 15« waren alle Flakwaffen in höchster Bereitschaft, aber ein Ziel sahen sie nicht. Um das Flugzeug, das ein Aufklärer sein konnte, über das Marschziel zu täuschen, gingen die Torpedoboote auf Westkurs.

Dann drehte das Flugzeug auf die T-Boote zu. Feuererlaubnis wurde gegeben. Und nur Sekunden später blitzte es an den Tragflächen des Flugzeugs auf, und im nächsten Augenblick krachte es auf »TA 15«.

Treffer! Es war 18.30 Uhr.

Sofort war alles taghell erleuchtet.

Von den vier Raketenbomben hatten drei getroffen. Eine saß im Vorschiff in den Wohndecks. Die zweite traf dicht hinter der Brücke, ging durch die Kombüse und dann auf das Trennschott zwischen den Kesselräumen 2 und 3. Kesselraum 3 hatte sofort Großfeuer und mußte nach Ziehen des Schnellschlusses verlassen werden. In Kesselraum 2 kam zuerst das Kesselgebläse von oben, dann mußte auch dieser Raum wegen des Feuers nach Feuerausmachen der Kessel verlassen werden. Die dritte Raketenbombe hatte Vorkante des achteren Geschützes getroffen und die hier gestapelten 20 000 Schuß Flakmunition, die anderswo wegen Raummangels nicht hatten untergebracht werden können, in Brand gesetzt. Die vierte Bombe ging ins Kielwasser.

Das Flugzeug hatte ein leichtes Spiel gehabt. Wie auf dem Präsentierteller hatte es die T-Boote gegen den mondhellen Hintergrund im Osten vor sich, während es selbst vor der Wolkenbank im Westen nicht zu sehen war. Erst ein paar Schüsse der Flak waren, noch ungezielt, gefallen.

»TA 15« brannte von Achterkante Brücke an Backbordseite bis hinter das achtere Geschütz, hier von Bord zu Bord. Betrachter von »TA 19« berichteten später, es habe ausgesehen, wie wenn man in einem dunklen Raum ein brennendes Streichholz in eine offene Schale mit Benzin warf.

Aus dem Brand der Munition achtern wurde dann eine andauernde Folge von Explosionen; kistenweise detonierte die Munition.

Der Dampf war weg, das Boot lief aus. Das Ruder war ausgefallen. Die Feuerlöschpumpen hatten keinen Druck mehr. Die explodierende Munition hatte die Rettungsmittel zerfetzt.

Das Flugzeug flog noch einmal an und bekam Feuer, danach wiederholte es seine Angriffe nicht mehr.

Die Männer, die sich achteraus von dem Brand befanden, mußten wegen der Hitze über Bord springen. Die anderen versammelten sich auf der Back, wo sie durch den Brückenaufbau vor den Splittern und den brennend umherfliegenden Hülsen der Munition etwas geschützt waren. Auch eine Anzahl Verwundeter wurde auf die Back gebracht.

Die Besatzung war äußerst ruhig und diszipliniert. Zu tun war nichts mehr. Der Kommandant befahl dann auszusteigen und blieb nur noch selber mit seinen Wachoffizieren, einigen Oberfeldwebeln und etwa 15 Mann an Bord – und mit den Verwundeten, weil niemand das Herz hatte, sie mangels Rettungsmitteln einfach über Bord zu werfen; lieber überließ man sie an Bord ihrem Schicksal.

Zwischen den fortdauernden Explosionen der Munition gab es immer wieder einzelne Detonationen von besonderer Heftigkeit und zahlreiche grellhelle, hochschießende Stichflammen; das waren die Wasserbomben. Und dann hatte die Munition einen Ölbunker leckgeschlagen, das Heizöl lief aus und brannte auf dem Wasser weiter. Ein flammendes Inferno!

Dann krängte das Boot plötzlich nach Backbord. Nun befahl der Kommandant alle Mann von Bord. Die ersten konnten noch von der Back ins Wasser springen, die späteren mußten sich schon die schräge Bordwand hinunterrutschen lassen.

Der Kommandant wußte, daß auch er das Boot verlassen durfte, sofern er nur als Letzter von Bord ging. Hier aber konnte er nicht der Letzte sein, weil die Verwundeten ja noch an Bord waren. Also blieb er an Bord. Er begab sich ganz an den Bug und setzte sich, am Göschstock sich festhaltend, von außenbords auf die Reeling.

Dann richtete sich das Boot wieder auf ebenen Kiel auf. Der Brand tobte immer noch mit den Explosionen und Stichflammen, und das Öl brannte auf dem Wasser rings um das Boot.

Und plötzlich sackte das Heck weg. Das Vorschriff reckte sich fast mit halber Bootslänge senkrecht aus dem Wasser, der Kommandant ganz oben am Göschstock. Dann glitt das Boot ab. Der Kommandant kam mitten in dem auf dem Wasser weiter brennenden Heizöl wieder hoch, doch der leichte Wind trieb bald das Öl fort und er gelangte ins freie Wasser.

Drei Hurras der im Wasser schwimmenden Besatzung und ihr Lied des Sonnenwappens »Uns geht die Sonne nicht unter!« begleiteten den Untergang von »TA 15«

Es war am 8.3.44 um 19.15 Uhr, 45 Minuten nach den Treffern, auf 35 Grad 28,4 Minuten Nordbreite und 25 Grad 07,7 Minuten Ostlänge auf 400 m Wassertiefe.

Sofort nach dem Angriff hatten die drei U-Jäger ihren Marsch nach Suda abgebrochen und waren zur Unglücksstelle geeilt. Hier nun bemühten sie sich zusammen mit »TA 19«, die Schiffbrüchigen zu bergen. Erst als es mit Sicherheit keine Überlebenden mehr im Wasser gab, liefen die U-Jäger nach Suda weiter, »TA 19« lief nach Iraklion ein.

Die Verluste des Untergangs betrugen, spätere Feststellungen einbezogen, 13 Gefallene und Vermißte, 26 Schwer- und 6 Leichtverletzte.

In seiner Stellungnahme zum Kriegstagebuch von »TA 15« schrieb der Admiral Ägäis:

»In diesem Fall handelt es sich aber um einen ganz raffiniert angelegten Feuerüberfall eines sehr geschickt operierenden Feindfliegers. Die Sicherungsboote hatten gerade ihre wertvollen Schutzobjekte erfolgreich in den Zielhafen gebracht und marschierten zurück, da kommt bei ungünstiger Beleuchtung ein einzelnes Flugzeug von achtern aus Richtung des eigenen Flugplatzes, passiert, dreht plötzlich aus Mondlee, so daß es nicht zu erkennen war, auf »TA 15« zu und schießt die tödlichen Raketen. Ein solcher Überfall ist immer verhängnisvoll.

Was zur Abwehr des Angriffs getan werden konnte, ist durch den Kommandanten veranlaßt worden: Er änderte sofort den Kurs und eröffnete das Feuer. Aber schon sitzen die todbringenden Raketen am Lebensnerv des Bootes. Trotz der schwierigen Lage haben der Kommandant und seine Besatzung alles getan, was zu tun möglich ist, um noch weitere Verluste zu verhindern. Dem Kommandanten und seiner Besatzung wurde dafür in einem besonderen Schreiben die volle Anerkennung des Kommandierenden Admirals für ihr tapferes Verhalten ausgesprochen.

Der Krieg fordert Opfer, aber wenn sie so geleistet werden wie in diesem Fall, so bedeutet es keinen Verlust, sondern einen Gewinn, denn dieser heldenmütige Endkampf ist ein Vorbild für kommende Taten.« –

Das in dieser Stellungnahme erwähnte »besondere Schreiben« war der Tagesbefehl Nr. 20/44 des Admirals Ägäis vom 18.5.44, der allen ihm unterstellten Soldaten bekanntzugeben war:

»Das Torpedoboot »TA 15« – Kommandant Kapitänleutnant Vorsteher – ist am 8. März 1944 infolge Feindeinwirkung untergegangen. Dem Gefechtsbericht des Geleitführers und den mündlichen Meldungen habe ich entnommen, daß sich Kommandant und Besatzung während des Untergangs hervorragend bewährt haben – ganz besonders der Kommandant des Bootes, Kapitänleutnant Vorsteher.

Seinem entschlossenen Handeln ist die Rettung des größten Teiles seiner Besatzung zu verdanken. Er selbst ging als letzter mit seinem Boot – sich am Vorsteven festhaltend – mit auf Tiefe und ist später wieder aufschwimmend gerettet worden.

Ich spreche dem Kommandanten und der Besatzung »TA 15« für ihre, bestem deutschem Seemannsbrauch entsprechende Haltung meine besondere Anerkennung und meinen Dank aus.

Lange, Vizeadmiral.«

SCHLUSSBETRACHTUNG

Der Zeitabschnitt vom 11.1. bis 8.3.1944 hatte gezeigt, daß der Seekrieg in der Ägäis keineswegs »nach und nach erstarb«, sondern daß vielmehr die Engländer mehr und mehr aktiv wurden. Nach Aufgeben ihrer ständigen Zerstörerposition in den türkischen Hoheitsgewässern führten sie ihre Aktionen von Alexandrien aus vornehmlich mit Flugzeugen und U-Booten durch, und sie hatten gezeigt, mit welcher Hartnäckigkeit (»Leda«) und mit welchem Geschick (»Lisa«, »TA 15«) sie die Ziele verfolgen konnten, deren Durchsetzung sie ernstlich wollten. Neuerdings operierten sie auch mit Schnellbooten von ihrem Stützpunkt Marmaris gegenüber von Rhodos aus.

Dieser Zeitabschnitt hatte aber auch die Schwäche der deutschen Position gezeigt. Mit »Leda«, »Oria« und »Lisa« war unersetzlicher Schiffsraum verlorengegangen. Weniger die Verluste selbst trafen die deutsche Kampfkraft hart, als vielmehr die nur äußerst begrenzten Möglichkeiten, Ersatz zu beschaffen. So hatte sich bereits in dieser Zeit eine Auszehrung der deutschen Möglichkeiten, die Inseln zu versorgen, angedeutet.

Das Gleiche galt für die 9. T-Flottille. Man war sich klar darüber, daß die Versenkung von »TA 15« kein Einzelfall bleiben werde.

»TA 15« war aber auch noch in anderer Hinsicht ein warnendes Beispiel. Dieses Boot hatte in den vier Monaten des Bestehens der Flottille mit Abstand die meisten Fahrten gemacht. Das hatte zur Folge, daß es einerseits weniger Zeit als die anderen Boote zu Instandsetzungsarbeiten gehabt hatte, andererseits aber einem weitaus höheren Verschleiß ausgesetzt gewesen war. Hätte nicht der 8.3.44 dem Leben dieses Bootes ein Ende gesetzt, so wäre, vor allem wegen der Teilfuge der Turbine, über kurz oder lang die Frage der Außerdienststellung unausweichlich geworden.

Insgesamt hatten die Ereignisse dieses Zeitabschnitts deutlich aufgezeigt, daß die deutschen Seekriegsmittel angesichts der Bedrohung mit den ihnen zwangsläufig aufgebürdeten Aufgaben auf die Dauer überfordert waren.

Um so höher sind vor diesem Hintergrund die Leistungen der Besatzungen zu bewerten, von den Kommandanten bis zum jüngsten Matrosen. In selbstverleugnender Hingabe hatten sie die Sisyphosarbeit auf sich genommen, ihre

		Chef	TA 14	TA 15	TA 16	TA 17	TA 19
11.–12.1.	(35)					x	
	(36)					x	
15.–16.1.	(37)					x	
23.–24.1.	(38)				x	x	
25.–26.1.	(39)	x	x		x		
	(40)	x	x		x		
31.1.–3.2.	(41)	x	x	x	x		
	(42)	x	x	x	x		
	(43)	x	x	x	x		
2.–5.2.	(44)					x	
	(45)					x	
	(46)					x	
7.–12.2.	(47)	x			x	x	x
	(48)	x			x	x	x
	(49)	x			x	x	x
	(50)	x			x	x	x
15.–17.2.	(51)			x		x	
19.–23.2.	(52)			x		x	
	(53)			x		x	
27.–28.2.	(54)	x		x	x		x
28.–29.2.	(55)			x	x		x
2.–3.3.	(56)	x		x	x		
	(57)	x		x	x		
2.–3.3.	(58)						x
	(59)						x
3.–5.3.	(60)	x		x	x		x
	(61)	x		x	x		x
	(62)	x		x	x		x
7.–8.3.	(63)			x			x
8.3.	(64)			x			x
8.3.	(65)			x			x
Summe	31	15	5	16	17	14	14
Bisher	34	26	17	26	9	5	9
Insgesamt	65	41	22	42	26	19	23

Boote immer wieder so weit klarzukriegen, daß sie den nächsten Einsatz fahren konnten. Mochten auch die Standortkommandanturen sich über diese Männer die Haare raufen, für die mannigfaltigen, umfangreichen und nie zu einem Ende kommenden Arbeiten an Bord konnten sich die Kommandanten keine besseren Besatzungen wünschen. Und das waren dieselben Männer, die immer wieder in selbstverständlicher Pflichterfüllung in die harten Einsätze fuhren, die sich mit Entschlossenheit, Tapferkeit und unbeugsamem Einsatzwillen vor dem Feinde bewährten und die selbst unter so dramatischen Ereignissen wie beim Untergang von »TA 15« ihre Kaltblütigkeit, ihre Ruhe und ihre Disziplin bewahrten.

8. KAPITEL

Vom ersten bis zum zweiten Verlust eines Bootes

9.3. bis 2.6.1944

LAGEBETRACHTUNG – INTERNE EREIGNISSE

Die Gesamtlage hatte sich in den vergangenen zwei Monaten nicht grundlegend gewandelt. Dagegen hatte sich in der Flottille einiges verändert, würde sich noch einiges ändern.

In den ersten Februartagen war der Kommandant von »TA 14«, Kptlt. Dehnert, abkommandiert worden. An seine Stelle trat Kptlt. Quaet-Faslem, bisher Kommandant »TA 16«. Neuer Kommandant auf »TA 16« wurde Kptlt. Günther Schmidt, dessen Boot »TA 18« noch immer nicht in Dienst gestellt werden konnte. Oblt.z.S. Hahndorff, Kommandant von »TA 19«, lag seit dem 12.2.1944 im Lazarett und wurde durch seinen I.W.O., Oblt.z.S. Foth, vertreten. Zu den Einsätzen vom 27.2. bis 5.3. war Kptlt. Düvelius, zu denen vom 6.3. bis 18.3.1944 Kptlt. Schmidt als Kommandant i.V. eingestiegen. Danach fuhr Oblt.z.S. Foth als stellvertretender Kommandant auch die Einsätze, bis am 25.4.1944 Oblt.z.S. Hahndorff wieder an Bord einstieg.

Anfang Februar 1944 hatte Kptlt.(Ing.) Michael Retzer den früheren Flottilleningenieur, Kptlt.(Ing.) Züllich, abgelöst.

Am 9. März 1944 traf der neue Flottillenchef, Freg.Kpt. Hans Dominik, in Athen ein und wurde vom Ältesten Kommandanten, Kptlt. Quaet-Faslem, am Bahnhof abgeholt. Dominik sagte nach der Begrüßung: »Na, Sie führen hier wohl einen sehr ruhigen Krieg!«, worauf Quaet-Faslem antwortete: »Wie man's nimmt, Herr Kapitän – gestern Abend ist gerade Ihr Führerboot versenkt worden!« (Qu. 47«).

Die offizielle Übergabe der Flottille fand am 15. März 1944 statt. Freg. Kpt. Riede, früher Chef der 2. T.-Flottille und dann Kommandant des Zerstörers »Theodor Riedel«, kam nun zum Stabe der Kampfgruppe in Nordnorwegen und wurde später Kommandeur einer Torpedoschule. Freg.Kpt. Dominik war vorher Erster Offizier und dann Kommandant des Zerstörers »Richard Beitzen« gewesen.

Die 9. T-Flottille gab Ende Februar 1944 ihr Flottillengebäude in Piräus und ihr Stabsgebäude in Athen auf und bezog die Baulichkeiten an der Themistoklesmole, wohin dann neben dem Stab auch die Unterkünfte für die Besatzungen und die eigene Flottillenwerkstatt verlegt wurden, die sich zu einer guten Unterstützung für die vielen Reparaturen entwickelt hatte.

Als sich der Kommandant von »TA 15« nach dem Untergang seines Bootes beim Admiral Ägäis zum Vortrag meldete, eröffnete ihm der Befehlshaber, nun müsse er Ersatz für sein Boot heranführen. Bereits am 13.3.1944 erhielt Kptlt. Vorsteher den Befehl, nach Triest zu reisen, dort ein neues Torpedoboot zu übernehmen und in die Ägäis zu überführen (Qu. 08). Die Besatzung »TA 15« wurde für dieses neue Boot in Piräus zur Verfügung gehalten. Einen Tag später reiste Kptlt. Vorsteher ab und traf am 19.3.1944 in Triest ein. Weiteres dazu siehe im 14. Kapitel.

10.–18. März 1944

Führung: Kptlt. Schmidt/Kptlt. z. V. Vollheim auf »TA 19«
Beteiligte Boote: »TA 19«
Aufgaben: (66) Kriegsmarsch Iraklion – Suda; (67) Kriegsmarsch Suda – Monemvasia (Peloponnes); (68) Geleit der Dampfer »Sabine« und »Anita« Monemvasia – Suda; (69) Kriegsmarsch Suda – Iraklion; (70) Geleit Dampfer »Susanne« und »Agathe« Iraklion – Piräus.

(66) Am 9.3.1944 blieb »TA 19« in Iraklion liegen. Erst am Nachmittag wurden die Geretteten von »TA 15« ausgeschifft und mit dem Flugzeug nach Athen gebracht; auch diejenigen von »TA 15«, die an Bord der U-Jäger gekommen waren, wurden von Suda aus nach Athen geflogen.

Um 01.00 Uhr am 10. März lief »TA 19« aus und lief dicht unter der Nordküste von Kreta, immer auf der 50 m-Linie, nach Westen. Nach einem Marsch ohne besondere Vorkommnisse lief das Boot um 05.15 Uhr hinter dem Minengeleit in die Suda-Bucht ein und machte um 07.10 Uhr an der Werftpier fest.

(67) Um 17.45 Uhr lief »TA 19« wieder aus Suda aus. Da das Ankerspill ausgefallen war, verzögerte sich das Auslaufen, und so mußte sich das Boot dem Minengeleit anhängen. Bei dem herrschenden Wind Stärke 3 und der geringen Fahrt von weniger als 4 Knoten war das Steuern in dem engen Kanal schwierig. Um 19.30 Uhr trat dann »TA 19« zusammen mit »UJ 2106«, »UJ 2105« und »UJ 2101« den Marsch nach Monemvasia an. Ein Flugzeug überflog den Verband, griff aber nicht an. Um 10.10 Uhr am 11.3.1944 ankerten die Boote in Monemvasia hinter der Netzsperre.

(68) In einer Besprechung mit dem Kommandanten von »TA 19«, den U-Jägerkommandanten und den Dampferkapitänen übernahm Kptlt. z. V. Vollheim, der sich seit dem 8. März immer noch an Bord von »TA 19« befand, die Führung des Geleits.

Kurz nach Mitternacht am 12.3.1944 liefen dann die Dampfer »Sabine« und »Anita« mit »TA 19« und den drei U-Jägern aus Monemvasia aus. Um 02.40 Uhr gab es auf einen Schatten Alarm, aber im Scheine von Leuchtgranaten stellte er sich als ein Segler heraus. Querab von Antikithera um 06.20 Uhr trafen 3 Arados, um 06.55 Uhr 4 Ju 88 als Luftsicherung ein.

Gegen 12.30 Uhr bekam »TA 19« durch Funkspruch den Befehl, sofort nach Suda einzulaufen und dort 80 bis 100 t Heizöl zu übernehmen. Um 16.10 Uhr lag das Boot in Suda zur Ölübernahme fest und verholte um 23.00 Uhr längsseits des Wracks des Kreuzers »York«.

Trotz des Befehls zum »sofortigen« Einlaufen blieb »TA 19« auch noch am 13., 14. und 15. März in Suda.

(69) Erst am 16.3.1944 um 15.45 lief »TA 19« mit »UJ 2101«, »UJ 2105« und »UJ 2106« unter Führung von Kptlt. z. V. Vollheim aus Suda aus entlang der Nordküste von Kreta. Um 22.25 Uhr verursachten Flugzeuggeräusche Unruhe – der Untergang von »TA 15« war noch zu gut in der Erinnerung.

(70) Kurz nach Mitternacht am 17.3.1944 wurden vor Iraklion die Dampfer »Agathe« und »Susanne« ins Geleit genommen. Als sich dann das Wetter verschlechterte, mußte »UJ 2105« um 02.00 Uhr nach Iraklion entlassen werden.

Um 02.52 Uhr Fliegeralarm. Flugzeuggeräusche wurden gehört, bald darauf fielen Leuchtbomben. Als das Flugzeug gesichtet wurde, bekam es Feuer. Die Angriffe wiederholten sich, es waren offenbar mehrere Flugzeuge. Treffer des Abwehrfeuers wurden beobachtet, ein Flugzeug wurde wahrscheinlich abgeschossen. Die Boote hatten keine Schäden oder Verluste.

Während dieser Gefechte mit den Flugzeugen hatte sich das Wetter weiter verschlechtert, »UJ 2106« mußte kehrt machen. Dann konnten »UJ 2101« und »Susanne« Kurs und Fahrt nicht mehr halten. Deshalb entschloß sich der Geleitführer, in der Bucht von Santorin Schutz zu suchen. Hier traf der Verband am 17.3. um 10.30 Uhr ein. Da es für »TA 19« keine Möglichkeit zum Ankern oder Festmachen gab, mußte das Boot dicht unter Land auf und ab stehen, ganze elf Stunden lang! Erst um 23.25 Uhr konnte das Geleit seinen Marsch fortsetzen und traf am 18.3.1944 um 16.15 Uhr in Piräus ein.

Für »TA 19« war nun eine Werftzeit vorgesehen, und Kptlt. Schmidt stieg wieder auf seinem Boot »TA 16« ein.

18.–20. März 1944

Führung: Kptlt. Düvelius auf »TA 17«

Beteiligte Boote: »TA 16«, TA 17«

Aufgabe: (–)Geleit Tanker »Centaur« Piräus – Leros; (71) Geleit Dampfer »Gertrud« Piräus – Suda; (72) Geleit Dampfer »Sabine« und »Agathe« Suda – Piräus.

Am 17.3.1944 um 1.00 Uhr liefen »TA 16«, »TA 17«, »R 210« und »R 34« aus Piräus aus, um den Tanker »Centaur« nach Leros zu geleiten. Als es aber um 06.00 Uhr auf Nordwest 5–6, Seegang 4 aufgebrist hatte, mußte das Geleit kehrt machen und lag um 11.25 Uhr wieder in Piräus.

(71) Am 18.3.1944 sollten dann »TA 16«, »TA 17«, »R 34« und »R 210« aus Piräus auslaufen und den Dampfer »Gertrud« nach Suda geleiten. »TA 17« hatte aber eine Reparatur noch nicht beendet, und so liefen die anderen Einheiten voraus. »TA 17« legte erst um 22.15 Uhr ab, lief dem Geleit nach, hatte es am 19.3.1944 um 06.00 Uhr erreicht und übernahm die Führung.

Um 06.20 Uhr sah »TA 16« Torpedolaufbahnen auf sich zukommen. Während die anderen Fahrzeuge abdrehten, drehte »TA 16« zu und bekämpfte das U-Boot mit Wasserbomben. Um 07.10 Uhr sammelte der Geleitführer seine Einheiten wieder und setzte den Marsch fort. Um 09.45 Uhr stießen »UJ 2105« und »UJ 2106« zum Geleit; ob sie aber eine Verstärkung waren, blieb eine offene Frage, denn sie legten dem Verband eine ziemliche Beschränkung der Fahrt auf und hatten viele Störungen.

Um 17.45 Uhr stand das Geleit planmäßig vor Suda und entließ »Gertrud« in den Hafen.

(72) Gleich darauf liefen die Dampfer »Sabine« und »Agathe« aus und wurden ins Geleit genommen, das den Marsch nach Piräus antrat. Von sehr störenden Überflügen eigener Flugzeuge und einem Aufklärer sowie einem Ausfall beider Maschinen auf »TA 16« für 20 Minuten abgesehen, erreichte das Geleit am 20. März 1944 um 14.00 Uhr wohlbehalten Piräus.

25.–26. März 1944

Führung: Freg.Kpt. Dominik auf »TA 17«

Beteiligte Boote: »TA 16«, »TA 17«

Aufgaben: (73) Truppentransport Piräus – Milos; (74) Kriegsmarsch Milos – Suda; (75) Geleit Dampfer »Gertrud« Suda – Piräus.

(73) Der neue Flottillenchef lief zu seiner ersten Fahrt am 25.3.1944 um 16.00 Uhr an Bord »TA 17« mit »TA 16«, »R 34« und »R 210« von Piräus aus. Die T-Boote hatten 150 Mann Truppen an Bord. Der Abmarsch verzögerte sich, weil »R 34« erst noch einen Sperrballon für »Gertrud« abholen mußte.

Die Signalstelle Phleves meldete um 17.10 Uhr die wahrscheinliche Sichtung eines U-Boots.

Der neue Chef bekannte: »Zum ersten Male werden mir die navigatorischen Schwierigkeiten vor Augen geführt, welche die T-Boote mit ihrer mangelhaften Magnetkompaßanlage in dieser dunklen Nacht im Inselseegebiet, das gar nicht bzw. nur dürftig befeuert ist, haben . . . Der Kompaß des Führerbootes ist so mangelhaft, daß ich an Odysseus' Zeiten denken muß, in denen nach Sternen irgendein Generalkurs gesteuert wurde, um dann an undeutlichen Küstenkonturen seinen Schiffsort zu bestimmen« (Qu. 08).

Um 21.10 Uhr verringerte der Verband die Fahrt und steuerte in die Netzsperre von Milos ein. Um 22.15 Uhr ankerten die Boote vor dem Ort Milos.

(74) Um 23.40 Uhr war die Ausschiffung der Truppen beendet, und am 26.3.1944 um 00.10 Uhr liefen die Boote wieder aus Milos aus. Das Wetter blieb günstig, so daß die R-Boote 17 Knoten Fahrt halten konnten. Und um 05.15 Uhr stand der Verband vor der Suda-Bucht.

(75) Der Dampfer »Gertrud« kam alsbald in Sicht, das Geleit trat den Marsch nach Piräus an. Um 05.50 Uhr mußte »TA 17« Torpedolaufbahnen ausweichen, es bekämpfte das U-Boot. Als das Geleit sicher passiert hatte, wurde der Marsch fortgesetzt.

Als dann in den Nachmittagsstunden das Wetter schlechter wurde, entließ der Geleitführer die R-Boote nach Piräus. Die T-Boote und »Gertrud« erreichten Piräus um 22.40 Uhr.

30. März – 4. April 1944

Führung: Freg. Kpt. Dominik auf »TA 16«
Beteiligte Boote: »TA 16«
Aufgaben« (76) Geleit Tanker »Centaur« Piräus – Leros; (77) Kriegsmarsch Leros – Piräus

(76) Nach mehreren anderen Befehlen stand es fest: »TA 16« und »R 195« sollten den Tanker »Centaur« nach Leros geleiten. Außerdem hatte »TA 16« 50 Mann Truppen an Bord.

Die Fahrt begann am 30.3.1944 kurz vor Mitternacht. Um 03.00 Uhr am 31.3. ging auf »TA 16« ein Mann über Bord, konnte aber gefischt werden. Um 08.00 Uhr stieß im Doro-Paß »UJ 2106« zum Geleit.

Gegen Mittag briste es merklich auf, und der Geleitführer entließ das R-Boot und den U-Jäger. Auf »Centaur« wurde die Standverkleidung der 4 cm Kanone von der See fortgerissen. Ein Mann ging über Bord, konnte aber in einem glänzenden Manöver gerettet werden.

Um 16.00 Uhr herrschte Wind 7 – 8, Seegang 6 – 7. »Centaur« schaffte es nicht mehr gegen die See und bat »TA 16« in seine Nähe, um durch Öl die See zu glätten. Doch auch auf »TA 16« ging es drunter und drüber, ein Kehrtmachen war ausgeschlossen. Beide, »Centaur« und »TA 16«, kämpften ums Überleben. Der Tanker geriet außer Sicht, und »TA 16« war hilflos.

Am 1.4.1944 um 04.00 Uhr sichtete »TA 16« Land: Nikaria. Aber die Küste bot keinen Schutz, im Gegenteil: In orkanartigen Fallböen raste der Sturm über die Berge herab, 45 m/sec Wind wurden gemessen: Während die Luftwaffe die Suche nach dem Tanker übernommen hatte, mußte »TA 16« den ganzen Tag des 1.4. und noch die Nacht zum 2.4. in dem Sturm mit Böen Stärke 10 – 11 durchhalten. Erst in den frühen Morgenstunden des 2. April war an einen Weitermarsch zu denken, und um 05.25 Uhr lief »TA 16« in Portolago ein. Die Suche nach »Centaur« hatte kein Ergebnis gebracht.

(77) Am 3.4.1944 kam dann der Befehl, das Seegebiet Nikaria – Kalogeros-Klippen nach Überlebenden der »Centaur« abzusuchen und dann nach Volos zu gehen. Das Auslaufen verzögerte sich, da in dem übernommenen Heizöl Wasser war. Überlebende oder Wrackteile wurden bei der Suche nicht gefunden, und als Heizölmangel eine weitere Suche verbot, wurde »TA 16« nach Piräus zurückbeordert, wo es am 4.4.1944 um 04.30 Uhr nach einer sehr, sehr harten Fahrt eintraf.

5.–6. April 1944

Führung: Freg. Kpt. Dominik auf »TA 19«
Beteiligte Boote: »TA 16«, »TA 17«, »TA 19«

Aufgaben: (78) Geleit der Dampfer »Sabine« und »Susanne« Piräus – Suda;
(79) Kriegsmarsch Suda – Piräus

(78) Nach dem Auslaufen aus Piräus am 5.4.1944 um 20.00 Uhr hatte das
Geleit zunächst einen glatten Marsch hinter sich gebracht. Aber am 6.4.1944
um 05.39 Uhr wurde es im Tiefstflug direkt von vorn angeflogen. Im dichten
Abwehrfeuer drehte das Flugzeug ab und schoß gültiges Erkennungssignal:
eine eigene Ju 52! Ein Skandal, zumal dieses Ereignis traurige Folgen hatte:
auf »TA 19« hatte ein 2 cm-Geschoß einen Lüfter getroffen, dabei wurde ein
Soldat so schwer verletzt, daß er, obwohl »R 34« den Flottillenarzt über-
setzte, bald darauf starb. Und auf »TA 16« hatte ein Frühkrepierer einen
Mann verwundet.

Um 11.17 Uhr U-Bootalarm! Der Geleitführer ließ Ausweichkurse steuern
und ließ »TA 17« auf der Ortungsstelle zurück. Um 18.40 Uhr konnten die
beiden Dampfer nach Suda entlassen werden.

(79) Die T-Boote traten den Rückmarsch an und nahmen auf der Ortungsstelle des U-Boots »TA 17« wieder auf. Und nach mehreren der üblichen Störungen – Ruderversager, Wasser im Öl – trafen die Boote am 7.4.1944 um
05.00 Uhr wieder in Piräus ein.

8.–17. April 1944

Führung: Freg.Kpt. Dominik auf »TA 16«/»TA 19«

Beteiligte Boote: »TA 16«, »TA 17«, »TA 19«

Aufgaben: (80) Kriegsmarsch Piräus – Volos; (81) Geleit Tanker »Claudia«
Volos – Leros; (82) Kriegsmarsch Leros – Rhodos; (83) Geleit Dampfer
»Anita« Rhodos – Leros; (84) Geleit Tanker »Claudia« Leros – Samos; (85)
Kriegsmarsch Samos – Leros; (86) Geleit Dampfer »Anita« Leros – (Piräus);
(87) Kriegsmarsch Leros – Dardanellen; (88) Geleit Dampfer »Berta« Darda-
nellen – Piräus.

(80) »TA 16« und »TA 17« liefen am 8.4.1944 um 04.00 Uhr mit »R 34«
und »R 210« aus Piräus aus, beide T-Boote mit je 40 Mann Truppen an Bord.
»TA 19« hatte seine Werftarbeiten noch nicht ganz abgeschlossen, es sollte
um 21.00 Uhr auslaufen und mit 17 Knoten dem Geleit folgen. Wegen des
späteren Auslaufens war der Flottillenchef auf »TA 16« eingestiegen.

Der Verband lief durch den Doro-Paß und dann seeseitig an Euböa entlang. Gegen 13.45 Uhr standen die Boote vor der Trikiri-Sperre, und um
18.30 Uhr machten sie in Volos längsseits des Tankers »Claudia« fest.

(81) Um 18.00 Uhr am 8.4.1944 legte »TA 16« von »Claudia« ab und stand
im Oreas-Kanal auf und ab. Um 20.50 Uhr legte »TA 17« ab, und zehn Minuten später lichtete »Claudia« den Anker. Um Mitternacht 8./9.4.1944 (Oster-
sonntag) formierte sich das Geleit vor der Trikiri-Sperre. »Claudia« lief er-
freulicherweise 9,5 Knoten trotz ihren Geburtsdatums 1899! Um 05.25 Uhr
traf »TA 19« nach störungsfreiem Marsch zum Geleit. Der nur von Kleinigkeiten gestörte Marsch zwischen Chios und Nikaria, dann zwischen Patmos

und Lipsos hindurch verlief erfreulich glatt. Um 23.00 Uhr, noch am 9.4.1944, war »Claudia« in Portolago eingelaufen, die T-Boote folgten.

(82) Der Flottillenchef stieg nun auf »TA 19« über. Die T-Boote blieben am 10. und 11.4.1944 in Portolago und liefen erst am 12.4. um 02.00 Uhr aus mit Ziel Rhodos. Ohne Zwischenfälle trafen die Boote um 08.00 Uhr vor Rhodos ein.

(83) Gegen 09.00 Uhr am 12.4.1944 lief der Dampfer »Anita« mit Minengeleit aus Rhodos aus, und um 09.15 Uhr trat der Verband den Marsch an mit Ziel Piräus. Aber um 16.25 Uhr bei Pergusa wurde er von einem U-Boot angegriffen; »TA 16« und »TA 19« konnten den Torpedolaufbahnen ausweichen, von »Anita« liefen sie klar. Wegen der U-Bootgefahr befahl der Admiral Ägäis, mit dem Geleit nach Portolago einzulaufen, wo »Anita« um 21.30 Uhr wohlbehalten eintraf. Während »TA 16« und »TA 17« vor der Bucht U-Bootsicherung fuhren, lief der Flottillenchef mit »TA 19« ein, um sich über die nächste Aufgabe zu informieren.

(84) Am 13.4.1944 um 01.30 Uhr liefen »TA 19«, »TA 16«, »TA 17«, »R 34«, »R 210« und der Tanker »Claudia« aus Portolago aus. Nach einem vom Feinde unbehelligt gelassenen, aber navigatorisch schwierigen Marsch stand das Geleit um 05.30 Uhr vor der Samos-Straße. Der Flottillenchef entließ »Claudia« in die türkischen Hoheitsgewässer, die beiden Räumboote nach Chios; mit den T-Booten trat er den Rückmarsch nach Portolago an.

(85) Vor der Einfahrt nach Portolago wurde ein Flugzeug gesichtet, das mehrere Vorbeiflüge machte und dann durch Flakfeuer vertrieben wurde. Um 08.15 Uhr lagen die T-Boote wieder in Portolago.

(86) Nach Heizölergänzung liefen die drei T-Boote am 13.4. um 20.30 Uhr mit dem Dampfer »Anita« aus Portolago aus. Schon eine Viertelstunde später sichtete »TA 16« ein Flugzeug, das von recht achteraus anflog. In dem vereinigten Feuer von »TA 16«, »TA 17« und »Anita« wurde das Flugzeug abgedrängt und kam auch bei weiteren Anflügen nicht zum Zuge. Leider hatte bei diesem Abwehrfeuer »TA 16« durch einen Frühdetonierer 3 Schwer- und 1 Leichtverletzten. Der Kommandant erbat deswegen Einlaufgenehmigung, aber der Flottillenchef entschloß sich, da das Geleit so früh erfaßt war, mit allen Booten und »Anita« wieder nach Portolago einzulaufen.

(87) Ursprünglich hatte Kapitän Dominik am 14.4.1944 um 05.00 Uhr erneut zum Geleit »Anita« nach Piräus ansetzen wollen, aber da kam vom Admiral Ägäis ein neuer Befehl: Die T-Boote sollten vor die Dardanellen laufen, dort den aus dem Schwarzen Meer kommenden Dampfer »Berta« aufnehmen und ihn nach Piräus geleiten.

Zu dieser Aufgabe verließen die 3 T-Boote am 15.4.1944 um 12.15 Uhr Portolago. Die Fahrt mit 17 Knoten führte zwischen Chios und Psara hindurch. Bei Dunkelheit ging es dann mit 15 Knoten Fahrt weiter, dabei erleichterten die Feuer der türkischen Küste die Navigation.

Um 01.00 Uhr, nun schon am 16.4.1944, sichtete »TA 16« phosphoreszierende Torpedolaufbahnen, wich ihnen aus und warf Schreckbomben. Der

Flottillenchef entschloß sich, auf dem Rückweg nicht über diese Stelle, sondern nördlich um Samothraki herum zu laufen. Am 16.4.1944 um 03.00 Uhr standen die Boote planmäßig vor Kap Turba auf der Halbinsel Gallipoli.

(88) Die Boote mußten über eine Stunde warten und mit nordsüdlichen Kursen auf und abstehen, bis »Berta« um 04.22 Uhr in Sicht kam. Sie wurde ins Geleit genommen, das dann seinen Weg nördlich um Samothraki herum nahm.

Um 09.32 Uhr fuhr »TA 16« einen planmäßigen Angriff auf eine sichere U-Bootortung, allem Anschein nach mit einigem Erfolg. Der Tag ging dann ohne weitere Vorkommnisse, aber mit stetig steigenden Sorgen um die Brennstoffbestände zu Ende.

Der 17.4.1944 begann um 00.38 Uhr in der Doro-Durchfahrt mit einem U-Bootalarm. Diesmal hatte »TA 19« die phosphoreszierenden Laufbahnen gesichtet, die ganz dicht an der Bordwand entlang liefen. Danach hörte man mehrere Detonationen. »TA 17« entdeckte das U-Boot aufgetaucht Backbord achteraus in etwa 40 hm Abstand. Es tauchte jetzt schnell weg. »TA 19« lief zurück, um ein Nachlaufen des U-Bootes zu verhindern; derweil übernahm »TA 17« die Führung. Um 03.30 Uhr schloß »TA 19« wieder heran.

Auf »TA 17« mußten jetzt zur Sicherstellung der Heizölzufuhr die Unterbunker mit Pützen leergeschöpft werden, und auch auf »TA 16« wurde das Öl von Hand gepumpt.

Um 06.30 Uhr wurde »Berta« aus dem Geleit entlassen, und am 17.4.1944 um 07.20 Uhr liefen die drei T-Boote mit den letzten Tropfen Heizöl in Piräus ein.

25.–26. April 1944

Führung: Freg.Kpt. Dominik auf »TA 19«

Beteiligte Boote« »TA 16«, »TA 17«, »TA 19«

Aufgaben: (89) Truppentransport Piräus – Santorin; (90) Kriegsmarsch Santorin – Piräus.

Am 24.4.1944 lief der Flottillenchef mit »TA 16«, »TA 17« und »TA 19« zu Übungen aus, zuerst Fahrübungen, dann Schleppen und Geschlepptwerden, zuletzt einige Artillerie-Schießübungen. Das ebenfalls vorgesehene Torpedoschießen mußte ausfallen, da das Geleit des Dampfers »Lüneburg« zu dicht bevorstand. Aber dann wurde alles umgestoßen: ein feindliches Kommandounternehmen hatte die Insel Santorin besetzt, sie mußte nun zurückgewonnen werden.

(89) Am 25.4.1944 um 19.30 Uhr wurden auf den drei T-Booten 95 Mann der 7. Kompanie des Jägerregiments 21 mit Gerät eingeschifft, und um 20.45 Uhr liefen die Boote aus. Am 26.4.1944 um 04.00 Uhr stießen »R 34« und »R 210« hinzu.

Um 05.00 Uhr begannen »TA 17« und »TA 16« hinter der Nordhuk von Santorin mit der Anlandung der Truppen, während »TA 19« Sicherung fuhr.

Danach liefen die R-Boote zum Anleger der Stadt und schifften die Truppen aus, während die T-Boote die Sicherung übernahmen für den Fall einer Beschießung von Land. Aber alles blieb ruhig.

(90) Um 06.00 Uhr entließ der Flottillenchef die R-Boote direkt nach Milos und trat mit den T-Booten den Rückmarsch an, Marschfahrt 21 Knoten. Aber da »TA 17« trotz der im Dock frisch geschweißten Bunker immer wieder Wasser im Heizöl hatte, mußte die Fahrt zeitweise auf 19, 17 oder gar 15 Knoten herabgesetzt werden.

Am 26.4.1944 um 13.30 Uhr lagen die Boote an der Ölpier in Perama zur Heizölergänzung fest.

27.–29. April 1944

Führung: Freg.Kpt. Dominik auf »TA 19«
Beteiligte Boote: »TA 16«, »TA 17«, »TA 19«
Aufgaben: (91) Geleit Dampfer »Lüneburg« Piräus – Iraklion; (92) Kriegsmarsch Iraklion – Piräus

(91) Am 27.4.1944 um 19.00 Uhr liefen »TA 16«, »TA 17«, »TA 19«, »R 210« und der Dampfer »Lüneburg« aus Piräus aus mit Ziel Iraklion (Kreta); alle Fahrzeuge führten Sperrballone mit. Um 08.15 Uhr stießen planmäßig noch »UJ 2101« und »UJ 2110« zum Geleit.

Der Marsch verlief zunächst ohne größere Störungen. Unangenehmer Seegang aus Süd verlangsamte ihn. Arados und Ju 88 flogen Luftsicherung.

Nahe der Insel Dia gab um 16.18 Uhr eine Arado plötzlich U-Bootalarm. Führerboot und »Lüneburg« liefen geraden Kurs weiter, um möglichst schnell in den Schutz der Sperren zu gelangen. Die U-Jäger und die Arados drückten das U-Boot unter Wasser.

Um 16.38 Uhr schoß dann eine Arado querab von der »Lüneburg« weiße Sterne, dann »Lüneburg« ebenso. Gleich darauf wurde »Lüneburg« mittschiffs von zwei Torpedos getroffen. Das Schiff legte sich zuerst stark über, richtete sich dann aber wieder auf. Auch dieser Angriff war von dem britischen U-Boot »Sportsman« (Lt. Gatehouse) gefahren worden.

Sofort ging »TA 19« heran zum Schleppen, während die anderen Einheiten des Geleits die Sicherung übernahmen. Aber »Lüneburg« begann, in der Schiffsmitte einzuknicken. »TA 17« und »UJ 2110« nahmen die 124 Mann an Bord, dann brach das Schiff in der Mitte durch. Vorschiff und Achterschiff stellten sich steil zueinander hoch und versanken dann in der Tiefe.

(92) Die T-Boote traten den Rückmarsch an, um in Piräus für neue Aufgaben verfügbar zu sein. Sie trafen am 29.4.1944 um 03.30 Uhr dort ein.

3.–4. Mai 1944

Führung: Freg.Kpt. Dominik auf »TA 19«
Beteiligte Boote: »TA 16«, »TA 19«

Aufgaben: (93) Truppentransport Piräus – Milos; (94) Truppentransport Milos – Santorin; (95) Truppentransport Santorin – Piräus.

(93) »TA 16« und »TA 19« verließen Piräus am 3.5.1944 um 16.30 Uhr mit Truppen an Bord. Gegen 20.00 Uhr wurde das Geleit »Gertrud« passiert. Ohne Zwischenfälle gelangten die Boote nach Milos, liefen um 22.00 Uhr durch die Netzsperre, und um 22.30 Uhr ankerte »TA 19« vor Milos. »TA 16«, dessen Ankerspill unklar war, ging bei »TA 19« längsseits.

(94) Alsbald wurden die Truppen aus- und die anderen Soldaten eingeschifft. Am 4.5.1944 kurz nach Mitternacht liefen die beiden Boote aus und marschierten nach Santorin. Eine kurze Störung gab es durch den Vorbeiflug eines Flugzeugs, das unter Feuer genommen wurde. Um 04.25 Uhr liefen die Boote in Santorin ein.

(95) Die Ausschiffung der Truppen war um 05.30 Uhr beendet. Danach kamen Soldaten der Luftwaffen-Felddivision an Bord. Um 07.40 Uhr traten die beiden Boote den Rückmarsch an und kamen ohne besondere Vorkommnisse um 15.20 Uhr am 4.5.1944 in Piräus an.

5.–7. Mai 1944

Führung: Freg. Kpt. Dominik auf »TA 19«
Beteiligte Boote: »TA 16«, »TA 17«, »TA 19«
Aufgaben: (96) Truppentransport Piräus – Leros; (97) Geleit Dampfer »Agathe« Leros – Piräus

(96) Die drei Boote hatten am 5.5.1944 insgesamt 205 Mann Truppen an Bord genommen und liefen um 20.00 Uhr aus. Um 21.18 Uhr wurden in der Luft sonderbare Sprengkörper beobachtet, die kurz und hell mit einem Knall zersprangen und eine Detonationswolke und Funkenregen hinterließen. Es blieb unklar, um was es sich dabei gehandelt hatte.

Vom Wetter begünstigt und vom Feind unbehelligt kamen die Boote nach Leros und machten dort um 06.30 Uhr am 6.5.1944 fest. Die Truppen wurden ausgeschifft.

(97) Um 15.00 Uhr verließ der Dampfer »Agathe« mit den drei T-Booten Portolago zum Marsch nach Piräus. Sie wählten den Weg westlich an Samos vorbei und dann nördlich bis kurz vor Chios. Erst dann nahmen sie Westkurs auf den Doro-Paß. Abgesehen von dichtem Nebel im Doro-Paß traten keine besonderen Ereignisse ein, »Agathe« und die T-Boote erreichten Piräus am 7.5.1944 gegen 14.00 Uhr.

8.–9. Mai 1944

Führung: Kommandant MS »Drache«
Beteiligte Boote: »TA 17«, »TA 19«
Aufgabe: (98) Defensive Minenunternehmung mit MS »Drache«
(98) Der Befehl am 8.5.1944 um 15.00 Uhr seeklar zu sein, erreichte

»TA 17« und »TA 19« so spät, daß ein Dampfaufmachen nicht mehr möglich und auch bis 16.00 Uhr nur forciert zu bewerkstelligen war.

Um 16.00 Uhr liefen dann »Drache«, die beiden T-Boote und »R 34« aus nach Süden. Um 22.28 Uhr griffen feindliche Flugzeuge die T-Boote mit Raketenbomben an, erzielten in dem massiven Abwehrfeuer aber keinen Treffer.

Zwischen 22.50 Uhr am 8.5. und 05.50 Uhr am 9.5.1944 legte »Drache« planmäßig ihre Minen, derweil die T-Boote Sicherung fuhren.

Nach gemeinsamem Rückmarsch trafen die Boote um 10.00 Uhr in Piräus ein.

13.–14. Mai 1944

Führung: Freg. Kpt. Dominik auf »TA 19«

Beteiligte Boote: »TA 17«, »TA 19«

Aufgaben: (99) Truppentransport Piräus – Leros; (100) Kriegsmarsch Leros – Piräus

(99) Die 9. T-Flottille sollte 230 Soldaten von Piräus nach Leros transportieren. Am 13.5.1944 zur befohlenen Zeit trafen aber nur 101 Mann ein, und es gelang nicht, die fehlende Anzahl Männer herbeizuschaffen. Der Admiral Ägäis entschied, daß nur zwei Boote mit je 50 Mann fahren sollten. Daraufhin entließ der Flottillenchef »TA 17« und trat um 18.15 Uhr den Marsch nur mit »TA 16« und »TA 19« an, Marschfahrt 19 Knoten.

Am 14.5.1944 um 04.00 Uhr machten die beiden Boote in Portolago fest und schifften die Truppen aus.

(100) Und schon um 04.45 Uhr liefen sie wieder aus und kamen ohne Zwischenfälle um 20.00 Uhr in Piräus an.

15.–17. Mai 1944

Führung: Freg. Kpt. Dominik auf »TA 19«

Beteiligte Boote: »TA 16«, »TA 17«, »TA 19«

Aufgaben: (101) Truppentransport und Geleit der Dampfer »Susanne« und »Daxo« Piräus – Leros; (102) Kriegsmarsch Leros – Piräus.

(101) Es galt, mit »TA 17« und »TA 19« die Dampfer »Susanne« und »Daxo« nach Leros zu geleiten und auf den T-Booten 120 Soldaten mitzunehmen. Statt dessen standen aber 210 Mann auf der Pier; sie wurden an Bord genommen.

Am 15.5.1944 um 21.00 Uhr liefen die Dampfer und die T-Boote von Piräus aus. Aber schon um 22.30 Uhr meldete »Susanne« den Ausfall der Speisewasserpumpen. Sie erhielt daraufhin den Befehl, nach Piräus zurückzulaufen. »TA 17« geleitete sie bis Phleves und sollte dann dem Geleit nachlaufen.

Um 01.00 Uhr am 16.5.1944 trat »TA 17« wieder zum Geleit, meldete aber, daß seine Rudermaschine durch Bruch des Kurbelwellenlagers ausgefallen sei und das Boot mit Handruder gesteuert werde. Trotz der Bereitschaft von

»TA 17«, weiter mitzulaufen, schickte der Flottillenchef das Boot zurück. Es lag um 17.50 Uhr in Piräus fest. Kurz vor dem Einlaufen war noch die Backbordmaschine ausgefallen, es bestand Dampfgefahr. Die Maschinenmannschaft hatte unter dem Feuerlösch-Sprühregen 20 Minuten lang bis zum Festmachen durchgehalten.

Derweil lief das Geleit planmäßig weiter. Ein kurzes Feuer auf ein Flugzeug, vermutlich ein eigenes, eine U-Boot-Fehlortung, der Verlust eines großen Beiboots, das in gutem Manöver wieder an Bord genommen wurde, sowie mehrere Flugzeugmeldungen waren die Würze dieser Fahrt, die um 22.15 Uhr in Portolago glücklich endete.

(102) Die T-Boote wurden sofort nach Piräus zurückbeordert. Sie verließen Leros um 23.45 Uhr und trafen am 17.5.1944 um 09.00 Uhr in Piräus ein.

31. Mai – 2. Juni 1944

Führung: Freg.Kpt. Dominik auf »TA 19«

Beteiligte Boote: »TA 14«, »TA 16«, »TA 17«, »TA 19«

Aufgaben: (103) Geleit der Dampfer »Sabine«, »Gertrud« und »Tanais« Piräus – Iraklion (Kreta) (Unternehmen »Olivenöl«); (104) Kriegsmarsch Iraklion – Piräus

Das Unternehmen »Olivenöl« begann am 19.5.1944 in Form vieler Besprechungen mit den Beteiligten. Es war als eine großangelegte Aktion geplant, an der die 21. U-Jagdflottille mit den Booten »UJ 2101«, »UJ 2105« und »UJ 2110« unter ihrem Flottillenchef, Korv.Kpt.d.R. Dr. Brandt, die Räumboote »R 34« und »R 211« und die 9. T-Flottille mit vier Boote unter ihrem Flottillenchef, Freg.Kpt. Dominik, der zugleich Geleitführer war, sowie die Luftwaffe beteiligt waren. Es war dies das erste (und es blieb das einzige) Mal seit den Landeoperationen gegen Leros, daß vier T-Boote gleichzeitig und gemeinsam eingesetzt wurden. Wegen der Wetterlage mußte das Unternehmen wieder und wieder verschoben werden, aber am 31. Mai 1944 sollte es dann endlich losgehen.

(103) Pünktlich standen die Geleitfahrzeuge vor der Netzsperre, nur »TA 16« sollte wegen einer Unklarheit seines S-Geräts kurz hinterher nachlaufen. Aber die Dampfer lagen noch alle friedlich zu Anker, hier war nichts klar. Der Geleitführer vermerkte dazu: »Ich erhebe scharfen Protest gegen eine derartige Vorbereitung eines Geleitzuges, dessen Wichtigkeit im ganzen Ägäisraum bekannt ist, von dem seit 14 Tagen nun bald ganz Athen und Piräus spricht. Es ist nicht Sache des Geleitführers, die Dampfer einzeln vom Auslaufzeitpunkt zu unterrichten, sondern der Seetransportstelle! Aber ich werde an Hand meiner Erfahrungen auch dies noch tun, denn die Seefahrer haben von diesen Nachlässigkeiten *allein* die Nackenschläge. Es wird durch derartigen Ärger Kraft verbraucht, die man an anderer Stelle nötiger braucht. – Ich hole mit »TA 19« jeden Dampfer einzeln heraus, die Kapitäne sind schimmerlos. Kapitän der »Tanais« ist an Land unauffindbar. I.O. wird zum

Kapitän ernannt und herübergeholt, da er natürlich die eingehend ausgearbeiteten Geleitbefehle nicht kennt. Im letzten Augenblick erscheint der richtige Kapitän. An Hand der 14 Tage Verschiebung war anscheinend alles eingeschlafen einschl. Seetransportstelle« (Qu. 08).

(Wenn aber »Ganz Athen und Piräus« von diesem Geleit wußte, dann wußte es natürlich auch der Feind!).

Um 18.30 Uhr war aber dann doch alles so weit, das Geleit formierte sich, und »TA 16« war nun auch da. Um 19.10 Uhr meldete »TA 16« sein S-Gerät endgültig ausgefallen, und das Gerät von »TA 14« war nur bis zu 7 Knoten für Reichweiten bis 500 m klar.

Um 20.00 Uhr wurde Phleves, um 22.45 Uhr Kap Sunion passiert. Das Geleit nahm seinen Weg nördlich um Kithnos. Die feindliche Aufklärung hatte es bald erfaßt.

Der 1. Juni begann mit einem Fliegeralarm. Im Abwehrfeuer kam es nicht zu einem Angriff. Weitere Alarme folgten. Um 08.00 Uhr stand der Verband zwischen Siphnos und Antiparos. Ein einzelner Aufklärer wurde voraus gesichtet.

Ab etwa 11.00 Uhr trat das Geleit westlich von Pholegandros aus den Inseln heraus, Erhöhte Wachsamkeit auf U-Boote wurde befohlen. Die Folge waren mehrere Fehlortungen. Überall herrschte eine gewisse Nervosität. Würde es klar gehen?

Ab 12.00 Uhr begann dann der Marsch über die freie See nach Kreta. In regelmäßigen Abständen wurde das Geleit von Auflärern erfaßt, die meist auch gesichtet wurden.

An Bord »TA 19« war der Major der Luftwaffe Vonier eingeschifft, der als Jägerleitoffizier von Bord aus die Flugzeuge der Luftsicherung direkt einsetzen konnte. Er trug zu dem fortlaufend vom Admiral Ägäis übermittelten Luftlagebild wertvolle Ergänzungen bei. Um 17.30 Uhr traten die ersten Angriffsflugzeuge im Raum auf, und der Major sagte den Angriff für 18.00 Uhr voraus. Also wurde an Bord erst einmal in Ruhe Abendbrot gegessen (Qu. 08). Um 17.46 Uhr wurden 35 Flugzeuge in 4000 m Höhe gemeldet.

Pünktlich wie vorhergesagt um 18.00 Uhr ging es dann los. 35 Flugzeuge flogen aus Südosten in etwa 3000 m Höhe an. Sie überflogen das Geleit, drehten über Nordkurs nach Nordwesten und griffen dann von dorther an. Sie teilten sich in drei Gruppen auf, je eine für einen der Dampfer. Und dann rauschten drei kompakte Bombenteppiche in das Geleit trotz des heftigen Abwehrfeuers – für die 2 cm waren die Flugzeuge zu hoch. Die Einschläge lagen durchweg zwischen den Dampfern. Nach diesem Angriff zeigte nur »Sabine« Spuren von Treffern, sie qualmte leicht und drehte auf Gegenkurs.

Nur sieben Minuten nach diesen Bombenangriff folgte dann der gefürchtete Hauptangriff. 21 Beaufighter flogen von Steuerbord querab im Tiefstflug an und hämmerten trotz des wütenden Abwehrfeuers leichte Bomben. Raketenbomben und Bordwaffengeschosse in das Geleit hinein. Es war ein wildes Inferno – und nach zwei Minuten war alles vorüber!

Nach dem Chaos des Angriffs ergab eine Lagebetrachtung folgendes Bild: »Gertrud« hatte Raketenbombentreffer bekommen, Maschine und Ruder waren ausgefallen, an Bord entstand ein großer Brand. »Sabine« brannte ebenfalls nach Bomben- und Raketenbombentreffern. »Tanais« war unbeschädigt. »TA 16« war durch Bombennahtreffer, vier Raketenbombentreffer und zahlreiche Bordwaffeneinschüsse schwer beschädigt und hatte 2 Tote, 1 Vermißten, 2 Schwer- und 8 Leichtverletzte zu beklagen. Das ganze Vorschiff war vollgelaufen, das Boot sackte vorn bis zur Ankerklüse weg. »UJ 2101« hatte mehrere Raketenbombentreffer und Bordwaffeneinschüsse mit hohen Personalverlusten; auch der Chef der 21. U-Jagdflottille, Korv.Kpt.d.R. Dr. Brandt, wurde schwer verwundet. Das Boot sank um 18.37 Uhr. »UJ 2105« hatte ebenfalls Raketenbomben- und Bordwaffentreffer, 2 Schwer- und mehrere Leichtverletzte, und sank um 18.20 Uhr. »TA 14«, »TA 17«, »TA 19« und »UJ 2110« waren unbeschädigt.

Der Geleitführer schickte »TA 14« zu »Sabine« zum Löschen und Abschleppen. »TA 19« nahm die Besatzung von »UJ 2105« auf und bemühte sich, auf »Gertrud« zu löschen und das Schiff abzuschleppen. »TA 17« und »UJ 2110« begleiteten »Tanais« nach Iraklion. »R 211« nahm die Besatzung von »UJ 2101« an Bord und ging dann zu »TA 16«, das noch 12 Knoten laufen konnte und dem Hafen zustrebte, um sich dort aufzusetzen.

Als Ergebnis konnte »Tanais« wohlbehalten in den Hafen gebracht werden. »Sabine« mußte aufgegeben werden und sank. »Gertrud« wurde brennend eingebracht und später im Hafenbecken auf Grund gesetzt. »TA 16« konnte einlaufen und innen an der Außenmole festmachen. Nach späteren Feststellungen hatten 17 Baltimore, 12 Marauder und 24 Beaufighter den Angriff ausgeführt, gesichert durch 13 Spitfire und 4 Mustang (Lt. 05, S. 452). 6 Feindflugzeuge wurden abgeschossen (Qu. 08).

(104) Noch in der Nacht 1./2. Juni um 03.00 Uhr trat der Flottillenchef mit »TA 14«, »TA 17« und TA 19« den Rückmarsch an. Nach Behinderung durch Nebel bei Kithnos erreichten die Boote am 2.6.1944 um 14.30 Uhr wohlbehalten Piräus.

2. Juni 1944

»TA 16« hatte am 1.6.1944 um 21.10 Uhr an der Mole von Iraklion festgemacht. Bald darauf ging ein Bombenteppich über den Hafen nieder. Ein Treibstofflager wurde getroffen, aber »TA 16« erlitt keinen Schaden.

Sofort wurden die ersten Maßnahmen getroffen, das Boot vor dem Untergang zu retten. Aber es zeigte sich, daß ohne ein andauerndes Lenzen das Boot nicht zu halten war. Es sackte langsam immer tiefer. Da wurde es etwas voraus verholt, bis der Steven auf dem Grund aufsaß. Erst als die »Gertrud« im Hafenbecken auf Grund gesetzt war, immer noch brennend, wurde eine Lenzpumpe frei und bei »TA 16« eingesetzt. Am Vormittag trafen dann Fachleute mit Bergungsmaterialien ein und begannen, Leck für Leck des

Bootskörpers zu dichten. Trotzdem legte es sich mehr und mehr auf die Seite bis schließlich 30 Grad.

Gegen 17.00 Uhr griffen Flugzeuge abermals den Hafen an. Mehrere Bombenreihen fielen in den Hafen, »Gertrud« wurde erneut getroffen, der Brand flammte stärker wieder auf.

Endlich waren am Nachmittag dann alle Lecks gedichtet. Man durfte hoffen, bald die große Bergungspumpe einsetzen zu können, die herbeigeschafft wurde. Nun sah es recht günstig aus, daß das Boot gehalten werden konnte.

Da schlug um 19.00 Uhr auf »Gertrud« eine riesige Stichflamme hoch, der eine ungeheure Explosion des Vorschiffs folgte; 600 t Munition gingen hoch! Ringsherum war ein tobendes Feuermeer. Es hagelte glühende Eisen- und Kohlenstücke. Menschen wurden umhergewirbelt. Eine gewaltige Flutwelle ging über die Pier und warf das T-Boot heftig dagegen. Die Nebelanlage wurde getroffen und hüllte alles in dichten Nebel. Auf dem Rohrsatz entstand ein Feuer, das aber durch mutiges Eingreifen von Soldaten gelöscht werden konnte. Die Pier mußte geräumt werden. 80 Soldaten von »TA 16«, darunter der Kommandant, mußten mit teilweise schweren Verletzungen ins Lazarett. Der I.W.O., Lt.z.S. Klüpfel, übernahm das Kommando.

Aber diese erneuten Beanspruchungen waren zu viel für den waidwunden Bootskörper. Um 20.15 Uhr am 2.6.1944 legte sich »TA 16« auf die Seite und sank. Schornstein und Mast hielten sich noch eine Weile an dem Bergungsfahrzeug und mußten gekappt werden. Die in der Literatur zu findende Aussage, »TA 16« sei durch die Explosion »umgeworfen« worden, trifft nicht zu; zwischen der Explosion und dem Untergang lag mehr als eine Stunde Zeit.

Das Torpedoboot »TA 16« war nicht mehr. Den Männern, die das im Gefecht schwerhavarierte Boot in den Hafen gebracht und nichts zu seiner Rettung unversucht gelassen hatten, gebührt bewundernde Anerkennung. Der Admiral Ägäis schrieb dazu (Qu. 13):

»Der Bericht des Kommandanten über den Luftangriff, seine Auswirkungen auf das Boot und über das Sinken im Hafen von Iraklion ist klar und erschöpfend. Anerkannt wird die hervorragende seemännische Leistung des Kommandanten und des Maschinenpersonals; ihnen ist es zu verdanken, daß das schwer havarierte Boot noch in den Hafen hereingebracht worden ist. Daß das Boot infolge der Explosion des Dampfers »Gertrud« am 2.6. im Hafen kenterte, ist bei dem ohnehin geringen Bootsbestand tragisch und ein sehr schmerzlicher Verlust. »TA 16« wurde von seinem tüchtigen Kommandanten – Kptlt. Schmidt – gut geführt, es hat seit seiner Indienststellung an allen Unternehmungen teilgenommen. Die Bergungsarbeiten sind bereits angelaufen. Es besteht die berechtigte Hoffnung, daß das um 100 Grad gekenterte Boot in drei Monaten gehoben ist. »TA 16« müßte dann zur Reparatur nach Piräus überführt werden.«

		Chef	TA 14	TA 16	TA 17	TA 19
10.–18.3.	(66)					x
	(67)					x
	(68)					x
	(69)					x
	(70)					x
18.–20.3.	(71)			x	x	
	(72)			x	x	
25.–26.3.	(73)	x		x	x	
	(74)	x		x	x	
	(75)	x		x	x	
30.3.–4.4.	(76)	x		x		
	(77)	x		x		
5.–6.4.	(78)	x		x	x	x
	(79)	x		x	x	x
8.–17.4.	(80)	x		x	x	x
	(81)	x		x	x	x
	(82)	x		x	x	x
	(83)	x		x	x	x
	(84)	x		x	x	x
	(85)	x		x	x	x
	(86)	x		x	x	x
	(87)	x		x	x	x
	(88)	x		x	x	x
25.–26.4.	(89)	x		x	x	x
	(90)	x		x	x	x
27.–29.4.	(91)	x		x	x	x
	(92)	x		x	x	x
3.–4.4.	(93)	x		x		x
	(94)	x		x		x
	(95)	x		x		x
5.–7.5.	(96)	x		x	x	x
	(97)	x		x	x	x
8.–9.5.	(98)				x	x
13.–14.5.	(99)	x			x	x
	(100)	x			x	x
15.–17.5.	(101)	x		x	x	x
	(102)	x		x	x	x
31.5.–2.6.	(103)	x	x	x	x	x
	(104)	x	x		x	x
Summe		39	31	2	30	29	32
Bisher		65	0	22	26	19	23
Insgesamt		104	31	24	56	48	55

SCHLUSSBETRACHTUNG

Das knappe Vierteljahr seit dem Untergang von »TA 15« bis zum 1. Juni 1944 war für die 9. T-Flottille eine recht glückhafte Zeit gewesen. Aus ihren vielen Geleiten hatte sie nur zwei Objekte verloren, die »Centaur« durch Sturm und die »Lüneburg« durch U-Boottorpedos. Vor allem hatte sie bei den Transporten von Truppen, bei denen die Boote ihre größte Fähigkeit, ihre relativ hohe Geschwindigkeit, einsetzen konnten, keine Verluste gehabt.

Es hatte den Anschein gehabt, als hätten die Engländer dem neuen Flottillenchef jene hundert Tage Schonzeit zubilligen wollen, die man üblicherweise einem neuen Amtsträger zum Eingewöhnen zugesteht. Aber dann hatten sie am 1. Juni noch vor Ablauf dieser Frist mit aller Gewalt zugeschlagen. Der Verdacht kann nicht ausgeräumt werden, daß diese Konzentration von Flugzeugen durch die lange Zeit der Vorbereitungen, die wiederholten Verschiebungen von »Olivenöl« und die dadurch verursachten Lücken in der Geheimhaltung ermöglicht worden ist.

Die damalige Befürchtung, die Versenkung von »TA 15« werde kein Einzelfall bleiben, hatte sich bewahrheitet. Und es hatte sich erneut bestätigt, daß die Engländer, wenn sie in der Ägäis etwas ernsthaft wollten, es auch durchzusetzen vermochten. Freg. Kpt. Dominik hat jedenfalls an diesem 1. Juni 1944 das richtige Urteil über den »ruhigen Krieg« in der Ägäis gewonnen!

Die Männer der 9. T-Flottille hatten keinen Grund, wegen der Ereignisse des 1./2. Juni niedergedrückt oder mutlos zu sein. Sie hatten sich hervorragend geschlagen, und der Admiral Ägäis zollte ihren Leistungen und denen ihres Flottillenchefs hohe Anerkennung.

Auch die Männer von »TA 16« hatten keinen Grund, enttäuscht zu sein. Die letzte große Bewährung wartete noch auf sie. Sie bildeten fortan den Kern der Besatzung von »TA 18« bis zu dessen tragischem Ende. –

9. KAPITEL

Die Phase der Auszehrung

3.6. bis 9.8.1944

LAGEBETRACHTUNG

In der 9. T-Flottille hatte man allen Grund, mit Sorgen in die Zukunft zu blicken. Dies galt weniger für die Feindlage. Wie ernst diese in der Nähe war, das hatte man am 1./2. Juni zu spüren bekommen. Wie ernst die Gesamtlage war, darüber war man sich in der Führung wohl recht klar, aber man sprach darüber nicht. Die Entwicklung, wie man sie, nur auf die Wehrmachtberichte gestützt, verfolgen konnte, gab in der Truppe und bei den Bürgern Anlaß zu Zweifeln und Besorgnissen, die man sich nur ungern selber eingestand. Die Westalliierten begannen am 6. Juni 1944 ihre Invasion in Frankreich.

Nein, die Sorgen der 9. T-Flottille galten ihr selbst. Von ihren fünf Booten (»TA 18« wagte man noch nicht mitzurechnen) waren zwei verloren, also 40 Prozent. Mit Ersatz war nicht zu rechnen, seit die Absicht, ein Boot aus der Adria zu überführen, aufgegeben worden war. So gewiß es für alle war, daß weitere Bootsverluste folgen würden, so bohrend wurde damit die Frage um die Zukunft der Flottille, deren Aufgaben ja unvermindert fortbestanden.

Jeder Verlust eines Bootes ging an die Lebenssubstanz der Flottille. Dadurch wurden die Boote, je weniger es waren, relativ um so kostbarer. Dem stand gegenüber, daß die Aufgaben, für die sie eingesetzt wurden, immer primitiver und damit immer riskanter wurden. An Geleite von 5 Knoten hatte man sich gewöhnt, aber die nun noch zur Verfügung stehenden Fahrzeuge waren immer langsamer, immer älter, immer störanfälliger und von der personellen Besetzung her immer schlechter. Einem Geleitführer, der Bedenken anmeldete, ein Fahrzeug im Schlepp mitzunehmen, wurde vom Admiral Ägäis entgegnet, 1 Knoten Marschfahrt sei gesichert.

Als Folge des Gefechts vom 1. Juni 1944 und aus der Gesamtlage schieden fortan Geleite über freie Seeräume aus. Geleite nach Kreta gab es künftig nicht mehr (Lt. 05. S. 542), nur noch Einzelfahrer und Kleingeleite.

Die Männer der 9. T-Flottille sahen sich einem tödlichen Prozeß der Auszehrung und Ausblutung gegenüber, gegen den niemand ein Heilmittel wußte. Er sollte aber noch schneller fortschreiten, als sie befürchtet hatten.

5.–7. Juni 1944

Führung: Freg. Kpt. Dominik auf »TA 19«
Beteiligte Boote: »TA 17«, »TA 19«
Aufgaben: (105) Geleit der Dampfer »Daxo«, »Kalidon« und »Celsius« Piräus – Leros (Unternehmen »Margarine«); (106) Kriegsmarsch Leros – Piräus.

(105) Die beiden T-Boote und »R 195« sollten die drei Dampfer und den »MFP 497« nach Leros und dann »Celsius« und den MFP nach Rhodos geleiten. Der Dampfer »Susanne«, der auch noch mitfahren sollte, fiel durch Maschinenschaden aus.

Das Geleit war am 5.6.1944 um 21.30 Uhr formiert und trat den Marsch mit nur 6 Knoten an. Am 6.6.1944 um 03.35 Uhr hatte »Celsius« Maschinenschaden, und der Geleitführer schickte den altersschwachen Dampfer mit »R 195« nach Piräus zurück. Als um 04.15 Uhr »MFP 497« Maschinenschaden hatte, nahm der Dampfer »Daxo« ihn ins Schlepp. Um 09.15 Uhr war der Steno-Paß passiert, es gab mehrere Fehlortungen.

Trotz mancher Widrigkeiten stand das Geleit am 7.6.1944 um 01.00 Uhr vor Portolago. Die Dampfer und der MFP wurden in den Hafen entlassen.

(106) Nachdem der Admiral Ägäis das Geleit nach Rhodos abgeblasen hatte, traten die T-Boote den Rückmarsch an, und um 11.00 Uhr am 7.6.1944 lagen sie in Piräus fest.

9.–10. Juni 1944

Führung: Kptlt. Düvelius auf »TA 17«
Beteiligte Boote: »TA 17«
Aufgabe: (107) Einholen des Küstentransporters »Mannheim« aus dem Euböa-Kanal nach Piräus.

(107) Zwei T-Boote sollten nach Amyro Potamos (Euböa, gegenüber von Marathon) laufen und von dort den Küstentransporter »Mannheim« am Haken des Schleppers »Agios Georgios« nach Piräus einbringen. »TA 17« mußte aber diese Aufgabe allein durchführen.

Das Boot lief am 9.6.1944 um 20.00 Uhr aus, fuhr mit 21 Knoten und erreichte Amyro Potamos am 10.6.1944 um 00.50 Uhr. Der Schleppzug wurde aufgenommen und traf ohne Zwischenfälle um 14.00 Uhr in Piräus ein.

11.–23. Juni 1944

Führung: Freg. Kpt. Dominik auf »TA 19«
Beteiligte Boote: »TA 14«, »TA 17«, »TA 19«
Aufgaben: (108) Geleit der Dampfer »Agathe«, »Carola« und »Celsius« Piräus – Leros; (109) Geleit Dampfer »Agathe« Leros – Rhodos; (110) Kriegsmarsch Rhodos – Leros; (111) Kriegsmarsch Leros – Rhodos; (–) Geleit Dampfer »Agathe« Rhodos – Leros; (112) Kriegsmarsch Leros – Piräus (Unternehmen »Butterbrot«).

(108) Am 11.6.1944 liefen die drei T-Boote, je mit 25 Soldaten an Bord, mit »R 195« und »R 178« und den Dampfern »Agathe«, »Carola« und »Celsius« aus. Der Dampfer »Anita« trat noch dazu.

Um 21.40 Uhr wurde der Marsch angetreten mit wenig über 6 Knoten Fahrt. Um 21.50 Uhr hatte »Anita« einen Dampfrohrbruch, was den Marsch um zwei Stunden verzögerte. Tatsächlich hatte das britische U-Boot »Vivid« (Lt. Varley), das schon am 9.6. den Dampfer »Tanais« vor Iraklion versenkt hatte, das Geleit am 11.6. erfaßt und ohne Erfolg angegriffen. »R 195« nahm den Dampfer ins Schlepp.

Gegen Mitternacht war Phleves erreicht. Der Geleitführer drohte jedem Kapitän, der aus der Formation ausschor, Kriegsgericht an. Bei Kap Sunion standen am 12.6. um 04.00 Uhr mehrere Leuchtbomben und Blitzlichtbomben am Himmel. Um 08.00 Uhr hatte »Celsius« Ruderschaden, »R 178« nahm sie ins Schlepp. Eine U-Bootortung zwang zu einer Kursänderung, stellte sich dann aber als eine Fehlortung heraus. Um 12.00 Uhr wurde der Steno-Paß durchlaufen.

Der quälend langsame, immer wieder in Unordnung geratende Marsch ging mit zahlreichen kleinen Zwischenfällen, U-Bootortungen, ungeklärten Detonationen, überfliegenden Flugzeugen und Störungen weiter, aber gravierende Ereignisse blieben aus. So konnte das Geleit am 13.6.1944 um 08.00 Uhr mit allen Fahrzeugen in Portolago einlaufen. Der »kümmerlichste Geleitzug, den ich bisher in der Ägäis geführt habe« (Qu. 08) war erfolgreich beendet.

(109) Als nächstes sollte die »Agathe« nach Rhodos und nach Löschen ihrer Ladung nach Leros zurückgebracht werden. Das Unternehmen wurde aber um 24 Stunden verschoben und lief erst am 14.6.1944 um 15.30 Uhr an.

Es wurde ein sehr unruhiger Marsch. Erst wurde eine treibende Mine abgeschossen, dann eine zweite. Es gab S-Gerät-Ortungen. Die Meldung einer U-Bootsichtung bei Kos veranlaßte eine Kursänderung. Der Flottillenchef lehnte es ab, die R-Boote wegen des härter werdenden Wetters zu entlassen. Um 19.22 Uhr sichtete »TA 19« ein Sehrohr, befahl durch Sternsignal das Abdrehen des Dampfers und bekämpfte das U-Boot. Tatsächlich war ein weiterer Angriffsversuch des britischen U-Bootes »Vivid« fehlgeschlagen. Danach gab es mehrere U-Boot-Fehlortungen, Motorengeräusche, undefinierbare Schatten, alles war »drin«!

Aber am 15.6.1944 um 07.00 Uhr wurde es ernst. Zwei Gruppen Hochbomber flogen an und belegten das Geleit mit zwei geschlossenen Bombenteppichen. Schäden und Verluste traten nicht ein.

Ungeschoren stand das Geleit um 07.45 Uhr vor Rhodos, und um 08.00 Uhr wurde »Agathe« an das Hafengeleit abgegeben.

(110) Nun traten die T-Boote mit 20 Knoten den Rückmarsch an. Um 12.30 Uhr hatte »TA 14« schweren Ruderschaden und mußte von achtern steuern. Am 15.6.1944 um 15.30 Uhr lagen die Boote wieder in Portolago.

(–) Der dritte Teil des Unternehmens »Butterbrot« verzögerte sich,

»TA 14« mußte erst sein Ruder reparieren. So lagen »TA 14«, »TA 17« und »TA 19« wartend am 16. und 17. Juni 1944 in Portolago.

In der Nacht 17./18. Juni 1944 brach dann in Portolago die Hölle los. Um 03.40 Uhr donnerte am Heck von »TA 17« eine starke Detonation durch die stille Nacht. Und noch bevor der erste Schreck überwunden war, krachte es bei »TA 17« um 03.45 Uhr an Backbordseite achtern. Um 03.49 Uhr knallte es an Steuerbordseite achtern. Ein wahrer Hexentanz! Um 03.55 Uhr eine neue Detonation an Steuerbordseite achtern . . . Was war denn eigentlich los?! Und noch einmal knallte es an Backbordseite achtern um 04.03 Uhr.

Auf »TA 14« hörte man die Detonationen und gab Fliegeralarm. Doch um 04.00 Uhr erschütterte eine Detonation am Vorschiff nun auch »TA 14«, dann noch eine am Vorschiff. Und auch auf anderen Fahrzeugen im Hafen krachte es. – Dann war Ruhe.

Ergebnis: Ein KFK und ein griechischer Schlepper nahe bei »TA 14« waren gesunken, ein an der Boje liegendes Fahrzeug konnte noch vor dem Sinken auf Grund gesetzt werden. »TA 14« hatte im Vorschiff zwei Löcher in der Bordwand, je etwa 3 × 4 Meter groß, zwei Abteilungen liefen voll Wasser, das Boot tauchte vorn etwa 0,5 m tiefer. Zum Glück war wegen des Fliegeralarms niemand im Vordeck gewesen, so daß es keine Verluste gab. Auf »TA 17« sackte das Achterschiff weg, das Oberdeck stand bis Abt. III unter Wasser, auch Turbinenraum I lief voll. In seiner Kammer war ein Maschinist ums Leben gekommen.

Sofort wurden Maßnahmen eingeleitet, um ein weiteres Absinken zu verhindern, und sie hatten auch Erfolg. Auch der ganze 18. Juni 1944 war den Arbeiten zur Erhaltung der Boote gewidmet.

Ganz offensichtlich hatte es sich bei den Detonationen um Haftladungen gehandelt.

Wie konnte es dazu kommen? Darüber gibt es einen sehr anschaulichen englischen Bericht, der zwar nicht authentisch, dessen Schilderung aber so detailliert ist und dessen Einzelheiten so genau mit den deutschen Fakten übereinstimmen, daß an seiner Glaubwürdigkeit keine Zweifel bestehen (Lt. 18).

Bei den Engländern gab es für bestimmte Sondereinsätze eine Einheit, die »Royal Marines Boom Patrol Division«, abgekürzt RMBPD. Zu ihr gehörte auch das aus 16 Mann bestehende »Detachment Earthworm«. Dieses sollte im Juni 1944 zwei Einsätze durchführen, den einen von Malta aus mit einem U-Boot gegen Häfen auf Kreta, der keinen Erfolg hatte, und einen von Palästina aus gegen Rhodos oder Leros.

Dieser zweite Einsatz wurde von Leutnant Richards geführt und von 6 Mann mit drei Paddelbooten ausgeführt. Sie wurden zuerst nach Castellorizo (Castelrosso) verbracht und dann in einem Schlupfwinkel in der Mandalia-Bucht abgesetzt. Am 16. Juni 1944 nachmittags ging der Befehl ein, das Unternehmen »Sunbeam A« vorzubereiten. Dieses sah vor, mit den Paddelbooten in die Portolago-Bucht einzudringen und an deutschen Einheiten Haftladungen anzubringen. Die Reihenfolge der Zielwertigkeit war 1. TA-Boote, 2. große Geleitfahrzeuge, 3. U-Jäger, 4. Handelsschiffe und 5. kleinere Fahrzeuge.

Leutnant Richards teilte ein: Paddelboot »Shark« er selbst und der Marine Stevens, Paddelboot »Salmon« Sergeant King und der Marineinfanterist Ruff, Paddelboot »Shrimp« Corporal Horner und der Marine Fisher. Jedes Boot hatte acht Haftladungen. Am 16. Juni um 20.00 Uhr kam dann der Befehl, das Unternehmen durchzuführen.

Die Motorlaunch »ML 360« brachte die sechs Mann und ihre drei Boote aus dem Schlupfwinkel bis zu einem Punkt 2,5 km vor der Portolago-Bucht, wo sie kurz vor Mitternacht ankamen. Die drei Boote paddelten einzeln durch die Sperre in die Bucht. Mehrfach meinten sie sich angerufen und entdeckt, aber nichts geschah. »Shark« nahm sich zuerst drei »Geleitboote« vor und brachte vier Haftladungen an. Zwei weitere wurden an einem R-Boot angebracht. Dann endlich konnte »TA 14« ausgemacht werden. Als das Boot geräuschlos um den Bug herumfuhr, schlug oben auf der Back gerade ein Seemann sein Wasser ab. Es gelang, zwei Ladungen etwa 8 m vom Bug entfernt und unter der Brücke anzubringen.

»Salmon« nahm sich »TA 17« zum Ziel. Zuerst konnten die Männer ihre Absicht nicht ausführen, weil sie an Oberdeck sprechen hörten. Doch dann gelang es ihnen, auf jeder Seite des Bootes drei Haftladungen anzubringen, jeweils eine unter dem Wasserbombenwerfer und eine in Höhe des Maschinenraumes (Lt. 18).

»Shrimp« wollte zur »Anita«, glaubte sich aber entdeckt und mußte aufgeben.

Alle drei Boote konnten unbehelligt die Bucht wieder verlassen. Die Männer hielten sich, teilweise unter dramatischen Umständen, über Tag in den Felsenbuchten von Kalymnos verborgen, wurden in der folgenden Nacht von ihrer »ML 360« wieder aufgenommen und zurückgebracht.

Die Haftladungen waren auf viereinhalb Stunden eingestellt. Von den Wirkungen wurde oben berichtet.

Hut ab vor dem Schneid dieser Männer! Sechs mutige Männer genügten, zwei T-Boote für lange Zeit außer Gefecht zu setzen und weitere kleine Einheiten zu vernichten! –

(111) Während auf »TA 14« und »TA 17« die Arbeiten – und die Suche nach Ursachen und Schuldigen! – weiter gingen, lief der Flottillenchef mit »TA 19«, »R 195« und »R 178« am 19. Juni 1944 um 13.45 Uhr aus Portolago aus nach Rhodos, Fahrt 16 Knoten.

Um 14.50 Uhr wurden an Steuerbord mehrere Beaufighter mit Kurs Nord gesichtet. Gleich darauf flogen diese Flugzeuge von Nordwesten her in drei Gruppen an und nahmen »TA 19« unter Feuer mit Raketenbomben und Bordwaffen. Das Boot wurde trotz seines Abwehrfeuers mit einem Hagel von Geschossen eingedeckt, die meisten aber heulten über das Boot hinweg. Trotzdem hatte es vier Raketenbombentreffer einstecken müssen, in Abt. I in der Wasserlinie, in Abt. III im Oberdeck, im Flak-Vierling und im Kutter. Verluste 1 Toter, 6 Schwer- und 6 Leichtverletzte.

Der Flottillenchef entschloß sich, das Unternehmen abzubrechen und traf mit »TA 19« am 19.6.1944 um 16.20 Uhr wieder in Portolago ein.

(112) Die Arbeiten auf »TA 14«, die Lecks abzudichten, hatten so gute Fortschritte gemacht, daß eine Überführung nach Piräus für den 22.6.1944 ins Auge gefaßt wurde. Nach Zustimmung des Admirals Ägäis liefen »TA 14« und »TA 19« mit dem Flottillenchef um 21.20 Uhr aus Portolago aus, Fahrt 19 Knoten im Durchschnitt.

Außer einem Ruderversager auf »TA 14« – Steuern mit Handruder – ereignete sich nichts. Am 23.6.1944 um 07.00 trafen »TA 14« und »TA 19« in Piräus ein. »TA 14« ging in die Werft nach Salamis, und auch für »TA 19« war zur Beseitigung der Trefferschäden eine Reparaturzeit erforderlich. Kein einziges Boot der 9. T-Flottille war zur Zeit fahrbereit! –

29.–30. Juni 1944

Führung: Kptlt. (seit 1.6.1944) Hahndorff auf »TA 17«
Beteiligte Boote: »TA 17«
Aufgabe (113) Kriegsmarsch Leros – Piräus
(113) Auch auf »TA 17« waren die Abdichtungsarbeiten gut gelaufen. Es konnte erreicht werden, daß alle Abteilungen lenz waren bis auf die vollgelaufene Abteilung IV. Schotten und Leckdichtungen waren sorgfältig abgestützt worden und wurden durch Posten bewacht.

Am 24.6.1944 unternahmen der Kommandant (Kptlt. Düvelius), der Leitende Ingenieur (Oblt.(Ing) Sachse), der 2. Wachoffizier (Lt.z.S. Röder) und Bootsmann Jasper eine Autofahrt über die Insel, um das Grab des am 18.6.44 gefallenen Maschinisten Demhartner aufzusuchen. Lt.z.S. Röder steuerte den Wagen. Es kam zu einem schweren Unfall., bei dem Oblt.(Ing) Sachse getötet, Kptlt. Düvelius und Btsm. Jasper schwer verletzt wurden; dem Kommandanten mußte das rechte Bein amputiert werden. Lt.z.S. Röder blieb als einziger unverletzt.

Der 1. Wachoffizier, Oblt.z.S. Winkelmann, mußte die Vertretung des Kommandanten übernehmen.

Für den 29.6.1944 konnte die Überführung des Bootes nach Piräus vorgesehen werden. Dazu trafen mit »R 38« und »R 210« Kptlt. Hahndorff und Lt.(Ing) Junge in Portolago ein, um für die Überführungsfahrt den Kommandanten und den Leitenden Ingenieur zu vertreten.

Am 29.6.1944 um 19.50 Uhr war seeklar, »TA 17« trat mit den beiden R-Booten den Marsch an. Die Fahrt wurde vorsichtig von 5 auf 15 Knoten gesteigert. Nur eine Unterbrechung gab es, als sich ein Leckstützbalken verschoben hatte.

Und am 30.6.1944 um 07.15 Uhr lag »TA 17« in Perama fest zur Abgabe seines Heizöls, um 09.30 Uhr nahm die Werft das Boot zur Reparatur auf.

1.–14. Juli 1944

Die 9. T-Flottille hatte nun kein fahrklares Boot mehr, es trat eine Zwangs-pause von zwei Wochen ein.

Am 1. Juli 1944 wurde in einer Besprechung beim Admiral Ägäis entschie-den, daß auf einen bestimmten Befehl innerhalb von drei Tagen auf allen Fahrzeugen alle Wohnräume, Messen, Lasten usw. zu Laderäumen herzu-richten seien, um für den Fall weiterer Verluste an Schiffsraum Transport-möglichkeiten zu haben.

Am 14. Juli 1944 waren die Reparaturen auf »TA 19« hinreichend abge-schlossen.

15.–16. Juli 1944

Führung: Freg. Kpt. Dominik auf »TA 19«
Beteiligte Boote: »TA 19«
Aufgabe: (114) Geleit KT-Schiff »Erpel« Piräus – Suda
(114) Am 15.7.1944 um 17.00 Uhr liefen »TA 19« und das Kriegstransport-schiff »Erpel« aus Piräus aus, Fahrt 12 Knoten. Hinter Kap Sunion hatte »Er-pel« einen Speisewasserrohrbruch. Aus der gemeldeten Reparaturzeit von 10 Minuten wurden anderthalb Stunden. Gegen 22.00 Uhr war »Erpel« wieder klar.

Dennoch war der Zeitplan nun so gestört, daß sich der Flottillenchef zur Umkehr entschloß, zumal bei »Erpel« bei 12 Knoten Fahrt ein untragbarer Funkenflug auftrat. Am 16.7.1944 um 01.45 Uhr waren beide Fahrzeuge wie-der in Piräus.

19. 21. Juli 1944

Führung: Freg. Kpt. Dominik auf »TA 19«
Beteiligte Boote: »TA 19«
Aufgaben: (115) Geleit Dampfer »Pelikan« Piräus – Suda; (116) Geleit Dampfer »Pelikan« Suda – Piräus.
(115) Der Flottillenchef verließ mit »TA 19« und dem Dampfer »Pelikan« am 19.7.1944 um 17.00 Uhr Piräus. Um 20.20 Uhr hatte »Pelikan« eine Ru-derstörung und mußte von Hand gesteuert werden.

Um 23.00 Uhr wurden westlich von Antimilos mehrere schwere Detona-tionen gehört, entdeckt wurde aber nichts. Am 20.7.1944 um 04.56 Uhr wich »Pelikan« zwei Torpedolaufbahnen aus, zwei Detonationen folgten. »TA 19« bekämpfte das U-Boot. Um 05.00 Uhr waren abermals Torpedodetonationen zu hören.

Allen Widrigkeiten zum Trotz lagen »TA 19« und »Pelikan« am 20.7.1944 um 06.35 Uhr in Suda fest.

(116) Und am selben Tage um 19.45 Uhr liefen beide Fahrzeuge wieder aus Suda aus. Um Mitternacht verursachten Flugzeuggeräusche einige Unruhe, es

waren aber wohl eigene. Um 04.00 Uhr wurden Pholegandros, um 09.00 Uhr Kap Sunion passiert, und um 11.30 Uhr am 21.7.1944 waren beide Fahrzeuge wieder in Piräus.

Die bewegenden Ereignisse des 20. Juli 1944 im Führerhauptquartier schlugen hier an der Front im fernen Griechenland keine Wellen, die höher waren, als die Alltagsprobleme. Keines der Kriegstagebücher erwähnt das mißglückte Attentat auf Hitler auch nur mit einem Wort! –

23. Juli – 9. August 1944

Führung: Kptlt. Hahndorff auf »TA 19«

Beteiligte Boote: »TA 19«

Aufgaben: (117) Geleit KT-Schiff »Erpel« Piräus – Suda; (118) Geleit KT-Schiff »Erpel« und Schlepper »Dimitrios« Suda – Piräus; (119) Geleit Dampfer »Pelikan« Piräus – Leros; (120) Geleit Dampfer »Pelikan« Leros – Piräus; (121) Geleit Dampfer »Carola« Piräus – Leros; (122) Geleit der Dampfer »Orion« und »Lühe« Leros – Samos.

(117) Am 23.7.1944 um 15.00 Uhr verließen »TA 19« und das Kriegstransportschiff »Erpel« Piräus und passierten gegen 16.00 Uhr die Phleves-Durchfahrt. Am 24.7.1944 um 01.31 Uhr blitzte nahe Pholegandros an Backbord Mündungsfeuer auf, Einschläge lagen dann an Steuerbord; »Erpel« machte sofort kehrt. Durch Leuchtgranaten konnte der Gegner als ein eigenes Geleit ausgemacht werden, das nicht gemeldet war. »Erpel« nahm wieder Marschkurs auf.

In den frühen Morgenstunden des 24.7. verschlechterte sich das Wetter auf West zu Süd Stärke 5, die Fahrt sank unter 5 Knoten. Trotzdem konnte das Geleit um 10.45 Uhr nach Suda einlaufen. Der Rest des Tages verging in Suda ohne besondere Ereignisse.

(118) Auch am 25.7. lagen die Schiffe in Suda. Erst um 20.00 Uhr liefen »TA 19« und »Erpel« wieder aus. »Erpel« hatte den Schlepper »Dimitrios« im Schlepp, nachdem der Admiral Ägäis auf die Bedenken des Geleitführers versichert hatte, 1 Knoten Marschfahrt sei gewährleistet (Qu. 16).

Ab 22.00 Uhr briste es dann wieder auf. Trotzdem sah der Kommandant im Durchhalten die beste Chance. Um 04.00 Uhr am 26.7. fiel auf »Erpel« der Dampfdruck, das Schiff schlug in der groben See quer. Um 09.00 Uhr herrschte Nordwestwind 6–7, Seegang 5–6. »Dimitrios« schlug quer, kenterte und sank. »Erpel« nahm in bewundernswert gutem Manöver die Besatzung an Bord. Um 10.45 Uhr mußte »Erpel« melden, daß ihr Wasservorrat nur noch für vier Stunden reichte. Deshalb entschloß sich der Kommandant, in der Vathi-Bucht von Pholegandros zu ankern zur Übergabe von Wasser. »Erpel« ankerte, und »TA 19«, dessen Ankergeschirr seit der Indienststellung noch nie richtig klar gewesen war (Qu. 16), ging längsseits.

»Erpel« brauchte 20 t Wasser, »TA 19« konnte aber nur 15 t abgeben. Entschluß: »Erpel« bekam 15 t Wasser und 1 Faß Heizöl, um damit die Kohlen zu übergießen für eine bessere Verbrennung. Zudem nahm »TA 19« »Erpel« in Schlepp, damit konnte dann eine Marschfahrt von 11 Knoten erreicht werden. Bei den schwierigen Manövern arbeitete die »Erpel«-Besatzung vorzüglich mit. Am 27.7.1944 um 07.15 Uhr lief dieses mit Schwierigkeiten reichlich durchsetzte Geleit in Piräus ein.

(119) Am 30.7.1944 um 15.00 verließen »TA 19« und der Dampfer »Pelikan« Piräus und trafen nach störungsfreiem Marsch am 31.7.1944 in Portolago ein.

(120) Am 1.8.1944 um 23.45 Uhr liefen beide Schiffe wieder aus Portolago aus und erreichten Piräus am 2.8.1944 um 17.30 Uhr. Das war ein ungewohnt flottes, störungsfreies Geleit hin und zurück.

(121) Der Dampfer »Carola« und »TA 19« verließen Piräus am 4.8.1944 um 18.45 Uhr. Von 23.10 Uhr bis 23.28 Uhr blieb »Carola« mit Maschinenschaden liegen. Um 01.00 Uhr am 5.8.1944 führte »TA 19« eine U-Bootbekämpfung durch, während »Carola« weiter lief. Um 02.00 Uhr lief das Geleit in Syra ein.

Um 17.45 Uhr am 5.8.1944 setzte das Geleit, verstärkt durch »UJ 2144«, den Marsch fort. »TA 19« mußte ein U-Boot mit Wasserbomben bekämpfen. Am Vormittag des 6.8.1944 hatte der U-Jäger Maschinenschaden und folgte dem Geleit unter Segeln (!).

Vor Carlovassi (Samos) wurde dann »Carola« um 12.15 Uhr in den Hafen entlassen. Durch Maschinenschaden trieb sie aber auf die Mole zu. »TA 19« kam zu Hilfe, aber dann konnte »Carola« doch mit eigener Kraft einlaufen.

Am 6.8.1944 um 21.45 Uhr liefen »TA 19« und »UJ 2144« mit »Carola« aus Carlovassi aus. Kurz nach Mitternacht am 7.8. griff ein Flugzeug das Geleit an, zog im Abwehrfeuer von »TA 19« sofort hoch, deckte aber dann das Geleit mit Leuchtbomben ein. Schnellboote griffen an und wurden mehrmals abgewehrt. Endlich lag am 7.8.1944 um 05.00 Uhr das Geleit ohne Schäden in Portolago.

(122) Am 8.8.1944 um 17.45 Uhr lief »TA 19« mit dem Dampfer »Orion« und dem M/S »Lühe« aus Portolago aus und stand trotz einiger Störungen nach Mitternacht am 9.8.1944 vor Carlovassi. »Orion« wurde in den Hafen entlassen. »TA 19« setzte mit »Lühe« den Marsch nach Vathi (Samos) fort, wo das Geleit um 02.50 Uhr eintraf. »TA 19« lief sofort nach Carlovassi zurück und machte dort um 04.15 Uhr fest.

Am 9.8.1944 um 16.45 Uhr lief »TA 19« wieder aus Carlovassi aus, um »Lühe« in Vathi abzuholen. Um 17.08 Uhr schoß ein U-Boot einen Viererfächer auf »TA 19«. Der Kommandant konnte drei Torpedos ausmanövrieren, aber der vierte war ein Oberflächenläufer und traf das Boot an Backbordseite mittschiffs. Alle Funk- und Signalmittel waren sofort ausgefallen, die Maschine machte Feuer aus. Das Boot war manövrierunfähig und sank.

Die Besatzung ergriff in Ruhe und Disziplin alle erforderlichen Maßnahmen. Pulkweise wurde sie in Flößen von Bord gegeben, um die etwa 1 Seemeile entfernte Nordküste von Samos zu erreichen. Am 9.8.1944 um 17.32

Uhr brach »TA 19« auseinander und ging unter den drei Hurras seiner Besatzung unter. Im Augenblick des Auseinanderbrechens hatte der Kommandant sein Boot als Letzter verlassen. Die Verluste betrugen 1 Unteroffizier und 3 Mannschaften.

An Land wurde die Besatzung von Angehörigen des Heeres und vom Hafenkommandanten Vathi wahrgenommen. Nach Versorgung und Betreuung auf Samos traf die Besatzung am 20.8.1944 im Flottillenstützpunkt in Piräus ein.

Der Flottillenchef schrieb dazu: »Die Maßnahmen des Bootskommandanten nach der Torpedierung waren sehr sachgemäß, das Vonbordgehen der erprobten Besatzung geschah in voller Ruhe; erfreulich sind die geringen Verluste. – Mit »TA 19« ist das maschinell beste und zuverlässigste Boot der 9. Torpedobootflottille verlorengegangen, ein Boot, das unter ausgezeichneter Führung durch seinen Kommandanten, Kptlt. Hahndorff, mit seiner schwungvollen Besatzung sich im Geleitdienst in der Ägäis besonders ausgezeichnet hat.«

»TA 19« wurde durch das griechische U-Boot »Pipinos«, Kptlt. Loundras, versenkt (Lt. 05, S. 465).

SCHLUSSBETRACHTUNG

Die Auszehrung der 9. T-Flottille war total, sie besaß kein fahrklares Boot mehr. An der Erfüllung der Aufgaben in der Ägäis hatte sie bis auf weiteres keinen Anteil mehr. Zwar war am 25. Juli 1944 endlich »TA 18« unter Kptlt. Günther Schmidt in Dienst gestellt worden, aber fahrklar war dieses Boot damit noch nicht.

Und wo eine Flottille keine Aufgaben mehr erfüllen konnte, da brauchte sie auch keinen Chef mehr. Also holte sich der Admiral Ägäis Freg.Kpt. Dominik zur Dienstleistung in seinen Stab. Die Dienstgeschäfte des Chefs führte der älteste Kommandant, Kptlt. Hermann Densch, der Kptlt. Quaet-Faslem als Kommandant von »TA 14« abgelöst hatte.

Die Auszehrung betraf aber auch das Personal. Von den rund 1000 Soldaten, die im Oktober 1943 zur Flottille gekommen waren, standen viele nicht mehr zur Verfügung. Ausfälle durch Tod, Verwundung, Krankheit, Abkommandierung hatten den Personalbestand stark reduziert. Nur in seltenen Fällen konnte für Spezialisten ein Ersatz aus der Heimat gestellt werden, meist mußte sich die Flottille selber helfen.

Solange noch fünf Boote in Dienst waren, hatte man die Ausfälle meist aus der Besatzung von »TA 18« ergänzt, dessen Indienststellung ja noch in weiter Ferne lag. Nach dem Untergang von »TA 15« war dessen Besatzung nach Triest überführt worden, und bei dem Untergang von »TA 16« war die Besatzung von »TA 18« bereits so stark reduziert, daß die »TA 16«-Besatzung fortan den Besatzungskern von »TA 18« bildete. Nun stand mit dem Untergang von »TA 19« zwar dessen Mannschaft zur Verfügung, aber nun war kein fahrklares Boot mehr da.

Die 9. T-Flottille stand vor dem Nichts! –

		Chef	TA 14	TA 17	TA 19
5.–7.6.	(105)	x		x	x
	(106)	x		x	x
9.–10.6.	(107)			x	
11.–23.6.	(108)	x	x	x	x
	(109)	x	x	x	x
	(110)	x	x	x	x
	(111)	x			x
	(112)	x	x		x
29.–30.6.	(113)			x	
15.–16.7.	(114)	x			x
19.–21.7.	(115)	x			x
	(116)	x			x
23.7.–9.8.	(117)				x
	(118)				x
	(119)				x
	(120)				x
	(121)				x
	(122)				x
Summe		18	10	4	7	16
Bisher		104	31	24	48	55
Insgesamt		122	41	28	55	71

10. KAPITEL

Ein besonderes Kapitel

DER FEIND NUMMER EINS

Der Verlust des letzten fahrklaren Bootes, »TA 19«, erzwang im Wirken der 9. T.-Flottille eine längere Pause (10. bis 31. August 1944). Dementsprechend darf auch in diesem Bericht eine Pause eintreten, die dazu genutzt werden soll, die Gedanken auch einmal in andere Richtungen wandern zu lassen. Darin können Dinge geschildert werden, die von den geschichtlichen Abläufen losgelöst erscheinen, die hinter, neben und in ihnen wirkten, die sie begleiteten und beeinflußten, die aber unverzichtbar dazugehören.

Fünf Boote der 9. T.-Flottille waren der Waffenwirkung des Feindes zum Opfer gefallen.

Des »Feindes«?

Es entsprach dem damaligen Sprachgebrauch, den Kriegsgegner als »Feind« zu bezeichnen. Zwar wurde auch vom »Gegner« gesprochen, aber »Feind« und »feindlich« waren damals gebräuchlicher.

Dabei ist wichtig, daß in jener Zeit in der militärischen Sprache mit den Worten »Feind« und »feindlich« nicht die geringste ideologische Diskriminierung, keinerlei Emotion, nicht die Spur von Haß verbunden war. »Der Feind« und »feindlich«, das bezog sich auf die Männer und Waffen, die den eigenen Truppen im Gefecht gegenübertraten unter dem unerbittlichen Gesetz: »Du oder ich!«. Aber es waren doch Soldaten, die wie die eigenen Soldaten nur ihre Pflicht taten, nur eben auf der anderen Seite des Krieges. Das mag sich im Laufe des Krieges im Landkampf geändert haben, als der Krieg durch die Partisanentätigkeit entartete, aber auf See blieb im Kampf mit dem »Feind« stets eine gewisse Ritterlichkeit erhalten.

»Der Feind«, das waren für die 9. T-Flottille die Engländer und die in ihren Diensten stehenden Italiener, Griechen, Polen und andere. Aber diese waren nur der »Feind Nummer eins«. Die 9. T-Flottille hatte noch zwei weitere »Feinde«, gegen die sie zu kämpfen, derer sie sich zu erwehren hatte. Auch hier galt das Wort »Feind« ohne Emotion, ohne Haß oder Vorwurf, jedoch in übertragenem Sinne.

DER FEIND NUMMER ZWEI

Der zweite Feind, gegen den die Männer der 9. T-Flottille ununterbrochen zu kämpfen hatten, waren die materiellen Mängel, Schäden und Störungen der Boote. Diese bestanden zum einen aus den konstruktiven Unzulänglichkeiten, zum anderen aus den Folgen des bei so alten Booten und den so hohen Belastungen großen Verschleißes.

Von den konstruktiven Mängeln seien nur vier stellvertretend für viele weitere genannt. Da war zunächst die schlechte Stabilität der Boote. Auf einem Boot wurde eine metazentrische Höhe von nur 30 cm festgestellt (Qu. 12), während für Torpedoboote und Zerstörer 80 cm als normal galten. Die Stabilität erforderte immer wieder seemännische und taktische Rücksichtnahme (Seegang, kein Hartruder bei hoher Fahrt). Verschlimmert wurden die Auswirkungen der geringen Stabilität durch das zu geringe Freibord der Boote. Wirklich seetüchtig waren sie von ihrer Konstruktion her nie.

Ein zweites Beispiel für konstruktive Mängel waren die Zugänge zu den Maschinenbetriebsräumen. Sie waren nur durch Luken im Seitendeck zugänglich, und wenn jemand das Luk öffnete, wenn gerade eine See über Deck rauschte, dann ergoß sich ein Schwall Wasser ins Innere. Das gab es auch auf deutschen Booten und war nicht weiter schlimm. Aber hier befand sich direkt Achterkante des Niedergangs eine Hauptschalttafel der Stromversorgung, über die sich dann der Wasserschwall ergoß; es knallte und funkte, und dann war das ganze Boot ohne Strom.

Die Heizölzuführung zu den Kesseln war ein drittes Beispiel. Mehrere Kessel, auf einigen Booten sogar alle, bekamen ihr Heizöl über eine gemeinsame Heizölförderpumpe aus einem Bunker. Hatte nun dieser etwas Wasser, was bei genieteten Booten immer einmal vorkam, dann förderte es diese Pumpe zu allen ihren Kesseln, die dann gleichzeitig Feuer ausmachten.

Und endlich seien als Beispiel für die konstruktiven Mängel die Maschinentelegrafen genannt. Diese hatten die Felder »Ferma« (= stop), »Adagio« (= langsam), »mezza forza« (= halbe Kraft) und »tutta forza« (= volle Kraft), und diese drei sowohl »Avanti« (= voraus) und »Indietro« (= zurück). Das reichte natürlich nicht aus, um beim Geleitfahren die Stellung im Verbande genau zu halten, und dann mußten die zu laufenden Knoten durch das Sprachrohr an die Maschine gegeben werden. Bei dem Lärm im Maschinenraum dauerte es dann manches Mal Minuten, bis der Befehl richtig verstanden worden war.

Solche und viele andere konstruktive Mängel, vor allem auch solche, die nur einzelnen Booten eigentümlich waren, mußte man als unabänderlich hinnehmen. Letztlich konnte man mit ihnen durch Gewöhnung leben, wenn auch erschwert. Bei den Schäden und Störungen ging dies aber nicht.

Schäden und Störungen im seemännischen Bereich und bei den Waffen hielten sich in tragbaren Grenzen. Es gab fortlaufend zu tun, aber meistens mehr für die Pflege und die Wartung als für Reparaturen. Verschleißerscheinungen gab es überall, aber so spektakuläre wie jene Getriebelose von 4 – 5 Grad im Seitenschwenkwerk der vorderen 10,2 cm Doppellafette auf »TA 16« blieben selten. Ständige Schwachstelle war die Ruderanlage.

Ganz anders sah es im Bereich der Maschine aus. Störungen und Schäden traten hier zumeist während der Seefahrt auf. Sie konnten dann nur manchmal wirklich auf der Stelle behoben werden, meist mußte durch einen Behelf der Betrieb aufrechterhalten, die Instandsetzung aber auf die Zeit im Hafen verschoben werden. Und so manche Reparatur mußte ganz bis zum Hafen warten.

Das hatte einerseits zur Folge, daß die Hafenzeiten für die Maschinenmannschaft keine Ruhezeiten waren, sondern harte, anstrengende Arbeit. Andererseits aber bedeutete das, daß die Hafenzeiten für viele Reparaturen zu kurz waren. Man konnte ja erst beginnen, wenn nach dem Einlaufen die Maschine genügend abgekühlt war, und vor dem nächsten Auslaufen mußte schon einige Stunden vorher mit dem Dampfaufmachen begonnen werden.

Dadurch blieben die Reparaturen, von den kleinen abgesehen, unvollständig, sie waren mehr bloßes Flicken als wirkliches Instandsetzen. Und gab es dann doch einmal eine längere Pause zwischen den Einsätzen, dann war so viel zur gründlichen Überholung angefallen, daß doch nicht alles erledigt werden konnte.

Deshalb gingen die Leitenden Ingenieure und Maschinisten dazu über, auch während der Einsätze einzelne Teile der Anlage nicht in Betrieb zu nehmen und während der Fahrt zu überholen. So verzichteten sie z.B. auf einen Kessel und reinigten ihn gründlich über mehrere Einsätze hinweg. Die Einbuße an Fahrt mußte der Kommandant gegenüber dem Admiral Ägäis vertreten. Dabei wurde in Kauf genommen, diesen Kessel, als Beispiel, zu befahren, obwohl er gegen den unter Dampf stehenden Teil der Anlage mit nur einer Absperrung abgesichert war. Als Illustration sei dazu aus einem Kriegstagebuch zitiert: »Es ist der Maschinenmannschaft wieder einmal gelungen, an unter Dampf befindlichen Leitungen mit nur einfacher Absperrsicherheit unter Außerachtlassung aller bestehenden Betriebs- und Sicherheitsvorschriften das Blasen des Zudampfs in Kesselraum 1 und des Entwässerungssatzes in Turbinenraum 1 mit Bordmitteln zu beseitigen. Dafür blasen Flanschen in den Kesselräumen 3 und 1, und die Turbo-E-Maschine muß infolge Ausfalls des Reglers von Hand gefahren werden (Qu. 12).«

Dieser Kampf der Männer der Maschine mit den Schäden und Reparaturen ähnelte sehr dem Kampf des Sisyphos mit dem Marmorblock, den er einen Berg hinauf wälzen sollte und der immer wieder herabrollte. Diese Männer wußten von vorn herein und immer wieder, daß sie mit ihrer noch so aufopfernden und unermüdlichen Arbeit niemals fertig werden würden, und sie erkannten, daß sie mit all ihren Anstrengungen den Zustand ihrer Anlagen kaum je etwas verbessern, bestenfalls den weiteren Verfall aufhalten, vielleicht nur verzögern konnten. Das wirkte, wie man heute sagen würde, frustrierend. Aber ebenso, wie es damals dieses Wort nicht gab, gab es auch diese Erscheinung nicht, wie es ja früher überhaupt vieles solange nicht gab, wie nicht ein Theoretiker ein Wort dafür erfand! Diese Männer der Maschine jedenfalls ließen in ihrem Kampf mit dem Feind Nummer zwei, den materiellen Mängeln und Schäden, nicht nach und fanden ihren Stolz, ihre Befriedigung, ihr »Bewußtsein freudig erfüllter Pflicht« jedesmal darin, daß es ihnen immer und immer wieder, von Mal zu Mal, gelang, ihre Anlage für den nächsten Einsatz hinreichend wieder klargemacht zu haben.

Nur allzu leicht verbindet man mit dem Begriff des Krieges die Vorstellung vom bewaffneten Kampf und übersieht dabei, wieviel mehr noch an Aufopferung, Hingabe und Pflichterfüllung unverzichtbar dazugehört. Auch dieses Buch ist davon nicht frei. So manche Unternehmung, auf der sich an äußerem Geschehen nichts Besonderes ereignete, wurde mit nur ein paar Zeilen abgetan. Aber haben nicht vielleicht gerade auf einer solchen Fahrt im Inneren der Boote zahlreiche Männer in harter, schwerer und schmutziger Arbeit mit dem Material gekämpft, mit Störungen und Schäden gerungen?

In einer Geschichte der 9. T-Flottille durfte diese Seite des Krieges nicht fehlen, sie wäre sonst unvollständig, denn gerade auf diesen alten Booten spielte sie eine ganz besondere Rolle. Nicht nur Fahrten, Gefechte, Ereignisse machten die Geschichte der 9. T-Flottille aus, auch jene stillen Leistungen gehören unverzichtbar hinzu. Und so mußten sie in diesem »besonderen Kapitel« wenigstens einmal als eine Gesamtwürdigung erwähnt werden.

DER FEIND NUMMER DREI

Ein dritter »Feind« entstand dem Flottillenchef und den Kommandanten der 9. T-Flottille in der eigenen Brust in Gestalt von Unmut, Vertrauensmangel, Zweifel, Bitterkeit und seelischer Belastung. Diese waren die Folge davon, daß das Verhältnis zwischen dem Kommandierenden Admiral und seinem Stab auf der einen Seite und dem Flottillenchef und den Kommandanten auf der anderen nicht das beste war.

Man sollte meinen, unter den Verhältnissen, wie sie im ägäischen Raume herrschten, müßten die Beziehungen zwischen dem führenden Stabe und der Fronttruppe besonders harmonisch und vertrauensvoll gewesen sein angesichts der Überfülle der Aufgaben und der Dürftigkeit der Mittel zu ihrer Erfüllung. Leider war das Gegenteil der Fall. Die Beziehungen zwischen dem Stab des Admirals Ägäis und der 9. T-Flottille waren gespannt und gereizt, sie waren geprägt von viel gegenseitigem Mißtrauen, Unverständnis und emotionalen Vorurteilen.

Spannungen, ja manchmal sogar einen handfesten Krach zwischen der befehlsführenden Stelle und der ausführenden Truppe hat es immer und überall einmal gegeben. Sie sind als kurzzeitige Episoden etwas so Alltägliches, daß der Historiker darauf kein einziges Wort zu verschwenden brauchte. In den Kriegstagebüchern der 9. T-Flottille aber nehmen solche Spannungen einen so breiten Raum in einer so drastischen Sprache ein, daß er sich verpflichtet fühlt, darüber zu berichten. Und die Verfasser haben es für besser gefunden, diesen Bericht hier mit pro und contra zusammenfassend darzustellen, als die

Einzelheiten datumgerecht über den ganzen ersten Teil dieses Buches zu verstreuen.

Zum ersten offenen Krach kam es, als auf der ersten Fahrt nach Leros in Syra die Schlauchanschlüsse nicht paßten und sich das dortige als Kesselspeisewasser vorgesehene Wasser als ungeeignet herausstellte. Objektiv hatten beide Seiten Recht, der Flottilleningenieur, wenn er sich auf die deutschen Vorschriften und auf die Verhältnisse in anderen Befehlsbereichen berief, der Stab, wenn er darauf verwies, daß die Italiener dieses Wasser immer verwendet hatten – der Zustand der Kessel war danach!

Dieses an sich so belanglose Vorkommnis hätte sehr schnell und ohne bleibende Folgen wieder vergessen sein können, wenn darüber nicht unnötig viel und unnötig scharf *geschrieben* worden wäre. Durch diesen scharfen Schriftwechsel wurde die Atmosphäre zwischen dem Stab auf der einen Seite und dem Flottillenchef und dem Flottilleningenieur auf der anderen getrübt, und auch die Kommandanten bekamen etwas von dieser Trübung zu spüren. –

Bedeutsamer für das Verhältnis zwischen Stab und Flottillen, wenn auch anfangs nicht so offenkundig, war ein anderes Ereignis. Vor dem Leros-Unternehmen hatte der Admiral Ägäis den Kommandanten befohlen, ihre Boote k.b. zu melden.

In der Vorschrift über die K.B.-Meldungen, den »Bestimmungen für den Dienst an Bord«, Heft V, Anlage 3 hieß es: »Da es nicht möglich ist, bis ins einzelne gehende Richtlinien aufzustellen, muß es den Kommandanten überlassen bleiben, in welchen Fällen sie eine Einschränkung der K.B. und damit die Notwendigkeit einer K.B.-Meldung für vorliegend erachten«. Daraus ergab sich, daß es auch den Kommandanten überlassen bleiben mußte, wann sie ein Nichtbestehen der K.B. nicht mehr für vorliegend erachteten, wann sie also k.b. meldeten. Der Befehl der Admirals Ägäis, k.b. zu melden, war somit ein vorschriftswidriger Eingriff in die Rechte der Kommandanten. Zudem wurde damit den Kommandanten befohlen, eine wissentlich falsche dienstliche Meldung abzugeben, also eine strafbare Handlung zu begehen.

Das hatte damals den Groll der Kommandanten geweckt, aber noch etwas anderes vergrößerte ihn. Selbstverständlich konnte sich ein Befehlshaber über die Außer-K.B.-Meldung der Kommandanten hinwegsetzen und trotzdem einen Einsatz befehlen, aber damit übernahm *er* die Verantwortung für die Folgen, die sich aus dem Fehlen der K.B. ergeben konnten. Hier nun hatte sich der Admiral Ägäis für diese Verantwortung ein Alibi verschafft: Die Kommandanten hatten ja k.b. gemeldet! Die Kommandanten sahen sich auf diese Weise plötzlich im Besitz des »Schwarzen Peters« und waren darüber erbost.

Daß es damals bei diesem stillen Groll und Ärger blieb, die Kommandanten darüber hinwegsahen und die Meldung befehlsgemäß erstatteten, hatte seinen Grund darin, daß der bevorstehende Einsatz – Leros – gefahren werden mußte, ob nun mit oder ohne K.B.-Meldung, und die Kommandanten durchaus gewillt waren, ihn auch ohne K.B. zu fahren.

In der Folgezeit hat dann der Admiral Ägäis immer wieder die Meldungen der Kommandanten über die Einsatz- und Fahrbereitschaft ihrer Boote einfach ignoriert. Es ist wiederholt vorgekommen, daß ein Kommandant, der den Fortfall oder die Einschränkung der Fahrbereitschaft als Folge einer Maschinenstörung meldete, als Antwort nur lakonisch den Einsatzbefehl für den Abend desselben Tages erhielt. Und oft genug ließ der Admiral Ägäis die Meldung des Kommandanten, sein Boot sei nicht fahrbereit, nicht als die Entscheidung darüber gelten, sondern erst, wenn sich der Ingenieuroffizier des Stabes an Bord vom Ausmaß der Störung persönlich überzeugt hatte, dann traf *er* die Entscheidung, ob das Boot fahrbereit war oder nicht. Die Kommandanten empfanden dies mit großer Bitterkeit als ein unberechtigtes Mißtrauen des Stabes ihnen gegenüber.

Diese Auseinandersetzungen über die Fahr- oder Kriegsbereitschaft der Boote führten einerseits beim Stabe des Admirals Ägäis zu dem Vorurteil, den Kommandanten mangele es an der letzten Einsatzwilligkeit, so daß sich diese nicht mehr vom Vertrauen ihres Befehlshabers getragen fühlten, andererseits bei den Kommandanten zu dem Vorurteil, der Stab Admiral Ägäis würde sie daran hindern, die Voraussetzungen für die Einsätze ihrer Boote zu schaffen. Beide Vorurteile standen einer ersprießlichen Zusammenarbeit entgegen.

Oft hielt sich der Stab nicht an Fristen, die er selbst für Instandsetzungen zugestanden hatte, oder an die Bereitschaftszeiträume, die er selbst befohlen hatte. Hatten die Boote im Vertrauen auf diese Zeitspannen den Ausbau, die Reparatur und den Wiedereinbau eines Maschinenteils in Angriff genommen und kam dann ein vorzeitiger Einsatzbefehl, so mußte die Anlage unrepariert wieder zusammengesetzt werden: Die ganze Arbeit war umsonst gewesen! Das schuf natürlich Ärger und untergrub das Vertrauen zum Stabe Admiral Ägäis. –

Ein Drittes, das für das Verhältnis zwischen dem Stabe des Befehlshabers und der Flottille von Einfluß war, das war – ein Haus! Die Geschichte der 9. T-Flottille wäre unvollständig, würde man dieses Haus nicht einbeziehen.

Von Anfang November 1943 an bewohnten die sechs Kommandanten der 9. T-Flottille gemeinsam ein Haus in Phaleron. Es war eine sehr große Villa mit Blick über die Bucht von Phaleron, die wegen ihres Aussehens und ihrer beherrschenden Lage hoch über der Steilküste die »Kommandantenburg« oder einfach »Die Burg« genannt wurde. Sie lag an der Landseite der Straße, die an der Oberkante der hohen Steilküste entlangführte. Ihr Souterrain, in dem die Aufklarer der Kommandanten wohnten, lag noch mehrere Meter höher als die Straße.

Diese Villa war zur italienischen Zeit beschlagnahmt und dann von einem Obersten allein bewohnt worden. Die Eigentümer, ein feines, sehr gebildetes altes Ehepaar – er war Architekt – mußten in die Gärtnerwohnung hinter dem Haus umsiedeln. Die deutschen Kommandanten stellten dann fest, daß sie, da sie kaum je alle gleichzeitig anwesend sein würden, mit dem Erdgeschoß auskämen, und so hatten sie dem Paar angeboten, in den 1. Stock zurückzukehren. Da aber meinte der alte Herr in gutem Französisch, es sei ihnen ja schmerzlich gewesen, ihr Haus verlassen zu müssen, aber jetzt, wo ihnen die Deutschen die Rückkehr anboten, betrachteten sie sich als die Gastgeber, die gern ihr ganzes Haus ihren Gästen überlassen würden. Und fortan mußten die Kommandanten von dem edlen Porzellan des Ehepaares essen, und sie mußten auch deren Tisch- und Mundtücher aus feinstem Damast benutzen, die die Hausfrau jeden Freitag gegen frische austauschte.

Dieses Haus war eine äußerst segensreiche Einrichtung und füllte eine Lücke im Leben der 9. T-Flottille. Wenn die Boote nicht im Einsatz waren, waren ihre Liegeplätze über das ganze Hafengebiet verteilt. Und während sonst für die Bootsverbände der Marine der enge Zusammenhalt der Kommandanten charakteristisch war, fehlte er in der 9. T-Flottille vollkommen, eben wegen der verstreuten Liegeplätze. Da wurde nun das Zusammenleben in der »Burg« die beste Gelegenheit, diesen Zusammenhalt herzustellen und zu pflegen.

Nun verlegten die Kommandanten immer dann, wenn zwischen den Einsätzen etwas Zeit war, einen Teil ihrer dienstlichen Tätigkeiten in die »Burg«, wo ihre Boote und ihre vorgesetzten Dienststellen sie jederzeit telefonisch erreichen konnten. Verpflegt wurden sie von Bord aus durch ihre Aufklarer.

Und zu diesen dienstlichen Tätigkeiten der Kommandanten in der »Burg« gehörte auch das Schreiben der Kriegstagebücher. Dann saßen sie nach einer gemeinsamen Unternehmung zusammen in dem großen Wohnraum an mehreren Tischen, stimmten die Uhrzeiten, die Ortsangaben und die Wetterdaten untereinander ab und tauschten ihre Eindrücke und Beobachtungen aus, vor allem auch, welche Schwierigkeiten und welchen Ärger sie gehabt hatten. Und dabei entdeckten sie erstaunt, daß sie alle den gleichen Ärger vor allem bei der Versorgung gehabt hatten. Jeder Kommandant stellte nun fest,
– daß auch andere Kommandanten keinen Lkw zum Transport von Ausrüstung und Proviant bekommen hatten, während die kriegsgefangenen Italiener in Lkw-Kolonnen durch die Straßen gefahren wurden,
– daß auch auf anderen Booten Unteroffiziere, die Glühbirnen oder andere Kleinigkeiten besorgen sollten, abschlägig beschieden wurden, es sei nichts vorhanden, eine halbe Stunde später hat sie ein Offizier dann bekommen,
– daß auch auf anderen Booten Anforderungspapiere nicht anerkannt wurden, weil ein Stempel des Admiral Ägäis fehlte oder die Unterschrift des Kommandanten nichts galt,
– daß auch andere Kommandanten, wenn sie zum Admiral Ägäis oder zur Flottille nach Athen befohlen waren, keinen Dienst-Pkw bekamen, Verwaltungsbeamte aber hatten ihren eigenen Wagen mit Fahrer.

Jeder Kommandant hatte diese und unzählige ähnliche Vorkommnisse bisher für Einzelfälle gehalten, die nun gerade ihm begegnet waren. In diesen Gesprächen in der »Burg« aber gewannen sie die Überzeugung, daß es sich um grundlegende Mängel im Bereich Admiral Ägäis handeln müsse, die sie

dem Stabe deshalb anlasteten, weil sie solche Zustände aus anderen Befehlsbereichen nicht kannten.

Für diese Zustände lieferte Kptlt. Düvelius ein drastisches Beispiel
(Qu. 14):

»Da Boot seit Indienststellung keine Schreibmaschine besitzt, wird Be-
schaffung erneut versucht. Fk.Ob.Mt.... begibt sich mit vorschriftsmäßigen
Anforderungspapieren zur Ausrüstungsstelle (MASt) Salamis. Auf Vorzeigen
erhält er von dem Insp.... den Bescheid, daß für die Ausrüstung der 9. T-
Flottille die MASt Piräus zuständig ist. Gleichzeitig holt Insp.... die telefonische Ausgabegenehmigung vom Oberwerftstab Athen (OB.Stbs.lnten-
dant...) ein, setzt einen entsprechenden Vermerk mit Unterschrift und
Dienststempel auf die Anforderungspapiere und ruft anschließend die MASt
Piräus an und teilt dort, nachdem er von MASt die Auskunft erhalten hat, daß
dort Schreibmaschinen vorrätig sind, mit, daß die telefonische Genehmigung
vom Oberwerftstab erteilt ist und er einen entsprechenden Vermerk auf die
Anforderungspapiere gesetzt hat.

26.11. Auf Bitte des Kommandos wird durch Insp.... mit der Marine-
Hauptlagerverwaltung (HLV) vereinbart, daß das Boot dort eine Schreibmaschine empfangen kann.

27.11. Fk.Ob.Gefr.... wird zur Abholung der Schreibmaschine nach Piräus zur HLV geschickt. Dort wird ihm auf Vorzeigen seiner Anforderungspapiere jedoch erklärt, daß die Anforderung von Schreibmaschinen vom Admiral Ägäis genehmigt werden muß. Der Soldat fährt nach Athen und erhält
beim Admiral Ägäis von Insp.... die Ausgabegenehmigung mit B.Nr. und
Unterschrift. Bei Wiedervorlage der Anforderungspapiere bei der HLV wird
dem Soldaten von einem Zivilisten erklärt, damit könne er nichts anfangen,
diesen Vermerk könne jeder Schuljunge hinschreiben. Es fehle der Dienststempel. – Da es Abend geworden ist, begibt sich der Soldat nach Salamis an
Bord zurück.

28.11. Bei einer telefonischen Anfrage bei der HLV erhält Ob.Fk.Mt....
die Auskunft, daß die Schreibmaschine, nachdem das fehlende Dienstsiegel
beigeholt sei, bei der MASt Piräus anzufordern sei, diese beschaffe dann die
Maschine bei der HLV, dort könne das Boot sie dann empfangen.

29.11. Nachdem Papiere oben beschriebenen Weg genommen haben, wird
am Nachmittag die Schreibmaschine bei der MASt Piräus empfangen. Bei In-
betriebnahme an Bord wird jedoch festgestellt, daß sie unklar ist.

30.11. Schr.Masch. wird zur MASt Piräus gebracht. Umtausch ist nicht
möglich, da keine vorrätig seien. Reparatur wird mit zwei Tagen angegeben.

1.12. Auf telef. Anfrage, ob Schr.Masch. fertig und abholbereit ist, wird
mitgeteilt, daß Reparatur nicht beendet, aber eine neue Schr.Masch. empfangen werden könne. Masch. wird noch am selben Tage abgeholt.«

In seiner Stellungnahme zu dieser Kriegstagebucheintragung weist der Admiral Ägäis darauf hin, daß ein Anruf beim Chef des Oberwerftstabes Abhilfe geschafft haben würde. Später wird dann der Bearbeiter der Seekriegslei-

tung hierzu den handschriftlichen Vermerk machen: »Das war doch nur *ein* Beispiel für viele; sollte *jedesmal* an den Chef des Oberwerftstabes Meldung gemacht werden? Daß *nach* Meldung solcher Zustände was geschieht, ist selbstverständlich, daß aber solche Zustände herrschen, ist bedenklich...« (Qu. 14).

Aus zahllosen solchen und anderen Vorfällen entstand dann der Unmut über das Mißverhältnis zwischen den Leistungen, die der Admiral Ägäis den Besatzungen immer wieder abverlangte, und dem Mangel an Unterstützung für eben diese Leistungen. Da entstand das böse Wort: »Im Einsatz sollen wir dem Admiral Ägäis das Unmögliche möglich machen, aber in der Etappe macht er uns das Mögliche unmöglich!«

Zu diesen materiellen Schwierigkeiten kam hinzu, daß die Kommandanten den Führungsstil des Stabes als unpersönlich und kalt empfanden und daß sie darin zu viel von jener Warmherzigkeit und von jenem Mitempfinden für die Truppe zu vermissen meinten, die, wenn sie deutlich spürbar sind, über so manche materiellen Schwächen und Mängel hinweghelfen konnten. Führen, so meinte man in der »Burg«, bedeute für diesen Stab, einen Operationsbefehl auszuarbeiten, den Einsatz zu befehlen und für die Durchführung Gehorsam zu verlangen. Dabei galten die Sorgen der Kommandanten über den Zustand ihrer Boote und über die Belastung ihrer Männer nicht viel; damit fertigzuwerden, schien für den Stab die Sache der Kommandanten und Besatzungen zu sein und Teil ihres Gehorsams.

Aber unter den materiellen Verhältnisse der 9. T-Flottille reichte Gehorsam nicht aus, um die befohlenen Einsätze durchzuführen. Dazu war die unermüdliche Hingabe der Besatzungen vor, während und nach den Einsätzen erforderlich. Hingabe aber konnte man nicht befehlen. Um Hingabe zu wekken, hätte es eines größeren psychologischen Geschicks bedurft, als es der Stab zeigte. Das Wecken und Erhalten der stetigen Hingabe blieb schwer lastende Aufgabe der Kommandanten, in der sie sich alleingelassen vorkamen.

Insgesamt bildete sich bei den Kommandanten in der »Burg« das Urteil heraus, der Stab Admiral Ägäis sei frontfremd und truppenfern. So schwand ihr Vertrauen zu ihrem Führungsstab, und dies um so mehr, je weniger sie glaubten, auch seiner Operationsführung und seiner Einschätzung der Risiken für seine wenigen operativen Einheiten Verständnis entgegenbringen zu können.

Dieser Vertrauensschwund wäre auch ohne die »Burg« als Zentrum des Gedankenaustauschs eingetreten, aber durch die Gespräche dort wurde er den Kommandanten sehr deutlich bewußt. Dabei war es unerheblich, ob die Kommandanten objektiv im Recht waren oder nicht; subjektiv waren sie es, denn sie konnten nicht einsehen, warum sie außer den überwältigenden materiellen Mängeln, mit denen Einsätze und Truppenführung belastet wurden, nun auch noch ideelle Mängel – seelische Belastungen – aus dem Verhältnis zum Stabe ihres Befehlshabers tragen sollten. Ob Vertrauen fehlt oder vorhanden ist, ist eben oft rational nicht begründbar.

An diesem Vertrauensschwund waren die Kommandanten unschuldig. Daß dann daraus ein gespanntes, gereiztes Verhältnis, ja fast schon ein Zerwürfnis wurde, daran aber waren sie sehr wohl mitschuldig.

Denn in diesen Gesprächen in der »Burg« steigerten sich die Kommandanten in ihrem Unwillen gegenseitig hoch, und wenn er dann auf dem Höhepunkt war, dann schrieben sie ihn in ihre Kriegstagebücher nieder.

Daß sie dort die Tatsachen niederschrieben, war ihr gutes Recht. Denn nachdem mündliche Meldungen, schriftliche Meldungen, Vorträge und Berichte keine Abhilfe gebracht hatten, wollten sie aktenkundig machen, daß sie diese Dinge dem zuständigen Stab zur Kenntnis gebracht hatten; den »Schwarzen Peter«, nichts unternommen zu haben, wollten sie für den Fall von Fehlschlägen nicht haben. Zudem glaubten sie, auf diese Weise den Stab zu drängen, Abhilfe zu schaffen, und damit meinten sie, der Sache zu dienen.

Daß sie aber für die Eintragungen in die Kriegstagebücher des öfteren eine Sprache wählten, die weder der Sache diente noch ihrem Alter und ihrem Rang angemessen war, das war ihre Mitschuld an den dann eintretenden Verhältnissen. Ihr Ton war polemisch. Und Freg. Kpt. Riede »unterstrich«, »bestätigte« und »bekräftigte« die Aussagen der Kommandanten in seinen Stellungnahmen zu den Kriegstagebüchern, und damit billigte er auch die Polemik.

Das mußte zu Reaktionen des Stabes führen. Kein Admiral läßt sich gern von seinen Untergebenen vorwerfen, in seinem Befehlsbereich grenze die Handhabung des Nachrichtenverkehrs an fahrlässigen Landesverrat (Qu. 11). Und kein Stab läßt gern von sich sagen, er schliefe einen Dornröschenschlaf, während sich seine Truppe mit dem Feind herumschlägt (Qu. 11). Und man liest es beim Stabe auch nicht gern, wenn ein Kommandant schreibt: »Kommandant und Besatzung sind sich klar darüber, mit ihrem Boot ein Einsatz in einem Va-banque-Spiel zu sein.« (Qu. 12). Dies alles gehört natürlich nicht in die Kriegstagebücher, die ja zu allen vorgesetzten Stellen liefen bis hinauf zur Seekriegsleitung.

Mancher Befehlshaber hätte nun wohl den Flottillenchef und die Kommandanten zu sich befohlen, ihnen gehörig den Marsch geblasen, ihnen ihre K.T.B. gleichsam um die Ohren geschlagen und sich einen solchen Ton verbeten. Der Admiral Ägäis veranlaßte zunächst gar nichts. Erst nach langen Wochen, in denen die Kommandanten weiterhin ihre unangemessenen Bemerkungen schreiben konnten, erfuhren diese aus den Stellungnahmen zu den K.T.B., daß sich der Admiral Ägäis gegen einige von ihnen »weitere Schritte vorbehalte«.

Eine solche Stellungnahme des Admiral Ägäis lautete:

»Die Form dieser Äußerungen ist zum Teil stark überheblich und arrogant, in einzelnen Fällen nur mit dem Wort unverschämt zu bezeichnen. Ich spreche den Kommandanten, die sich in ihrem Ton derart vergriffen haben, mein Mißfallen aus und weise die ungehörigen Anwürfe gegenüber mir unterstellten Dienststellen und meinem Stabe auf das schärfste zurück. In einigen Fällen habe ich mir die Weiterverfolgung der Angelegenheit gegenüber den betreffenden Kommandanten ausdrücklich vorbehalten«.

Daran findet sich der später vorgenommene handschriftliche Vermerk des Bearbeiters der Seekriegsleitung: »Die *Form* mag tatsächlich manchmal etwas (erfreulich!) starker Tabak sein, am *Inhalt* wird vorbeigegangen«. Der Admiral Ägäis, so meint dieser Bearbeiter, hätte sich weniger über den Ton aufregen, dafür aber mehr mit der inhaltlichen Aussage auseinandersetzen sollen.

Eine andere Stellungnahme des Admirals Ägäis schloß mit den Worten: »Ich behalte mir weitere Schritte gegen die Kapitänleutnante… vor«. Und mit diesen »weiteren Schritten« konnte nur ein Kriegsgericht gemeint sein. (Qu. 08).

Nun war aber ein noch so unverschämter Ton im K.T.B. keine Straftat, die vor ein Kriegsgericht hätte führen können. Aber in dieser gereizten Atmosphäre würde der Stab leicht einen Fehlschlag, ein Mißgeschick oder eine Ungeschicklichkeit eines Kommandanten zum Anlaß nehmen können, eine kriegsgerichtliche Untersuchung einzuleiten, wie es ja nach dem Untergang der »Oria« und der Versenkung der »Lisa« auch geschehen ist. Bei den Kommandanten keimten nun Zweifel auf, der Admiral Ägäis könnte sich bei schweren Rückschlägen, dem Verlust eines Bootes etwa, nicht hinter sie stellen und sie decken, ja er könnte sich sogar mit Schuldvorwürfen gegen sie stellen.

Diese Zweifel, der Mangel an Vertrauen zum Stabe, die seelische Last der ständigen Drohung mit dem Kriegsgericht, die tiefe Bitterkeit über die Haltung des Stabes gegenüber der Flottille im allgemeinen und sein fehlendes Vertrauen in die Kommandanten, ja sein offenkundiges Mißtrauen im besonderen, die ohnmächtige Verzweiflung über das Unvermögen, sich bei der materiellen Versorgung und bei den Fristen für die Instandsetzungen zugunsten der Boote und der Besatzungen nicht durchsetzen zu können, das Gefühl, von dem führenden Stabe alleingelassen zu sein, das waren die hauptsächlichen Regungen in der eigenen Brust, deren sich die Kommandanten als ihrem Feind Nummer drei zu erwehren hatten, während sie ihre Besatzungen im Kampf gegen die Feinde Nummer eins und zwei führten. Und dahinter lauerte die große Gefahr der Resignation. Doch davon später. – – –

Nach diesen Darlegungen sieht es so aus, als hätten die Kommandanten recht massive Schuldvorwürfe gegen ihren Admiral und seinen Stab erhoben. Und dies ist auch zutreffend, wie man aus ihren Kriegstagebüchern, teils expressis verbis, teils aus der Wahl einzelner Vokabeln und Formulierungen, teils zwischen den Zeilen ersehen kann. Aber dies sind eben nur die Kriegstagebücher, und diese sind niemals objektiv, sie sollen vielmehr die subjektive Sicht des Schreibers, seine Eindrücke, Gedanken und Empfindungen wiedergeben. Der Historiker war daher verpflichtet, diese subjektive Sicht der Verhältnisse im ägäischen Raum darzustellen. Der Chronist ist aber auch der Objektivität verpflichtet, und deshalb muß nun ein Blick auf den Admiral Ägäis und seinen Stab getan werden.

Der Admiral Ägäis hatte eine Überfülle von Aufgaben zu erfüllen, deren jede der Quadratur des Kreises glich. Für die Transportaufgaben reichte der vorhandene Schiffsraum nie aus, und wenn ein Transporter in einem Hafen festmachte, dann wurde er im nächsten schon gebraucht. Für die Geleit- und Sicherungsaufgaben waren die Streitkräfte nach Zahl und Kampfkraft angesichts der feindlichen Überlegenheit allzu dürftig. Der Stab hatte ja nicht nur die Einsätze der 9. T-Flottille zu führen, sondern die aller Einheiten des Raumes. Fast immer liefen mehrere Unternehmungen gleichzeitig und unabhängig voneinander, und oft überschnitten sie sich. Immer wieder mußte kurzfristig umdisponiert werden, so daß der Stab sich nicht an die von ihm selbst gesetzten Fristen halten konnte. Jeder Ausfall eines Fahrzeugs warf die ganze Disposition über den Haufen und zwang zu neuer Improvisation, und wenn der Stab dann überprüfte, ob der Ausfall des Bootes auch wirklich unvermeidlich war, dann war das eher ein Ausdruck der eigenen Verzweiflung als der eines Mißtrauens.

In dieser Lage mußte sich der Stab der allerknappsten Befehlsform bedienen, eben nur jenes »einen Operationsbefehl ausarbeiten, den Einsatz befehlen und für die Durchführung Gehorsam verlangen«. Der Eindruck des Kalten und Unpersönlichen, des mangelnden Mitgefühls mit der Truppe ließ sich im Drange des Geschehens einfach nicht vermeiden. Ganz sicher gab es im Stabe Offiziere, die ein warmes Mitempfinden mit dem Ergehen der Truppe und ihren Belastungen hatten, und dies gilt insbesondere vom Befehlshaber persönlich. Nur fehlte es an der Zeit, Anlässe und Gelegenheiten herauszufinden, die Truppe diese warme Anteilnahme auch spüren zu lassen.

Um so erfreulicher war es, daß der Stab den einen derartigen Anlaß, der sich dazu von Zeit zu Zeit anbot, auch voll ausnutzte: Alle von den Kommandanten für herausragende Tapferkeit einzelner Besatzungsmitglieder beantragten Auszeichnungen mit dem Eisernen Kreuz II. und I. Klasse wurden ohne Einschränkung genehmigt.

Die materielle Versorgung im ägäischen Raum war denkbar schwierig und knapp. Die hiesigen Landdienststellen hatten nicht, wie in anderen Bereichen, die Möglichkeiten gehabt, in relativ guten Zeiten Bestände aufzustocken. Schon immer hatten die Nachschublinien aus der Heimat nur gerade für den laufenden Bedarf ausgereicht. Und in dem Maße, in dem die Transporte auf dem Balkan unsicherer und knapper wurden, mußte es zu Engpässen kommen. Im Grunde konnten die Landdienststellen nur den Mangel verwalten, und es ist verständlich, wenn sie dann durch Errichten bürokratischer Hemmnisse den Bestand zu strecken versuchten, anstatt durch freizügigeres Wirtschaften bald vor dem Nichts zu stehen.

Insgesamt kann man feststellen, daß die Verhältnisse im Bereich des Admirals Ägäis objektiv tatsächlich so gewesen sind, wie die Kommandanten sie subjektiv gesehen hatten und sie darstellten, worunter sie so zu leiden hatten. Aber man muß auch feststellen, daß es unberechtigt war, daraus irgendwelche Schuldvorwürfe gegen den Stab zu erheben, ihn des Versagens, mangelnder

146

Fähigkeit oder fehlenden guten Willens zu zeihen. Der Stab Admiral Ägäis, der unter extrem ungünstigen und sich laufend verschlechternden Bedingungen seine Aufgaben mit relativ so guten Erfolgen bewältigte, hätte aus lauter charismatischen Genies zusammengesetzt sein oder über geradezu übermenschliche Geschicklichkeit verfügen müssen, wenn er zusätzlich zu seiner Tätigkeit als operativer Führungsstab auch noch allen – an sich berechtigten – Erwartungen unter anderen der Kommandanten den 9. T-Flottille hätte entsprechen wollen. Daß der Admiral Ägäis über Kräfte weder des einen noch des anderen Typs verfügte, kann man ihm wahrlich nicht vorwerfen. Der Admiral Ägäis war ein gut durchschnittlicher Führungsstab wie die anderen Bereichs-Führungsstäbe der Marine auch, nur war er unter den Bedingungen dieses Raumes überfordert, zumal es hier nicht, wie vielfach anderswo, zwischen dem Stabe und den Flottillen eine zwischengeschaltete Sicherungsdivision gab, die den Stab hätte entlasten können. Und wenn nun dieser Führungsstab seine Aufgaben so gut, wie er es getan hat, nur erfüllen konnte, indem er die ganze Last ohne jede Rücksicht, eben kalt und unpersönlich, auf die Besatzungen der Flottillen abwälzte, so war das eben ein über alle verhängtes Schicksal, für das niemand verantwortlich war. Dieses Schicksal mußte jeder als die besondere Art seines Beitrages zur Kriegführung tragen, und mit ihm zu hadern, war letztlich unfruchtbar. Die widerstrebenden Regungen in den Herzen der Kommandanten wurden dadurch freilich nicht geringer. –

In dieser Darstellung ist immer vom Stab Admiral Ägäis auf der einen Seite und von den Kommandanten auf der anderen die Rede, und der Flottillenchef wird nur sehr wenig erwähnt. Aber es waren die Kommandanten, die die belastenden Umstände an Ort und Stelle und aus erster Hand erlebten, der Flottillenchef erfuhr davon erst über sie. Und es waren die Kommandanten, die die Kriegstagebücher schrieben; der Flottillenchef berührte diese Thematik nur in Form seiner Stellungnahmen zu den K.T.B. der Kommandanten. Und es waren die Kommandanten, die in dem Widerstreit in der eigenen Brust zwischen dem schuldigen Gehorsam gegenüber dem Führungsstab und der Sorge und Fürsorge für die Boote und Besatzungen fast zermahlen wurden und die trotz allem die Hingabe der Männer bewirken und erhalten mußten: bei einer Flottille von mehr als 1000 Mann bewirkt der Flottillenchef nur noch recht wenig beim einzelnen Mann.

Aber natürlich konnte der Flottillenchef in den Auseinandersetzungen aus seiner Gesamtverantwortung für seine Flottille heraus nicht untätig bleiben. Er ist immer wieder beim Stabe und beim Befehlshaber vorstellig geworden und hat die Belange der Kommandanten durchzusetzen, zum mindesten aber Verständnis für sie zu wecken versucht. Aber gegen jenes übergeordnete, von den Verhältnissen diktierte Schicksal blieb ihm ein Erfolg versagt. Selbst wenn er die Verantwortung nicht mehr hätte tragen können und seinen Dienstposten zur Verfügung gestellt hätte, hätte das nichts daran geändert, daß die Verhältnisse eben so waren, wie sie waren.

Bleibt noch die Frage, ob nicht der Flottillenchef in den Spannungen zwischen dem Stabe und den Kommandanten hätte vermitteln und auf Ausgleich hätte wirken müssen. Aber Freg.Kpt. Riede war dafür der am wenigsten geeignete Mann. Er hätte den Ton der Kommandanten in den K.T.B mäßigen müssen. Nachdem er dies aber nicht getan hatte, im Gegenteil immer die Kommandanten in ihrer Auffassung bestärkte, hatte er sich allzu einseitig auf ihrer Seite engagiert und taugte daher in einer Vermittlerrolle nur wenig. Vor allem aber hatte er sich selber bereits in der Auseinandersetzung um die Wasserübernahme in Syra beim Stabe so in Mißkredit gebracht, daß er fortan dort persona non grata war.

Die Verhältnisse zwischen dem Admiral Ägäis und der 9. T-Flottille wurden um einiges besser, als Freg.Kpt. Hans Dominik Flottillenchef geworden war. Dieser war durch das Schicksal seines Vorgängers gewarnt und verhielt sich vorsichtiger und zurückhaltender, er war zudem von seinem Naturell her diplomatischer. Sodann waren mit dem Fortgang von Kptlt. Dehnert und Kptlt. Vorsteher zwei Kommandanten nicht mehr im Bereich Ägäis, die die schärfste Sprache gewählt hatten, und so kam kein neuer Zündstoff zu den vorhandenen Spannungen hinzu. Von besonderer Bedeutung aber war die Behandlung, die der Befehlshaber dem Kommandanten von »TA 15« nach dem Verlust seines Bootes angedeihen ließ. In einem langen Gespräch zeigte der Admiral ihm große, herzliche Anteilnahme an dem Geschehen und besonders menschliches Mitgefühl mit seinem persönlichen Ergehen. Er sparte nicht mit mündlicher Anerkennung, der er dann die lobende Stellungnahme zum K.T.B. folgen ließ und später noch den auszeichnenden Tagesbefehl (S. 83). Damit war jener Punkt, der Admiral könnte sich bei schweren Rückschlägen nicht hinter die Kommandanten stellen, ausgeräumt.

Dennoch, so vertrauensvoll, wie es hätte sein sollen, wurde das Verhältnis zwischen dem Stabe und der Flottille nie, zu vieles lag zwischen ihnen. Und noch auf der letzten Seite seines K.T.B. erhob Freg.Kpt. Dominik einen bitteren Vorwurf gegen den Admiral Ägäis.

Der Chronist mußte der Darstellung dieser Probleme in diesem »besonderen Kapitel« einen recht breiten Raum einräumen, weil die daraus entstehenden belastenden Regungen in der Brust der Kommandanten ein Teil der Bedingungen waren, unter denen sie ihren Dienst versahen und die insofern auch ein Teil der Geschichte der 9. T-Flottille sind. Zweitens gehört es sicher in diese Geschichte hinein, dargestellt zu finden, warum die Verhältnisse in der Ägäis so anders, so besonders, so viel schwieriger waren als anderswo. Vor allem aber mußten diese Zustände hier geschildert werden, weil die aus ihnen entstehenden Regungen, die Gefahr der Resignation in sich trugen. Lag es nicht nahe angesichts der Seelenlage der Kommandanten, nun den Dingen einfach ihren Lauf zu lassen mit allen sich daraus ergebenden Folgen, anstatt immer dagegen anzukämpfen, fast wie Don Quijote gegen die Windmühlen? Eine solche Resignation aber wäre für die Kriegführung in der Ägäis tödlich gewesen.

Die Kommandanten haben eben nicht resigniert, allem zum Trotz! Sie haben sich sehr bemüht, zu vermeiden, daß die Spannungen zwischen Stab und Flottille bis zu den Besatzungen durchschlugen, und wo diese doch einmal damit direkt konfrontiert wurden, haben sie bei den Männern für jene Verhältnisse um Verständnis geworben, die sie selbst gegenüber dem Stabe beanstandeten. Sie haben sichergestellt, daß jene vollkommene Hingabe der Soldaten an ihre Pflichten, die allein die Erfüllung der Aufgaben ermöglichte, stets unvermindert erhalten blieb. Und sie haben das große Maß an Selbstbeherrschung aufgebracht, zu erreichen, daß diese Spannungen nur hintergründig und unterschwellig wirkten. Offen zu Tage traten sie nur in gelegentlichen schriftlichen Äußerungen, den Kriegstagebüchern zumal. Ansonsten war der Umgang zwischen den Offizieren des Stabes und denen der Flottille von jener neutralen, soldatischen Disziplin geprägt, die in der Kriegsmarine üblich war, freilich ohne jene Beigabe vertrauensvoller Herzlichkeit, wie es sie andernorts vielfach gab. Auch haben es die Kommandanten gegenüber ihrem Befehlshaber und seinem Stab niemals an der notwendigen Loyalität fehlen lassen. Ja selbst die Polemik ihrer Kriegstagebücher entsprang letztlich ihrer Loyalität.

Erweitert man die Betrachtung auf die innerdienstliche Atmosphäre im ganzen, so hing diese mehr noch als von den Spannungen zwischen Stab und Truppe von den persönlichen Beziehungen in der Flottille ab. Und diese waren erstklassig! Die Kommandanten erfreuten sich jederzeit bis ganz zum Schluß der hingebenden Treue und des vorbehaltlosen Vertrauens ihrer Besatzungen. Die beiden Flottillenchefs und die sechs Kommandanten waren, obwohl sie in ihren Temperamenten extrem unterschiedlich waren, durch Vertrauen, Herzlichkeit und menschliche Nähe als jene »band of brothers« verbunden, die Admiral Nelson als Voraussetzung für Erfolge gefordert hatte. Und diese enge Bindung untereinander übertrug sich auf die anderen Offiziere und die Unteroffiziere und Mannschaften, sofern es zwischen ihnen zu Kontakten von Boot zu Boot kam.

So hatte die 9. T-Flottille ihrem Feind Nummer drei so starke ideelle Kräfte entgegenzustellen, daß die Atmosphäre und das menschliche Klima insgesamt nicht nur erträglich, sondern in hohem Grade erfreulich waren, so erfreulich, daß dadurch die Härte und Anstrengungen der Einsätze, die materiellen Schwierigkeiten, die Opfer und auch die seelischen Belastungen durch die schicksalsbedingten besonderen Umstände des ägäischen Raumes leichter zu ertragen waren.

11. KAPITEL

Wieder mit einem Boot

10.8. bis 23.9.1944

LAGEBETRACHTUNG

Das 9. Kapitel schloß mit der Feststellung: Die 9. T-Flottille stand vor dem Nichts!

Vor dem Nichts?

Nein! Im Gegenteil! Sie stand vor vermehrten und vergrößerten Aufgaben. Jedem Einsichtigen war klar, daß der Krieg in der Ägäis dem Ende zuging. Bald würde Griechenland von der Heimat abgeschnitten sein, wenn nicht rechtzeitig vorher die Truppen zurückgeführt würden. Das aber würde viel Transportraum und folglich auch viele Geleitkräfte brauchen.

Als dann am 26. August 1944 Hitler befahl, Südgriechenland und die griechischen Inseln zu räumen, lief die Rückführung von Truppen und Material sofort in großem Umfange an. Alle Anstrengungen richteten sich in der 9. T-Flottille darauf, »TA 14« und »TA 17« wieder fahrklar zu machen, aber bis dahin mußte noch einige Zeit vergehen. Da war es ein Trost, daß am 31.8.1944 »TA 18« zu seiner ersten Fahrt auslaufen konnte.

Wenigstens mit einem, wenn auch sehr störanfälligen, Boot konnte sich die 9. T-Flottille nun wieder ihren Aufgaben in bescheidenem Maße widmen.

31. August – 21. September 1944

Alle Einsätze in diesem Zeitabschnitt wurden von »TA 18«, dem einzigen fahrklaren Boot der Flottille, gefahren und von Kptlt. Günther Schmidt geführt. Es handelte sich um folgende Aufgaben: (123) Geleit KT-Schiff »Erpel« Piräus – Suda; (124) Geleit »Erpel« Suda – Iraklion; (125) Geleit von »Erpel« und »Pelikan« Iraklion – Piräus; (126) Kriegsmarsch Piräus – Leros; (127) Truppentransport und Geleit MS »Zeus« Leros – Saloniki; (128) Geleit MS »Zeus« Saloniki – Lemnos; (129) Truppentransport und Geleit MS »Zeus« Lemnos – Saloniki.

(123) Am 31.8.1944 um 16.00 Uhr liefen »TA 18« und das KT-Schiff »Erpel« aus Piräus aus. Etwa 15 Seemeilen südlich von Milos gab es mehrere Flugzeugangriffe mit Bomben und Raketenbomben, die jedoch weder Schäden noch Verluste verursachten. Das Geleit erreichte wohlbehalten Suda.

(124) Am 19.9.1944 geleitete »TA 18« das KT-Schiff »Erpel« von Suda

nach Iraklion. Es wurde ohne Erfolg von einem U-Boot angegriffen und kam gut in Iraklion an.

(125) Vom 3.9. bis 4.9.1944 geleitete »TA 18« das KT-Schiff »Erpel« und den Dampfer »Pelikan« von Iraklion nach Piräus. Der Marsch verlief ohne Zwischenfälle.

(126) Am 12./13.9.1944 verlegte »TA 18« von Piräus nach Leros. Nähere Einzelheiten sind nicht bekannt, Unterlagen sind nicht vorhanden.

(127) Am 15.9.1944 liefen »TA 18« aus Portolago, um 19.00 Uhr das MS »Zeus« aus der Parteni-Bucht von Leros aus. »Zeus« hatte etwa 600 Soldaten, »TA 18« 21 Soldaten an Bord. Um 19.20 Uhr trafen sich die beiden Schiffe zum gemeinsamen Marsch nach Saloniki.

Abgesehen von einer kurzzeitigen Ruderstörung auf »Zeus« verlief die Nacht ohne Zwischenfälle. Aber in den Morgenstunden frischte der Wind kräftig auf. Um 06.00 Uhr herrschte Nordnordostwind Stärke 6–7, und bei dem befohlenen Kurs östlich von Skiros vorbei hatte der Geleitführer Befürchtungen wegen der Stabilität auf dem Kurs quer zur See. Er ließ deshalb Westkurs steuern und ging dann mit Nordkurs westlich an Skiros vorbei.

Um 08.00 Uhr war Nordoststurm Stärke 8, Seegang 6–7, beide Schiffe arbeiteten sehr schwer in der See und nahmen viel Wasser über. Eine BV 138 und später 2 Arados flogen Luftsicherung.

Um 10.30 Uhr war das Wetter unverändert. Im Vorschiff von »TA 18« standen über 30 cm Wasser.

Erst als gegen 14.00 Uhr die Schiffe allmählich unter den Landschutz der Halbinsel Chalkidike kamen, besserten sich die Verhältnisse, und um 20.45 Uhr langten beide Schiffe in Saloniki an.

(–) Am Vormittag des 15. September 1944 griffen etwa 300 viermotorige Flugzeuge (Qu. 26) den Raum Athen an. Ein Teil dieses Angriffs richtete sich gegen die Werft Salamis. »TA 14«, kurz vor der Wiederherstellung seiner Fahrbereitschaft, wurde getroffen und sank nach Bränden und Explosionen.

Dieser Verlust war um so schmerzlicher, als nach den Zerstörungen der Werft und bei der Entwicklung der Lage die Wiederherstellung von »TA 17« aussichtslos geworden war. Das Boot wurde am 18. September 1944 außer Dienst gestellt. Nun war »TA 18« das einzige Boot der 9. T-Flottille überhaupt!

(128) Am 17.9.1944 nachmittags fielen zwei Bombenteppiche auf Saloniki, ein Flugzeug wurde unter Beteiligung von »TA 18« abgeschossen. Dem Befehl des Hafenkommandanten, auf Reede zu verholen, konnte »TA 18« nicht nachkommen, da kein Wasser mehr vorhanden war. Daraufhin wurde das Boot um 18.30 Uhr mit Schleppern dorthin gebracht.

Um 18.30 Uhr wurde für »TA 18« und »Zeus« Sofortbereitschaft befohlen. Aber das zugesagte Wasserfahrzeug traf erst um 23.30 Uhr ein. Es hatte keine eigenen Pumpen, und die Wasserübernahme über den Schlepper ging nur sehr langsam vor sich. Als dann statt der bestellten 54 t nur 30 t Wasser vorhanden waren, erhielt »TA 18« den Befehl, im Hafen den Rest Wasser zu nehmen. Kurz nach 02.00 Uhr am 18. September lag das Boot wieder an der Pier.

Als um 05.45 Uhr die Wasserübernahme beendet war, sollte »TA 18« wieder auf die Reede gehen und legte zehn Minuten später ab. Auf der Fahrt zum Ankerplatz machten die Kessel immer wieder Feuer aus, und nach dem Ankern wurden diese Ausfälle immer häufiger. Alle Heizölbunker hatten Wasser!

Der Kommandant erhielt die Erlaubnis, zum Ölwechsel an die Ölpier zu gehen und lag dort um 09.45 Uhr fest. Aber erst um 13.40 Uhr war der Prahm zur Aufnahme des verwässerten Öls da. Eine Untersuchung ergab, daß aus den Entwässerungen der Ölbunker, aus denen das Öl entnommen worden war, noch nach einer Stunde nur reines Wasser auslief. Sabotage?

Um 18.30 Uhr am 18. September 1944 war dann der Ölwechsel beendet, war »TA 18« wieder klar. Und um 19.00 Uhr begann der Marsch mit »Zeus« nach Lemnos.

Um Mitternacht herrschte Ostsüdostwind Stärke 7–8, aber da er von recht voraus kam, war ein Durchhalten noch möglich. Um 02.30 Uhr war dann Nordoststurm Stärke 9–10, und nun mußte durchgehalten werden, da der Geleitführer beim Drehen auf Gegenkurs zu kentern befürchtete, wenn das Boot quer zur See kam. Im Vorschiff von »TA 18« stand wieder ein halber Meter Wasser.

Erst hatte der Verbandsführer auf die Nordspitze von Lemnos zugehalten, weil dieser Kurs noch recht günstig zur See war. Erst als sich der Landschutz etwas auswirkte, ließ er die Südwestecke ansteuern. Und gegen 09.30 Uhr am 19. September 1944 ankerten die Schiffe in der Bucht von Mudros.

(129) Wegen des harten Wetters war ein Auslaufen noch am 19.9.1944 nicht mehr möglich. Erst am 20. September wurde seeklar für 16.00 Uhr angesetzt, dann aber auf 17.00 Uhr verschoben, da auf »Zeus« das Ankerspill unklar war.

Und um 17.00 Uhr liefen dann »Zeus« mit 800 Mann Truppen und »TA 18« mit 11 Mann aus Mudros aus. Einige Schatten stellten sich nach Austausch des Erkennungssignals als eigene Siebelfähren heraus. Flugzeuggeräusche kamen von eigenen Ju 52.

Nach einem Marsch ohne besondere Ereignisse liefen beide Schiffe mit den Truppen um 05.45 Uhr am 21. September 1944 in Saloniki ein.

Zuerst sollte »TA 18« nun noch eine zweite Fahrt mit »Zeus« nach Lemnos machen. Danach sollte das Boot nach Vathi auf Samos gehen und mit »Drache« und Truppen weiter nach Piräus. Dazu reichten die Brennstoffbestände kaum aus.

Der Befehl wurde bald widerrufen, und nun sollten »TA 18« und »Zeus« doch nach Lemnos. Doch auch daraus wurde nichts, da das Heer wegen eines großen Staus der Nordtransporte in Saloniki vorerst auf weitere Abtransporte von den Inseln verzichten mußte. So blieb »TA 18« in sechsstündiger Bereitschaft in Saloniki.

Um 20.45 Uhr erfolgte ein Großluftangriff auf Saloniki. Der Hafen war mit Leuchtbomben taghell erleuchtet. Mehrere Bombenteppiche fielen in die Nähe des Bahnhofs, außerdem viele Brandbomben in die Stadt. Bald war alles ein riesiges Flammenmeer, aber die Umgebung von »TA 18« blieb verschont.

Insgesamt hatte »TA 18« in dieser Zeit 7 Einsätze unter schwierigsten Umständen gefahren.

12. KAPITEL

Die Endphase

24.9. bis 24.10.1944

LAGEBETRACHTUNG

Am 21. September 1944 gab der Admiral Ägäis dem Chef der 9. T-Flottille bekannt, aus Triest seien drei neue Torpedoboote eines modernen Typs ausgelaufen mit dem Befehl, durch die Adria, die Straße von Otranto und das Ionische Meer nach Piräus durchzubrechen, um hier die 9. T-Flottille wieder aufzufüllen. Seitdem waren in der Flottille die Gefühle zur einen Hälfte beherrscht von der freudevollen Hoffnung, wieder eine richtige Flottille zu werden, zur anderen Hälfte von der Sorge, ein derart gewagtes Unternehmen solchen Ausmaßes könne nur eine äußerst geringe Aussicht auf Erfolg haben.

Am 24. September 1944 erzeugte ein Luftangriff auf den Raum Athen, bei dem die Deutschen Werke Skaramanga in Schutt und Asche sanken, viel Aufregung. Bei der 9. T-Flottille aber wich diese Aufregung einer großen Freude, als um 20.40 Uhr tatsächlich die Torpedoboote »TA 37« (Oblt. z. S. Friedrich Goldammer), »TA 38« (Lt. z. S. Wilhelm Scheller) und »TA 39« (Kptlt. Werner Lange), aus Triest kommend, in Piräus festmachten. Das riskante Unternehmen war ohne jeden Verlust oder Schaden gelungen dank einiger besonderer Glücksumstände, vor allem aber dank der hervorragenden taktischen Führung durch den ältesten Kommandanten, Kptlt. Lange. Über diesen Durchbruch von Triest nach Piräus wird im 19. Kapitel ausführlich berichtet.

Diese Verstärkung durch drei neue Boote war die notwendige Bluttransfusion, die die ausgezehrte 9. T-Flottille dringend zur Gesundung brauchte, um den vermehrt auf sie zukommenden Aufgaben wenigstens in etwa gewachsen zu sein. Denn seit Beginn der Räumung Griechenlands und der Ionischen und Ägäischen Inseln waren die Rückverlegungen von Truppen und Material zu einem ununterbrochenen Strom angeschwollen, der Ende September 1944 noch weiter anwuchs. Ein Teil dieser Transporte, vor allem von Material, war Aufgabe der Marine, während das Personal weitgehend durch die Luftwaffe ausgeflogen wurde.

Diese Seetransporte hatte die Marine gegen zunehmenden feindlichen Druck durchzuführen. Die Engländer hatten ihre Gleichgültigkeit gegenüber der Ägäis aufgegeben und unter der Führung von Konteradmiral Mansfield die »British Aegean Force« gebildet. Sie bestand aus 7 Geleitflugzeugträgern, 7 Kreuzern, 19 Zerstörern sowie zahlreichen Torpedo- und Kanonenschnellbooten, Kleinbooten und natürlich U-Booten (alle Angaben Lt. 05, S. 483) und dehnte ihr Operationsgebiet schon bald bis Kap Sunion und dann auch in die nördliche Ägäis aus.

Die Deutschen wußten damals von diesem Verband natürlich nichts, aber den stärker werdenden Druck spürten sie. Für den angesichts dieser Übermacht notwendigen Schutz der Geleite reichten die Kräfte des Raumes keineswegs aus, aber vier Torpedoboote, davon drei neue, waren deutlich besser als nur das alte »TA 18«.

Am 25.9. fielen abermals Bomben auf Salamis, Skaramanga und den Hafen von Piräus, die aber bei der 9. T-Flottille keine Schäden anrichteten. Nachmittags besichtigte der Admiral Ägäis die neuen Boote, musterte die Besatzungen und verlieh Auszeichnungen.

Der Flottillenchef bildete aus seinen vier Booten zwei Rotten. Die eine bestand aus »TA 38« und »TA 39«, und er führte sie selbst auf »TA 38«, die andere bestand aus »TA 18« und »TA 37« und wurde vom ältesten Kommandanten, Kptlt. Schmidt auf »TA 18« geführt. In der Praxis sind jedoch nur »TA 38« und »TA 39« unter dem Flottillenchef zumeist als Rotte zusammen gefahren, während »TA 18« und »TA 37« meistens allein fuhren. Oblt.z.S. Goldammer mußte wegen Krankheit sofort nach dem Einlaufen ins Lazarett, als stellvertretender Kommandant auf »TA 37« wurde Oblt.z.S. Winfried Winkelmann eingesetzt.

Den neu angekommenen Booten wurden drei Tage Zeit gelassen zur Beseitigung kleinerer Störungen nach dem Durchbruch. Solange mußte »TA 18« die Last noch allein tragen. Dann aber begann für die neuen Boote der dornenvolle Alltag in der Endphase des Seekrieges in der Ägäis.

24.–27. September 1944

Führung: Kptlt. Schmidt auf »TA 18«
Beteiligte Boote: »TA 18«
Aufgabe: (130) Geleit MS »Zeus« Saloniki – Piräus
(130) Nach mehreren Fliegeralarmen am Vormittag des 24.9. erhielt »TA 18« um 13.15 Uhr den Befehl, das Minenschiff »Zeus« nach Piräus zu geleiten. Um 18.20 Uhr legte das Boot von der Pier ab und verholte auf die Reede. Beim Ankern wurde festgestellt, daß ein Ölbunker leckte und eine halbe Tonne Heizöl im Kettenkasten stand, eine schöne Sauerei!

Um 22.00 Uhr traten »TA 18« und »Zeus« den Marsch an. Zwei Schatten wurden als Segler ausgemacht, Flugzeuggeräusche rührten von einer Ju 52 her. Gegen 02.30 Uhr am 25.9.44 wurde der Schatten eines kleinen Fahrzeugs entdeckt, und um 04.35 Uhr erwies sich ein Schatten mit Rauchfahne nach Erkennungssignal als der U-Jäger »UJ 2102«. Er berichtete, er habe voraus ein U-Boot gesichtet. Daraufhin fuhren »TA 18« und »Zeus« Zickzackkurse.

Gegen 06.00 Uhr am 25.9.44 passierten beide Schiffe die Trikiri-Sperre, und um 12.45 Uhr ankerten sie vor Chalkis. Erst zwischen 17.00 Uhr und

18.00 Uhr wurde die Brücke geöffnet, die Schiffe liefen hindurch und ankerten südlich der Brücke erneut. Dort mußten sie bis zum 26.9.1944 um 14.00 Uhr auf das Minengeleitfahrzeug warten, dann erst ging der Marsch weiter. Um 17.00 Uhr war das Geleitfahrzeug abermals unklar, und da es erst am nächsten Vormittag wieder klar sein würde, ankerten die beiden Schiffe um 17.30 Uhr in der Amyro-Potamos-Bucht gegenüber von Marathon.

Um Mitternacht erhielt »TA 18« die Nachricht, daß der Dampfer »Engerau« festgekommen sei und um Hilfe bitte. »TA 18« sagte diese Hilfe für nach dem Hellwerden zu, aber schon um 02.00 Uhr, nun schon am 27.9.1944, war »Engerau« wieder frei.

Um 06.45 Uhr konnte der Marsch fortgesetzt werden. Die Cavaliani-Sperre wurde um 07.10 Uhr passiert. Der Dampfer »Burgos« begegnete ihnen, an Bord die Besatzung von »TA 14«.

Um 09.30 Uhr wurde eine Bristol Beaufort gesichtet, die die beiden Schiffe umkreiste und dann nach Südosten abflog. Eine halbe Stunde später wurde ein Flugzeug unbekannten Typs gesehen, das aus großer Höhe niederstieß, einige Kreise flog und dann nach Süden verschwand.

Der Marsch führte dicht unter der Ostküste von Makronisi entlang, und um 13.30 Uhr lagen »TA 18« und »Zeus« in Piräus fest.

28.–29. September 1944

Führung: Freg.Kpt. Dominik auf »TA 38«
Beteiligte Boote: »TA 37«, »TA 38«, »TA 39«
Aufgabe: (131) Geleit MS »Zeus« und Dampfer »Lola« mit 2000 Mann Truppen an Bord Piräus – Saloniki
(131) Das Geleit verließ am 28.9. um 21.50 Uhr Piräus und lief mit 12 Knoten Fahrt durch die Keos- und die Doro-Durchfahrt. Mehrere mitlaufende Geleite wurden überholt, entgegenkommende passiert, und da von ihnen an Bord nichts bekannt war, entstand jedesmal eine heikle Lage. Ab 03.20 Uhr, nun schon am 29.9., ließ der Flottillenchef »TA 38« und »TA 39« in der Doro-Durchfahrt U-Bootsuche fahren und schickte »TA 37« auf einen Aufklärungsvorstoß unter die Küste von Euböa, der aber keine Feindsichtung brachte. Während auf »TA 38« und später auch auf »TA 39« das S-Gerät ausgefallen war, liefen die beiden Boote mit Zickzackkursen vor dem weitermarschierenden Geleit her.

Als um 12.00 Uhr für das Geleit eine U-Bootwarnung bei Kassandra einging, entschloß sich der Flottillenchef, weiter mit allen drei Booten beim Geleit zu bleiben, obwohl er eigentlich mit »TA 38« und »TA 39« hatte vorlaufen sollen zur Übernahme von Minen für eine Unternehmung noch am Abend des 29.9.. Erst um 16.00 Uhr liefen die beiden Boote vor und trafen mit dem Flottillenchef um 18.40 Uhr auf Saloniki-Reede ein. »TA 37« blieb allein bei den Dampfern und lief mit ihnen wohlbehalten noch am Abend des 29.9.1944 in Saloniki ein.

156

Es war ein besonders schöner Erfolg, ein guter Auftakt, daß 2000 Soldaten unversehrt ihr Ziel erreichten.

30. September – 1. Oktober 1944

Führung: Freg.Kpt. Dominik auf »TA 38«
Beteiligte Boote: »TA 38«, »TA 39«
Aufgabe: (132) Minenunternehmen »Tulpe«, Legen einer Sperre von Skiathos nach Nordosten; (133) Marsch Sperre – Piräus
(132) Die Versorgung in Saloniki hatte einige Schwierigkeiten bereitet. Erst nach großem Zeitverzug konnte ein Lotse die Boote an die Ölpier bringen. Diese bestand aus einer losen Schlauchleitung auf gebrechlichen Stützen, an der man nur mit Mühe festmachen konnte und aus der die Ölübernahme dann bis um 07.00 Uhr am 30.9. dauerte. Und das Wasser, das für die Boote in Wagen bereitgestellt war, war von den 2000 eintreffenden Soldaten zum Waschen verbraucht worden.
Am 30.9.44 um 08.00 Uhr verholten »TA 38« und »TA 39« in den Innenhafen zur Minenübernahme. »TA 38« ging auf Reede, während sich »TA 39« noch bis zum Abend um sein Wasser bemühen mußte.
Während danach »TA 37« in sechsstündiger Bereitschaft in Saloniki blieb, liefen »TA 38« und »TA 39« um 20.00 Uhr am 30.9. aus zur Minenunternehmung »Tulpe«, einer von der Insel Skiathos nach Nordosten sich erstreckenden Sperre. Um 03.30 Uhr am 1.10. standen beide Boote auf Position und begannen mit dem Werfen der Minen. Das Legen der Sperre verlief planmäßig, nur ließ die Genauigkeit des von »TA 38« geworfenen Stücks etwas zu wünschen übrig, da der Kreiselkompaß ausgefallen war.
(133) Um 04.20 Uhr war das Minenlegen beendet, die Boote traten den Marsch nach Süden an. Sie liefen durch den Doro-Paß, passierten um 08.15 Uhr Kap Sunion und machten gegen 10.00 Uhr an der Ölpier von Perama fest.

30. September – 1. Oktober 1944

Führung: Kptlt. Schmidt auf »TA 18«
Beteiligte Boote: »TA 18«
Aufgabe: (134) Geleit der Dampfer »Zar Ferdinand« und »Berta« Piräus – Saloniki.
(134) »TA 18« hatte mit den Geleitbooten »GD 97« und »GK 92« die Dampfer »Zar Ferdinand« und »Berta« mit Truppen an Bord von Piräus nach Saloniki zu leiten und verließ dazu Piräus am 30.9.1944. Trotz der üblichen Störungen an Bord und durch den Feind verlief die Fahrt zunächst glatt, bis das Geleit in den Abendstunden des 2.10.1944 im Golf von Saloniki stand mit Nordkurs, Fahrt 5,5 Knoten.
Um 21.09 Uhr wurde ein aufgetauchtes U-Boot gesichtet. Grüne Sterne

sollten ein sofortiges Abdrehen nach Steuerbord bewirken, aber schon knallte es: Um 21.10 Uhr erhielt »Zar Ferdinand« zwei Torpedotreffer. »TA 18« nahm das U-Boot voraus und deckte es mit Feuer ein, es tauchte weg. Nach einem Angriff mit Wasserbomben erhob sich eine hohe Wasserwand, im Schwall waren dunkle Teile sichtbar, und eine rollende Detonation wurde gehört. »TA 18« warf noch zwei Salven Wasserbomben und meldete die Versenkung des U-Bootes. Tatsächlich aber konnte es entkommen.

Um 21.20 Uhr war »Zar Ferdinand« etwta 10 Seemeilen nördlich Skiathos gesunken, »TA 18« rettete 270 Mann. »GD 97« blieb auf der Unfallstelle, »GK 92« kehrte etwas später dorthin zurück. »TA 18« setzte das Geleit »Berta« fort.

Am 3.10.1944 um 01.18 Uhr erhielt auch »Berta« einen Torpedotreffer und sank um 01.35 Uhr. Mit nunmehr 420 Mann an Bord war »TA 18« praktisch manövrierunfähig und lief nach Saloniki. Die begegnenden »UJ 2102« und »UJ 2144« wurden zur Untergangsstelle »Berta« geschickt (alle Angaben Qu. 27).

»Zar Ferdinand« wurde durch das französische U-Boot »Curie« (Lt. Chailley) torpediert, das nach der Verfolgung durch »TA 18 noch die »Berta« beschädigte, die dann das britische U-Boot »Unswerving« (Lt. Tattersall) versenkte (Qu. 36).

2. Oktober 1944

Führung: Freg.Kpt. Dominik auf »TA 38«
Beteiligte Boote: »TA 38«, »TA 39«
Aufgabe: (135) Legen einer Minensperre bei Poros
(135) Die beiden Boote hatten noch am Nachmittag des 1.10. in Skaramanga Minen für eine neue Unternehmung übernommen, die aber wegen der Wetterlage verschoben wurde.

So liefen die Boote erst am 2.10 um 02.50 Uhr aus und standen um 03.45 Uhr querab der Insel Poros auf Position und begannen das Werfen der Minen. Um 03.45 Uhr war die Sperre gelegt. Nach einem Rückmarsch mit 19 Knoten Fahrt lagen beide Boote um 05.10 Uhr wieder in Piräus fest. Noch am selben Vormittag gingen sie nach Skaramanga zur Übernahme der Minen für eine neue Unternehmung.

2.–3. Oktober 1944

Führung: Freg.Kpt. Dominik auf »TA 38«
Beteiligte Boote: »TA 38«, »TA 39«
Aufgabe: (136) Legen einer Minensperre bei Amorgos und Levitha.
(136) Am 2.10. um 18.30 Uhr traten die Boote den Marsch an. Es gab einige kleine Maschinenstörungen. Flugzeuggeräusche in der Nähe, Flakfeuer in der Ferne und Meldungen über feindliche Zerstörer sorgten für reichlich Span-

nung auf den Brücken. Aber unbehelligt gelangten die Boote nördlich an Keos und südlich an Tinos vorbei zu einem Punkt südwestlich Nikaria. Dort nahmen sie Kurs auf Amorgos.

Von 02.30 Uhr bis 02.56 Uhr konnten sie die Sperre mit 24 EMF-Minen planmäßig legen. Danach traten sie den Rückmarsch mit 24 Knoten an, liefen zwischen Paros und Naxos hindurch und dann durch die Durchfahrt südöstlich von Keos. Da sie ihr Kurs dicht an der Insel Agios Georgios vorbeiführte, war für sie der Funkspruch, der um 07.15 Uhr einging, nahe dieser Insel seien Feindstreitkräfte gesichtet worden, von Wichtigkeit. Aber sie sichteten keinen Gegner und lagen am 3.10. um 09.20 Uhr wieder in Piräus fest.

2.–3. Oktober 1944

Führung: Oblt. z. S. Winkelmann auf »TA 37«
Beteiligte Boote: »TA 37«
Aufgabe: (137) Geleit MS »Zeus« Saloniki – Piräus (abgebrochen); (138) Kriegsmarsch Volos – Saloniki
(137) »TA 37« sollte das MS »Zeus« von Saloniki nach Piräus geleiten. Das Geleit wurde aber abgebrochen und »TA 37« zur Bergung von Überlebenden der »Zar Ferdinand« und der »Berta« geschickt. Insgesamt wurden 1190 = 92 Prozent gerettet (Qu. 26). Danach ging »TA 37« nach Volos (Qu. 04).
(138) Am 3.10.1944 verlegte »TA 37« von Volos nach Saloniki. Einzelheiten zu beiden Fahrten sind nicht bekannt.

3.–5. Oktober 1944

Führung: Kptlt. Schmidt auf »TA 18«
Beteiligte Boote: »TA 18«
Aufgaben: (139) Geleit Dampfer »Engerau« Saloniki – Trikiri; (140) Kriegsmarsch Trikiri – Saloniki
(139) In der Nacht vom 3. zum 4.10.1944 geleitete »TA 18« den Dampfer »Engerau« von Saloniki nach Trikiri.
(140) Auf dem Rückweg am 4.10.1944 wurde »TA 18« von einem U-Boot angegriffen, aber nicht getroffen. Nähere Einzelheiten über diese beiden Fahrten sind nicht bekannt.

4.–5. Oktober 1944

Führung: Freg. Kpt. Dominik auf »TA 38«
Beteiligte Boote: »TA 38«, »TA 39«
Aufgaben: (141) Geleit MS »Zeus« Piräus – Euböa-Kanal; (142) Kriegsmarsch Euböa-Kanal – Piräus
(141) Seit der vorigen Fahrt war diesen beiden Booten eine Reparaturzeit von 36 Stunden zugebilligt worden. »TA 39« konnte in dieser Zeit 300 Kes-

selrohre walzen, eine anerkennenswerte Leistung des Maschinenpersonals und der Flottillenwerkstatt.

Nach 19.00 Uhr am 4.10. lief das Geleit aus Piräus aus, verstärkt durch GA-Boote der Gruppe Werther und 2 Räumboote.

Schon bald spitzten sich die Verhältnisse zu. Um 20.55 Uhr bekamen die Boote eine Ortung voraus, deren Lautstärke zunahm. Um 21.02 Uhr empfingen sie den Spruch, daß zwei Zerstörer südlich von Phleves ständen. Alarm! Um 21.13 Uhr kamen dann an Steuerbord voraus sechs kleine und ein großer Schatten in Sicht – aber dann stellte sich alles als ein eigenes Geleit heraus, von dem wieder einmal nichts bekannt war.

Weitere Feindmeldungen gingen ein, und mehrere Ortungen wurden aufgefaßt, aber nichts geschah. Das Geleit lief durch die Mandri-Straße, und dann standen sie am 5.10. um 01.50 Uhr vor Cavaliani, der Südeinfahrt des Euböa-Kanals. Hier entließ der Flottillenchef »Zeus« nach Norden.

(142) Die T-Boote gingen auf Gegenkurs. Es gab zwar noch einige beunruhigende Meldungen und mehrere Sichtungen eigener Einheiten, aber im übrigen ungestört langten die beiden Boote am 5.10.1944 um 05.40 Uhr in Piräus an.

5.–6. Oktober 1944

Führung: Freg.Kpt. Dominik auf »TA 38«

Beteiligte Boote: »TA 38«, »TA 39«

Aufgaben: (143) Legen einer Minensperre zwischen Keos und Agios Georgios; (144) Einholen eines Geleits vom Euböa-Kanal nach Piräus.

(143) Die Boote übernahmen in den Mittagsstunden des 5.10. in Skaramanga Minen und liefen um 17.50 Uhr aus Piräus aus. Nach einigen Begegnungen mit eigenen Fahrzeugen standen sie kurz nach 20.00 Uhr auf Position. Sie legten die Sperre zwischen Keos und Agios Georgios planmäßig in der Zeit von 20.08 bis 20.50 Uhr. Danach setzten sie ihren Marsch Richtung Euböa-Kanal fort.

Um 21.00 Uhr kam ein unbekanntes, kleines Fahrzeug in Sicht, das auf das Erkennungssignal nicht reagierte. Auf Befehl des Flottillenchefs eröffnete »TA 39« das Feuer mit den Fla-Waffen und ging um 21.09 Uhr längsseits. Es handelte sich um die englische Motor-Launch »ML 1227«. Der Kommandant, Unterleutnant Cole, und zehn Mann wurden gefangengenommen. Der Versuch, die Geheimsachen zu bergen, mußte abgebrochen werden, da der Flottillenchef wegen bedrohlich naher Ortungen den Weitermarsch befahl. Die Boote ließen die Launch brennend zurück, sie explodierte um 23.00 Uhr.

(144) Pünktlich um 00.00 Uhr am 6.10.1944 standen die Boote vor dem Euböa-Kanal, aber das erwartete Geleit kam nicht. Der Admiral Ägäis befahl, sie sollten bis 03.00 Uhr warten und dann nach Piräus zurücklaufen. Als um 03.00 Uhr das Geleit noch nicht eingetroffen war, traten sie den Rückmarsch an.

160

6.–7. Oktober 1944

Führung: Oblt. z. S. Winkelmann auf »TA 37«
Beteiligte Boote: »TA 37«
Aufgabe: (145) Geleit MS »Zeus«
(145) »TA 37« sollte, von Saloniki kommend, das aus Volos nach Saloniki laufende MS »Zeus« ins Geleit nehmen. In der Nacht sichtete »Zeus« in östlicher Richtung Leuchtgranaten und ein Artilleriegefecht, außerdem den Brand eines Fahrzeugs und drei Explosionen (Qu. 02). »TA 37« war auf dem Anmarsch zu »Zeus« (Qu. 25) von den Zerstörern »Termagent« und »Tuscan« gestellt und mit »UJ 2102« und »GK 62« versenkt worden. »Zeus« konnte entkommen und erreichte mit 1125 Mann Truppen an Bord Saloniki. Als keine Nachricht eintraf, betrachtete die Gruppe Süd »TA 37«, »UJ 2101« und »GK 62« als vernichtet, die Besatzungen als vermißt.

Späteren Angaben zufolge (Qu. 02) sind von deutscher Seite 1 Wachoffizier und 22 Mann gerettet worden, die nach Saloniki eingebracht und in das Marinesicherungsbataillon 611 eingegliedert wurden. Sie haben dann dessen Geschick, wie im 13. Kapitel geschildert, geteilt.

6.–7. Oktober 1944

Führung: Freg. Kpt. Dominik auf »TA 38«
Beteiligte Boote: »TA 38«, »TA 39«
Aufgaben: (146) Kriegsmarsch Piräus – Euböa-Kanal; (147) Geleit der Dampfer »Engerau«, »Laudon« und »Lola« Euböa-Kanal – Piräus
(146) In den Mittagsstunden hatten feindliche Flugzeuge den Hafen von Piräus mehrmals angegriffen. »TA 38« beteiligte sich am Abwehrfeuer. An den Booten der 9. T-Flottille entstanden keine Schäden.

Um 18.00 Uhr verließen »TA 38« und »TA 39« Piräus. Auf dem Marsch hatten sie zahlreiche Ortungen, aber keine Feindberührung. Auch aus Flugzeuggeräuschen ganz in der Nähe kam kein Angriff. Sie sichteten in der Ferne eine Rauchfahne und über Land Flakfeuer.

(147) Die drei Dampfer wurden am 7.10.1944 um 00.40 Uhr bei Cavaliani aufgenommen, das Rückgeleit begann. Um 02.30 Uhr wurden Backbord voraus Schatten gesichtet. Das konnten feindliche Zerstörer sein! Aber aus ihrem Verhalten war keine feindliche Absicht erkennbar, das Geleit setzte seinen Weg fort. Wenig später gab es in der Richtung dieser Schatten eine Detonation mit einer 60 m hohen Wassersäule; dies geschah genau im Gebiet der Minensperre. Eine Stunde später wurde eine zweite Detonation vernommen. Es wurde vermutet, daß dort englische Zerstörer auf Minen aufgelaufen waren. Eine Bestätigung dieser Vermutung fehlt jedoch; in Lt. 05, Seite 484 ist vermerkt, daß am 15.10. auf der Sperre zwei griechische Minensucher (»Kassos« und »Kos«) gesunken sind, englische Zerstörer sind dagegen nicht erwähnt. Das Geleit traf um 06.15 Uhr wohlbehalten in Piräus ein.

7.–8. Oktober 1944

Führung: Freg.Kpt. Dominik auf »TA 38«
Beteiligte Boote: »TA 38«, »TA 39«
Aufgabe: (148) Geleit Dampfer »Anna« Piräus« – Euböa-Kanal
(148) Um 18.00 Uhr am 7.10 liefen die T-Boote aus Piräus aus. Um 18.30 Uhr sollte das Geleitobjekt, der Dampfer »Anna«, zur Stelle sein, er traf jedoch erst um 21.30 Uhr ein. Dadurch waren drei wertvolle Stunden verloren, das Unternehmen mußte jetzt bei hellem Mondschein durchgeführt werden.

Nach mehreren Ortungen ging es ab 22.30 Uhr richtig los: Scheinwerfer, Morsezeichen, Leuchtgranaten, dann Leuchtbomben. Bei Kap Sunion ging ein Fahrzeug hoch mit Feuerschein und Qualm, mehrere Detonationen. Bald danach kam ein kleines Flugsicherungsboot längsseits und meldete, daß feindliche Schnellboote eines ihrer Boote in Brand geschossen hätten.

Der Flottillenchef ließ »Anna« kehrt machen und sich hinter Phleves halten. Er selbst machte mit den beiden T-Booten einen Vorstoß in Richtung Kap-Sunion.

Um 23.17 Uhr beobachteten sie Artilleriefeuer und Leuchtspur bei Agios Georgios. Gleich darauf sichteten sie einen Schatten, den sie beim Schein eines weißen Sternsignals als Schnellboote erkannten. »TA 38« eröffnete auf sie das Feuer mit den Fla-Waffen.

Dem Flottillenchef und den Kommandanten schien es aussichtslos, bei diesen Verhältnissen den Dampfer durchzubringen. Die Boote machten kehrt, nahmen um 23.56 Uhr das Geleit wieder auf zum Rückmarsch nach Piräus und liefen dort am 8.10. um 01.30 Uhr wieder ein.

8.–9. Oktober 1944

Führung: Freg.Kpt. Dominik auf »TA 38«/»TA 39«
Beteiligte Boote: »TA 38«, »TA 39«
Aufgaben: (149) Geleit der Dampfer »Engerau« und »Laudon« Piräus – Euböa-Kanal; (150) Kriegsmarsch Euböa-Kanal – Piräus.
(149) Nach dem Auslaufen aus Piräus um 17.45 Uhr waren die Dampfer pünktlich zur Stelle, die T-Boote sollten die Fernsicherung übernehmen, die Nahsicherung hatten Räumboote.

Dank dieser Pünktlichkeit gelang es, ohne Zwischenfall Kap Sunion zu runden. Als der Mond aufging, stand das Geleit schon in der Mandri-Straße, und um Mitternacht konnte der Flottillenchef die beiden Dampfer bei Cavaliani in Richtung Chalkis entlassen.

(150) Die T-Boote traten den Rückmarsch an. Ortungen voraus ließen Feindberührung bei Kap Sunion erwarten. Beide Wachen wurden auf Stationen befohlen. Zwei Schatten, offenbar Schnellboote, wurden gesichtet.

Da gab es auf »TA 38« plötzlich eine heftige Erschütterung am Heck. Eine Detonation blieb aus, und so konnte es sich nicht um einen Treffer handeln.

Die Vermutung bestätigte sich alsbald: Grundberührung oder Auflaufen auf ein Wrack! Das war um 01.34 Uhr am 9.10.1944.

Eine erste Untersuchung ergab: Kein Wassereinbruch, beide Schrauben beschädigt, beide Wellen hatten einen starken Schlag, Steuerbordmaschine ausgefallen, Backbordmaschine mit Welle und Schraube bedingt klar für langsame Fahrt, Rudermaschine um 10 cm angelüftet, Steuerbordruder unklar, Backbordruder eingeschränkt klar, Boot trieb frei. »TA 39« war sofort aus der Kiellinie ausgeschoren.

Der Flottillenchef befahl »TA 39« längsseits zum Abschleppen, und um 01.55 Uhr war »TA 39« längsseits. Gleichzeitig meldete die Signalstelle Kap Sunion zwei Zerstörer, sie wurden dann auch in etwa 15 bis 20 hm Entfernung gesichtet, und in etwa 10 hm Entfernung wurden nun vier Schnellboote beobachtet. Eine wirklich besch... Situation!

Unter diesen Umständen war es unmöglich für »TA 39«, mit »TA 38« längsseits um Kap Sunion herum nach Piräus zu kommen. Der Flottillenchef befahl daher, nach Norden zum Eubȯa-Kanal zu laufen.

Um 05.50 Uhr im Südeingang des Eubȯa-Kanals warf »TA 39« die Leinen los, nachdem der Flottillenchef mit seinem Gefolge übergestiegen war. »TA 38« sollte versuchen, allein mit langsamer Fahrt nach Chalkis zu gehen. »TA 39« machte nun wieder kehrt, konnte Kap Sunion ohne Feindberührung runden und lief gegen 08.30 Uhr in Piräus ein.

9.–13. Oktober 1944

Führung: Lt.z.S. Scheller auf »TA 38«
Beteiligte Boote: »TA 38«
Aufgabe: (151) Einbringen des Bootes nach Volos
(151) Nachdem am 9.10.1944 um 05.50 Uhr »TA 39« mit dem Flottillenchef an Bord nach Piräus abgelaufen war, trat »TA 38«, nur mit der bedingt klaren Backbord-Maschine, den Alleinmarsch durch den Eubȯa-Kanal an.

Um 07.32 Uhr Fliegeralarm! Zwei Flugzeuge flogen aus 3 000 bis 4 000 m Höhe an und bekamen heftiges Abwehrfeuer. Sie drehten nach Südosten ab. Ein Abschuß wurde beobachtet, das Flugzeug schlug an Land auf.

Um 08.00 Uhr abermals Fliegeralarm, drei Anflüge von je vier Jagdbombern. Trotz des starken Feuers fielen sechs Bomben in unmittelbarer Nähe des Bootes. Durch diese Nahtreffer entstanden Schäden an Bord: Das E-Werk und der Kreiselkompaß fielen aus, die achtere Munitionskammer machte etwas Wasser, und in die Speisewasserzellen und die achteren Ölbunker drang etwas Wasser ein.

Der Kommandant versuchte nun, mit äußerster Kraft der Backbord-Maschine Chalkis zu erreichen. Bei 290 Umdr./min. waren die Erschütterungen noch tragbar, aber die Lager der Welle mußten fortgesetzt mit Feuerlösch gekühlt werden.

Um 09.00 Uhr flogen abermals drei feindliche Flugzeuge an und drehten

im Sperrfeuer ab, aber schon eine halbe Stunde später kam der nächste Anflug, der ebenfalls durch energisches Sperrfeuer abgewehrt werden konnte.

Dann stand »TA 38« vor der Einfahrt von Chalkis und mußte auf das Minengeleit warten. Ein Angriff feindlicher Flugzeuge um 10.40 Uhr wurde abgewehrt. Endlich um 11.25 Uhr lief das Boot mit Minengeleit nach Chalkis
ein, ankerte um 12.35 Uhr auf der Reede, ging um 12.55 Uhr wieder Anker
auf und lang um 13.20 Uhr an der Pier in Chalkis fest.

Der Kommandant wollte den Marsch nach Volos fortsetzen und legte um
17.20 Uhr mit Schlepperhilfe von der Pier in Chalkis ab. Aber schon um
18.05 Uhr mußte er wieder ankern, weil das Ruder unklar war. Um 20.15
Uhr ließ sich »TA 38« wieder an die Pier von Chalkis schleppen.

Nach unermüdlichen Arbeiten am 10. Oktober 1944 gelang es, das E-Werk
und die Ruderanlage wieder soweit klarzumachen, daß der Kommandant einen neuen Versuch, nach Volos zu kommen, wagen konnte. Um 16.15 Uhr
legte »TA 38« ab und fuhr, da die Kompasse ausgefallen waren, im Kielwasser
eines GA-Bootes. Weil der Ruderlagenanzeiger auch ausgefallen war, konnte
die Ruderlage nicht kontrolliert werden, und das Ruder sprang binnen weniger Sekunden von Backbord 15 auf Steuerbord 15; Kursabweichungen bis zu
20 Grad waren die Folge. So wurde es eine wahre Höllenfahrt, bis das Boot
endlich am 11. Oktober 1944 um 05.00 Uhr auf der Reede von Volos ankam
und später an die Wasserpier verholte, wo es um 07.40 Uhr festmachte.

Dieses Einbringen von »TA 38« war angesichts der unsagbaren Schwierigkeiten und der starken Feindeinwirkung eine hervorragende Leistung des
Kommandanten und seiner tüchtigen Besatzung!

Um 11.00 Uhr am 11. Oktober 1944 mußte die Maschine Feuer aus machen, da kein Wasser mehr vorhanden und eine Ergänzung nicht möglich
war. Damit war das Schicksal des Bootes besiegelt, denn durch den Ausfall
der Maschine fielen auch die Lenzpumpen aus, und das Boot würde nun über
die – wenn auch nur kleinen – Leckagen langsam vollaufen.

Die Besatzung begann nun, die 10 cm Munition zu bergen, die Flakgeschütze auszubauen und die Vorbereitungen zum Sprengen des Bootes zu
treffen. Außerdem beteiligte sich das Boot am 12. Oktober 1944 von 05.20
Uhr bis 08.30 Uhr und abermals von 17.00 Uhr bis 18.20 Uhr am Beschuß
der Partisanenstellungen an Land zur Unterstützung der nach Norden ab-
marschierenden deutschen Truppen.

Am 13. Oktober 1944 überflogen zahlreiche Hochbomber Volos und warfen ihre Bomben. Die Folge ihrer Treffer waren viele zum Teil äußerst heftige
Explosionen von Munition.

Um 18.00 Uhr sammelte der Kommandant seine Besatzung und ließ sie
durch ein Pionierboot auf »TA 39« bringen, das auf Reede lag. Dann ließ er
sein »TA 38« in die Hafeneinfahrt schleppen und sprengte es dort durch drei
Wasserbomben. »TA 38« sank am 13. Oktober 1944 um 19.30 Uhr.

Während seine Beatzung mit »TA 39« wohlbehalten Saloniki erreichte, gelang es dem Kommandanten, nachdem er den Hafenkommandanten über die

genaue Lage des Wracks in der Hafeneinfahrt informiert hatte, am Abend von einer notgelandeten Ju 52 mit nach Saloniki genommen zu werden. Dort meldete er sich beim Flottillenchef zurück.

9.–10. Oktober 1944

Führung: Kptlt. Schmidt auf »TA 18«
Beteiligte Boote: »TA 18«
Aufgabe: (152) Kriegsmarsch Saloniki – Chalkis
(152) Am 9.10.1944 um 18.00 Uhr lief »TA 18« aus Saloniki aus, zuerst mit 12, dann mit 15 Knoten. Um 19.00 Uhr fiel im Kesselraum 2 der Heizölvorwärmer aus. Das Öl spritzte durch den Raum, der Kessel mußte Feuer aus machen.

Als dann um 19.20 Uhr die Maschine mit nur zwei Kesseln wieder klar war, versuchte der Kommandant, mit der Fahrt hoch zu gehen, aber schon bei 12 Knoten zog das Boot eine lange Rauchfahne hinter sich her, und bei 14 Knoten kamen dicker Qualm und heller Feuerschein aus dem Schornstein. Dennoch setzte er die Fahrt mit 14 Knoten fort.

Gegen 20.00 Uhr wurden voraus Mündungsfeuer, Leuchtschirme und drehende Signale mit einem Scheinwerfer gesichtet.

Der Kommandant überlegte, was zu tun sei. Mit dem roten Hahn aus dem Schornstein konnte er unmöglich unentdeckt bleiben. Aber selbst wenn er Chalkis erreichte, würde das Boot dort in nicht einsatzbereitem Zustand liegen bleiben müssen. Der Schaden konnte nur mit Werfthilfe behoben werden, und die gab es nur in Saloniki. Also entschloß er sich zur Umkehr und drehte um 21.56 Uhr auf Gegenkurs.

Um 22.20 Uhr unterrichtete ein Funkspruch des Admirals Ägäis über die Lage: Ein Kreuzer und ein Zerstörer beschossen die Küste bei Kassandra, ein Trägerverband wurde etwas weiter im Osten vermutet; mit einer Zerstörerstreife vor Trikiri sei zu rechnen. Tatsächlich hat dann die Luftwaffe vier Zerstörer bei Skiathos gesichtet.

Aber »TA 18« traf am 10. Oktober 1944 um 02.22 Uhr in Saloniki ein und machte an der Pier im Innenhafen fest. Mit der Reparatur wurde alsbald begonnen, ihre Dauer wurde auf 48 Stunden geschätzt.

9.–10. Oktober 1944

Führung: Freg.Kpt. Dominik auf »TA 39«
Beteiligte Boote: »TA 39«
Aufgaben: (153) Verminen der Phleves-Durchfahrt: (154) Geleit der Dampfer »Anna« mit 3 GA-Booten und »Lola« mit 2 R-Booten Piräus – Chalkis.
(153) Nachdem mit diesen beiden Geleiten die letzten Schiffe Piräus verlassen hatten, lief auch »TA 39« um 20.00 Uhr aus. Das Boot warf hinter den Geleiten zwischen 21.04 und 21:31 Uhr 28 Minen in die Phleves-Durchfahrt.

(154) Dann lief »TA 39« den beiden Geleiten nach, überholte das »Lola«-Geleit um 22.00 Uhr und erreichte das »Anna«-Geleit um 22.30 Uhr. Nun hielt sich das T-Boot nach See zu abgesetzt von den beiden dicht unter der Küste fahrenden Geleiten als Sicherung gegen Überraschungen von See her.

Um 00.45 Uhr konnte das »Lola«-Geleit, das inzwischen das »Anna«-Geleit überholt hatte, in den Euböa-Kanal entlassen werden. »TA 39« lief darauf wieder nach Süden zum »Anna«-Geleit und lief mit ihm durch den Euböa-Kanal nach Chalkis. Dort machte das Boot um 06.45 Uhr längsseits »TA 38« zur Öl- und Wasserübernahme fest.

10.–12. Oktober 1944

Führung: Freg.Kpt. Dominik auf »TA 39«
Beteiligte Boote: »TA 39«
Aufgaben: (155) Kriegsmarsch Chalkis – Syra; (156) Truppentransport Syra – Chalkis – Volos

(155) Um 13.30 Uhr legte »TA 39« in Chalkis ab zum Alleinmarsch nach Syra. Durch eine Maschinenstörung sank die Höchstfahrt zeitweilig auf 18 Knoten. Ohne weitere Zwischenfälle traf das Boot um 21.10 Uhr in Syra ein. Dort wurden 90 Mann Truppen von dem Dampfer »Kalidon« übernommen, der danach mit weiteren 40 Soldaten nach Chalkis vorauslief.

(156) Als »TA 39« auch das Sprengkommando an Bord genommen hatte, lief es am 11.10.1944 um 00.30 Uhr aus Syra aus. Abermals setzte eine Maschinenstörung die Fahrt auf 17 Knoten herab. Um 08.00 Uhr machte das Boot in Chalkis fest, wo auch die »Kalidon« wohlbehalten eintraf.

Am 11.10.1944 um 10.30 Uhr und um 14.30 Uhr wurde der Hafen von Chalkis erneut von mehreren Flugzeugen mit Bomben belegt. Im heftigen Abwehrfeuer aller Fahrzeuge gingen die Bomben fehl.

Um 17.30 Uhr legte »TA 39« mit den Truppen von Syra an Bord in Chalkis ab und machte am 12.10.1944 um 02.00 Uhr in Volos fest. Um 14.00 Uhr verholte das Boot auf Reede.

12.–13. Oktober 1944

Führung: Kptlt. Schmidt auf »TA 18«
Beteiligte Boote: »TA 18«
Aufgabe: (157) Geleit Minenunternehmen MS »Zeus«

(157) Nach Beendigung der Maschinenreparatur lief »TA 18« mit »Zeus« am 12.10.1944 um 16.30 Uhr aus. »Zeus« sollte vor der Kassandra-Huk eine große Minensperre werfen. Ein Funkspruch des Admirals Ägäis hatte das Seegebiet bis auf U-Boote feindfrei gemeldet.

Und so konnte »Zeus« von 21.01 Uhr bis 22.31 Uhr die Minensperre planmäßig werfen. Danach traten beide Schiffe den Rückmarsch an.

Am 13. Oktober 1944 um 02.14 Uhr hatte »TA 18« Ruderversager. Es mußte mit Handruder gesteuert werden. Dieses aber war sehr schwergängig, und das Boot war nur unter großen Anstrengungen auf Kurs zu halten. Immer wieder lief es bis zu 20 Grad aus dem Kurs, und ein Dreh, den es einmal aufgenommen hatte, war nur sehr schwer wieder abzufangen. So gelangte »TA 18« nur unter großen Mühen nach Saloniki hinein und machte gegen 04.00 Uhr an der Pier im Innenhafen fest.

Es stellte sich heraus, daß die Kurbelwelle der Rudermaschine gebrochen war.

13.–14. Oktober 1944

Führung: Freg.Kpt. Dominik auf »TA 39«
Beteiligte Boote: »TA 39«
Aufgabe: (158) Geleit Dampfer »Lola« Volos – Saloniki
(158) Nach dem Bombenangriff auf Volos am 13.10. legte um 12.20 Uhr der Dampfer »Lola« inmitten der fortdauernd hochgehenden Munition ab. »TA 39« verholte mit Hilfe von »R 210« eine Seemeile weiter nach Osten.

Um 20.30 Uhr verließ »TA 39« mit »Lola« die Reede von Volos zum Marsch nach Saloniki. »TA 39« hatte die Besatzung »TA 38« sowie 10 Verwundete an Bord, »Lola« 273 Mann Truppen.

Nach einem störungsfreien Marsch mit 14 Knoten trafen beide Schiffe am 14.10.1944 um 07.30 Uhr in Saloniki ein.

14.–15. Oktober 1944

Führung: Kptlt. Lange auf »TA 39«
Beteiligte Boote: »TA 39«
Aufgabe: (159) Geleit Minenunternehmen MS »Zeus«
(159) Am 14.10.1944 liefen »TA 39« und Minenschiff »Zeus« aus Saloniki aus. Es war eine besonders dunkle Nacht, in der das Fühlunghalten zeitweise schwierig war.

Vor der Kassandra-Huk blieb »TA 39« zurück, »Zeus« legte planmäßig ihre Minensperre. Gegen 02.00 Uhr, nun schon am 15.10., schloß »TA 39« wieder an »Zeus« heran, und gegen 05.30 Uhr waren beide Schiffe unversehrt wieder in Saloniki.

15.–16. Oktober 1944

Führung: Chef 12. R-Flottille
Beteiligte Boote: »TA 39«, »R 185«, »R 195«
Aufgabe: (160) Kriegsmarsch Saloniki – Volos
(160) Der Verband verließ Saloniki um 20.50 Uhr und trat den Marsch nach Volos an, Marschfahrt 15 Knoten. Gegen 23.30 Uhr traf ein Funkspruch ein, demzufolge die Boote möglichst noch vor Helligkeit in Volos sein soll-

ten. Dazu war eine Fahrt von 18 Knoten erforderlich, reichlich viel für die alten Räumboote.

Aber sie wurden dieser Sorge enthoben! Um 01.35 Uhr am 16.10. gab es am Achterschiff von »TA 39« eine heftige Detonation. Das Achterschiff war bis zum Hüttenaufbau abgerissen. In den dienstlichen Berichten wurde diese Detonation als Minentreffer bezeichnet, doch fehlt es nicht an Stimmen, die auch einen Torpedotreffer für möglich halten.

Zuerst gelang es noch, die entstandene Schlagseite durch Trimmen auszugleichen, doch dann entwickelten sich die Dinge in rasender Eile. Das Boot war verloren. »R 185« und »R 195« übernahmen die Besatzung und die Geheimsachen. Zwei Mann, die durch die Detonation außenbords geschleudert worden waren, wurden gefischt. So blieb dieser Untergang ohne Personalverluste.

»TA 39« wurde gesprengt und sank am 16.10.1944 um 01.46 Uhr auf 46 m Wassertiefe über den Achtersteven mit wehender Flagge. Die Räumboote brachten die Besatzung nach Saloniki.

18.–19. Oktober 1944

Führung: Kptlt. Schmidt auf »TA 18«
Beteiligte Boote: »TA 18«
Aufgabe: (161) Sicherungsgeleit für Kleinfahrzeuge Saloniki – Kassandra-Huk – Saloniki
(161) In der Nacht 18./19.10.1944 sicherte »TA 18« einen Verband von Kleinfahrzeugen zwischen Saloniki und der Kassandra-Huk. Einzelheiten sind nicht bekannt.

19. Oktober 1944

Führung: Kptlt. Schmidt auf »TA 18«
Beteiligte Boote: »TA 18«
Aufgabe: (162) Kriegsmarsch Saloniki – Argyronesos – Saloniki zur Abholung von Schiffbrüchigen.
(162) Am 19. Oktober verließ »TA 18« Saloniki um 16.00 Uhr (Qu. 08), um von Argyronesos, einer kleinen Insel im Trikiri-Kanal, Schiffbrüchige abzuholen. In Saloniki erwartete man seine baldige Rückkehr, um den Landmarsch nach Norden anzutreten. Aber am 20. Oktober kam weder das Boot zurück noch traf irgendeine Nachricht ein. Am 21. Oktober kam dann der Funkspruch von den Schiffbrüchigen, daß »TA 18« bei ihnen noch nicht eingetroffen sei. Am 22. Oktober wurde eine Luftaufklärung angesetzt, die aber weder das Boot noch irgendwelche Spuren noch Schiffbrüchige sichtete.

Daraufhin mußte »TA 18« mit seiner ganzen Besatzung als vermißt angesehen werden, »ein trauriger Abschluß unserer Ägäis-Seefahrt« (Qu. 08).

Nach dem Kriege verlautete von britischer Seite, »TA 18« habe sich nach

Blick auf Leros mit der Alinda-Bucht. (Foto: Slg. Vorsteher)

Blick über Leros nach Kalymnos. (Foto: Slg. Vorsteher)

Das Torpedoboot »TA 10« war 1934–1936 als »La Pomone« für die französische Marine gebaut und im Dezember 1942 von der italienischen Marine in Bizerta als »F.R.42« übernommen worden. Am 7. April 1943 wurde es zuerst als »SG 47«, dann als »TA 10« für die 4. Geleitflottille in deutschen Dienst genommen. Im August in die Ägäis verlegt, wurde es am 23. September in einem Gefecht mit dem britischen Zerstörer »Eclipse« schwer beschädigt und zwei Tage später in Rhodos gesprengt. (Foto: Archiv BfZ)

Ein weiterer Veteran der Ägäis war der Minenleger »Drache«. 1929–1931 in Hamburg als Flugzeugmutterschiff »Zmaj« für die jugoslawische Marine gebaut, wurde das in Split erbeutete Schiff zunächst im November 1941 als Truppentransporter in die Ägäis verlegt und dann von April–August 1942 zum Minenleger umgebaut. Nach seiner Indienststellung am 26. November 1942 führte es zahlreiche Minenunternehmungen durch und diente auch Versuchen mit einem eingeschifften Hubschrauber. (Foto: Archiv BfZ)

Der bis zum Herbst 1943 »kampfkräftigste« deutsche Verband in der Ägäis war die 21. U-Jagd-flottille, die aus in Griechenland erbeuteten und vorgefundenen Trawlern, Jachten und sogar einem gehobenen britischen Minensucher bestand. Führerboot war lange der ehemals griechische Fischdampfer »Strymon«, der 1941 zuerst als Wachboot »12 V 1« und dann als U-Jäger »UJ 2101« in Dienst kam. (Foto: Archiv BfZ)

Bei den Unternehmungen zur Wiedereroberung der Dodekanes-Inseln spielte die 21. U-Jagd-flottille eine besondere Rolle. Hier »UJ 2101« bei der Ausladung von Truppen auf Kos. Im Hintergrund »UJ 2109«, der ehemals britische Minensucher »Widnes«, der am 16./17. Oktober 1943 in der Akti-Bucht britischen Zerstörern zum Opfer fiel. (Foto: Archiv BfZ)

Verladung von Truppen für die Leros-Operation auf dem Torpedoboot »TA 14«. Auf dem achteren Stand die 12 cm Doppellafette. (Foto: Archiv BfZ)

Verladung eines erbeuteten Jeep vor Leros auf »TA 15«. Auf der Back sind die schrägen Streifen der Fliegererkennungszeichen zu sehen. (Foto: Slg. Vorsteher)

Das Führerboot »TA 15« mit Truppen an Bord auf Kriegsmarsch, gesehen von der Brücke von »TA 16« aus. (Foto: Slg. Vorsteher)

»TA 16« mit Truppen an Bord auf Kriegsmarsch. Vor der Brücke die 10,2 cm Doppellafette. (Foto: Slg. Vorsteher)

Das Torpedoboot »TA 19« auf Kriegsmarsch während der Dodekanes-Operationen. Am 9. August 1944 fiel das Boot vor Vathi dem Angriff des griechischen U-Bootes »Pipinos« zum Opfer. (Foto: Archiv BfZ)

Am 18. November 1943 schifft »TA 15« in Piräus britische Gefangene von Leros aus. (Foto: Slg. Vorsteher)

Nach der erfolgreichen Operation: Soldaten nach der Verleihung des E.K. II vor der vorderen 12 cm Doppellafette von »TA 15«. (Foto: Slg. Vorsteher)

Am 23. Dezember 1943 torpediert das britische U-Boot »Sportsman« vor Lemnos den Transporter »Balkan«. (Foto: Slg. Vorsteher)

Am 22. Februar 1944 greifen britische Flugzeuge ein Geleit mit dem Transporter »Lisa« an. Im Hintergrund das Torpedoboot »TA 17«. (Foto: Slg. Vorsteher)

Am 28. April 1944 versenkt das britische U-Boot »Sportsman« den Transporter »Lüneburg« im Geleit von Booten der 9. T-Flottille. (Foto: Slg. Vorsteher)

Am 8. März 1944 wird »TA 15« vor Iraklion von Raketen britischer Flugzeuge getroffen und gerät in Brand. (Foto: Slg. Vorsteher)

Am 1. Juni 1944 wird der Transporter »Sabine« vor Kreta von britischen Flugzeugen gebombt und geht verloren. (Foto: Slg. Vorsteher)

einem Gefecht mit den Zerstörern »Termagant« und »Tuscan«, derselben Zerstörerrotte, die auch »TA 37« versenkt hatte, auf die Felsen aufgesetzt (Lt. 17).

Es gab aber doch Überlebende. Von zweien von ihnen liegen Berichte über das Schicksal von »TA 18« vor, die sich jedoch in einigen Punkten widersprechen.

»TA 18« lief mit 15 Knoten unter der griechischen Festlandküste entlang und hatte wieder manche der bekannten Störungen. Gegen 20.10 Uhr stand das Boot etwa 10 Seemeilen nördlich der Skiathos-Sperre. Nach einem Bericht (Qu. 49) wurde nichts gesichtet, als plötzlich alles von Leuchtgranaten hell erleuchtet war. Sogleich eröffneten zwei Zerstörer auf geringe Entfernung das Feuer aus allen Rohren und erzielten sofort Treffer. Der Funkraum fiel aus, und im Kesselraum 3 fiel die ganze Mannschaft. Weitere Treffer folgten rasch aufeinander und verursachten viele Verluste. »TA 18« erwiderte das Feuer, und ein Treffer setzte das Achterschiff des einen Zerstörers in Brand. Dann lief das Boot mit Zickzackkursen auf die nahe Küste zu und setzte sich dann mit Wucht auf die Felsen, eingeklemmt beiderseits in eine Felsenspalte. Die Besatzung ging sofort direkt vom Boot an Land und suchte Schutz, denn die Zerstörer setzten das Feuer auf das Wrack fort. Das ganze Geschehen von den ersten Leuchtgranaten bis zum Anlandgehen hatte keine Viertelstunde gedauert. Nach einer Feuerpause verursachte ein erneuter Beschuß wiederum Verluste.

Nach dem anderen Bericht (Qu. 43) sollen die Zerstörer vor den Leuchtgranaten gesichtet worden sein. Die Entfernung soll so groß gewesen sein, daß die Artillerie von »TA 18« das Feuer nicht erwidern konnte, dafür soll ein Torpedo geschossen worden sein, der aber ein Kreisläufer wurde. Es erscheint aber nicht sehr wahrscheinlich, daß bei bedeckter, stockdunkler Oktobernacht Schatten außerhalb der eigenen Artilleriereichweite gesichtet werden konnten. Auch spricht die Tatsache, daß die Zerstörer mit ihrer ersten Salve und dann fortdauernd Treffer erzielten, eher für eine geringe Entfernung und damit auch dafür, daß »TA 18« das Feuer erwiderte. Angesichts der nur kurzen Dauer des Gefechtes ist auch die Angabe, es seien noch Anlagen gesprengt worden, wenig wahrscheinlich. Die Geheimsachen wurden jedoch vernichtet.

Beim Hellwerden erschienen dann auf den Höhen Partisanen und beschossen die Schiffbrüchigen. Das forderte weitere Verluste. Und noch einmal erschienen die Zerstörer und beschossen die Strandungsstelle.

Nachdem die Partisanen die Versuche mehrerer Soldaten, mit Flößen zu entkommen, vereitelt hatten, nahmen sie alle Überlebenden gefangen und brachten sie nach Volos. Dort waren sie drei Wochen lang mancherlei Mißhandlungen ausgesetzt. Dann wurden sie an mehrere Orte in und bei Larissa verbracht, wo dann noch manche der Überlebenden als »Opfer des Hasses« und durch Krankheiten ums Leben kamen. Der Kommandant und der Leitende Ingenieur wurden zum Räumen von Landminen eingesetzt und sind davon nicht zurückgekehrt; es konnte nicht geklärt werden, wie sie zu Tode kamen.

Als drei Monate später die Engländer das Gebiet um Larissa besetzten, sind einige der Überlebenden zu ihnen geflohen, andere wurden bei der Einnahme von Larissa von den Indern in Gewahrsam genommen. Die Engländer brachten die Gefangenen in mehrere Lager in Ägypten.

Wie viele das Drama des 19. Oktober 1944 und die anschließende Leidenszeit überlebten, blieb unbekannt. Die Verluste waren jedoch insgesamt sehr groß. –

SCHLUSSBETRACHTUNG

Mit dem Untergang von »TA 18« hatte die 9. T-Flottille in der Ägäis praktisch zu bestehen aufgehört; wenige Tage später wurde sie auch formal-organisatorisch aufgelöst.

Am Ende ihrer Wirkungszeit hatte sie noch einmal, wie schon zu Beginn bei der Rückgewinnung des Dodekanes, ihre volle Aktivität entfaltet. In den 25 Tagen dieser Endphase seit dem Eintreffen der Boote aus der Adria hatte sie 33 Einsätze gefahren. In 25 von ihnen war die gestellte Aufgabe ohne Verluste trotz der Überlegenheit des Feindes erfolgreich erfüllt worden, 3 weitere wurden ohne Verluste abgebrochen. Auf dieses Ergebnis durften die Männer mit Recht stolz sein.

Aber die 9. T-Flottille in der Ägäis hatte dafür auch viel leisten und einen hohen Preis zahlen müssen. Wer sich die Daten der Einsätze ansieht, muß sich fragen, wann denn diese Männer während langer Perioden überhaupt einmal geschlafen haben. Und alle vier Boote hatte sie verloren! Wenn auch glücklicherweise beim Untergang von »TA 38« und »TA 39« keine Personalverluste zu beklagen waren, so war die große Zahl der Gefallenen und Vermißten beim Ende von »TA 37« und »TA 18« doch besonders schmerzlich.

Auch die anderen Flottillen des ägäischen Raumes waren in dieser Zeit äußerst intensiv im Einsatz gewesen mit Erfolgen und Verlusten. Sie hatten ihre Boote alle oder bis auf einzelne Reste verloren und wurden aufgelöst.

Denn nun ging es in der Ägäis rasch dem Ende zu. Bereits am 19.10.1944 flogen die Kommandanten Kptlt. Lange, Oblt.z.S. Goldammer (nach Entlassung aus dem Lazarett) und Lt.z.S. Scheller in die Adria, um dort neue Boote zu übernehmen. Am 24.10.1944 wurde der Stab Admiral Ägäis aufgelöst. Vizeadmiral Lange wurde bis März 1945 Kommandierender Admiral Westliche Ostsee und dann zur Führerreserve abgestellt. Kpt.z.S. Waue wurde Kommandant der Festung Pola, zum Konteradmiral befördert und nach der Kapitulation mit den Männern seines Stabes völkerrechtswidrig von Tito-Truppen erschossen (Lt. 10).

Nachdem die letzten Schiffe gesprengt worden waren, verließen die deutschen Truppen Saloniki, und am 5.11.1944 landeten dort die Engländer.

Unter großen Anstrengungen war es gelungen, das griechische Festland und die Inseln von deutschen Truppen zu räumen. Allein die Marine hatte seit dem 26.8.1944 37137 Mann über See abtransportiert und dabei nur 380 Mann gleich 1 Prozent der transportierten Soldaten verloren (Qu. 28). Nur auf Kreta, Rhodos, Leros, Kos und Milos waren zusammen etwa 22400 Mann Truppen und rund 4000 Marineangehörige zurückgeblieben. Zuerst lieferten diese, besonders auf Milos, den Briten noch heftige Gefechte, aber dann erlahmte der Kampf; die Engländer betrachteten sie gleichsam als Kriegsgefangene, die sich selber bewachten. Erst bei der Kapitulation kamen sie in Gefangenschaft.

Abgesehen von diesen Inseln war in Griechenland und in der Ägäis für die Deutschen der Krieg zu Ende, nicht aber für die Engländer. Denn bald nach dem Abzug der Deutschen brach der offene Bürgerkrieg aus, in dem die Kommunisten versuchten, die Macht an sich zu reißen. Nur mit Hilfe englischer und amerikanischer Truppen gelang es der Regentschaftsregierung des Erzbischofs Damaskinos, den Aufstand allmählich niederzukämpfen; die letzten Kämpfe dauerten noch bis 1949.

Die 9. Torpedobootflottille in der Ägäis war nicht mehr. Griechenland war geräumt. Die Stäbe und die Kommandanten waren abgeflogen, auch das Marinegruppenkommando Süd wurde im Dezember 1944 aufgelöst. Was aber wurde aus den Männern, die nun noch hier waren, insbesondere aus den fast vollzähligen Besatzungen von »TA 38« und »TA 39«, aus den Resten der Besatzungen von »TA 17« und »TA 37«, Teilen der Stabskompanie Admiral Ägäis und den Besatzungen einiger Räumboote (Qu. 08)?

Was aus ihnen wurde, war so viel, und ihr Schicksal war so dramatisch, daß darüber ein eigenes Kapitel angefügt werden muß.

RÜCKBLICK

Sieht man von der frühzeitigen Indienststellung von »TA 19« als »Achilles« ab, so fehlten acht Tage an der Vollendung eines ganzen Jahres der Indiensthaltung von Booten der 9. Torpedobootflottille in der Ägäis. Es war ein Jahr voller Ereignisse und Erlebnisse, voller schöner Erfolge und schmerzlicher Verluste, voller Leistungen und Leiden, voller Strapazen und Opfer.

In diesem Jahr hatte die 9. T-Flottille 162 Einsätze gefahren. Das waren bezogen auf die einzelnen Boote 307 Feindfahrten. Daran waren die Boote wie folgt beteiligt: »TA 14« 28 Einsätze, »TA 15« 42, »TA 16« 56, »TA 17« 55, »TA 18« 15, »TA 19« 71, »TA 37« 4, »TA 38« 15 und »TA 39« 21, dabei sind bei den Booten aus der Adria nur die Fahrten in der Ägäis gezählt worden. (Zusammen mit den Einsätzen in der Adria und mit der Überführungsfahrt »Odysseus« hatten »TA 37« 17, »TA 38« 30 und »TA 39« 34 Einsätze).

Der Art der Einsatzaufgaben nach hatte die Flottille in dem Jahr gefahren: 79 Geleit- und Sicherungsaufgaben, 34 Transporte von Truppen, Verwundeten, Gefangenen und (in geringen Mengen) Material, 10 Minenunternehmungen als Sicherung des Minenträgers oder selbst als Minenträger, 2 Landzielbeschießungen und 47 Kriegsmärsche; dabei sind einige Fahrten mehrfach berechnet, z. B. wenn bei einer Geleitfahrt auch Truppen auf den eigenen Booten eingeschifft waren.

Von den 79 Geleiten endeten 9 mit dem Verlust des Geleitobjektes. Insgesamt wurden in diesen Fahrten rund 110 Fahrzeuge der verschiedensten Art geleitet, davon gingen 11 verloren; von jeweils 10 Fahrzeugen sind 9 wohlbehalten ans Ziel gekommen. Von den 11 Geleitobjekten gingen vier durch U-Boottorpedos verloren (»Balkan«, »Lüneburg«, »Zar Ferdinand« und »Berta«), vier durch Flugzeugangriffe (»Leda«, »Lisa«, »Gertrud« und »Sabine«), zwei durch Sturm ohne Feindeinwirkung (»Centaur« und »Dimitrios«) und eines durch Fehlnavigation mit nachfolgender Strandung (»Oria«).

Die beiden Flottillenchefs hatten 101 Unternehmungen persönlich geführt, davon Freg.Kpt. Riede 41 und Freg.Kpt. Dominik 60.

Hinter diesen nüchternen Angaben über stolze Erfolge und leidvolle Fehlschläge stehen die Leistungen der Männer der 9. T-Flottille, ihre Pflichterfüllung, ihre aufopferungsvolle Hingabe und ihre Treue. Sie dürfen mit Stolz auf ihre Bewährung blicken, und sie haben sich einen ehrenvollen Platz unter denjenigen erworben, die die Last des Krieges in der Ägäis trugen als die »Kärrner eines Nebenkriegsschauplatzes« in einem Krieg »zwischen strategisch gesehen nunmehr wertlosen Inseln«, der nach und nach erstarb. War es aus der Sicht der Männer nicht doch anders gewesen?

Die hier gemachten Angaben weichen von denen ab, die sich am Schluß des Kriegstagebuchs der 9. T-Flottille in einer Zusammenstellung finden. Die Angaben dieses Buches basieren auf einer anderen Zusammenfassung der Ereignisse zu »Aufgaben«, zudem war die Aufstellung im K.T.B. (Qu. 08) in der Hektik der Auflösung der Flottille geschehen. Deshalb wird auch darauf verzichtet, die anderen Angaben dieser Aufstellung hier wiederzugeben; sie waren mit dem Kenntnisstand vom Oktober 1944 unvollständig. Nur hinsichtlich der folgenden Angaben über die Verluste mußte die Aufstellung des K.T.B. herangezogen werden, da andere Angaben nicht zur Verfügung standen.

Denn den schönen Erfolgen standen auch schmerzliche Opfer gegenüber. Alle neun Boote gingen verloren, sechs von ihnen sanken mit wehender Flagge nach Feindeinwirkung, drei wurden nach feindlicher Waffenwirkung selbst gesprengt.

Die Personalverluste der Flottille betrugen insgesamt 271 Tote und Vermißte, davon sind 260 Soldaten gefallen oder vermißt im Zusammenhang mit dem Untergang ihrer Boote, 11 Mann bei anderen Gefechtshandlungen. Bei rund 1300 Soldaten, die in der 9. T-Flottille Dienst getan haben, betrugen die Verluste also rund 21 Prozent. Mehr als jeder fünfte Kamerad, der in die Ägäis zur 9. T-Flottille kam, hat hier für immer bleiben müssen!

Allerdings geben diese Zahlen, wie das statistische Angaben oft tun, ein schiefes Bild. Denn von den Gefallenen und Vermißten entfielen allein auf den Untergang von »TA 37« und »TA 18« 230 Mann. In den elf Monaten vor

		Chef	TA 18	TA 37	TA 38	TA 39
24.–27.9.	(130)		x			
28.–29.9.	(131)	x		x	x	x
30.9.–1.10.	(132)	x			x	x
	(133)	x			x	x
30.9.–3.10.	(134)		x			
2.10.	(135)	x			x	x
2.–3.10.	(136)	x			x	x
2.–3.10.	(137)			x		
	(138)			x		
3.–4.10.	(139)		x			
	(140)		x			
4.–5.10.	(141)	x			x	x
	(142)	x			x	x
5.–6.10.	(143)	x			x	x
	(144)	x			x	x
6.–7.10.	(145)			x		
6.–7.10.	(146)	x			x	x
	(147)	x			x	x
7.–8.10.	(148)	x			x	x
8.–9.10.	(149)	x			x	x
	(150)	x			x	x
9.–13.10.	(151)				x	
9.–10.10.	(152)		x			
9.–10.10.	(153)	x				x
	(154)	x				x
10.–12.10.	(155)	x				x
	(156)	x				x
12.–13.10.	(157)		x			
13.–14.10.	(158)	x				x
14.–15.10.	(159)					x
15.–16.10.	(160)					x
18.–19.10.	(161)		x			
19.10.	(162)		x			
Summe	33	19	8	4	15	21
Bisher	129	41	7	0	0	0
Insgesamt	162	60	15	4	15	21

diesen beiden Katastrophen hatte die 9. T-Flottille nur 41 Mann verloren, also etwas über 3 Prozent, und das war, gemessen an der Härte dieses Krieges, erstaunlich – erfreulich! – wenig!

Die Trauer und das ehrende Gedenken der Männer der 9. T-Flottille schließt aber natürlich jene Kameraden von »TA 37« und »TA 18« mit ein. Die hohe Zahl von 271 Opfern erfährt nur dadurch eine gewisse Milderung, daß sie dem Kenntnisstand von Ende Oktober 1944 entspricht. Später sind jedoch noch etliche der damals als vermißt Gemeldeten lebend wieder aufgetaucht. Ihre Zahl läßt sich jedoch nicht mehr feststellen. –

Wenn man unter dem Wort »Heldentum« einmal nicht mehr versteht als großartige, selbstlos erbrachte Leistungen, dann waren die Männer der 9. T-Flottille Helden. Sie waren großartig in ihrem nie verzagenden Durchhaltewillen, in ihrer hingebenden Aufopferung in ihren Pflichten und in ihrer unerschütterlichen Treue zu ihren Führern an Bord! Und sie waren selbstlos in der unverbrüchlichen Kameradschaft ihrer Besatzungen als verschworene Lebens-, Kampf- und Schicksalsgemeinschaft! Deshalb verdienen auch sie die Anerkennung, die die Antike, auf deren klassischem Boden sie ja gekämpft hatten, ihren Helden zollte:

Die Männer der 9. T-Flottille hatten ihre Pflicht getan und sich bewährt *wie das Gesetz es befahl!*

13. KAPITEL

Der Rückmarsch

Oktober 1944 bis März 1945

VORBEMERKUNG

Militärhistoriker sehen die militärische Truppe als den Träger der geschichtlichen Kontinuität. Zuerst ist die Truppe, dann erst wird sie mit Gerät und Waffen, mit Kanonen, Panzern, Flugzeugen usw. ausgerüstet. Der Verlust allen Materials unterbricht nicht die geschichtliche Kontinuität. Werden z. B. einem Luftwaffengeschwader alle seine Flugzeuge am Boden zerstört, so geht die Geschichte dieses Geschwaders trotzdem weiter, und irgendwann wird es dann mit neuen Flugzeugen ausgerüstet, die geschichtliche Kontinuität war nicht unterbrochen. Dies gilt für das Heer, für die Luftwaffe und für die Landtruppen der Marine.

Bei den Seestreitkräften ist das aber anders. Hier ist das Schiff der Träger der geschichtlichen Kontinuität. Zuerst ist das Schiff, dann erst bekommt es seine Besatzung. Erst durch das Schiff wird eine Truppe zur Besatzung, wird ihr Vorgesetzter Kommandant. Wird das Schiff vernichtet oder außer Dienst gestellt, so endet seine Geschichte.

So kommt es, daß geschichtliche Darstellungen, die sich mit Kriegsschiffen befassen, meist auch mit deren Ende aufhören und dem Verbleib der Besatzungen höchstens ein paar abschließende Zeilen widmen.

Mit dem Untergang ihres letzten Bootes, »TA 18«, wäre auch die Geschichte der 9. Torpedobootflottille in der Ägäis üblicherweise zu Ende gewesen. Hier aber soll über die Schicksale der Männer der 9. T-Flottille berichtet werden, solange diese eine geschlossene Truppe bildeten. Denn dieses Buch wurde ja geschrieben, um die Leistungen der Männer zu würdigen, die hinter der Geschichte und den Geschicken der 9. T-Flottille standen und diese überhaupt erst bewirkten. Und diese Würdigung wäre unvollständig, wenn man nicht auch von den Leistungen und Leiden dieser Männer auf ihrem Weg bis ins ferne Deutschland berichten würde.

Damit aber hatten sich die Verfasser eine fast unlösbare Aufgabe gestellt. Denn ihnen stand kaum authentisches Material zur Verfügung, auf das sie sich hätten stützen können. Sie waren auf die Berichte der wenigen Teilnehmer an diesem Rückmarsch angewiesen, zu denen sie Kontakt finden konnten. Und was diese Männer mehr als dreieinhalb Jahrzehnte nach den Ereignissen mündlich aussagen oder zu Papier bringen konnten, war gewiß nicht vollständig und aus wissenschaftlicher Sicht nicht exakt und zuverlässig. Diese Berichte waren vornehmlich persönliche Erinnerungen an bestimmte einzelne Ereignisse, bei denen Orte und Daten oft fehlten, unsicher waren oder gar in Widerspruch zueinander standen.

Um ihre Aufgabe dennoch lösen zu können, mußten die Verfasser in diesem Kapitel das darstellen, was ihnen berichtet wurde. Man darf deshalb von diesem Kapitel weder Vollständigkeit der Ereignisse noch absolute historische Zuverlässigkeit der Angaben erwarten, sondern nur ein der Wahrheit angenähertes Gesamtbild.

Deshalb wurde konsequent darauf verzichtet, Namen zu nennen. Nicht wer was tat oder erlebte, ist wichtig, sondern was geschah. Lediglich die führenden Personen wurden genannt, damit über die Namen das Geschehen vielleicht einmal in einen größeren Rahmen eingeordnet werden kann. Und auch die leider zahlreichen Toten werden nicht namentlich erwähnt, weil es ungerecht wäre, die Namen derjenigen zu nennen, die durch Zufall bekannt sind, und die anderen Namen nicht nennen zu können.

Die geschichtliche Kontinuität der 9. T-Flottille setzte sich in den Besatzungen von »TA 38« und »TA 39« fort, weil sie das Ende der Flottille als in sich geschlossene Truppenteile überdauerten und als solche, jede für sich, die Kerntruppen in ihren künftigen Formationen bildeten. Die Geschicke anderer Soldaten der 9. T-Flottille, darunter die Besatzungsreste von »TA 17« und »TA 37«, anderer Marineteile und sogar fremder Truppen sind in ihre Geschichte mit einbezogen, soweit diese mit diesen beiden Besatzungen zusammen blieben.

LAGEBETRACHTUNG

Während die Männer der 9. T-Flottille noch immer pflichttreu und unermüdlich ihre Aufgaben in der Ägäis bis zum bitteren Ende erfüllten, merkten sie nicht – oder wollten es nicht merken –, wie sehr sie mehr und mehr in die äußerst gefährliche Lage gerieten, von der Heimat abgeschnitten zu werden und, wenn überhaupt, nur auf dem Weg über die Gefangenschaft nach Deutschland zurückkehren zu können.

Die Feldzüge im Frühjahr 1941 hatte die Verhältnisse auf der Balkanhalbinsel zugunsten der Achsenmächte verändert. Serbien war von deutschen Truppen besetzt. Kroatien war ein eigener Staat unter Ante Pavelić geworden mit teils deutschen, teils italienischen Truppen; es kämpfte auf seiten der Achsenmächte. Albanien war seit 1939 italienisch, Griechenland war besetzt. Rumänien und Bulgarien kämpften auf deutscher Seite, und Mazedonien hatten sich Albanien und Bulgarien geteilt. Da machte es nicht viel aus, wenn in den unzugänglichen Bergen von Montenegro ein gewisser Tito anfing, eine Partisanentruppe aufzustellen.

Die Kapitulation Italiens machte es dann erforderlich, die von Italienern

184

besetzten Gebiete durch deutsche Truppen zu besetzen. Die Folge war eine deutliche Verringerung der Besatzungsdichte, und dadurch konnte sich die Partisanenbewegung Titos ausbreiten und mehr und mehr an Bedeutung gewinnen. Aber eine ernste Gefahr, die deutschen Truppen im Süden der Balkanhalbinsel von der Heimat abzuschneiden, stellten sie immer noch nicht dar. Noch im März 1944 hatte die Besatzung von »TA 15« mühelos von Griechenland durch den ganzen Balkan in Heimaturlaub reisen können.

Aber seit dem Sommer 1944 änderte sich das drastisch. Dies hat der Oberbefehlshaber Südost im Januar 1945 in einer Denkschrift niedergelegt, auf die sich die Darstellung hier bezieht (Lt. 01, S. 56–58). Am 23. August 1944 gab es in Rumänien einen Staatsstreich, gleich darauf stellte Rumänien den Kampf auf der deutschen Seite ein und erklärte am 25. August 1944 Deutschland den Krieg. Am 30. August 1944 rückten sowjetrussische Truppen in Bukarest ein. Und am 8. September 1944 erklärte Bulgarien dem Reich den Krieg.

Russen und Bulgaren, von Tito-Truppen unterstützt, gingen nun auf breiter Front nach Westen vor, und jugoslawische Verbände bewegten sich ihnen von Westen her entgegen. Am 15. Oktober 1944 räumten die deutschen Truppen Belgrad, und wenige Tage später besetzten es die Rote Armee und Tito-Truppen. Am 15. Oktober 1944 waren die Bulgaren in Nisch. Dann standen die Sowjets westlich der Morava, Bulgaren drangen gegen das Becken von Skopje (auch Skoplje) und gegen das Ibar-Tal vor, und Tito-Truppen bewegten sich von Westen her gegen das Ibar-Tal.

Angesichts dieser Entwicklung hatte Hitler schon am 3. Oktober 1944 den Rückzug aus Nordgriechenlad, Südalbanien und Mazedonien befohlen. Aber für diese Rückführung deutscher Truppen stand nur noch die Straße von Saloniki über Skopje, Kosovsko-Mitrovica, Kraljevo, Užice, Višegrad nach Serajevo zur Verfügung. Da lag es auf der Hand, daß Ende Oktober/Anfang November 1944 die Russen entlang der westlichen Morava vordrangen und versuchten, Kraljevo in ihre Hand zu bekommen. Gleichzeitig konzentrierten sich Tito-Truppen in dem Dreieck zwischen Užice, Serajevo und Zvornik.

Der Oberbefehlshaber der Heeresgruppe E, Generaloberst Löhr, versuchte mit allen Kräften, den schmalen Korridor offenzuhalten und vor allem Kraljevo zu verteidigen. Denn wenn Kraljevo fiel, waren die deutschen Truppen im Süden von der Heimat abgeschnitten. Aber selbst wenn es nicht fiel, sorgten die Tito-Truppen dafür, daß sie schon so gut wie abgeschnitten waren.

Und in dieser Lage, auf dieser Straße traten am 25. Oktober 1944 die Männer der 9. T-Flottille ihren Rückmarsch in die Heimat an. Er sollte fünf Monate dauern und ein Leidensweg werden.

VON SALONIKI BIS PEĆ

Seit Beginn der Räumung Griechenlands bewegte sich Truppe auf Truppe von Süden nach Norden durch Jugoslawien. Außer den Kampftruppen des

Heeres waren sie meist als Marschbataillone zusammengestellt. Nur sehr wenige von ihnen waren motorisiert, die allermeisten legten den Weg teils mit der Eisenbahn, teils zu Fuß zurück. Sie zogen die Straße Saloniki – Skopje – Priština – Kraljevo – Višegrad – Serajevo – Brod und weiter nach Deutschland.

Die Rückbewegung war ihre Hauptaufgabe. Einsätze gegen Partisanen, deren Überfällen sie des öfteren ausgesetzt waren, waren zeitlich wie örtlich begrenzt und dienten in erster Linie einer Bereinigung des Marschweges. Auch die Besatzung von »TA 14« hatte auf diese Weise als »Marschbataillon Densch« die Heimat erreicht.

Der Chef der 9. T-Flottille, Freg.Kpt. Dominik, und sein Stab machten sich frühzeitig Gedanken über die Rückführung der Besatzungen ihrer letzten Boote. Aus den an Land befindlichen Besatzungen und Besatzungsresten stellte die Flottille ein »Sicherungsbataillon« auf. Die Soldaten waren notdürftig mit grauen Uniformen aus leichtem italienischem Tropentuch bekleidet und mit Handwaffen ausgerüstet. Am 23. Oktober 1944 bekam dieses Bataillon als »Marinesicherungsbataillon 611« seine endgültige Form: 1. Kompanie die Besatzung von »TA 38« unter Kptlt. Gördes, 2. Kompanie die Besatzung von »TA 39« unter Oblt.z.S. Beyersdorf, 3. Kompanie die Besatzungsreste von »TA 17« und »TA 37« mit Teilen der Stabskompanie des Admirals Ägäis unter Kptlt.(Ing.) Schubert, 4. Kompanie drei Besatzungen der 12. Räumbootflottille unter Oblt.z.S. v. Sartorsky (Qu. 08).

Mit Empörung stellte der Flottillenchef fest, daß der Admiral Ägäis alle Lkw der Marine dem Heer zur Verfügung gestellt hatte; nicht ein einziger war für die dem Admiral anvertraute eigene Truppe! »Es hat den Anschein, als ob mit Beendigung der Seefahrt das Interesse des Führungsstabes Admiral Ägäis für seine Besatzungen, die nun den Landmarsch durch den Balkan antreten müssen, erloschen ist« (Qu. 08).

Am 24. Oktober 1944, genau eine Woche bevor die letzten deutschen Soldaten am 31. Oktober 1944 Saloniki verließen und zwölf Tage bevor am 5. November 1944 die Engländer dort landeten, traf um 17.00 Uhr das Bataillon auf dem Verladebahnhof ein. »Die Vorbereitungen sind so katastrophal schlecht getroffen, daß wir zweimal vergeblich einladen, wieder ausladen, wieder einladen! Das erforderliche Wagenmaterial bekommen wir erst nach langen Verhandlungen und gutem Zureden. Die Offiziere sind schimmerlos, Verhandlungen mit den Rangiermeistern bringen noch am meisten... Meine Leute liegen die Nacht über in wilden Haufen auf der Rampe. Das ist die sprichwörtliche Pünktlichkeit und Korrektheit des deutschen Transportwesens.« Mit diesen bitteren Worten schloß Freg.Kpt. Dominik sein Kriegstagebuch der 9. Torpedobootflottille ab. (Qu. 08).

Am 25. Oktober 1944 setzte sich der Zug in Bewegung (Qu. 08). Die Fahrt, die nun begonnen hatte, war aber keine »normale« Reise mit der Eisenbahn. Der Zug hielt oft und sehr lange, teils auf Bahnhöfen, teils auf freier Strecke. In einigen Fällen durften die Soldaten sogar in die Ortschaften gehen, um etwas zu kaufen, was hier und da nicht ohne disziplinarische Folgen blieb. Störungen durch die Partisanen, von denen einige berichteten, mußten so geringfügig gewesen sein, daß andere Teilnehmer sagten, es habe keine gegeben.

Die Fahrt ging das Vardartal nordwärts über Veles und Skopje und weiter nach Priština und dauerte mehrere Tage und Nächte. Veles wurde schon am 11. November, Skopje am 13./14. November von deutschen Truppen geräumt; die Männer waren gerade noch rechtzeitig aus dem Gebiet herausgekommen.

In Priština zeigte es sich, daß es mit diesem Bataillon seine besondere Bewandtnis haben mußte. Denn der Zug setzte seine Fahrt nicht wie üblich weiter nach Norden fort über Kosovska-Mitrovica nach Kraljevo, sondern er bog nach Westen ab, erst das Tal der Drenica aufwärts, dann das Tal der Klina abwärts. Endlich hielt er in einem hügeligen Talkessel, in den Bergen von mehr als 2500 m Höhe hineinschauten.

Die Ortschaft hieß Peč. Das Bataillon lud aus und bezog Quartier in einer Kaserne.

Peč lag in der jugoslawischen Provinz Kosovo, einer Region mit einem starken albanischen Bevölkerungsanteil, in der vor dem Kriege und auch nachher immer wieder Bewegungen von sich reden machten, die die Autonomie des Gebietes oder seinen Anschluß an Albanien forderten. Deshalb war es im Frühjahr 1941 zu Albanien geschlagen worden. Das Bataillon befand sich also jetzt in Albanien.

Was sollte es hier? Was hatte das zu bedeuten?

Zunächst bedeutete das das Ende des Bataillons. Alsbald nach der Ankunft in Peč wurde es aufgelöst, Freg.Kpt. Dominik und die meisten seiner Offiziere wurden abgezogen.

Beim Marinegruppenkommando Süd war man bemüht, die insgesamt etwa 20 Marine-Sicherungsbataillone nicht aus den Augen zu verlieren. Dazu bediente man sich des neu aufgestellten »Marine-Auffangstabes bei der Heeresgruppe E«, dessen Leiter Kpt.z.S. Bennecke war, vormals Seekommandant Dodekanes. Die Erfolge dieser Bemühungen waren gleich null. Am 9.11.1944 berichtete der Stab, das Bataillon 611 befände sich auf dem Wege von Uroševac Richtung Westen nach Peč, und am 20.11. befand sich das Bataillon seiner Meldung nach immer noch auf dem Marsch nach Peč (Qu. 02). Am 4.12.1944 meldete der Stab, daß die »einsatzmäßig vollständig leerlaufenden Marineoffiziere, Chefs, Kommandanten usw. frei zur Abgabe an die Marine« gestellt seien (Qu. 02). Und am 7.12.1944 ließ er verlauten, inzwischen seien alle Bataillone in Heereseinheiten eingegliedert.

Weder die Gruppe Süd am fernen Attersee noch der Auffangstab im fernmeldemäßig isolierten Serajevo wußten von den Bataillonen mehr als Ereignisse, die schon vor langen Wochen geschehen waren.

Die Marinesoldaten waren dem Heer bzw. der Waffen-SS überlassen, »preisgegeben« worden! Und diese verfuhren auf dem »Rückmarsch in die Heimat« mit den einzelnen Bataillonen offensichtlich sehr unterschiedlich.

Das bisherige Bataillon 611 dürfte zu denjenigen gehören, die es besonders ungünstig getroffen hatten.

VON PEČ BIS PODROMANIJA

In Peč lag die Kampfgruppe des SS-Gebirgsjäger-Regiments »Skanderbeg«, benannt nach dem albanischen Nationalhelden, der etwa 1405 bis 1468 die Freiheit Albaniens und das Christentum gegen die Türken verteidigt hatte. Die Dienstgrade dieses Regiments waren deutsche Angehörige der Waffen-SS oder der Polizei, die Mannschaften waren albanische Freiwillige (»Hiwis«) gewesen. Diese aber hatten eines Tages ihre Truppe verlassen und sich mit ihren Waffen in die Berge zu den Partisanen geflüchtet.

In dieses Regiment wurden nun die Marinesoldaten des bisherigen Marinesicherungsbataillons 611 unter Umgliederung als 2. Bataillon eingegliedert. Seine amtliche Bezeichnung war nun »2. Bataillon der Kampfgruppe des SS-Gebirgsjäger-Regiments »Skanderbeg« oder kurz »II./K.Gr. SS-Geb.Jg. Regt. »Skanderbeg« (Qu. 38).

In allen Berichten war stets nur von diesem Bataillon die Rede, ein anderes wurde nie erwähnt. Ob es andere Bataillone gar nicht gab? Ob andere Bataillone örtlich so weit entfernt eingesetzt waren, daß man sie nie bemerkte? Diese Fragen mußten offen bleiben.

Kommandeur dieses Bataillons war Major Wolf von der Waffen-SS.

Bei der Einteilung des Bataillons in Kompanien blieben die beiden größten in sich geschlossenen Truppenteile, die Besatzungen von »TA 38« und »TA 39«, in sich zusammen. Die Besatzung von »TA 38« bildete den Kern der 4. Kompanie, die von »TA 39« den der 6. Kompanie. Beide Kompanien wurden aber mit anderen Soldaten verschiedener Herkunft und verschiedenen Alters auf rund 200 Mann je Kompanie aufgefüllt.

Mit diesen beiden Kompanien verhielt es sich ähnlich wie mit dem Bataillon: In allen Aussagen von Angehörigen der 4. Kompanie wurden immer nur die 4. und die 6. Kompanie erwähnt, ebenso von den Angehörigen der 6. Kompanie. Andere Kompanien wurden nie genannt, und auf Befragen wurde jede Kenntnis vom Vorhandensein anderer Kompanien verneint. Nahm man hinzu, daß sich der Bataillonskommandeur beinahe ausschließlich um diese beiden Kompanien zu kümmern schien, so gewann man den Eindruck, als habe das Bataillon nur aus der 4. und 6. Kompanie bestanden.

Dieses Kapitel beschränkt sich daher auf die 4. und die 6. Kompanie so, als habe es andere Kompanien nicht gegeben. Dies ist auch zulässig, weil in diesen beiden Kompanien die Soldaten der 9. T-Flottille – und um diese geht es ja – erfaßt werden.

Chef der 4. Kompanie wurde Hauptmann der Waffen-SS Knapp, Chef der 6. Kompanie Hauptmann der Polizei Kirsch.

Als Zugführer wurden in beiden Kompanien die Offiziere und Unteroffiziere mit Portepee der Torpedoboote eingesetzt. Jeder von ihnen erhielt einen Dienstgrad der SS oder der Polizei als militärischen Berater zugeteilt.

Jeder Gruppe waren ein SS- oder Polizeidienstgrad und ein Unteroffizier der Marine zugeteilt. Damit sollte einerseits in jeder Gruppe Erfahrung im Partisanenkrieg vorhanden sein, andererseits aber das Zusammengehörigkeitsgefühl der Soldaten gewahrt bleiben.

Nach einer nur wenige Tage dauernden Einweisung in die neuen Aufgaben und in die Tücken des Partisanenkrieges kamen die Kompanien am 5. November 1944 in ihren ersten Einsatz bei Dečani, einem Ort etwa 15 km südlich von Peč (Qu. 41). Es galt, ein bergiges Gelände mit viel Wald von Partisanen zu säubern. Die Züge bekamen einzeln eine Marschrichtung und eine Uhrzeit befohlen, zu der sie bei bestimmten Sammelpunkten zu sein hatten. Immer wieder störten Gewehrschüsse das Vorgehen der Züge.

Einmal erhielt ein Zug starkes Feuer von einem jenseitigen Berghang. Ein anderer Zug sah sich auf dem eigenen Berghang einer stärkeren Partisanengruppe gegenüber, gegen die er vorgehen sollte. Nach einigen Feuerstößen aus dem Maschinengewehr MG 42 stürmten die Soldaten den Hang. Die Partisanen ergriffen die Flucht – vor dem MG 42 hatten sie großen Respekt.

Während der Nacht nahmen Teile der Kompanien Quartier in Bauernhöfen, ein Teil quartierte sich in einem Kloster ein. Die Mönche waren freundlich und boten Essen und Wein an. Aber die Soldaten waren vorsichtig und stellten eigene Wachen aus. Als dann nachts ans Tor geklopft wurde, trafen die Soldaten ihre Vorbereitungen für den Empfang. Dann wurde das Tor geöffnet – draußen standen mehrere Partisanen. Als diese erkannten, wen sie vor sich hatten, flohen sie, drei von ihnen wurden erschossen.

Am 6. November 1944 setzten die Kompanien die Säuberung des Geländes, ständig unter Feindeinwirkung, fort. Abends waren sie dann ohne Verluste wieder in Peč.

In den folgenden Tagen wurde der Troß zusammengestellt für den Transport von Gepäck, Proviant und Munition. Die Fahrzeuge und Zugtiere wurden ordnungsmäßig requiriert. Die Angaben über die Zahl der Pferde-, Ochsen- und Maultiergespanne je Kompanie schwankten, ein Gespann mit einer Feldküche von nur 120 Litern Fassungsvermögen (für 200 Mann!) war dabei. Die Zuggeschirre mußte die Soldaten selbst behelfsmäßig herstellen, und es gab keine ordentlichen Tragesättel (Qu. 38).

Darüber war es Mitte November geworden, drei Wochen waren die Männer der 9. T-Flottille nun schon unterwegs. Es wurde Zeit, aus diesem Gebiet zu verschwinden!

Und dann kam der Befehl zum Abmarsch. Das Regiment wurde in Peč auf die Bahn verladen. Die Fahrt ging zunächst wieder nach Osten bis Priština und dann nach Norden über Kosovska-Mitrovica und durch das Ibartal bis Kraljevo.

In Kraljevo war die Bahnfahrt zu Ende. Der Kanonendonner der nahen Ostfront war deutlich zu hören, schon das 35 km nordöstlich gelegene Kragujevac war in sowjetischer Hand. Der Weg nach Norden war versperrt, und so marschierte nun das Regiment nach Westen das Tal der Westlichen Morava aufwärts über Čačak und Požega nach Užice. Die Belästigungen durch die Partisanen hielten sich in erträglichen Grenzen, größere Verluste gab es nicht.

Hinter Užice mußte die Wasserscheide zwischen der Morava und der Drina überwunden werden. Aus dem Tal ging es sehr steil bergauf bis Kremna und zum Sargan-Paß auf etwa 1000 Meter Höhe und von dort ein Gefälle von 16 Prozent bergab nach Vardiste und Višegrad im Tal der Drina. Doch dieser Gebirgskette folgte sofort eine zweite mit einer Paßhöhe von 1200 Meter Höhe und wieder bergab nach Rogatica. Und dann kam der dritte Paß in 1000 m Höhe bis Podromanija. Diese Marschroute zielte eindeutig auf das nur noch 35 km entfernte Serajevo.

Dieser Marsch von Užice bis Podromanija war eine ungeheure Strapaze. Bei einer durchschnittlichen Leistung von 30 km je Tag führte er in den Tälern durch viel Regen und Nässe, in den großen Höhen aber durch Schnee und Eis. In ihren leichten Tropenuniformen waren die Soldaten den Winterverhältnissen im Hochgebirge schutzlos preisgegeben. Sie nächtigten im Freien. Auf den großen Steigungen kamen die Gespanne nur sehr mühsam vorwärts, die Verpflegung kam nicht nach, und zur Kälte kam der Hunger. Das Schuhwerk war mangelhaft, einige Soldaten hatten sich schon Felle um die Füße gewickelt, weil die Schuhe durchgelaufen waren oder weil sie sie zu nah am Feuer getrocknet hatten. Die Zahl der Fußkranken wuchs, und viele der Männer litten unter Durchfall.

Dieser Weg war mit den Spuren vergangener Kämpfe gezeichnet, tote Partisanen, Tierkadaver, Gerätetrümmer säumten ihn. Jeden Tag kam es zu Gefechten mit den Partisanen, meist waren es einzelne Schützen in Bäumen oder guten Verstecken. Auch in der Nacht führten die Partisanen Störangriffe aus. Größere Verluste traten aber vorerst nicht ein.

Die Partisanen verwendeten auch Hunde als Kundschafter. Sie postierten ein Tier am Straßenrand. Bei Beginn einer vorbeiziehenden Kolonne fing es zu bellen an und hörte erst damit auf, wenn der Schluß der Truppe vorbei war. Aus der Dauer des Bellens konnten die Partisanen auf die Stärke der Truppe schließen. Als dies erkannt war, wurden die Hunde ohne einen Schuß mit dem Gewehrkolben erledigt.

Bei Podromanija führte die Straße mit einer Steigung von zehn Prozent durch einen Wald. Hier bekam das Bataillon sehr starkes Feuer. In breiter Formation, die 4. Kompanie rechts von der Straße, die 6. Kompanie links davon, unterstützt durch Granatfeuer der Bataillonstruppen, erzwang das Bataillon den Weitermarsch. Als dann die Höhe erreicht war, wurde eine Ruhepause befohlen; alle waren sehr erleichtert, daß dieses Gefecht ohne Verluste überstanden war.

Was diese Männer befähigte, alle diese Strapazen, Entbehrungen und Leiden durchzustehen, war ihr unbändiger Drang, nach Hause zu kommen. Jeder noch so qualvolle Schritt brachte sie ein Stückchen näher nach Serajevo, und dort erwarteten sie eine rasche Bahnfahrt in die Heimat.

Bei Podromanija aber wurden diese Erwartungen zunichte!

VON PODROMANIJA BIS BIJELJINA

Während jener Ruhepause des Bataillons nach dem Gefecht bei Podromanija erschienen plötzlich der Regimentskommandeur mit einigen seiner Offiziere und der Bataillonskommandeur. Sie befahlen den sofortigen Weitermarsch des Bataillons, nun aber nicht weiter nach Westen in Richtung Serajevo, sondern nach Norden in Richtung Vlasenica und Zvornik an die Drina.

Dieser folgenschwere Befehl hatte ganz offensichtlich nicht in der ursprünglichen Absicht der Führung gelegen. Wäre ein Einsatz des Bataillons an der Drina geplant gewesen, so hätte man es von Užice aus über Rogačica und Ljubovija direkt dorthin marschieren lassen können. Da man ihm aber den strapazenreichen Weg über Višegrad und Rogatica nach Podromanija zugemutet hatte, war die Rückführung des Bataillons über Serajevo in die Heimat doch wohl ernsthaft beabsichtigt gewesen. Nun war diese Absicht offenbar aufgegeben worden – und eine maßlose Enttäuschung in der Truppe war die Folge.

Das Bataillon trat den Marsch nach Norden an. Zunächst war eine mit einem schweren Maschinengewehr bestückte Partisanenstellung zu nehmen. Dann stand das Bataillon an einer Kreuzung mit einem Wegweiser nach links »Serajevo 33 km«. Hier wurden Oblt.z.S. Beyersdorf und Lt.z.S. Thurm abkommandiert, und über Serajevo einer neuen Verwendung zugeführt.

Eine solche Maßnahme, einen Offizier aus einer in Bedrängnis geratenen Truppe herauszuziehen, war stets zweischneidig. Einerseits hinterließ sie bei der Truppe das ungute Gefühl, von ihren Offizieren im Stich gelassen zu werden, und auch das Ehrgefühl des Offiziers sträubte sich gegen solche Untreue. Andererseits aber konnten ausgebildete, erfahrene und bewährte Seeoffiziere für das Kriegsganze an anderer Stelle sehr viel mehr Nutzen bringen als im Gebirgskrieg, wo sie ihren Untergebenen an Können und Erfahrung nichts voraus hatte. Aber man weiß ja auch nie vorher, wer das bessere Los gezogen hatten. Schließlich sind die Unteroffiziere und Mannschaften, wenn auch unter bitteren Verlusten, noch vor dem Kriegsende in der Heimat gewesen, während die beiden Offiziere im Mai 1945 erst noch durch die Kriegsgefangenschaft mußten.

Nun gab es – dem Vernehmen nach – nur noch einen Marineoffizier im Regiment, einen Oberleutnant zur See als Marineverbindungsoffizier im Regimentsstab. Dieser hatte zwar keine Befehlsgewalt und nicht einmal eine Stabsbefugnis, aber vielleicht war es doch seinem Einfluß oder seinem direkten Draht zu höheren Marinestellen zu verdanken, wenn letztlich die Marineangehörigen doch noch aus der SS herausgelöst und nicht ganz von ihr vereinnahmt worden sind. Mutmaßlich ging schon diese Abkommandierung der beiden Offiziere auf Schritte von ihm zurück.

Waren die Angriffe der Partisanen auf der Strecke Užice – Podromanija schon spürbar heftiger als vorher, so steigerten sie sich auf dem nun folgenden Marsch zu außerordentlicher Härte. Das waren nun keine einzelnen Überfälle aus dem Hinterhalt mehr, das waren jetzt regelrechte Gefechte mit stärkeren Trupps, die mit Minen, schweren Maschinengewehren und Granatwerfern ausgerüstet waren. Kaum ein Tag verging ohne wenigstens ein solches Gefecht, und nun traten auch Verluste ein.

An diese Gefechte hatte jeder Teilnehmer seine eigenen Erinnerungen. In ihnen überwog der subjektive Eindruck des Erlebten, so daß die objektiven Merkmale solcher Gefechte, wie Daten und Orte, nicht mehr zu rekonstruieren waren. In diesem Bericht muß deshalb darauf verzichtet werden anzugeben, was sich wann und wo zugetragen hat. Belegt sind solche Gefechte für den 1. Dezember 1944 bei Didinovici, für den 2. Dezember 1944 bei Kram, für den 3. Dezember bei Mrkalje und für den 14. Dezember 1944 bei Jardan sowie im Zusammenhang mit den Ereignissen in und um Zvornik am 16. Dezember und 19. Dezember 1944 bei Karakaja (Qu. 39).

Einigen Berichten zufolge (so Qu. 41) haben sich diese Gefechte schon bei Višegrad zugetragen, und als Datum dazu wurde der 3.11. genannt. Dies ist unzutreffend, denn erstens befand sich das Bataillon am 3.11. noch in Peč, und wenn es zweitens 3.12. heißen sollte, dann war das Bataillon zu dieser Zeit bereits hinter Podromanija (Qu. 39). Auch trifft es nicht zu, daß das Bataillon von Višegrad an der Drina entlang nach Zvornik marschiert ist.

Einmal war eine motorisierte Pioniereinheit vor dem Bataillon auf Minen geraten. Das Bataillon begab sich im Eilmarsch zur Unglücksstelle. Die Soldaten fanden aber nur noch Tote und ausgebranntes Material vor. Da der brennende Lkw die Straße versperrte, mußte das Bataillon einen Umweg machen, der ebenfalls durch vermintes Gelände führte. Die Minen waren aber so schlecht getarnt, daß sie rechtzeitig unschädlich gemacht werden konnten.

Das Bataillon marschierte in der Reihenfolge 4. Kompanie, Bataillonstruppen, 6. Kompanie oder umgekehrt. Dadurch übernahm jede Kompanie abwechselnd die Spitze und die Schlußsicherung.

Ortschaften wurden zumeist umgangen, weil von dort dem Bataillon oft schweres Feuer entgegenschlug.

Trotz aller ihrer Anstrengungen, trotz der Gunst des Geländes, trotz der Schwächung der deutschen Truppen durch Fußleiden, Krankheiten und Hunger und Kälte gelang es den Partisanen nicht, den Marsch des Bataillons aufzuhalten. Es erreichte befehlsgemäß die Drina und rückte Mitte Dezember in Zvornik ein.

In Zvornik herrschte friedliches Treiben. Wer noch Geld hatte, konnte einkaufen. Plündern und eigenmächtiges Requirieren waren bei Strafe verboten, und so zahlten die Soldaten in (wertlosen) griechischen Drachmen, in (wertlosem) Wehrmachtsgeld, oder sie stellten Bescheinigungen aus, die (unzutref-

192

fenderweise) auf der Kommandantur eingelöst werden sollten. Diese Handlungen lagen gewiß schon jenseits der Grenze der Legalität, aber sie dienten ja nicht der persönlichen Bereicherung, sondern den elementarsten Lebensbedürfnissen, der Abhilfe gegen den Hunger und gegen die Mängel der Bekleidung; jemand ließ sich sogar für 60 Drachmen von einem Moslem seine Schuhe neu besohlen.

Das Bataillon quartierte sich in der Stadt ein, die 6. Kompanie und Teile der 4. Kompanie lagerten im Freien westlich und nordwestlich der Stadt. Eine andere, unbekannte Einheit sicherte östlich der Drina. Ein Zug der 4. Kompanie bezog auf einem Berg, von dem aus man ganz Zvornik überblicken konnte, eine mit Stacheldraht, spanischen Reitern, Laufgräben und einem Bunker befestigte Stellung. Hier wurde er nachts von Partisanen angegriffen und mit Granatwerfern beschossen. Es gelang ihm aber, die Stellung zu halten und sogar einen Gegenstoß zu machen (Qu. 41).

In der Nähe der 6. Kompanie mußte ein Flugzeug notlanden, es hatte eine Ladung reparierter Schuhe an Bord. Der Hauptfeldwebel der Kompanie ließ sie kurzerhand an die Soldaten verteilen. Er hat sie durch diese Eigenmächtigkeit wenigstens einer nützlichen Verwendung zugeführt, anstatt sie in Partisanenhand fallen zu lassen.

Nach einigen Tagen in und bei Zvornik kam es dann nachts zu sehr schweren Zusammenstößen mit den Partisanen, bei denen es wieder bittere Verluste zu beklagen gab. Der Feind griff die Bataillonstruppen in der Stadt an, der Kompaniegefechtsstand der 4. Kompanie wurde vom Feind besetzt (Qu. 41). Die Ereignisse überstürzten sich, es gab ein heilloses Durcheinander, begleitet von einem wilden Feuerwerk. Melder kamen nicht mehr durch, der Troß verlegte aus der Stadt hinaus. Die beiden Kompanien zogen sich dann nördlich der Stadt auf der Straße zurück.

Bei einem Stoßtrupp, der noch einmal zurückgeschickt werden mußte, wurde ein Soldat verwundet. Seine Kameraden brachten ihn in ein Haus, konnten ihn aber nicht transportieren. Sie arbeiteten sich durch heftiges Feuer zur Truppe durch und kamen dann mit einer Tragbahre wieder. Sie fanden den Verwundeten mit durchgeschnittener Kehle wieder; er hatte sich mit einer Rasierklinge töten wollen. Sie haben ihn noch lebend zur Truppe zurückgebracht.

Inzwischen war die Brücke über die Drina gesprengt worden. Eine Einheit war nicht mehr rechtzeitig auf das westliche Ufer gelangt, und nun mußten die Kameraden vom Bataillon tatenlos mit ansehen, wie diese Einheit von den Partisanen aufgerieben wurde; die Drina führte zu viel Wasser und war zu reißend, so daß alle Versuche, sie zu überqueren, scheiterten.

Nach diesen schweren Kämpfen, die für den 16. Dezember 1944 und für den 19. Dezember 1944 bei Karakaja bezeugt sind, marschierte das Bataillon weiter an der Drina entlang nach Norden. Vorerst war das mittelgebirgige Gelände noch den Partisanen vorteilhaft. Erst bei Janja wurde die Gegend flach und übersichtlich.

Am 21. Dezember 1944 trafen das Regiment und das Bataillon bei heftigem Schneefall in Bijeljina ein. Regiment und Bataillon bezogen Quartiere im Ort, während die 4. Kompanie nach Patkovaca an die von Bijeljina nach Süden führende Hauptstraße und die 6. Kompanie nach Golo-Brodo mehr zur Drina hin verlegt wurden.

Hier sollte die Truppe »einige Tage« bleiben.

IN BIJELJINA

»Einige Tage«, das wurden dann über zwei Monate, die das Bataillon von Partisanen in Bijeljina eingeschlossen war!

Hier war nun zunächst einiges an persönlichen Dingen nachzuholen, besonders hinsichtlich der Körperpflege, wozu in den vergangenen zwei Monaten des Marschierens, des Kämpfens und der ständigen Bereitschaft keine Gelegenheit gewesen war. Die Läuse aber blieben! Am Tage bauten die Soldaten dann die Stellungen aus und sicherten das Gelände. Nacht für Nacht aber griffen die Partisanen in Stoßtruppstärke an, mal hier und mal dort, hauptsächlich wohl in der Absicht, Unruhe zu stiften und die Truppe zu zermürben. Dabei gab es auch eigene Verluste.

Für den 2. Januar 1945 befahl das Bataillon eine Reinigung des Geländes vor den eigenen Stellungen. Der Bataillonskommandeur führte den Einsatz der 4. und 6. Kompanie selber. Der Vorstoß hatte wenig Erfolg, die Kompanien mußten sich unter zum Teil dramatischen Verhältnissen zurückziehen und hatten auch Verluste zu beklagen.

Mehrmals setzte der Feind zu größeren Aktionen an. Das Bataillon wandte jedesmal die gleiche Taktik an: Die Soldaten waren in ihren Stellungen und ließen den Feind herankommen, ohne zu schießen. Dadurch wiegte sich der Feind in Sicherheit und wurde leichtsinnig. Erst wenn er nur noch auf Handgranatenwurfweite entfernt war, bekam er heftiges Feuer. Sein Rückzug wurde zur Flucht, und er hatte große Verluste.

Kampfhandlungen sind in der Nähe von Patkovaca für den 23. Dezember, den 26. Dezember 1944 sowie für den 14. Januar, den 27. Januar und den 28. Januar 1945 sowie in der Nähe von Glavice für den 2. Januar 1945 urkundlich belegt. (Qu. 39).

Ende Januar 1945 griffen zum ersten Male feindliche Flugzeuge an, ohne jedoch großen Schaden anzurichten. Daraufhin erhielt jede Kompanie eine 2 cm-Kanone, die dann auch im Erdkampf gute Dienste leistete.

Die ganze Zeit von Ende Dezember 1944 bis Mitte Februar 1945 war weniger durch spektakuläre Ereignisse und eigene oder feindliche Großaktionen gekennzeichnet als durch den andauernden Kleinkrieg. Dieser war belastend für die Truppe, denn er forderte auch Verluste. Vor allem aber verlangte er eine ununterbrochene Bereitschaft und intensiven Wachdienst. Dies liest sich hier so leicht, aber man muß berücksichtigen, daß es bitterkalter Winter war und daß die Soldaten völlig unzureichend ausgerüstet waren. Der Zustand der Truppe war so schlecht, daß sich der Chef der 6. Kompanie veranlaßt sah, einen Bericht an das Bataillon zu schreiben. Von diesem Bericht lag ein Originaldurchschlag in Privatbesitz vor, so daß aus ihm zitiert werden kann: (Qu. 38):

»Die Bekleidung ist... sehr unterschiedlich und mangelhaft, Tropenausrüstung, alte Uniformen; Winterausrüstung fehlt vollkommen... Der gegenwärtige Bekleidungszustand ist äußerst mangelhaft, im Laufe des Einsatzes alles durchwegs abgetragen. Bekleidung und Schuhwerk schützt die Soldaten nicht mehr vor Nässe und Kälte.

Durch die laufenden Einsätze (Märsche, Sicherungsdienst, Spähtrupp-, Angriffsunternehmen) ist der Krankenstand hoch; vorwiegend Fußkranke durch schlechtes Schuhwerk. Durch den angespannten Einsatz bleibt keine Zeit für die Schonung und Ausheilung der Kranken. Kleine Ausfälle an Erfrierungen machen sich schon bemerkbar, da die Männer in ihrer abgetragenen und dürftigen Bekleidung Nacht über in Stellung liegen müssen, tagsüber zu Spähtrupp- und Angriffsunternehmungen herangezogen werden und so mitunter stundenlang im Schnee liegen müssen. Die Truppe ist stark verlaust, keine Mittel zur Entlausung, keine Seife zur Körper- und Kleiderreinigung ist vorhanden, viele Anfälle von Krankheiten aller Art. Starke und anhaltende Durchfallerscheinungen bei einem hohen Prozentsatz der Kompanie treten laufend auf.

Ab Kremna einseitige, keineswegs ausreichende Verpflegung, insbesondere Kartoffel-, Gemüse- und Brotmangel. Die Leute sind stark körperlich geschwächt durch die laufenden Strapazen, Witterungseinflüsse und durch die unzureichende Verpflegung.

Es muß in Erwägung gezogen werden, daß das Bordpersonal seit November 1943 in erhöhtem Tag- und Nachteinsatz in der Ägäis und Adria gestanden hat. Hinzu kommen ab November 1944 die Tag- und Nachteinsätze im Bandenkampf. Die Widerstandskraft und Härte der Truppe ist durch die dauernde Inanspruchnahme stark herabgemindert. Gegenwärtig beträgt die Stärke der Kompanie 150 Mann, d.i. ein Ausfall von 25 %.

Den Angehörigen der Marine ist... gesagt worden, daß die Marine zusammen mit Heereseinheiten beschleunigt ins Reich, verbunden mit kleinen Sicherungsaufgaben, zu neuem Einsatz überführt würde. Der nunmehr lange und anhaltende Einsatz der Männer im Bandenkampf... hat die Truppe stimmungsmäßig merklich beeinträchtigt... Im Gegensatz zu der bisherigen guten Versorgung und fürsorglichen Betreuung der Männer bei der Marine fühlen sich die Soldaten im gegenwärtigen Einsatz in bezug auf Bekleidung, Bewaffnung, Ausrüstung und Verpflegung – nicht zu vergessen Marketenderwaren zu den Fest- und Feiertagen – zurückgesetzt und nicht genügend betreut. Es herrscht daher bei der Truppe eine starke Mißstimmung.«

Diese Mißstimmung hatte auch ein Absinken der Disziplin zur Folge, zumal die Soldaten in ihrem Ausharren und Kämpfen hier keinen Sinn und kein

Ziel erkennen konnten. Wozu waren sie eigentlich hier? Das Gefühl machte sich breit, hier ohne strategischen Zweck, ja sogar ohne taktische Aufgabe verheizt zu werden. Allerdings: In einem Stadium des Krieges, in dem Frauen Panzergräben ausheben mußten, in dem alte Männer und vierzehnjährige Jungen in den Kampf geschickt wurden, mutet es so ganz sinnlos nicht an, wenn aktive Soldaten, wenn auch zur Marine gehörend, als Truppe im besetzten Feindesland im Bandenkampf eingesetzt wurden.

Was diese Truppe überhaupt noch zusammenhielt, war erstens die Erkenntnis, daß jedes Entfernen von der Truppe unvermeidlich in die Gewalt der Partisanen führen würde, und diese brachten unterschiedslos jeden um, der ihnen in die Hände fiel. Und zweitens war immer noch der Wunsch, nach Hause zu kommen, die stärkste Triebfeder, und er verband sich mit der Einsicht, daß er nur mit und in dieser Truppe in Erfüllung gehen konnte, niemals aber ohne sie.

Die Soldaten begrüßten es daher freudig, als sich in der zweiten Februarhälfte das Blatt wendete: Eine Artillerieeinheit der SS-Gebirgsdivision »Prinz Eugen« hatte sich nach Bijeljina durchgekämpft und damit das Bataillon aus der Einschließung befreit.

Bald nach Eintreffen dieser Artillerieeinheit wurde ein Trupp Soldaten – aus unbekannten Gründen – abkommandiert. Hauptmann Kirsch kommandierte diesen Trupp. Ein Teil davon geriet in einen Hinterhalt der Partisanen und hatte schwere Verluste, auch Hauptmann Kirsch fiel. Die meisten Soldaten aber sind heil durchgekommen. Die Führung der 6. Kompanie übernahm jetzt der Sturmführer und Leutnant der Waffen-SS Bautz.

Danach machte das Bataillon zusammen mit der Artillerieeinheit einen Vorstoß nach Janja und befreite dort eine eingeschlossene Resteinheit von Marineangehörigen unter Oblt.z.S. Sommerfeld, deren zahlreiche Verwundete in bejammernswertem Zustand waren. Diese Truppe wurde nach Bijeljina eingebracht.

Und mit dem Monat Februar 1945 ging auch die Leidenszeit in Bijeljina zu Ende.

HEIMKEHR

Am 27. Februar 1945 marschierte das Bataillon unter dem Schutz der Artillerieeinheit der Division »Prinz Eugen« aus Bijeljina ab. Es ging in Richtung Brčko an der Save. In der Nähe dieses Ortes traf das Bataillon am 2. März 1945 in Rajevo-Selo ein, einem wohlhabenden, sauberen Dorf mit vorwiegend deutschstämmiger Bevölkerung. Hier bezogen die Marineangehörigen Quartier und trennten sich von den SS- und Polizeiangehörigen des Regiments »Skanderbeg«. Da diese noch weiter zusammen mit Heereseinheiten im Bandenkrieg eingesetzt werden sollten, ließen ihnen die Marinesoldaten ihre gesamte Ausrüstung außer den Handwaffen zurück.

Diese Marineangehörigen hier in Rajevo-Selo bestanden außer aus den Besatzungen von »TA 38« und »TA 39« aus den Resten zahlreicher verschiedener Kommandos. Sie wurden nun zu Kompanien zusammengestellt als ein Marschbataillon unter Führung des Oblt. z. S. Sommerfeld. Einige Tage später marschierte diese Truppe den kurzen Weg bis Brčko und wurde dort in einen Eisenbahnzug verladen.

Am 12. März 1945 setzte sich dieser Zug in Bewegung und fuhr über Brod nach Agram (Zagreb) und näherte sich dann der damaligen Grenze des Deutschen Reiches bei jenem Gebiet Sloveniens, das im Frühjahr 1941 zum Reich geschlagen worden war.

Und dann fuhr der Zug über die Grenze. Jubel herrschte im Zuge, Hochstimmung! Jetzt konnte doch nichts mehr schief gehen!

Konnte nicht?

Am 15. März 1945 um 22.30 Uhr, 3 km nach Überschreiten der Grenze beim heutigen Videm-Krško stieß der Zug in voller Fahrt mit einem entgegenkommenden Kohlenzug zusammen. Das war ein Sabotageakt der Partisanen, denn das slovenische Zugpersonal des Kohlenzuges war frühzeitig vor dem Zusammenstoß abgesprungen.

Eine Szene des Grauens! Die vordersten acht Wagen waren durch den Aufprall zusammen- und ineinandergeschoben worden. Überall Schreie, Stöhnen, Hilferufe. Viele Soldaten waren im Zuge eingeklemmt. Zum Glück war vorher verboten worden, im Zuge Feuer zu machen, sonst wären jetzt viele verbrannt.

Sankas und Hilfe aus der Umgebung waren in einer für die Verhältnisse zu diesem Zeitpunkt des Krieges erstaunlich kurzen Zeit zur Stelle. Die ganze Nacht über dauerten die Rettungs- und Bergungsarbeiten an. Erst am Morgen war die traurige Bilanz zu erkennen: 23 Tote und 40 Verletzte! Vorwiegend waren es Männer der 9. T-Flottille, die sich in den vordersten Wagen befunden hatten. Die Toten wurden dann auf dem Friedhof von Cilli (slov. Celje) beigesetzt.

Es dauerte einige Tage, bis die Bahnstrecke wieder frei war. Dann ging die Fahrt weiter bis Bad Tüffern (slov. Laško) etwas südlich von Cilli.

Dort in Bad Tüffern befand sich eine Marineauffangabteilung. Diese nahm sich der Soldaten an für die Entlausung und für die weiteren Formalitäten für die Rückkehr in die Heimat.

In die Heimat? Die Hölle! Das Chaos!

Die westlichen Alliierten hatten das ganze linksrheinische Gebiet besetzt, waren an mehreren Stellen über den Rhein gestoßen und setzten zu jener großen Zangenbewegung an, die dann der Ruhrkessel werden sollte. Frankfurt am Main war hart umkämpft. Die Rote Armee stand an der Oder. Allnächtlich fielen Bomben über Bomben auf das zerstörte Land, und am Tage machten Tiefflieger Jagd auf alles, was sich bewegte. Und doch: Für die Männer der 9. T-Flottille war es: Die Heimat!

Und am 25. März 1945, auf den Tag genau fünf Monate nachdem die Soldaten der 9. T-Flottille in Saloniki ihren Rückmarsch angetreten hatten, wurde das Marschbataillon aufgelöst. Jeder Soldat bekam einen Einzelmarschbefehl nach Kiel mit der Erlaubnis, die Fahrt dorthin für drei Tage zu unterbrechen zum Besuch von Angehörigen.

Die Soldaten waren nun Einzelpersonen, Einzelreisende, keine Truppe mehr. Die letzten Truppenteile der 9. T-Flottille hatten zu bestehen aufgehört. Und damit endete auch die Geschichte der 9. Torpedobootflottille in der Ägäis.

Und dies geschah zu einem Zeitpunkt, als es in der Adria bereits wieder eine neue, die zweite 9. Torpedobootflottille gab. Doch davon berichtet der zweite Teil dieses Buches.

ADRIA

14. KAPITEL

Der Aufbau der Geleitflottillen in der Adria

September 1943 bis Juni 1944

Wie in den anderen Häfen Italiens und in Piräus wurde auch in den nord-italienischen Adriahäfen der »Fall Achse«, so gut es ging, durchgeführt. Da-durch gelangten die Deutschen neben zahlreichen kleineren Einheiten dort in den Besitz von vier älteren Torpedobooten und zwei Zerstörern. Alle diese Einheiten wurden zunächst der 11. Küstenschutzflottille in Triest zugewiesen (Lt. 09, S. 65/104), die im Dezember 1943 in 11. Sicherungsflottille umbe-nannt wurde. Flottillenchef war Korv.Kpt.d.R. Jürgen v. Kleist. Des weite-ren wurden auf den Werften von Triest und Fiume mehrere mehr oder – meist – weniger fertige Neubauten von Torpedobooten und Korvetten si-chergestellt.

In den Wochen nach der Kapitulation Italiens gelang es, das Torpedoboot »Audace« (ex japan. »Kawakaze«), Baujahr 1916, als »TA 20«, das Torpedo-boot »Insidioso«, Baujahr 1914, als »TA 21« und das Torpedoboot »Giuseppe Missori«, Baujahr 1915, als »TA 22« für die 11. Sicherungsflottille in Dienst zu stellen. Als erster Neubau konnte am 8.1.1944 das Torpedoboot »TA 37« (ex »Gladio«) für die 11. Sicherungsflottille in Dienst gestellt wer-den. Es folgten am 15.1.1944 »TA 36« (ex »Stella Polare«) und am 12.2.1944 »TA 38« (ex »Spada«).

Wegen der zunehmenden Zahl der Einheiten und Aufgaben wurde mit dem Wechsel vom 29.2. zum 1.3.1944 die 11. Sicherungsflottille zur 11. Si-cherungsdivision angehoben; Divisionschef wurde Freg.Kpt. Walter Berger. Ihr wurde die 2. Geleitflottille unterstellt, die aus den Booten der bisherigen 11. Sicherungsflottille gebildet worden war.

Von den Torpedobooten kamen am 1.3.1944 »TA 20«, »TA 21«, »TA 22«, »TA 36«, »TA 37« und »TA 38« zur 2. Geleitflottille. Außerdem sollte das noch nicht in Dienst gestellte Torpedoboot »Giuseppe Dezza«, Baujahr 1914, als späteres »TA 35« zur 2. Geleitflottille kommen.

Der bisherige Chef der 11. Sicherungsflottille, Korv.Kpt.d.R. v. Kleist wurde nun Chef der 2. Geleitflottille. Als solcher wurde er an Bord seines Führerbootes »TA 36« schwer verwundet, als dieses auf dem Marsch von Fiume nach Pola im Quarnero am 18. März 1944 auf eine Mine lief und sank. Nach langem Lazarettaufenthalt (bis September 1944) hat er die Dienstge-schäfte als Flottillenchef nicht wieder aufgenommen; neuer Chef der 2. Ge-leitflottille wurde nun Korv.Kpt. d.R. Friedrich-Wilhelm Thorwest.

Es war vorgesehen, im Zuge des weiteren Zulaufs von Neubauten eine weitere Flottille als »1. Geleitflottille« aufzustellen. Ihr sollten die beiden Zerstörer »Sebenico« (ex jugosl. »Beograd«), Baujahr 1938, und »Antonio Pigafetta«, Baujahr 1930, als »TA 43« und »TA 44«, sowie alle weiteren Neubauten von Torpedobooten zugeteilt werden. »TA 37« und »TA 38« sollten dann von der 2. zur 1. Geleitflottille überwechseln.

Es sei vorweggenommen, daß diese »1. Geleitflottille« Ende Juni 1944 tatsächlich aufgestellt und erst am 1. März 1945, als es in der Ägäis längst keine 9. T-Flottille mehr gab, in 9. T-Flottille umbenannt und in den F.d.Z.-Verband integriert wurde.

Diese Bemerkung bietet Gelegenheit zu einem redaktionellen Einschub: Dieses Buch ist die Geschichte der beiden 9. Torpedobootflottillen; es berichtet über die Leistungen und Geschicke der Besatzungen dieser beiden Flottillen. Sofern in diese Berichte die Boote von Flottillen einbezogen wurden, die andere Namen führten, so richten sich die Kontinuität und die Abgrenzung bzw. Ausweitung des Inhalts nicht nach Bootsarten oder Seegebieten, sondern allein nach den Beziehungen, welche die Männer solcher Boote zu einer der 9. T-Flottillen hatten. Dementsprechend wird in diesem Buch nicht über die älteren Torpedoboote berichtet, die von den 11. Sicherungsflottille zur 2. Geleitflottille kamen, denn deren Soldaten hatten keinerlei Beziehung zu einer der beiden 9. T-Flottillen.

Bei der 1. Geleitflottille lagen die Dinge ganz anders. Erstens wurde dieser ursprünglich als »11. Torpedobootflottille« vorgesehene Verband erst am 1. März 1945 in »9. Torpedobootflottille« umbenannt. Da war es nur sinnvoll, mit dem Bericht über die Leistungen und Geschicke ihrer Besatzungen nicht erst dann zu beginnen, als eine organisatorische Regelung und die Übernahme der Tradition der Ägäis-Flottille die Beziehung herstellte, sondern die ganze Dauer der Indiensthaltung und die Einsätze der Boote einzubeziehen, die, von »TA 37« an aufwärts, ab Juni 1944 unter Freg.Kpt. Friedrich-Karl Birnbaum die 1. Geleitflottille bildeten; schließlich waren es ja dieselben Männer, die hier Dienst taten.

Eine weitere Beziehung zwischen der 1. Geleitflottille in der Adria und der 9. Torpedobootflottille in der Ägäis entstand, als im September 1944 die drei fronterprobten und am besten eingefahrenen Boote der 1. Geleitflottille: »TA 37«, »TA 38« und »TA 39« in die Ägäis verlegt und dort in die 9. T-Flottille übernommen wurden. Hier wurden also erstmalig Männer der 1. Geleitflottille zu solchen einer 9. T-Flottille, und deshalb gehören ihre Leistungen und Geschicke in der 1. Geleitflottille in diese Geschichte der beiden 9. Torpedobootflottillen mit hinein.

Und endlich haben die überlebenden Besatzungsmitglieder des Torpedobootes »TA 15« von der 9. T-Flottille (Ägäis), die dort ihr Boot am 8. März 1944 verloren hatten, den Kern der Besatzung des Torpedobootes »TA 39« in der 1. Geleitflottille gestellt. Hier wurden also Männer der 9. T-Flottille (Ägäis) zu solchen der 1. Geleitflottille (Adria), und ihre Frontbewährung hier ist daher die natürliche Fortsetzung ihrer mit dem 8. März 1944 abgebrochenen Geschichte in der 9. T-Flottille. Diese Besatzung hat dann auch das Wappen von »TA 15«, ein Wappenschild mit einer stilisierten gelben Sonne auf schwarzem Grund, am Schornstein von »TA 39« weitergeführt.

Es war daher nur folgerichtig, die Geschichte der 1. Geleitflottille in jene der 9. Torpedobootflottillen einzubeziehen, wie es ebenso richtig war, dies für die 2. Geleitflottille nicht zu tun.

Natürlich wird auch über den Einsatz von Booten der 2. Geleitflottille dann berichtet, wenn sie mit denen der 1. Geleit- und späteren 9. Torpedobootflottille gemeinsame Einsätze fuhren.

Nach diesem redaktionellen Ausflug nun zurück in den März 1944 und zu den beiden neuen Booten »TA 37« und »TA 38«. Beide waren zwar in Dienst gestellt und hatten ihre Besatzungen, aber beide hatten noch keinen planmäßigen Kommandanten, und beide waren noch nicht einsatzbereit.

Da traf es sich gut, daß am 19. März, an jenem Tage, an dem in der vorausgegangenen Nacht Korv. Kpt. d. R. v. Kleist mit »TA 36« auf eine Mine gelaufen und schwer verwundet worden war, unerwartet ein Torpedobootkommandant in Triest eintraf; das war Kptlt. Carlheinz Vorsteher, bis zum Untergang seines Bootes vor zehn Tagen Kommandant von »TA 15«. Er kam im Auftrag des Admirals Ägäis und sollte von der 2. Geleitflottille ein neues Torpedoboot übernehmen, um es nach Piräus zu überführen als Ersatz für »TA 15«. Seine Besatzung sollte die des zu überführenden Bootes werden; sie wartete in Piräus auf Abruf.

Das für die Ägäis vorgesehene Boot sollte »TA 39« sein, für das noch keine Besatzung vorhanden war. Aber bis zu seiner Fertigstellung würden noch mehrere Wochen vergehen. Also vereinnahmte der Chef der 2. Geleitflottille, Korv. Kpt. d. R. Thorwest, den Kptlt. Vorsteher erst einmal für sich und setzte ihn – als Interimslösung – als Kommandant »TA 38« ein. Von nun an, etwa 21. März 1944, widmete sich Kptlt. Vorsteher seiner Aufgabe als Kommandant von »TA 38«. Er trieb die Ausbildung weiter und machte Erprobungs- und Übungsfahrten. Darüber vergaß er aber seinen eigentlichen Auftrag, »TA 39«, nicht.

Für seine »TA 15«-Besatzung erhielt er vom Flottillenchef Urlaubserlaubnis, und die 9. T-Flottille in Piräus schickte diese dann in Heimaturlaub.

Er entdeckte aber auch, daß es mit den Arbeiten auf »TA 39« nur langsam voranging. Bei Nachforschungen erhielt er stets dasselbe Wort als Antwort: Egéo! Und er kam zu dem Rückschluß, daß sich die Kunde von der beabsichtigten Abgabe des Bootes an den Admiral Ägäis wie ein Lauffeuer bis zum letzten Wehrmachtbediensteten und italienischen Arbeiter herumgesprochen hatte – und wenn schon diese davon wußten, dann wußten es die Engländer erst recht und würden zu gegebener Zeit zur Stelle sein!

In einem langen Funkspruch mit Stabsschlüssel – zum Entschlüsseln mußte ein Stabsoffizier geholt werden – informierte Kptlt. Vorsteher über das Marinegruppenkommando Süd und den Admiral Ägäis seinen Flottillenchef in Piräus. Und seinem Vorschlag gemäß wurde die ganze Überführungsabsicht unter so geringer Geheimhaltung widerrufen, daß bald niemand mehr daran dachte. Nun liefen die Arbeiten an »TA 39« wieder normal an, denn nun wandte man ja das knappe Personal und Material des Bereichs Adria an ein Boot, das hier bleiben und nicht in einen anderen Bereich kommen würde ...

Am 27. März 1944 wurde »TA 39« schließlich in Dienst gestellt. Aber das war nur ein formaler Verwaltungsakt; noch war die Besatzung in Urlaub, noch waren die Wohndecks unbewohnbar. Trotzdem wurde mit diesem Tage Kptlt. Vorsteher Kommandant auch von »TA 39«.

Er hatte inzwischen die 9. T-Flottille in Piräus gebeten, die beurlaubten Soldaten seiner Besatzung anzuweisen, nach planmäßigem Ende des Urlaubs direkt nach Triest zu reisen. Wozu sollten die Männer erst die mühsame Reise von Deutschland nach Athen machen, um dann als Transport von Athen nach Triest zu fahren? Infolge eines Mißverständnisses holte aber die Flottille die Urlauber nun sofort nach Triest. Und so trafen denn um den 1. April 1944 die Soldaten dort ein, hatten aber noch keine Unterkunft an Bord! Da blieb nur, sie abermals in Urlaub zu schicken, bis zum 13. April 1944.

Am 12. April 1944 entband dann Korv.Kpt.d.R. Thorwest den Kptlt. Vorsteher von seinen Pflichten als Kommandant »TA 38«; und als am Tage darauf die Besatzung ankam, war »TA 39« endlich ein in Dienst gestelltes Torpedoboot mit Besatzung und Kommandant. Wenig später traf dies auch für »TA 38« zu, als mit Oblt.z.S. Miron Kunst der vorläufige Kommandant seinen Dienst antrat. Und als Anfang Mai 1944 Oblt.z.S. Friedrich Goldammer »TA 37« übernahm, galt dies auch für dieses Boot. Die 2. Geleitflottille hatte nun drei mit Offizieren und Besatzungen voll besetzte, fahrbereite Torpedoboote des neuen Typs im Dienst und nutzte die Zeit zu Erprobungen und zur Ausbildung.

Am 17. Mai 1944 wurde Kptlt. Vorsteher von »TA 39« abkommandiert, und Kptlt. Werner Lange übernahm endgültig als Kommandant das Boot.

Anfang Juli 1944 wurde dann die »1. Geleitflottille« aufgestellt. Flottillenchef wurde Freg.Kpt. Friedrich-Karl Birnbaum. Zu ihr gehörten als die ersten in Dienst gestellten Boote »TA 37«, »TA 38« und »TA 39«. Ihnen sollten bald weitere Boote dieses modernen Typs folgen.

Von dieser Flottille soll im folgenden berichtet werden.

15. KAPITEL

Die 1. Geleitflottille /
9. Torpedobootflottille (Adria)
Personen, Daten, Fakten

ÜBERSICHT

Das *Marinegruppenkommando Süd* wurde bereits im 2. Kapitel vorgestellt.
Die »Gruppe Süd« war auch für den Raum Adria der dem Oberkommando
der Kriegsmarine, Seekriegsleitung, unmittelbar verantwortliche Führungsstab. Er wurde im Dezember 1944 aufgelöst.

Der *Kommandierende Admiral Adria* war der der Gruppe Süd nachgeord-
nete operative Führungsstab für das Adriatische Meer und die Küsten Istriens, Dalmatiens und Albaniens. Befehlshaber war seit September 1943 mit
einer kurzen Unterbrechung im Juli 1944 bis zur Auflösung des Stabes Vizeadmiral Joachim Lietzmann; ab Januar 1945 war er »Admiral z.b.V. Südost«
bis zum Ende des Balkanrückzuges. Chef des Stabes war von September 1943
bis April 1944 Kapt.z.S. Herbert Friedrichs, der dann bis Dezember 1944
Seekommandant Süddalmatien wurde. Sein Nachfolger als Chef des Stabes
war Kapt.z.S. Karl-Heinz Neubauer, der den Führungsstab mit viel Einfüh-
lungsvermögen für die Anliegen der schwimmenden Verbände bis zum
Schluß leitete. Erster Admiralstabsoffizier war während der ganzen Zeit
Freg.Kpt. Rudolf Lell. Zum Befehlsbereich des »Admirals Adria« gehörten
die Kommandanten der Seeverteidigung, kurz »Seeko« genannt, für die Be-
reiche Istrien, Norddalmatien, Süddalmatien und Albanien, von denen um
die Jahreswende 1944/45 nurmehr der Seeko Istrien mit Sitz in Opicina über
Triest für die Verteidigung des restlichen Küstengebiets im Adria-Bereich
übriggeblieben war. Die Adriaküste Italiens unterstand dem Deutschen Marinekommando Italien (»MarKdo. Italien«). Dem Admiral Adria unterstanden
außerdem die Seestreitkräfte des Raumes Adria.

Der im Herbst 1943 in Sofia und Belgrad aufgestellte Stab Admiral Adria
wurde im Januar 1944 nach Abbazia (Opatija) verlegt und unter dem Druck
der Partisanenverbände in Istrien im September 1944 nach Triest zurückgezogen. Sein Hauptquartier befand sich auf den Karsthöhen über Triest bei
Opicina. Der Stab wurde im Dezember 1944 aufgelöst. Dieser Auflösung
verdankte er es, daß ihm das Schicksal der anderen ebenfalls auf den Höhen
bei Triest untergebrachten Dienststellen erspart blieb, die jugoslawische Gefangenschaft. Im 23. Kapitel wird berichtet, warum diese Stäbe in den ersten
Maitagen 1945 nicht mehr rechtzeitig entsetzt werden konnten.

Die bisher dem Admiral Adria unterstellten Dienststellen und Verbände wurden im Dezember 1944 dem Deutschen Marinekommando Italien unterstellt, das im Januar 1945 in das Marineoberkommando Süd »MOK Süd«, umgewandelt wurde. Befehlshaber und dann Oberbefehlshaber war Vizeadmiral Werner Löwisch.

Die *11. Sicherungsdivision* war einer dieser Verbände. Wie im Ligurischen Meer mit der 7. Sicherungsdivision (Kapt.z.S. Hans Rehm) waren auch in der Adria ihr die Seestreitkräfte der Sicherung, zu denen auch die 1. Geleitflottille und spätere 9. Torpedobootflottille gehörte, taktisch und abgezweigt truppendienstlich einer Sicherungsdivision unterstellt, deren Chef sie nach den Weisungen des Admirals Adria bzw. des MOK Süd einsetzte.

Seit Februar 1944 war dies die 11. Sicherungsdivision unter Freg.Kpt.(ab 1.11.1944 Kapt.z.S.) Walter Berger. Dieser wurde Ende Februar 1945 durch Freg.Kpt. Wilhelm Ambrosius abgelöst, von dem er in der Heimat das Kommando der Sperrschule übernahm.

Es sei dahingestellt, ob vielleicht auch in der Ägäis die Zwischenschaltung einer Sicherungsdivision die Frontfremdheit des dortigen Führungsstabes, unter der der Chef und die Kommandanten der 9. T-Flottille so zu leiden hatten (siehe 10. Kapitel), gemildert haben würde. Im Ligurischen und Adriatischen Meer jedenfalls wirkten sie sich auch in dieser Hinsicht segensreich aus (siehe Lt. 22).

Diese gerühmte Frontnähe des 11. Sicherungsdivision litt aber als Folge der immer katastrophaler werdenden Nachrichtenverbindungen beträchtlich, seit der Stab aus der Via Fabio Filzi in der Nähe des Hafengeländes in das sogenannte Försterhaus auf der Karsthöhe über Triest verlegt hatte.

Die 1. Geleitflottille / 9. T-Flottille (Adria) erhielt auch nach dem Wechsel der Unterstellung vom Admiral Adria über das MarKdo. Italien zum MOK Süd ihre Einsatzbefehle über die 11. Sicherungsdivision bis zur Kapitulation im Mai 1945.

Die *1. Geleitflottille* war im Juli 1944 mit zunächst vier typgleichen Torpedobooten unter dem Kommando von Freg.Kpt. Birnbaum aufgestellt worden. Sie sollte nach Fertigstellung weiterer Boote der »Ariete«-Klasse und zweier ex-italienischer Zerstörer (»TA 43« und »TA 44«) auf den Werften von Triest und Fiume insgesamt zehn kampfkräftige und schnelle Einheiten umfassen. Unter dem Druck der alliierten Luftherrschaft über dem gesamten Einsatzgebiet und der zunehmenden Sabotage auf den Werften standen im zweiten Halbjahr 1944 jedoch nur kurzfristig maximal vier T-Boote zur Verfügung, von denen jeweils die Hälfte nur eingeschränkt kriegsbereit war (e.k.b.) oder so stark beschädigt, daß sie »außer Kriegsbereitschaft« (a.k.b.) gemeldet werden mußten. Zudem mußten manche Boote mit noch nicht voll ausgebildeter Besatzung in den Einsatz.

Als dann im September 1944 die drei fronterprobten Boote »TA 37«, »TA 38« und »TA 39« in die Ägäis verlegten (siehe 19. Kapitel), verblieben dem Flottillenchef für die weitere Zukunft nurmehr jeweils ein bis drei Torpedoboote. Zudem gingen die Ausrüstung der Neubauten und die Reparaturen der havarierten Boote immer schleppender voran.

Die 1. Geleitflottille/9. Torpedobootflottille (Adria)

aufgestellt am 10. Juli 1944 in Triest
unbenannt in 9. Torpedobootflottille (Adria) am 1. März
1945 und personell dem Führer der Zerstörer (F.d.Z.) unterstellt
Flottillenchef
    Freg.Kpt. Birnbaum, Friedrich-Karl   10.7.44–2.5.45
Flottilleningenieur
    Kptlt.(Ing) Müller, Erich   10.7.44–2.5.45

Torpedoboot »TA 37« (ex ital. »Gladio«)
Indienststellung für 11. Sicherungsflottille 8.1.44
Übernahme in die 2. Geleitflottille 1.3.44
Übernahme in die 1. Geleitflottille 15.6.44
Übernahme in die 9. T-Flottille (Ägäis) 24.9.44
Kommandanten
    unbesetzt   1.44–5.44
    Oblt.z.S. Goldammer, Friedrich   5.44–9.44
    i.V.Oblt.z.S. Winkelmann, Winfried †   –10.44
Leitender Maschinist
    Stabsobermaschinist Krüger †   1.44–10.44
Versenkt durch die britischen Zerstörer »Termagent« und »Tuscan« in der Nacht 6./7.10.1944 südlich von Saloniki. Von der Besatzung wurden deutscherseits gerettet und nach Saloniki gebracht: 1 Wachoffizier und 22 Mann.

Torpedoboot »TA 38« (ex ital. »Spada«)
Indienststellung für 11. Sicherungsflottille 12.2.44
Übernahme in die 2. Geleitflottille 1.3.44
Übernahme in die 1. Geleitflottille 15.6.44
Übernahme in die 9. T-Flottille (Ägäis) 24.9.44
Kommandanten
    unbesetzt   2.44–3.44
    Kptlt. Vorsteher, Carlheinz   3.44–4.44
    Oblt.z.S. Kunst, Miron   4.44–7.44
    Lt.z.S. Scheller, Wilhelm (vorher I.W.O.)   8.44–10.44
Leitende Maschinisten bezw. Ingenieure
    Stabsobermaschinist Pirsig   2.44–9.44
    Oblt.(Ing) d.R. Meyer   9.44
    Oblt.(Ing) d.R. Unger   9.44–10.44
Gesunken nach Sprengung in der Hafeneinfahrt von Volos (Ägäis) am Freitag, 13. Oktober 1944. Keine Verluste.

Torpedoboot »TA 39« (ex ital. »Daga«)
Indienststellung für 2. Geleitflottille 27.3.1944
Übernahme in die 1. Geleitflottille 15.6.44
Übernahme in die 9. T-Flottille (Ägäis) 24.9.44
Kommandanten

Kptlt. Vorsteher, Carlheinz	3.44–5.44
Kptlt. Lange, Werner	5.44–10.44

Leitender Maschinist

Stabsobermaschinist Knauf	3.44–10.44

Gesunken infolge Minentreffers südlich von Saloniki nach Bergung der Besatzung durch Räumboote und Sprengung des Wracks am 16. Oktober 1944. Keine Verluste.

Torpedoboot »TA 40« (ex ital. »Pugnale«)
Indienststellung für 1. Geleitflottille 8.7.1944
Übernahme in die 9. T-Flottille (Adria) 1.3.1945
Kommandanten

Oblt.z.S. Nose, Friedrich	7.44–10.44
Oblt.z.S. ab 1.1.45 Kptlt. Goldammer, Friedrich	10.44–5.45

(vertreten 28.11.–5.12.44 durch Lt.z.S. Scheller, Wilhelm)
Leitende Ingenieure bzw. Maschinisten

Lt.(Ing) d.R. Fronauer von der Baubelehrung	bis 7.44
Oblt.(Ing) d.R. Beresz	8.44–10.44
Stabsobermaschinist Kliemchen	10.44–5.45

Am 1.5.1945 nach Raketen- und Granatwerfertreffern fahrunklar am Liegeplatz in Triest durch Sprengung selbst versenkt.

Torpedoboot »TA 41« (ex ital. »Lancia«)
Indienststellung für 1. Geleitflottille 21.10.1944
Übernahme in die 9. T-Flottille (Adria) 1.3.1945
Kommandanten

Oblt.z.S.d.R. Ascherfeld, Otto	10.44–2.45
Oblt.z.S., ab 1.3.45 Kptlt. Holzherr, Alfred †	2.45–5.45

Leitende Ingenieure

Oblt.(Ing) Lehmann	10.44–2.45
Oblt.(Ing) Butschkau	2.45–5.45

Am 1.5.1945 nach den Bombenschäden vom 20.2.45 fahrunklar in San Rocco durch Sprengung selbst versenkt. Die Besatzung geriet in jugoslawische Gefangenschaft, ein großer Teil wurde dort ermordet, darunter der Kommandant.

Torpedoboot »TA 42« (ex ital. »Alabarda«)
Indienststellung für 1. Geleitflottille November 1944
Übernahme in die 9. T-Flottille (Adria) 1.3.1945

Kommandanten
Oblt.z.S.d.R. Waldkirch, Heinz   10.44–2.45
Kptlt. Densch, Hermann †   2.45–3.45
Leitender Ingenieur
Oblt.(Ing) d.R. ?   11.44–3.45
Am 21.3.1945 im Hafen von Venedig durch Bordwaffenbeschuß und Bombentreffer versenkt. Der Kommandant fiel durch Raketenbombentreffer am 2 cm-Vierling Achterkante des Schornsteins; ein Maat durch Bombensplitter auf der Pier!

Zerstörer (Torpedoboot) »TA 43« (ex ital. »Sebenico«, ex jugosl. »Beograd«)
Indienststellung für 1. Geleitflottille erst 23.1.1945, obwohl Kommandant und Besatzung bereits seit November 1944 an Bord.
Übernahme in die 9. T-Flottille (Adria) 1.3.1945
Kommandanten
Kptlt. Lange, Werner   11.44–5.45
(vertreten 11.44–12.44 durch Kptlt. Wenzel, Walter)
Leitender Ingenieur
Oblt.(Ing) Siebert   12.44–5.45
Am 1.5.1945 an seinem Liegeplatz an der Mole 3 im Alten Hafen von Triest, zusammen mit »TA 40«, durch Sprengung selbst versenkt.

Zerstörer (Torpedoboot) »TA 44« (ex ital. »Antonio Pigafetta«)
Indienststellung (noch unfertig) für 1. Geleitflottille in Fiume 14.10.1944
Überführung durch Flottillenchef nach Triest 10.–12.11.1944
Kommandanten
Oblt.z.S. Holzherr, Alfred, m.d.W.d.G.b.   11.44–12.44
Kptlt.z.V. Vollheim, Fritz, vordem Chef der 2. U-Jagdflottille
                                                                  1.45–2.45

Leitender Ingenieur
Oblt.(Ing) Butschkau seit Beginn der Baubelehrung   bis 17.2.1945
Am 17.2.1945 an der Arsenalpier in Triest durch Bombentreffer versenkt.

Torpedoboot »TA 45« (ex ital. »Spica«)
Indienststellung für 1. Geleitflottille 6.9.1944, wegen Havarie am 20.7.1944 nach erfolgreicher Abnahmefahrt um 6 Wochen verzögert.
Übernahme in die 9. T-Flottille (Adria) 1.3.1945
Kommandanten
Kptlt. Glissmann, Klaus   9.44–2.45
Oblt.z.S. Scheller, Wilhelm, i.V.   3.45–3.45
Kptlt. Wenzel, Walter †   3.45–4.45
Leitender Maschinist bezw. Ingenieur
Stabsobermaschinist Paulsen   7.44–9.44
Lt.(Ing) d.R. Heumann, Hans   10.44–4.45

Am 13.4.1945 im Morlacca-Kanal durch zwei Torpedotreffer von britischen MTB versenkt, dabei Kommandant, beide Wachoffiziere und der größte Teil der Besatzung gefallen.

Torpedoboot »TA 46« (ex ital. »Fionda«)
Kurz vor der Indienststellung am 20.2.1945 in der Quarnarowerft in Fiume durch Bombentreffer versenkt.
Designierter Kommandant
Oblt.z.S. Scheller, Wilhelm.

Torpedoboot »TA 47« (ex ital. »Balestra«)
Noch auf der Helling der Quarnarowerft in Fiume am 20.2.1945 durch Bombentreffer schwer beschädigt. Auf Reparatur und Fertigstellung verzichtet. Nach dem Krieg 1947/48 für Jugoslawien als »Ucka« fertiggestellt.

Im Gegensatz zur Ägäis, wo die beiden Zerstörer »TA 14« und »TA 15« in Übereinstimmung mit ihrem Namen und mit ihrer personellen Besetzung »Torpedoboote« genannt wurden, wurde für die Zerstörer »TA 43« und »TA 44« in der Adria die Bezeichnung »Zerstörer« beibehalten.

ANGABEN ZU DEN BOOTEN

Die Boote »TA 37«, »TA 38«, »TA 39«, »TA 40«, »TA 41«, »TA 42«, »TA 45« und »TA 46« gehörten alle zu den italienischen Torpedobooten der »Ariete«-Klasse. Ihre technischen Daten und die ursprüngliche Bewaffnung sind in der Literatur im wesentlichen zutreffend beschrieben. Es wird auf Erich Gröner und seine Mitarbeiter in »Die Schiffe der deutschen Kriegsmarine und Luftwaffe 1939 bis 1945 und ihr Verbleib« (Lt. 11) und auf Wirich von Gartzen »Die Flottille« (Lt. 22) hingewiesen, in dessen 10. T-Flottille im Ligurischen Meer die Boote »Arturo«, »Auriga«, »Rigel«, »Eridano« und »Dragone« als »TA 24«, »TA 27«, »TA 28«, »TA 29« und »TA 30« derselben Bootsklasse angehörten.
Wie dort im Ligurischen Meer gelang es auch in der Adria im letzten Kriegsjahr lediglich, die italienischen leichten Flakgeschütze und Maschinenwaffen weitgehend durch deutsche 3,7 cm- bzw. 4 cm-Geschütze und 2 cm-Doppel- und Vierlinglafetten zu ersetzen und mit Schutzschilden aus gehärtetem Stahl zu versehen. Man packte wegen der ständigen Bedrohung an Flugabwehrwaffen auf die Boote, was sie nur tragen konnten! Nicht gelungen war der Austausch der störanfälligen je zwei 10,0 cm-Geschütze gegen deutsche 10,5 cm-Uto-Flak mit entsprechender Feuerleitanlage, geschweige denn eine Ausrüstung der Boote mit Radar-Feuerleitanlagen, wie sie der Gegner auf seinen Zerstörern einsetzte.

Als *Standard-Bewaffnung* sei die von »TA 37« aufgeführt:
2 – 10,0 cm L/47 (ital.) in Einzellafetten
8 – 2,0 cm (Breda)-Einzel, durch 2 deutsche Vierlinge ersetzt
2 – 3,7 cm (Breda)-Einzel-, durch deutsche Doppellafetten ersetzt
6 bis 8 – 2 cm-Einzelgeschütze
2 Raketenwerfer
2 Wasserbombenwerfer
5 Torpedorohre in einem Drillings- und einem Zwillingsrohrsatz.

Die *Abmessungen* betrugen Länge 82 m, Breite 8,3 m, Tiefgang 3,00 m.

Der *Antrieb* erfolgte auf allen acht Booten durch zwei Getriebeturbinen (Tosi) auf zwei Schrauben. Drei Wasserrohrkessel lieferten den Dampf.

Die *Geschwindigkeit* von maximal 31,5 Knoten wurde auf keinem der Boote jemals erreicht, bei Höchstfahrt allenfalls kurzzeitig 28 Knoten. Doch auch diese Geschwindigkeit wurde infolge der ständigen Rohrbrüche und der negativen Auswirkungen des minderwertigen Heizöls auf die Leitungen und Düsen nach der Abnahme der Boote bei den meisten Einsätzen nicht mehr erreicht.

Die *Fahrstrecke* sollte bei 15 Knoten knapp 1000 Seemeilen betragen.

Der *Heizölvorrat* betrug 200 t.

Die *Besatzung* bestand aus 4 Offizieren und rund 150 Unteroffizieren und Mannschaften.

»TA 37«, das mit dieser Ausrüstung und Bewaffnung im September zusammen mit »TA 38« und »TA 39« in die Ägäis ging, war das einzige Torpedoboot der 1. Geleit- und späteren 9. T-Flottille in der Adria, das nicht mit Minenschienen ausgerüstet war und deshalb seine zwei Torpedorohrsätze behielt. Alle übrigen T-Boote dieser Klasse trugen jeweils nur einen Torpedorohrsatz, weil der Nachschub über die Torpedoarsenale in Genua und Venedig nicht klappte. Der dadurch freibleibende Raum wurde für zusätzliche Flugabwehrwaffen genutzt.

Für die beiden Zerstörer »TA 43« und »TA 44« sind Einzelangaben von untergeordneter Bedeutung, da diese Boote nicht mehr in den Einsatz gekommen sind. Deshalb hier nur einige kurze Angaben zu den Abmessungen und zur Hauptbewaffnung:

»TA 43« (ex ital. »Sebenico«, ex jugosl. »Beograd«) Länge 98 m, Breite 9,4 m, Tiefgang 2,9 m. Hauptbewaffnung 4 – 12,0 cm L/45, Drillingsrohrsätze für Torpedos.

»TA 44« (ex ital. »Antonio Pigafetta«) Länge 108 m, Breite 10,2 m, Tiefgang 3,2 m. Hauptbewaffnung 6 – 12,0 m L/45. Zwillingsrohrsätze für Torpedos.

Die beabsichtigte Umrüstung der beiden Zerstörer, die unter italienischer Flagge bereits vor dem September 1943 eingesetzt und dabei schwer beschädigt worden waren, zu operativen Minenträgern blieb in den Anfängen stecken. Sie sollten nach dem Verlust des letzten, einigermaßen schnellen und kampfkräftigen Minenschiffs »Kiebitz« das Rückgrat der Torpedobootflottille darstellen. Dem Kommandanten von »TA 43« gelang lediglich der Austausch der vier italienischen 12,0 cm-Geschütze gegen deutsche 10,5 cm C/32 mit entsprechender Feuerleitanlage und die Aptierung der Torpedorohrsätze auf deutsche G 7a. Zur Verstärkung der Flugabwehr wurden 8 – 2 cm in Vierlingslafetten aufgestellt.

Eine Erprobung der beiden Zerstörer als Träger von je 80 bis 100 Minen konnte wegen der störanfälligen Maschinenanlagen nicht mehr erfolgen. »TA 44« war zwar am 14.10.1944 in unfertigem Zustand in Dienst gestellt worden, aber noch vor seinem ersten Einsatz fiel es am 17. Februar 1945 einem Großangriff alliierter Bombergeschwader im Arsenal von Triest zum Opfer. Und »TA 43« hatte zwar seit November 1944 Kommandant und Besatzung, aber die Indienststellung schob sich noch bis Februar 1945 hinaus. Danach konnte auch dieser letzte Zerstörer wegen seiner unklaren Antriebsanlagen nicht mehr kriegsbereit gemeldet werden. So mußte diese große Hoffnung des MOK Süd schließlich am Abend des 1. Mai 1945 durch Sprengung des manövrierunfähigen Schiffes begraben werden.

DIE BEDEUTUNG DER ITALIENISCHEN NAMEN DER BOOTE

»TA 37« »Gladio« = Schwert, kurzes Gladiatorenschwert

»TA 38« »Spada« = Schwert, Degen

»TA 39« »Daga« = Schwert, Seitengewehr

»TA 40« »Pugnale« = Dolch

»TA 41« »Lancia« = Lanze

»TA 42« »Alabarda« = Hellebarde

»TA 43« »Sebenico« = italienischer Name für die jugosl. Stadt Sibenik

»TA 44« »Antonio Pigafetta« = siehe unten

»TA 45« »Spica« = der Fixstern Spica

»TA 46« »Fionda« = Schleuder

Antonio Pigafetta war ein abenteuerlustiger, junger Patrizier aus Vicenza, Italien. Er erhielt von Kaiser Karl V. Erlaubnis und Auftrag, die erste Weltumsegelung unter Fernando Magellán als dessen Geheimschreiber mitzumachen. Er war einer der 15 Europäer (von 270!), welche die ganze Reise durchgestanden und überlebt hatten. Er hat während der ganzen Fahrt alle Ereignisse und Eindrücke sehr ausführlich, sehr anschaulich, vor allem aber äußerst präzise niedergeschrieben; sein Bericht ist eine der lesenswertesten Reisebeschreibungen und eine unbestechliche historische Quelle. Und er hat die Frage gelöst, warum man an Bord der »Victoria« nach dem minutiös geführten Schiffstagebuch am Tage der Rückkehr nach Sevilla den 6. September 1522 schrieb, während in Spanien schon der 7. September war. (Nach Paul Herrmann: »Zeigt mir Adams Testament«.)

Die Boote in der Adria trugen als nationales Kennzeichen auf beiden Seiten des Vorschiffs schwarz-weiße Balkenkreuze wie die deutschen Flugzeuge und Panzer.

Sofern die Boote Wappen oder Abzeichen führten und diese überliefert sind, sind sie mit ihren Wahlsprüchen im Anhang wiedergegeben. Ihre Bedeutung ist dort kurz erklärt. Die meist von den ersten Kommandanten entworfenen Bootswappen waren beiderseits am Schornstein aufgemalt.

16. KAPITEL

Die Lage in der Adria, ihre Entwicklung bis Ende Juni 1944 und die Einsätze von »TA 37«, »TA 38« und »TA 39«.

LAGEENTWICKLUNG SEIT DER JAHRESWENDE 1943/44

EIGENE LAGE

Während um den Besitz der Inseln im Dalmatinischen Küstenvorfeld ein pausenloser Kleinkrieg gegen jugoslawische Partisanenverbände und alliierte, von Zerstörern, Schnellbooten und Jagdbombern unterstützte Landungstruppen tobte, standen dem Kommandierenden Admiral Adria an operativ einzusetzenden Seestreitkräften bisher nur die drei Schnellbootflottillen der 1. Schnellbootdivision (Pola) zur Verfügung.

Deren Chef, Freg. Kpt. Herbert-Max Schultz, meldete Mitte Juni 1944 einsatzbereit (Qu. 02): sieben Boote der in Cattaro und Dubrovnik stationierten 7. S-Flottille, fünf Boote der 3. S-Flottille mit dem Stützpunkt Pola und vier Boote der 24. S-Flottille mit dem Stützpunkt in Grado.

Die Aufrechterhaltung des Seetransportes von und zu den dalmatinischen und albanischen Häfen sowie der Sicherungsdienst für die bei jeder geeigneten Wetterlage bei Nacht durchzuführenden defensiven Minenunternehmungen waren die ständigen Aufgaben von Geleit- und U-Jäger-Bootsgruppen sowie der 10. Landungsflottille (10. L-Flottille) mit MFP (Marinefährprähmen), Artillerieträgerfähren (AT), Kümos (Küsten-Motorboote), und von anderen bewaffneten Kleinbooten von Heer und Marine, je nach Einsatzlage und Wetterverhältnissen. Diese häufig verlustreichen Einsätze können hier nur am Rande erwähnt werden.

Nicht zuletzt aber sei an dieser Stelle die 6. Räumbootflottille unter der bewährten Führung ihres Chefs, Kptlt. Klemm, genannt, die außer ihren Minensuch- und Räumaufgaben erfolg- und verlustreich im Kampf um die süddalmatinischen Inseln im Einsatz stand bis zum Verschleiß ihrer Antriebsmotoren und häufigem Ausfall der Maschinenwaffen. Die R-Boote waren, neben den S-Booten, die unentbehrlichen Helfer der Heereseinheiten (Landungspioniere und Küstenjäger »Brandenburg«) beim Kampf um die Inseln.

Alle diese Einheiten wurden nach den Weisungen des Kommandierenden Admirals Adria, jeweils in Abstimmung mit den zuständigen Seekommandanten, durch die 11. Sicherungsdivision eingesetzt mit Ausnahme der dem Admiral Adria unmittelbar unterstellten Schnellboote.

FEINDLAGE

Die in ihrer Stärke ständig zunehmenden feindlichen Landungsverbände wurden führungsmäßig und materiell durch die Briten unterstützt, die den vom Partisanenführer zum jugoslawischen Marschall avancierten Tito bereits um die Jahreswende 1943/44 mit einem Zerstörer auf die Insel Vis (= Lissa) gebracht und von diesem vorgeschobenen Inselstützpunkt mit seinem See- und Flughafen aus eine entsprechende Befehls- und Nachschuborganisation aufgezogen hatten.

Die Landfront in Italien verlief seit September 1943 bis weit in das Jahr 1944 hinein auf einer Linie, die von südlich Gaeta, an Monte Cassino vorbei über Castell di Sangro verlief und die Adria zwischen Pescara und Ortona erreichte. Vom 28.1.1944 bis 18.2.1944 tobte die erste, vom 15.3.1944 bis 24.3.1944 die zweite Abwehrschlacht um Monte Cassino, aber erst Anfang Mai 1944 begannen die Absetzbewegungen der deutschen Truppen und das Vorrücken der Front. Am 4. Juni 1944 marschierten die Alliierten in Rom ein. Ende Juni 1944 hatte die Front an der Küste einen Punkt kurz vor Ancona erreicht, das am 18. Juli 1944 in Feindeshand fiel (Lt. 01).

Die alsbald nach der alliierten Invasion auf dem Festland zunächst in Brindisi stationierten Zerstörer und die Schnellbootflottillen der »Coastal Forces« waren dann im letzten Quartal 1943 bereits in Etappen nach Bari verlegt worden. Von hier aus nach entsprechender Ausrüstung des an der Mündung des Biferno gelegenen Hafens von Termoli übten die Zerstörer, Korvetten und Schnellboote (MTB und MGB), unterstützt durch die vom italienischen Festland und vom Inselstützpunkt Lissa aus startenden alliierten Luftstreitkräfte, die unbestrittene See- und Luftherrschaft in der Adria aus.

FOLGERUNGEN

In dieser Lage war das Drängen der Seekriegsleitung über das Marinegruppenkommando Süd auf beschleunigte Indienststellung der auf den nordadriatischen Werften sichergestellten modernen Torpedoboote sowie der beiden kampfstarken Zerstörer »TA 43« (ex »Sebenico«) und »TA 44« (ex »Antonio Pigafetta«) nur zu verständlich.

Mit welchen Verzögerungen und immer neuen Rückschlägen die Verantwortlichen hierbei zu kämpfen hatten, bis die Boote – eines nach dem anderen und in mehr oder weniger einsatzbereitem Zustand – im Laufe des Sommers 1944 schließlich der Flottille übergeben und in Dienst gestellt werden konnten, wird in den folgenden Kapiteln dargestellt werden.

Drei Faktoren spielten in dieser Entwicklung eine ganz besondere Rolle: 1. die rapide zunehmende Unzuverlässigkeit der Werftarbeiter durch den rasanten Vertrauensschwund der Bevölkerung unter der Einwirkung der Feindpropaganda,

214

2. die ständige Unterbrechung der Arbeiten auf den Werften durch Fliegeralarme, und

3. die stockende Anlieferung der dringend erforderlichen Materialien für die
Boote, vor allem der Bewaffnung, infolge der massierten Bombenangriffe auf
Werften, Häfen, Schiffe und durch die nachhaltige Zerstörung der Zufahrts-
wege über die Alpenpässe aus der Heimat.

ERSTE EINSÄTZE

In dieser Situation hatte nun die 2. Geleitflottille von Triest und Fiume aus
ihre Aufgaben zu erfüllen. Die ersten Einsätze derjenigen Boote, die später
zur 1. Geleitflottille kamen, sollen im folgenden kurz beschrieben werden:

»TA 37« (ex »Gladio«), erstmals am 8. Januar 1944 für die 11. Sicherungsflottille in Dienst gestellt, hatte bereits im 1. Quartal 1944 an verschiedenen
Sicherungs- und Geleitfahrten teilgenommen. Das Boot hatte noch keinen
planmäßigen Kommandanten und eine bunt zusammengewürfelte Besatzung,
die nur teilweise über Torpedobooterfahrung verfügte.

»TA 38« (ex »Spada«) wurde am 12. Februar 1944 ebenfalls für die 11. Sicherungsflottille in Dienst gestellt, hatte aber auch noch keinen planmäßigen
Kommandanten.

Beide Boote gehörten ab 1. März 1944 zur neugebildeten 2. Geleitflottille
in Triest, die mit den ihr zu Gebote stehenden Mitteln die Ausbildung der
Besatzungen voranzutreiben und die Einsatzbereitschaft herzustellen be-
strebt war.

Bei einem Feuerüberfall der britischen Zerstörer »Tumult« und »Troubrid-
ge« sowie mehrerer Motorkanonenboote am 28./29. Februar 1944 im Seegebiet bei Isto (westlich Zara) auf den geleiteten (und später doch versenkten)
Dampfer »Kapitän Diederichsen« war dieser in Brand geschossen worden.
Der U-Jäger »UJ 201« (ex ital. Korvetten-Neubau »Egeria«, in Dienst
28.1.1944) wurde durch Torpedo versenkt. »TA 37« erhielt einen Artillerietreffer in die Maschine und konnte deshalb für längere Zeit nicht mehr eingesetzt werden (Lt. 05, S. 430).

Im März 1944 konnten »TA 37« und »TA 38« an keinen wesentlichen Unternehmungen der Flottille teilnehmen.

»TA 39« wurde am 27. März 1944 formal in Dienst gestellt, hatte aber noch
keine Besatzung. Im Laufe des April 1944 fuhr deshalb nur »TA 38« einige
Kontrollfahrten und Begleitsicherungen im dalmatinischen Inselgebiet, zusammen mit den alten Booten der 2. Geleitflottille »TA 21« und »TA 22«.

Erst Anfang Mai 1944 waren die drei Boote personell mit Kommandanten
und Besatzung klar:

»TA 37« unter Oblt.z.S. Friedrich Goldammer,

»TA 38« unter Oblt.z.S. Miron Kunst und

»TA 39« unter Kptlt. Carlheinz Vorsteher, der am 17. Mai 1944 durch Kptlt. Werner Lange abgelöst wurde.

Während »TA 37« und »TA 39« noch in der Werft verblieben, beteiligte sich »TA 38« an der Überwachung des Schiffsverkehrs im dalmatinischen Küstenvorfeld, insbesondere zwischen dem Faresina-Kanal und der Westküste der Insel Krk, und der Küstengeleitwege bis Murtar.

In der Nacht 21./22. Mai 1944 führte »TA 38« eine ergebnislose Stichfahrt nach Süden durch den Mezzo-Kanal und um die Insel Selva durch. In den Nächten des 26. und 27. Mai sicherte es das Minenschiff »Kiebitz« beim Legen der Sperren »Skunks« und »Ozelot«. Das Minenunternehmen »Feuerzange« schließlich mußte zweimal wegen der Feind- und Wetterlage abgebrochen werden. Dabei wurden in der Nacht 30./31. Mai 1944 bei einem Luftangriff in Höhe von Kap Promontore Außenhaut und Aufbauten von »TA 38« durch Splitter beschädigt und Heizölbunker leckgeschlagen. Vier Schwerverletzte waren zu beklagen.

»TA 37« beendete am 16. Juni seine wichtigsten Restarbeiten in der Werft und sicherte in der Nacht zum 17. Juni zusammen mit »TA 38« das Minenschiff »Kiebitz« beim Minenunternehmen »Zobel«.

Am 25. Juni standen dann »TA 37«, »TA 38« und »TA 39« in der Bucht von Triest, um beim Einbringen des bei einer Werftprobefahrt durch zwei Fliegerbomben schwer beschädigten alten Torpedobootes »TA 22« (ex »Giuseppe Missori«) (Korv. Kpt. d. R. Dr. Hoffmann) im Schlepp von U-Jäger »UJ 202« (ex. ital. Korvetten-Neubau »Melpomene«, in Dienst 24.2.1944) Flakschutz zu gewähren.

Anschließend daran, in der Nacht zum 26. Juni, nahm »TA 38« am Auslegen der Sperre »Feh« teil. »TA 37« und »TA 39« sollten in derselben Nacht ein Artillerie-Übungsschießen durchführen, das aber wegen Luftgefahr unterbrochen werden mußte.

Alle diese nächtlichen Einsätze wurden zur intensiven Fahr- und Gefechtsausbildung der Besatzungen genutzt. Wiederholt fielen dabei, abgesehen von den mit Bordmitteln zu behebenden Antriebs- und Hilfsmaschinenstörungen, die empfindlichen Ruderleitungen aus, so daß mit dem achteren Spill mittels Taljen gesteuert werden mußte – eine Achillesferse dieses Bootstyps, die später häufig prekäre Situationen schuf.

Mit den drei nunmehr fahrklaren Booten »TA 37«, »TA 38« und »TA 39« war der Kern typengleicher Boote für die spärere 1. Geleitflottille entstanden.

17. KAPITEL

Die Aufstellung der 1. Geleitflottille Juni/Juli 1944

DIE ANFÄNGE

Am 24. Juni 1944 übernahm Fregattenkapitän Friedrich-Karl Birnbaum das Kommando der 2. Geleitflottille. Nach Aufteilen seines Großverbandes »Donauflottille« im Schwarzen Meer in drei selbständige Flottillen um die Jahreswende 1943/1944 hatte ihn das Marinegruppenkommando Süd vorübergehend als Kommandeur der Lehrabteilung in Konstanza eingesetzt.

Nun lautete sein Auftrag, aus den typgleichen, auf den adriatischen Werften im September 1943 sichergestellten Torpedobooten der »Schwerter«-Klasse schnellstmöglich eine operativ einsetzbare »11. Torpedobootflottille« zu schaffen.

Die noch zur 2. Geleitflottille gehörenden älteren Boote aus den Baujahren 1914 bis 1916, nämlich »TA 21« (ex »Insidioso«), »TA 22« (ex »Giuseppe Missori«) und »TA 35« (ex »Giuseppe Dezza«), sollten abgezweigt werden und mit den Küstengeleitbooten (G-Booten) eine selbständige »Geleitflottille« unter dem bisherigen Flottillenchef, Korv.Kpt.d.R. Thorwest, mit dem Stützpunkt in Fiume bilden.

Am 26. Juni 1944 meldete sich der neue Flottillenchef beim Kommandierenden Admiral Adria in dessen Stabsquartier Abbazia. Bei dieser Meldung wurde grundsätzliche Übereinstimmung der Auffassungen des Flottillenchefs mit denen des Chefs des Stabes und des 1. Admiralstabsoffiziers (A 1) bezüglich der Aufstellung einer »11. Torpedobootflottille« – analog zur 9. in der Ägäis und zur 10. im Ligurischen Meer – und der fachlichen Unterstellung unter den Führer der Zerstörer (FdZ) festgestellt.

Aber das sollte ein frommer Wunsch bleiben – statt der 11. Torpedobootflottille und einer Geleitflottille wurden es dann im Juli nur die Wechselbälge 1. und 2. Geleitflottille.

Zuerst mußte sich der neue Chef ein Bild über seine zukünftige Flottille machen:

Fahrklar waren die Boote »TA 37«, »TA 38« und »TA 39«. Am 26. Juni, nach seiner Meldung in Abbazia, hatte der Chef in der Quarnaro-Werft in Fiume das vor der Fertigstellung stehende Boot »TA 45« besichtigt; Oblt.z.S. Kahlke wurde als Leiter der Baubelehrung eingesetzt, die kurzfristig auf Besatzungsstärke aufzufüllen war.

Die Torpedobewaffnung der neuen Boote war noch uneinheitlich. So besaßen nur »TA 37« und »TA 38« je einen italienischen Drillingsrohrsatz und veraltete Feuerleitanlagen, während die Fertigstellung neuer Rohrsätze für »TA 39« und das im Juli in Dienst zu stellende »TA 40« (ex »Pugnale«) im Torpedoarsenal in Genua bzw. Venedig erst für Anfang August zu erwarten war. Der Flottillenchef bestimmte den Kommandanten »TA 37«, Oblt.z.S. Goldammer, zum Torpedoreferenten der Flottille.

Zur artilleristischen Bewaffnung mit dem Schwerpunkt Fliegerabwehr und den italienischen Standard-Seezielgeschützen vom Kaliber 10 cm siehe 15. Kapitel. Der Flottillenchef bestimmte den Kommandanten von »TA 39«, Kptlt. Lange, zum Artilleriereferenten der Flottille.

Das angestrebte Ziel einer Umarmierung auf deutsche G 7a-Torpedos und 10,5 cm Seezielgeschütze wurde bis zum Kriegsende nicht mehr erreicht, lediglich teilweise bei den beiden Zerstörern »TA 43« (ex »Sebenico« ex »Beograd«) und »TA 44« (ex »Antonio Pigafetta«).

Trotz dieses Handicaps haben die Kommandanten ihre See- und Luftzielwaffen bis zum Ende ihrer Boote mit teilweise beachtlichen Erfolgen zum Einsatz bringen können.

Das erste Evolutionieren der typgleichen Boote anläßlich der Fla-Sicherung am 25. Juni (siehe 16. Kapitel) ergab ein noch uneinheitliches Bild und veranlaßte den Flottillenchef, jede mögliche Gelegenheit zu Fahrübungen während der kommenden Einsätze zu nutzen.

Das nächtliche Artillerie-Übungsschießen der Boote »TA 37« und »TA 39« am 25./26. Juni hatte wegen Luftgefahr abgebrochen werden müssen (siehe 16. Kapitel). Ein geschlossener Artillerie-Schießabschnitt unter Mitwirkung des mobilen Lehrtrupps der Schiffsartillerieschule wurde vorbereitet.

TAKTISCHE ÜBUNG MIT SCHNELLBOOTEN

Nachdem so der Flottillenchef die grundsätzlichen Voraussetzungen für seine Flottille geprüft und ein Bild über Bestand und Leistung gewonnen hatte, ging er einen Schritt weiter:

Am 29. Juni 1944 lief der Verband »TA 37«, »TA 38« und »TA 39« zu einer vorbesprochenen gemeinsamen Nachtübung mit der 24. Schnellbootflottille (Grado) um 20.00 Uhr aus Triest aus. Die planmäßig begonnene Übung unter der Nordküste mußte nachts wegen der Luftlage abgebrochen werden und konnte erst am 30. Juni um 02.35 Uhr wieder anlaufen.

Die S-Boote kamen dabei – trotz guter Sicht –, ohne vorher ausgemacht worden zu sein, zum Torpedoschuß. Sie verhielten sich auch während der anschließenden Jagdübung sehr geschickt, indem sie unter strichweiser Nebelverwendung abliefen und zackten. Nach Übungsende wurde Fahren im Verbande mit den S-Bootgruppen der 24. und der – leider nicht rechtzeitig aus Pola zum Verband gestoßenen – 3. S-Flottille geübt, die T-Boote in »Anton

grün« = Steuerbordstaffel, die S-Boote in »Anton rot« = Backbordstaffel angehängt an das Führerboot, im Ortungsschatten der T-Boote.

Fazit der Übung: »Die beiden Bootsarten ergänzen sich auf das Beste. Die
T-Boote können den Gegner artilleristisch binden, die S-Boote besitzen...
eine wesentlich leistungsfähigere deutsche Torpedoanlage. – Es ist beabsichtigt, die Übungen am 10. Juli fortzusetzen...« (Qu. 09).

In seinem »Rückblick auf den Monat Juni« schrieb der Flottillenchef: »Es
ergibt sich das Bild, daß im Berichtsabschnitt wesentliche Voraussetzungen,
wenn auch zum großen Teil erst in der Planung, für einen erfolgversprechen-
den Ansatz der Boote geschaffen werden konnten.

Mit den Kommandanten der Boote »TA 37«, bis »TA 40«, die mit Begeiste-
rung und Hingabe an ihre Aufgaben herangehen und ihre Besatzungen und
Boote so zu führen im Stande sind, wie es bei der feindlichen Luftherrschaft
und der Enge des Operationsgebietes Voraussetzung für den Einsatz bei
Nacht sein wird, ist mir die Möglichkeit gegeben, das zunächst gesteckte Ziel:
Offensiv-Ansatz in enger Zusammenarbeit mit Schnellboten unter folgenden
Voraussetzungen in absehbarer Zeit zu erreichen:
1. Auffüllung des Artillerie-Solls und Sicherstellung entsprechender Muni-
tionsausrüstung einschließlich Leuchtgranaten für die 10 cm Geschütze;
2. Ausrüstung aller Boote mit (zunächst) einem Torpedorohrsatz (2 oder 3
Rohre) – später zwei Drillingsrohrsätze als Endzielbewaffnung;
3. Ausrüstung aller Boote mit strahlungsfreien FuMB (Funkmeßbeobach-
tungs-) und FuMO (Funkmeßortungs-) Geräten.
4. Bereitstellung der für die Gefechtsausbildung unbedingt erforderlichen
Heizölmengen.« (Qu. 09).

NÄCHSTE SCHRITTE

In Fiume fand am 5. Juli 1944 von 02.00 bis 06.00 Uhr die erste Werftprobefahrt von »TA 45« (ex »Spica«) (Flakschutz durch »TA 37«) statt; »TA 39«
erprobte in der Triester Bucht seine Ottern (Minenräumgerät). Beide Torpedoboote setzten ihre 10 cm Geschütze dabei gegen größere Bombenverbände
ein (Zonenschießen) ohne beobachtete Wirkung am Ziel.

Am 6./7. Juli 1944 führten sie im Faresina-Kanal das erste Torpedoschießen durch, wobei lediglich ein Kreisläufer beim Dreierfächer auftrat. Nach
Beendigung wurden die Gefechtstorpedos in Pola übernommen und die Tor-
pedoanlagen einsatzklar gemeldet.

Am 7. Juli 1944 fand vor Triest die Abnahmefahrt des vierten Bootes,
»TA 40« (ex »Pugnale«) statt, Flaksicherung durch »TA 39«. Und am 8. Juli
1944 folgte die Indienststellung von »TA 40«, Kommandant Oblt. z. S. Friedrich Nose.

Nach Abgabe der alten Torpedoboote an Korv. Kpt. d. R. Thorwest bestand
am 10. Juli 1944 die neugebildete 1. Geleitflottille nunmehr aus den vier mo-

dernen Torpedobooten »TA 37«, »TA 38«, »TA 39« und »TA 40«, und es stand die Abnahme von »TA 45« in Fiume unmittelbar bevor.

In der Zeit vom 8. bis 11. Juli 1944 nahmen die Boote »TA 37« und »TA 38« an der mehrteiligen Sperrlegung »Maulwurf« als Sicherung des Minenschiffs »Kiebitz« teil, wobei intensive Flakausbildung durch den Fla-Oberstückmeister der Flottille betrieben wurde.

Als das Minenschiff am 13. Juli kurz nach Mitternacht auf der selbstgeworfenen Sperre wegen Maschinenausfall zwei Minentreffer erhielt, mußte es – nach Abgabe von vier Verwundeten an »TA 37« – nach Pola eingebracht werden, gesichert durch »TA 38« (siehe auch 18. Kapitel).

Ein Tiefangriff von 12 Lightnings auf die an der Ölpier im Polahafen vertäuten Torpedoboote wurde erfolgreich abgewehrt.

In der ersten Hälfte des Monats Juli standen die Boote im Einsatz:

»TA 37« (Goldammer) 6 Seetage (bzw. -nächte)

»TA 38« (Kunst) 9 Seetage (bzw. -nächte)

»TA 39« (Lange) 12 Seetage (bzw. -nächte)

»TA 40« (Nose) 2 Seetage (bzw. -nächte).

Am 16. Juli 1944 waren

kriegsbereit (kb) nur das Führerboot »TA 38«

eingeschränkt kriegsbereit (ekb) (leichte Schäden) »TA 39«

fahrbereit, noch nicht kb gemeldet »TA 40«

außer Kriegsbereitschaft (aKB) »TA 37«

(in der Werft bis voraussichtlich 8. August).

Am 20. Juli 1944 sollte die Abnahmefahrt von »TA 45« vor Fiume und anschließend die Überführung des neuen Bootes durch die Rotte »TA 38« und »TA 39« nach Triest erfolgen.

Nach einwandfreier Werftprobefahrt mit der Zivilbesatzung der Quarnarowerft brauste das Boot beim Einlaufen mit hoher Fahrt über die Netzsperre und rammte den Molenkopf, was eine mehrwöchige Reparatur des Vorschiffs zur Folge hatte.

Die vermutete Sabotage konnte bei dem anschließenden Kriegsgerichtsverfahren nicht nachgewiesen werden – der Wachmaschinist hatte statt auf Rückwärtsgang auf hohe Fahrt voraus gekuppelt... Die wirklichen Hintergründe sind bis heute nicht geklärt worden, obwohl später in jugoslawische Gefangenschaft geratene Soldaten der Flottille von Gerüchten gehört haben sollen, die auf Sabotage schließen lassen. – Zu diesem leidigen Thema wird noch mehr zu sagen sein.

Während nun in Triest mit dem Artillerie-Waffenreferenten der Gruppe Süd die zukünftige Bewaffnung der Bootsklasse und die der vor der Werftabnahme in Triest bzw. Fiume stehenden beiden Zerstörer »TA 43« und »TA 44« erörtert wurde, liefen die Vorbereitungen für das erste größere Minenunternehmen unter Führung des Flottillenchefs an, bei dem die beiden mit Minenschienen ausgerüsteten Boote »TA 38« und »TA 39« Minen und Sperrschutzmittel werfen und »TA 37« als Kampfboot die navigatorische

Führung und zusammen mit S-Bootgruppen der 24. S-Flottille die Sicherung übernehmen sollten.

Über den – teilweise dramatischen – Ablauf dieser Minenwurfoperation unter dem Stichwort »Iltis« in den letzten Julinächten berichtet das folgende Kapitel.

Die 1. Geleitflottille war flügge geworden!

18. KAPITEL

Minen- und Geleitunternehmungen

15.7. bis Mitte September 1944

BETRACHTUNGEN ZUR MINENKRIEGFÜHRUNG

Warum so viele Minenunternehmungen in der nördlichen Adria befohlen wurden, ergab sich aus den Lagebeurteilungen der Seekriegsleitung und der dem Marinegruppenkommando Süd unterstellten Kommandierenden Admirale. Diese forderten übereinstimmend und immer dringender eine Sicherung der für die Heeresfronten im Balkan und auf dem italienischen Festland lebensnotwendigen Nachschubwege im Küstenvorfeld gegen überholende Feindlandungen.

Für den Chef der 11. Sicherungsdivision in Triest, dem die Geleitflottillen einsatzmäßig ebenso unterstellt waren wie die Minenschiffe, Landungs-, Räum- und U-Jagdflottillen des Adriaraumes, bedeutete dies die ständige Planung und Vorbereitung der erforderlichen Sperrbefehle. Deren Durchführung hing weitgehend von den verfügbaren Minenträgern und Sicherungsstreitkräften, von der Wetterlage, von der zu erwartenden Feindeinwirkung zur See und aus der Luft sowie von der ständigen Bedrohung durch die überlegene Ortungstechnik (Radar) der feindlichen See- und Luftaufklärung ab; dieser letzteren Gefahr hatten die Minenwurfverbände bis zum Kriegsende keine gleichwertigen modernen Funkmeßgeräte entgegenzustellen.

So war es nur zu verständlich, daß die Führung von den relativ modernen und schnellen Torpedobooten der 1. Geleitflottille nicht nur die Sicherung der langsamen Minenschiffe, sondern vor allem auch die Durchführung operativer Sperrlegungen verlangte, was – auf Kosten der Fla-Bewaffnung – die Ausrüstung der Boote mit Minenschienen erforderlich machte.

Das einzige nicht zum Minenwerfen ausgerüstete Boot der Flottille blieb „TA 37", welches deshalb laufend als Führerboot für schnellere Geleite im Vorfeld der Dalmatinischen Inseln und der Nord- und Westküste der Adria eingesetzt wurde. Dem Flottillenchef stand dieses Boot deshalb nur bei größeren operativen Minenunternehmungen als Sicherungs- und Kampfboot zur Verfügung.

Der Unmut der Torpedobootkommandanten, denen die artfremde Verwendung als Minenträger auf *allen* Kriegsschauplätzen stets ein Greuel war, kam denn auch oft genug in ihren Kriegstagebucheintragungen zum Ausdruck. Und die Besatzungen, die tagsüber Minen laden, Luftangriffe abweh-

222

ren und Maschinenreparaturen am Liegeplatz durchführen mußten, ehe es wieder »Dampf auf in allen Kesseln« zum nächsten nächtlichen Einsatz hieß, atmeten jedesmal auf, wenn die letzten der todbringenden „Eier" glücklich gelegt waren.

Es kann nicht Aufgabe dieser Flottillengeschichte sein, über Sinn oder Unsinn der Tausende von See- und Küstenminen zu urteilen, die in der nördlichen Adria gelegt wurden. Ein solches Urteil steht auch den beiden Verfassern nicht zu, obwohl diese als Verbandsführer im Schwarzen Meer bezw. als Wachoffizier und Kommandant im Kanal an zahlreichen Minenunternehmungen beteiligt waren. Eines aber darf an dieser Stelle festgestellt werden:

Die von der Feindpropaganda so geschickt lancierte Furcht vor alliierten Großlandungen hat den Deutschen, jedenfalls in der Adria, mehr Verluste durch eigene Minentreffer eingetragen, als daß sie den Gegner daran gehindert hätte, im Zuge der unaufhaltsam nach Norden vordringenden Invasionsfront auf dem oberitalienischen Festland mit seinem überlegenen Kräftepotential zur See und in der Luft die Hafenzufahrten kurzfristig wieder freizuräumen!

Die 11. Sicherungsdivision vermerkt in ihrem KTB unter dem 10. Juli 1944 (Qu. 07):

»Mit dem heutigen Tage wurden aufgestellt:

1. in *Triest* die 1. Geleitflottille, Chef Fregattenkapitän Birnbaum, mit den Booten ›TA 37‹, ›TA 38‹, ›TA 39‹ und ›TA 40‹ und den Baubelehrungen für ›TA 41‹ und ›TA 45‹,

2. in *Fiume* die 2. Geleitflottille, Chef Korvettenkapitän d. R. Thorwest, mit den Booten ›TA 20‹, ›TA 21‹, ›TA 22‹, ›TA 35‹, ›G 102‹ und ›G 104‹ sowie ›TA 48‹ (kroat)«

Und unter demselben Datum vereinnahmte sie diese Boote in die Planung folgender Minenunternehmungen: »Maulwurf« am 11.7. morgens durch MS »Kiebitz«, gesichert durch »TA 37«, »TA 38« und zwei Räumboote; »Seeteufel« am 12.7. morgens; »Seestern« am 13.7. durch MS »Fasana«, »TA 38«, »TA 37« und vier Räumboote; »Iltis 1–3« in der Nacht vom 13. zum 14. und »Iltis 4–6« in der Nacht vom 14. zum 15. Juli durch MS »Kiebitz«, »TA 37« und »TA 38«.

Zu diesen Unternehmungen konnte die Luftflotte 2 keine Aufklärung und Sicherung stellen – ein Zustand, der für die kommenden Monate stets der gleiche blieb, das Hemd wurde halt immer kürzer!

12.–15. Juli 1944

Minenunternehmung »*Iltis 1–2*«, erster Anlauf
Führung: Kommandant MS »Kiebitz«
Beteiligte Boote: »TA 37«, »TA 38«
Von den genannten Planungen war die Minenunternehmung »Maulwurf« durch MS »Kiebitz«, gesichert durch »TA 37«, »TA 38«, »R 6« und »R 16«,

bis zum 11.7.1944 erfolgreich durchgeführt worden (siehe 17. Kapitel). Nun folgte gleich »Iltis 1–2«.

Das Minenschiff verließ am 12.7.1944 um 20.00 Uhr den Hafen von Pola mit »TA 37« und »TA 38« als Sicherung für den ersten Teil des Sperrunternehmens »Iltis«. Kurz nach Mitternacht am 13.7. vor Beendigung des Minenwerfens meldete »Kiebitz« durch Funkspruch zwei Minentreffer auf 44°04' N, 13°07' Ost, »anscheinend Grundminen«.

Das Schiff konnte nur mehr über den Achtersteven manövrieren, weil es einen erheblichen Wassereinbruch im Vorschiff hatte. Die 6. R-Flottille in Pola wurde alarmiert, aus Triest der U-Jäger »UJ 202« in Marsch gesetzt, die Luftflotte 2 um Jagdschutz gebeten (vergeblich!) und für einen Seeschlepper in Pola Sofortbereitschaft angeordnet. Um 02.45 Uhr meldete »Kiebitz«, daß das Schiff zwar wieder über den Bug fahren könne, aber Rudermaschinenversager habe. Der Kommandant schickte deshalb »TA 37« mit den Verwundeten voraus nach Pola, wo dann das havarierte Schiff gegen 10.00 Uhr mit »TA 38« eintraf.

Inzwischen hatten 43 Lightnings im Tiefflug je zwei nicht identifizierte Flugkörper vor der Hafensperre abgeworfen. Wegen Luftminenverdachts sperrte daraufhin der Hafenkommandant die Einfahrt.

Das Minenschiff konnte wegen eines etwa drei mal einen Meter großen Lecks im Doppelboden und vorn angeknickten Kiels zunächst nicht zum Docken nach Triest überführt werden. Dies gelang erst in der Nacht 14./15. Juli mit Schlepperhilfe. Da das Absuchen der Wege durch die 6. R-Flottille ohne Ergebnis geblieben war, wurden die Zwangswege vor Pola wieder freigegeben.

23.–24. Juli 1944

Minenunternehmung »*Iltis 1–2*«, Fortsetzung
Führung: Freg.Kpt. Birnbaum auf »TA 38«
Beteiligte Boote: »TA 37«, »TA 38«, »TA 39«
Nun befahl der Admiral Adria am 15.7.1944 um 21.00 Uhr, das abgebrochene Sperrsystem »Iltis« durch das MS »Fasana« nach Norden und Süden zu verlängern; dazu ein Räumboot als Sicherung.

Dagegen protestierte die 11. Sicherungsdivision mit Erfolg, denn die Höchstfahrt der werftreifen »Fasana« betrug nur 8 Knoten, und das hätte für die Unternehmung jeweils ca. 15 Stunden Marschfahrt bedeutet. Statt dessen schlug sie vor, die vorgesehenen Abschnitte durch »TA 38« und »TA 39« werfen zu lassen, da jedes Boot bei ruhiger See 20 Minen EMF tragen konnte. Und für die Durchführung schlug der Chef der 1. Geleitflottille am 20. Juli vor, die 24. S-Flottille (Grado) nach Wetterberuhigung als Fernsicherung, »TA 37« als Nahsicherung einzusetzen.

Am 23.7.1944 um 20.45 Uhr lief der Flottillenchef mit den drei T-Booten aus und marschierte mit 21 Knoten Fahrt ins Wurfgebiet. Der Chef der 24. S-

Flottille schloß um 22.00 Uhr mit drei Booten heran. In geschlossener Formation – S-Boote in Backbordstaffel angehängt an das Führerboot – wurde mit 19 Knoten Fahrt der Entlassungspunkt für die Schnellboote angesteuert. Nordwestlich von Cittanova »Fliegeralarm«! Jetzt fehlte eine B-Dienstgruppe an Bord des Führerbootes!

Als dann 13°20' Ost passiert war, wurden um 23.00 die S-Boote zur Fernsicherung entlassen. Die See war ruhig, die Sicht klar, nur der Westhorizont leicht diesig.

Nach dem Klarmachen der Minen war der Verband am 24.7.1944 um 02.20 Uhr klar zum Minenwerfen und begann mit der Sperrlegung, als auf »TA 38«, nach dem Fallen der ersten Minen, beide Schienen klemmten ... Daraufhin wurde eine halbe Seemeile über den befohlenen Endpunkt der Sperre weitergelaufen und diese nach Wendung und Schwenkung auf Gegenkurs geworfen, um den zu geringen »mittleren Minenabstand« im Nordteil der Sperre auszugleichen. Die letzte Mine fiel um 03.15 Uhr.

Der Rückmarsch nach Pola wurde mit 24 Knoten angetreten, als auf »TA 39« die gesamte Stromversorgung ausfiel und gleichzeitig die Ruderleitung versagte! Zum Glück herrschte nur schwache Feindortung durch Flugzeuggeräte. Da fiel auf dem nun mit nur einer E-Maschine und Steuern von achtern fahrenden Boot auch noch der Lüfter des Turbinenraums 2 aus ... Die hohe Raumtemperatur erforderte jetzt viertelstündliche Ablösung des ohnehin übermüdeten Maschinenpersonals.

Aber trotz all dieser Widrigkeiten gelang es, um 05.30 Uhr am 24.7.1944 die Hafensperre von Pola zu passieren und zur Wasser- und Ölübernahme für die nächste Nacht festzumachen.

24.–25. Juli 1944

Minenunternehmung »Iltis 3«
Führung: Freg.Kpt. Birnbaum auf »TA 38«
Beteiligte Boote: »TA 37«, »TA 38«, »TA 39«
Noch am selben Tage, 24.7.1944, um 20.00 Uhr legte der Wurfverband unter Sicherung durch »TA 37« mit 40 Minen EMF wieder ab zur Sperrlegung »Iltis 3«. Zuerst lief vieles quer: Auf »TA 39« mußte die Hauptspeisewasserpumpe von Hand gefahren werden, eine Speisewasserzelle mit 12 Kubikmetern Wasser war ausgefallen und – um das Maß voll zu machen, meldete der Chef der 24. S-Flottille: »Abbreche, da Wasser im Brennstoff« und mußte entlassen werden.

Trotzdem konnte zwischen 23.15 Uhr und 23.30 Uhr die Sperre ohne Feindeinwirkung geworfen werden. Danach wurde der Rückmarsch nach Triest angetreten. Um Mitternacht mußte die Verbandsfahrt wegen Ruderversagers auf »TA 37« auf 44° 24' N und 13° 02' Ost so stark vermindert werden, daß Kap Promontore erst um 03.35 Uhr am 25.7.1944 querab war.

Nach dem Festmachen im Alten Hafen stellte sich u. a. heraus, daß ein

Klemmen der Kreiselkompaßkugel auf »TA 37« eine Fehlweisung von 30 Grad verursacht hatte; die Kugel wurde schleunigst durch eine neue von »TA 43« ersetzt. (Derartige Störungen haben sich auch während der folgenden nächtlichen Sperrlegungen »Iltis« immer wieder ereignet, die aber trotzdem bis zum 28. Juli planmäßig über die [Minenabwurf-] Bühnen gingen).

26.–27. Juli 1944

Minenunternehmung »*Iltis 4*«
Führung: Freg. Kpt. Birnbaum auf »TA 38«
Beteiligte Boote: »TA 37«, »TA 38«, »TA 39«
Derselbe Verband legte am 26. Juli um 20.30 Uhr bei idealem Wetter – Wind Ost 1, See 1, bedeckter Himmel – zur Unternehmung »Iltis 4« ab. Auf dem Führerboot war das Funkmeßgerät vorübergehend unklar. Auf 44° 44′ N, 13°10′ Ost wurden um Mitternacht – bei inzwischen sternklarem Himmel und stark phosphoreszierenden Kielwassern – die Minen klargemacht. Nach planmäßiger Sperrlegung ohne Feindberührung lief der Verband am 27.7.1944 um 02.30 Uhr wieder in Pola ein und machte aufgelockert fest.

27.–28. Juli 1944

Minenunternehmung »*Iltis 5–6*«
Führung: Freg. Kpt. Birnbaum auf »TA 38«
Beteiligte Boote: »TA 37«, »TA 38«, »TA 39«
Um 21.00 Uhr am 27. Juli, nach Beendigung der Minenübernahme, legte der Verband ab, um die letzten Sperren »Iltis 5–6« zu legen. Am 28. Juli früh war auch diese Aufgabe erfolgreich durchgeführt.

Damit war das Gesamtunternehmen »Iltis« abgeschlossen. Nach diesen Einsätzen in den Nächten vom 23. bis 28. Juli 1944, die zum Glück keine Verluste, aber doch sehr harte Anstrengungen kosteten, hätten die Besatzungen der drei T-Boote, die ja auch tagsüber im Hafen ständig ihren schweren Dienst, unterbrochen durch häufige Fliegeralarme, versehen mußten, drei Ruhetage dringend benötigt, wie sie z. B. den beteiligten S-Booten vergönnt waren. Doch daran war nicht zu denken! Statt dessen hieß es, die Minenunternehmen »Paula«, »Zobel« und »Feh« zur Sicherung des Golfs von Venedig vorzubereiten, die in den ersten Augustnächten zu werfen waren.

SONSTIGE EREIGNISSE IN DER 2. JULIHÄLFTE 1944

Während die Boote ihre Einsätze fuhren, geschah auch noch einiges andere:
Das Attentat auf Hitler am 20. Juli 1944 blieb auf die Männer der 1. Geleit-

flottille ohne Auswirkung. Nicht einmal von einer Musterung der Besatzungen sagen die Kriegstagebücher etwas. Es war ja, aus der Sicht der jungen Soldaten von damals, noch alles »gut« gegangen.

Nach vorübergehender Ablösung übernahm Vizeadmiral Lietzmann wieder das Kommando als Kommandierender Admiral Adria. Sein Stab verlegte aus dem durch die starke Bandentätigkeit in Istrien zu isolierten Abbazia endgültig nach Triest-Opicina.

Der Chef der 1. Geleitflottille änderte die taktische Gliederung seiner Flottille und bildete aus »TA 38« und »TA 39« die erste, aus »TA 37« und »TA 40« die zweite Rotte. Damit hatte nun jede Rotte einen erfahrenen Kommandanten als Rottenführer und ein Boot mit einsatzfähiger Torpedoanlage.

Nachdem »TA 45« infolge Sabotage bei der Werftprobefahrt vor Fiume am 20. Juli noch nicht abgenommen werden konnte (siehe 17. Kapitel) – frühester Termin des Ausdockens war nun Mitte August –, übernahm der zukünftige Kommandant, Kptlt. Glissmann, die Besatzung zur vorbereitenden Ausbildung.

Die Gefechtsausbildung der einsatzbereiten Boote konnte im Rahmen der »Iltis«-Unternehmungen vertieft werden.

Die personellen Forderungen der Flottille stießen auf große Schwierigkeiten; aber sie mußten gelöst werden, wenn die Neubauten zu den vorgesehenen Terminen in Dienst gestellt werden sollten (hierzu 20. Kapitel)! Vordringlich war dabei die rechtzeitige Kommandierung des technischen Personals für die Baubelehrungen der T-Boote »TA 41« und »TA 42« sowie der Zerstörer »TA 43« und »TA 44«, die bisher nur in unbefriedigendem Umfang angelaufen waren (Qu. 10, Monatsbericht).

2.–3. August 1944

Minenunternehmung »Paula 1–3«
Führung: Kptlt. Lange auf »TA 39«
Beteiligte Boote: »TA 38«, »TA 39«
Am 2. August 1944 um 01.00 Uhr lief der Flottillenchef auf »TA 38« von Triest aus nach Venedig zur Vorbesprechung der Minenunternehmung »Paula 1–3«. Die Sperrlegung sollte unter Führung des ältesten Kommandanten, Kptlt. Lange, auf seinem »TA 39« mit »TA 38« als zweitem Minenträger und der Motorschnellbootrotte »MS 41« und »MS 57« des Hafenkommandanten von Venedig in der Nacht 2./3. August durchgeführt werden. Es galt, zwischen dem bereits bestehenden Sperrsystem und dem Küstenweg vor Pesaro eine Lücke nach Süden zu schließen. »TA 39« sollte das Sperrstück »Paula 1« werfen, »TA 38« das Stück »Paula 2«, und die MS-Bootrotte die Flachwassersperre »Paula 3« legen.

Trotz Vollmond und andauernder Feindortungen war diese schwierige Aufgabe am 3.8.1944 um 02.45 Uhr planmäßig gelöst. Während des Rückmarsches nach Pola stand der Vollmond noch immer im Rücken der mit hoher Fahrt ablaufenden Torpedoboote. Der Feind rührte sich erst zwischen 04.00 Uhr und 04.30 Uhr, als unter der Küste achteraus Leuchtbomben beobachtet wurden.

Für die erfolgreiche Erfüllung dieser schwierigen Aufgabe sprach der Kommandierende Admiral der Führung und den Besatzungen seine besondere Anerkennung aus.

Danach verlegten »TA 38« und »TA 39« nach Triest zurück. Das schlechte Wetter (Bora) verbot zunächst weitere Einsätze.

2.–4. August 1944

Andere Aufgaben für »TA 37«
Führung: Oblt.z.S. Goldammer auf »TA 37«
Während sich »TA 38« und »TA 39« mit »Paula« abmühten, geleitete in der Nacht 2./3. August »TA 37« den Dampfer »Prometheus« und das Motorschiff »Lia« sicher von Venedig nach Triest.

Danach sicherte das Boot in den frühen Morgenstunden des 3.8. das vom Kommandanten des MS »Fasana«« geführte Minenunternehmen »Zobel«.

Und in der Nacht 3./4. August geleitete »TA 37« den Dampfer »Numidia« von Triest nach Venedig.

Diese drei Einsätze waren erfolgreich und blieben ohne Feindberührung.

4. August 1944

Minenunternehmung »Feh«, abgebrochen
Führung: Oblt.z.S. Nose auf »TA 40«
Beteiligte Boote: »TA 38«, »TA 40«
Inzwischen hatte »TA 40« unter der tatkräftigen Führung seines Kommandanten, Oblt.z.S. Nose, die Ausbildung seiner bunt zusammengewürfelten Besatzung – darunter 16 Kroaten, von denen nur einer deutsch sprach – so weit vorangetrieben, daß die Gefechtsbesichtigung nach vorläufiger Beendigung der Werftarbeiten auf den 9. August festgelegt werden konnte. Trotz vieler Mängel und disziplinarer Schwierigkeiten befahl aber die 11. Sicherungsdivision die Teilnahme des noch nicht k.b. gemeldeten Bootes schon an dem Minenunternehmen »Feh«.

Nach Einbau einer 3,7 cm Breda anstelle des vorderen Rohrsatzes und nach Übernahme von 400 Schuß 10 cm-Munition von »TA 39« lief das Boot am 4. August 1944 um 17.45 Uhr mit dem MS »Fasana« und »TA 38« aus. Das Unternehmen wurde jedoch bereits um 18.40 Uhr wegen Maschinenschadens auf »Fasana« abgebrochen. Die Gefechtsbesichtigung von »TA 40« fand dann am 9. August in der Triester Bucht statt mit dem Ergebnis: k.b. bis auf die Torpedowaffe und das Funkmeßgerät; der Einbau eines Torpedorohrsatzes mußte bis auf weiteres zurückgestellt werden.

6.–13. August 1944

Ereignisse in der Adria

»Starke Überwachung der Nordeinfahrt des Korfu-Kanals durch alliierte Zerstörer. So hat am 5. August nachmitttags die eigene Luftaufklärung fünf Feindzerstörer in Dwarslinie in der Otranto-Straße gemeldet... Abwurf schwerer Gegenstände (Grundminen?) durch Bomber... Am 6.8. werden 10 Feindliche Einheiten, darunter ein Kreuzer, in Zusammenarbeit mit Flugzeugen beobachtet (offenbar U-Jagd). Das alliierte Oberkommando vermutet offensichtlich Verminung der Straße durch U-Boote« (in Wirklichkeit steht, außer dem italienischen Klein-U-Boot »CB 16«, das am 6. August in Pola in Dienst gestellt worden ist, von deutscher Seite kein U-Boot mehr in der Adria). »Während die 6. R-Flottille (Kptlt. Klemm) gegen Bandenstützpunkte auf den Inseln vor Sibenik mit Kommandotrupps des Heeres operiert, verhindert die Schlechtwetterlage an der italienischen Ostküste jeglichen Geleit- und Sicherungsdienst. – In dem laufend aus der Luft angegriffenen U- und S-Bootstützpunkt Pola und im Werftgelände von Monfalcone ist endlich je eine 8,8 cm Flak-Batterie der Luftwaffe feuerbereit, die aber bald wieder an die Balkanfront abgezogen wird... Bevor sie durch die Luftwaffe wieder abgezogen wurden, haben Ju 52 mit Kabelschleife (die sogenannten »Mausi«-Flugzeuge) das grundminenverdächtige Seegebiet westlich der Insel Brioni (vor Pola) ohne Räumerfolg abgesucht. Die Hafenanlagen von Pesaro wurden nach Verminung des Küstenvorfelds im Zuge der Räumung bereits am 10./11. August zerstört... Am 13. August sanken im Hafen von Parenzo die beiden Dampfer »Parenzo« (128 BRT) und »Cagliari« (2568 BRT) nach Bombentreffern auf Grund« (Qu. 01).

7.–8. August 1944

Sperrlegung vor Umago

Führung: Kommandant MS »Kiebitz«

Beteiligte Boote: »TA 38«, »TA 39«

Nachdem die Bora abgeflaut war und sich das Wetter gebessert hatte, warfen »Kiebitz«, »TA 38« und »TA 39« in der Nacht 7./8.8. ohne Feindberührung eine Minensperre vor Umago.

12. August 1944

Minenunternehmung »Chinchilla I«

Führung: Kommandant MS »Kiebitz«; Freg.Kpt. Birnbaum auf »TA 37« führt abgesetzte Sicherung

Beteiligte Boote: »TA 37«, »TA 38«, »TA 39«, »TA 40«

Am 12.8. lief »Kiebitz« mit »TA 40« und »UJ 202« aus Pola zum Minenunternehmen »Chinchilla I«. Die drei weiteren Boote der 1. Geleitflottille fuhren abgesetzte Sicherung unter Führung des Flottillenchefs. Außer den vier Booten der 1. waren auch zwei Boote der 2. Geleitflottille beteiligt. Alle Boote liefen noch am selben Tage ohne Feindberührung wieder in ihre Stützpunkte ein.

12.–13. August 1944

Minenunternehmung »*Marder*«
Führung: Kommandant MS »Kiebitz«; Freg.Kpt. Birnbaum auf »TA 37« führt abgesetzte Sicherung
Beteiligte Boote: »TA 37«, »TA 38«, »TA 39«, »TA 40«
Alsbald nach dem Einlaufen am 12.8.1944 liefen die T-Boote wieder aus zur Minenunternehmung »Marder«. Die Führung hatte der Kommandant »Kiebitz«, während der Chef der 1. Geleitflottille die abgesetzte Sicherung führte und diese zum nächtlichen Evolutionieren nutzte. Die Sperre sollte dem Schutz der Bucht von Venedig dienen. Auch diese Unternehmung blieb ohne Feindberührung.

16.–17. August 1944

Überführung von »TA 45«
Führung: Freg.Kpt. Birnbaum auf »TA 38«
Beteiligte Boote: »TA 38«, »TA 39«
In der Nacht vom 16. zum 17. August 1944 sicherten »TA 38« und »TA 39« die Überführung des neuen T-Bootes »TA 45« von Fiume nach Triest, das noch unter der Reichsdienstflagge fuhr und noch nicht in Dienst gestellt war.

19. August 1944

Minenunternehmung »*Chinchilla II*«
Führung: Freg.Kpt. Birnbaum auf »TA 37«
Beteiligte Boote: »TA 37«, »TA 38«, »TA 39«, »TA 40«
In den frühen Morgenstunden des 19.8.1944 führten »Kiebitz« und die T-Boote das Minenunternehmen »Chinchilla II« durch. Dieses Sperrgebiet sollte dem Schutz der Quarnero-Bucht dienen. Unter Ausnutzung der günstigen Wetterlage führte der Chef der 1. Geleitflottille den Wurfverband anschließend nach Triest zurück, wo trotz einer Sichtung durch eine tieffliegende Marauder die Netzsperre um 11.30 Uhr ohne Feindberührung einlaufend passiert werden konnte.

19.–26. August 1944

Einsatzpause
In den folgenden Tagen wurde trotz häufiger Fliegeralarme die artilleristi-

230

sche Ausbildung der Flottille vorangetrieben, um das mit Unterstützung des mobilen SAS (= Schiffsartillerieschule) Lehrtrupps vorbereitete Kaliberschießen in der letzten Augustwoche planmäßig durchführen zu können.

Am 24.8.1944 erhielt »TA 40« seinen Torpedo-Drillingsrohrsatz in Venedig und lief am 25. August wieder in Triest ein, wo der Einbau von Teil-Armaturen (wegen der latenten Luftbedrohung des Torpedo-Arsenals Venedig) erst nach erheblichen Verzögerungen erfolgen konnte. Einen ausführlichen Bericht des Torpedoreferenten über die stockende Torpedoausrüstung der Boote fügte der Flottillenchef mit seiner Stellungnahme dem Kriegstagebuch bei.

Und in sein KTB schrieb er über die Funkmeßausrüstung der Boote unter dem 30.8.1944: »Mit dem vorgesehenen Einbau der ersten FuMO-Geräte auf den Rottenführerbooten sieht es ebenso schlecht aus. Nachdem... vom Kommando entsprechend disponiert worden ist, stellt sich heraus, daß wesentliche Teile der Geräte fehlen... Ermittlungen haben ergeben, daß diese durch eine Fehlleitung der Beschaffungsstellen statt nach Triest nach La Spezia geleitet und dort auf Booten des Befehlsbereiches Deutsches Marinekommando Italien (10. T.-Flottille) als willkommene ›Beute‹ eingebaut worden sind« (Qu. 10).

»Damit sind wesentliche Voraussetzungen für die vom Admiral Adria am 14.8.1944 geforderte Meldung der Einsatzbereitschaft der kb-Boote zur Durchführung von Offensivaufgaben als nicht erfüllt anzusehen« (Qu. 10). – »TA 37«, das seit dem 21.8.1944 zwecks Kesselreinigung und dringender Restarbeiten im Arsenale Triestino lag, war wegen Stromausfalls und häufiger Fliegerangriffe noch bis auf weiteres a.K.B. »TA 39« hatte, ähnlich wie »TA 40«, zwar auch seinen Drillingsrohrsatz in Venedig erhalten, aber lose Teile in Kisten verpackt mit nach Triest nehmen müssen.

Über die Durchführung des Flottillen-Kaliberschießens hat der Artilleriereferent einen Bericht gefertigt, den der Flottillenchef mit seiner Stellungnahme im Wortlaut dem KTB beigefügt hatte.

27.–29. August 1944

Minenunternehmung »Murmel I«
Führung: Kommandant MS »Kiebitz«
Beteiligte Boote: »TA 38«, »TA 39«
Am 27.8.1944 verlegten »TA 38« und »TA 39« mit dem Flottillenchef auf »TA 38« auf dem Küstenweg von Triest nach Venedig. In den frühen Morgenstunden mußten sie vor Grado, um von den eigenen Minensperren freizukommen, ganz dicht unter die Küste gehen. Dabei hatten beide Boote leichte Grundberührung mit den Hüllkörpern ihrer S-Geräte. Dazu schrieb der Kommandant von »TA 39«: »Beide Ausfahrteile sind unbeschädigt, lassen sich aber nicht mehr ausfahren. Das ist für die kommende Unternehmung zwar bedauerlich, aber zwei geknickte Hüllkörper sind mir lieber, als daß ich

auf die eigene Sperre brumme, auf der bereits drei eigene Dampfer liegen.«
(Qu. 19)

Das aus Pola kommende MS »Kiebitz« mit »TA 20« und »UJ 202« traf kurz nach den beiden T-Booten in Venedig ein. Die T-Boote übernahmen von »Kiebitz« je 22 Minen UMB. Dann wurde die Sperrlegung beim Seekommandanten besprochen.

Aufgabe war es, die mit den Sperren »Paula 1–3« begonnene Absperrung des Küstenweges vor Pesaro erst nach Süden und dann nach Norden zu verlängern. Es handelte sich um insgesamt fünf zweireihige Sperren. Der Anmarsch mußte zwischen der Küste und dem bereits ausgelegten Minengürtel erfolgen; die bei den »Paula«-Sperren noch mögliche Ansteuerung von See her war wegen Schließung der Sperrlücke nun nicht mehr möglich. Die Teilnahme des höchstens 15 Knoten laufenden »TA 20« war bei den zu erwartenden Luftangriffen, bei Mondschein bis gegen 01.00 Uhr bei der Gefahr des Schwarzqualmens und des Funkenfluges nicht zu verantworten; das bedeutete, daß die letzten beiden Sperren nur einreihig geworfen werden konnten.

Um 20.20 Uhr wurde der Marsch von Venedig-Reede auf dem Weg »Star« in Richtung Pola als Scheinkurs angetreten, um so weit wie möglich nach Osten vom Küstenweg entfernt an den Minengürtel heranzukommen. Der Mond schien hell, und ab 21.00 Uhr begleiteten laufend Ortungen feindlicher Flugzeuge mit wechselnder Lautstärke die Fahrt. Gegen 21.30 Uhr wurden an Backbord voraus auch feindliche S-Boote geortet. Der Tanz konnte beginnen!

Kptlt. Lange war gerade kurz im Kartenhaus, um einen englischen UK-Spruch »steaks 32765« zu entziffern, da fielen plötzlich Bomben zwischen »Kiebitz« und »TA 38«. Der Angriff erfolgte von achtern und bekam Sperrfeuer. Nach UK-Meldung von »Kiebitz«, daß die Bomben in ihr Kielwasser fielen, wurde die Fahrt auf 9 Knoten vermindert, um das Phosphoreszieren des Schraubenwassers herabzusetzen. Auch Venedig meldete einen Flugzeugangriff 7,5 sm östlich Punta della Maestre.

Bald darauf, um 22.00 Uhr: »Schnellboote voraus!« Und im gleichen Augenblick fielen wieder Bomben – Sperrfeuer! – ein Leuchtgranatenfächer von »TA 39«! – ein erneuter Fächer gegen mit hoher Fahrt nach Südwest abdrehende Schatten!

»Es müssen mindestens vier Flugzeuge am Verband hängen. Jetzt müßte man ein FuM-Ortungsgerät haben, um, da wir einwandfrei erfaßt sind, den Anflug der Flugzeuge und die Aufstellung der S-Boote erkennen zu können... Die gemäß Einsatzbefehl vorgesehene Luftsicherung ist am Verband – wird aber leider vom Gegner durchgeführt!« (Qu. 19)

Auf »TA 38« waren beide 3,7-cm-Geschütze durch Störung ausgefallen. Gegen 23.00 Uhr wurde das Ortungsbild ruhiger, und die Fahrt wurde langsam wieder auf 15 Knoten gesteigert. Um 23.45 Uhr warfen die Jagdbomber Fackelfeuer zwischen die Boote; sie brannten etwa drei bis fünf Minuten auf der Wasseroberfläche. Gerade wurde um 23.50 Uhr ein entgegenkommendes

Geleit passiert, als das FuMB erneut von achtern anfliegende Feindmaschinen meldete.

Die acht Bomben dieses dritten Angriffs lagen wieder zwischen »Kiebitz« und »TA 38«; Sperrfeuer und Ausweichbewegungen haben Treffer vereitelt.

»Den ersten Bombenangriff hatte man von Venedig aus beobachtet – der zweite und dritte wurde dem Seekommandanten durch die Feindluft gemeldet. B-Dienst-Ergebnisse haben jeweils 10 Minuten nach Absetzen durch das feindliche Flugzeug vorgelegen. Es hat sich gezeigt, daß Einsätze dieser Art unbedingt mit einer B-Dienst-Gruppe an Bord durchgeführt werden müssen...« (Qu. 19)

Als um Mitternacht der Wurfverband 15 sm nordöstlich von Porto Garibaldi bei leichtem Südwestwind marschierte, verschwand endlich der Mond unter dem Horizont. Um 02.45 Uhr am 28.8. stand der Verband mit südlichem Kurs östlich von Corsini, und um 02.45 Uhr steuerte er gerade das Wurfgebiet an, als erneut Flugzeuge an Backbord voraus gemeldet wurden; sie griffen aber diesmal nicht an.

Um 03.30 Uhr begannen »Kiebitz« und »TA 38« nördlich der Cattolica-Huk mit dem Minenwerfen. Um 04.10 Uhr drehten sie auf zur zweiten Sperrlegung. »TA 39« setzte sich vor »TA 38« und verlängerte die begonnene Sperre in der zweiten Reihe. Um 04.35 Uhr wurde auf Wurfkurs 340 Grad geschwenkt und mit dem Minenlegen bis 04.50 Uhr fortgefahren.

Es waren jetzt je T-Boot 14 Minen (UMB) mit Wurfintervallen von 53 Sekunden gefallen. Nun drehte »Kiebitz« zum Legen der vierten und fünften Minenreihe auf, und die T-Boote sicherten. Endlich, um 05.42 Uhr, 6 sm nordöstlich von Cesenatico, fiel die letzte Mine! Die Morgendämmerung setzte ein; was sollte der Rückmarsch bei Tageslicht bringen?

Um 06.00 Uhr passierte das Lazarettschiff »Tübingen« auf Gegenkurs. Keine »Jabo-Gruppe vom Dienst« zeigte sich. Und um 10.00 Uhr am 28.8.1944 löste sich der Verband beim Einlaufen in Venedig auf.

Glück gehabt!

»TA 20« und »TA 38« verlegten dann in der Nacht 29./30. August auf dem Küstenweg zurück nach Triest. »TA 39« ließ noch in Venedig seinen bisher nur unvollständig montierten Torpedo-Drillingsrohrsatz fertig einbauen und führte eine magnetische Vermessung ohne Ergebnis durch. In der Nacht zum 1. September marschierte es mit einem angehängten MFP nach Triest zurück.

6. September 1944

Indienststellung von »TA 45«

Bis zum 6. September hatte »TA 39« nur 24stündige Bereitschaft, um die immer wieder aufgeschobenen Arbeiten in der Antriebsanlage (wie Erneuern von Packungen, Dichten von Flanschen usw.) durchzuführen.

An diesem Tage wurde endlich das am 16.8.1944 überführte »TA 45« in Dienst gestellt. Da noch kein eingefahrener I.W.O. zur Verfügung stand, stieß die von Kptlt. Glissmann mit Nachdruck vorangetriebene Ausbildung der Besatzung auf immer neue Schwierigkeiten.

Dem inzwischen erkrankten Kommandanten wurde vom Flottillenchef der ehemalige Führerbootkommandant, Oblt.z.S. Kunst, vorübergehend zugeteilt, der zugleich mit der Führung des Besatzungsstammes des auf der Werft San Marco vor der Abnahme stehenden Bootes »TA 41« bis zum Eintreffen der für dieses neue Boot designierten Offiziere beauftragt war.

Am 7.9.1944 führte »TA 37« seine MES-Vermessung durch, kompensierte und erledigte mit dem inzwischen zusätzlich zu dem Drilling eingebauten Zwillings-Rohrsatz ein Modell-Torpedoschießen.

8.–9. September 1944

Minenunternehmung »*Murmel II*«
Führung: Freg.Kpt. Birnbaum auf »TA 38«
Beteiligte Boote: »TA 38«, »TA 39«

»TA 38« und »TA 39«, nun wieder in Normalbereitschaft, übernahmen am Nachmittag des 7. September abermals Minen und verlegten nachts zusammen mit MS »Kiebitz« nach Venedig, von wo aus das Minenunternehmen »Murmel II« (AR 86–90) durchgeführt werden sollte. Auf dem Küstenweg brannten die rechtzeitig bestellten (Leuchtfeuer-)Maßnahmen wieder einmal nicht! Das war ein mehr als unerfreulicher Zustand, da vor der Tagliamento-Mündung eine Küstenminensperre (KMA) lag und dort ein unberechenbarer Strom setzte.

Am 8.9.1944 um 17.00 Uhr legten »Kiebitz« und die T-Boote in Venedig ab. Da mit feindlichen Überwasser-Streitkräften gerechnet werden mußte, sollte die S-Bootrotte »MS 41« und »MS 75« der Hafenschutzflottille Venedig zur Sicherung an dem Unternehmen teilnehmen; sie lief eine halbe Stunde später aus. Bei Südwestwind 3 bis 4 und leichtem Seegang wurde der Marsch um 20.00 Uhr angetreten, die S-Boote in Steuerbordstaffel am Führerboot angehängt.

Um 20.30 Uhr fiel auf »Kiebitz« der Kreiselkompaß aus. Auf dem Führerboot war die Steuerbord-Kreiseltochter gestört, und so übernahm »TA 39« die navigatorische Führung. Wind und See nahmen zu, es wetterleuchtete voraus. Gegen 21.30 Uhr, 8 sm ostsüdostwärts Punta della Maestra, wurden zehn bis zwölf Flugzeuge mit nördlichem Kurs durch Funk gemeldet.

Um 22.00 Uhr wurden die S-Boote entlassen. Um 23.00 Uhr fiel voraus eine Leuchtbombe. Die Minen wurden klargemacht, und im Nordosten ging der Mond auf.

Gegen Mitternacht kam an Steuerbord die Küste zwischen Corsini und Cervia mit zwei großen, vom Mond beschienenen Häusern in Sicht. »TA 39« sprach zwei kleinere Häuser unter Land als S-Boote an, was den Kommandanten veranlaßte, ohne Befehl einen Leuchtgranatenfächer zu schießen; das bereitete dem Flottillenchef so kurz vor dem Minenlegen einige Sorge.

Der Kommandant begründete später seinen Entschluß wie folgt: »Sichtung und gleichzeitige Ortung auf S-Boot-Frequenz – 9.9. 00.00 Uhr. Von der Seeseite her ist der Verband durch den tiefstehenden Mond beleuchtet – die (vermuteten) S-Boote haben uns also längst ausgemacht.« Er wollte verhindern, daß der Verband während der Sperrlegung angegriffen würde. Anfliegende Flugzeuge waren nicht festgestellt worden. Der Flottillenchef hat den Entschluß, der von Verantwortungsfreudigkeit zeugte, nachträglich gebilligt.

Dann begann das Minenlegen. Die Sperren sollten im Anschluß an die Sperrstücke AR 80–85 der Sperrlegung »Murmel I«, von Süden beginnend, gelegt werden.

Als in der zweiten Sperre die siebte Mine von »Kiebitz« gefallen war, stoppte das Minenschiff plötzlich und meldete: »Mann über Bord!«. Auf dem Führerboot waren gerade die ersten zwei Minen geworfen worden – eine verteufelte Situation! Hoffentlich kamen jetzt keine Jabos und griffen den gestoppt liegenden Verband an!

Da der »Kiebitz«-Kommandant keine Rettungsboote klar zum sofortigen Aussetzen hatte – ein »unmöglicher Zustand«, wie der Verbandsführer in seinem Bericht bemerkt –, bat er den in Rufweite liegenden Flottillenchef, den Mann mit »TA 38« zu bergen. Der Kommandant führte das Boot, vor »Kiebitz« herumholend, westlich des bereits geworfenen Sperrstücks zum Anfangspunkt von AR 87 zurück. Um 01.45 Uhr wurde auf schwache Hilferufe des Mannes der Lee-Kutter zu Wasser gelassen und der Verunglückte, als er in einem Mondlichtstreifen zwischen Boot und Kutter zu erkennen war, glücklich geborgen. Mit großer Fahrt ging es zum Verband zurück.

»TA 39« gab seinen Schiffsort an das Führerboot (Corsini in 237 Grad, 8 sm ab), und den Kommandanten wurde die Absicht mitgeteilt, die Sperre AR 87 nicht fortzusetzen, sondern die Minenreihen AR 88 und AR 89 ohne Sperrlücke in einem durchzuwerfen. Vom südlichen Endpunkt beginnend, warfen »Kiebitz« und »TA 38« ab 02.30 Uhr mit Wurfkurs 360 Grad die übergesparten Minen; ab 02.50 Uhr warf das ablösende »TA 39«, während sich »TA 38« vorsetzte und um 03.10 Uhr auf den Wurfkurs für AR 90 schwenkte.

Im KTB (Qu. 10) steht unter dem 9. September um 03.16 Uhr: »... fallen die ersten Minen des letzten Sperrstücks (AR 90) und mir ein Stein vom Herzen, daß – trotz Freitag, Mondschein und außenbords gefallenem Mann – wieder mal alles klargegangen ist!«

Um 06.20 Uhr am 9.9.1944 lag der Verband in Venedig-Marittima fest. Als besondere Erfahrungen meldete der Verbandsführer: Auf »Kiebitz« war eine B-Dienst-Gruppe, bestehend aus zwei Obermaaten mit Kanalerfahrung, eingeschifft. Beobachtet wurden die feindlichen Flugzeug- und S-Bootfrequenzen. Eine Rücksprache mit der 62. Funkmeßkompanie in Venedig ergab, daß eigene Landgeräte nur auf einer Frequenz über 300 MHz arbeiten und daß deshalb 187 MHz in jedem Falle eine Feindfrequenz von Landstellen, Flugzeugen oder Überwasserstreitkräften war. Daraus konnte der Schluß gezogen werden, daß tatsächlich feindliche S-Boote unter der Küste gestanden, aber nicht angegriffen hatten.

9.–19. September 1944

Große Ereignisse warfen ihre Schatten voraus.

Am 9. September führten in der Bucht von Triest »TA 37« und »TA 45« unter Leitung von Kptlt. Hänsel vom SAS-Lehrtrupp Seezielübungen, je zwei Tag-Übungs- und einen Dämmerungs-Kaliberschießanlauf auf Schleppscheibe, durch. Auch bei diesem (zweiten) Übungsschießen haben die Besatzungen viel gelernt. Von den Nachtanläufen mußte wegen Mangel an Leuchtmunition abgesehen werden.

Am 10. September gingen schwere Bombenangriffe auf Triest nieder. Die Teppiche fielen in das Gelände des Neuen Hafens, die meisten Bomben ins Wasser. Schiffsverluste oder -beschädigungen traten nicht ein. Die T-Boote schossen Sperrfeuer, sobald die Bomber in Reichweite kamen.

Die Planung hatte nun noch eine Minenunternehmung »Murmel III« vorgesehen. Aus verschiedenen Gründen wurde sie jedoch zweimal verschoben, und durch das Dampfaufmachen dazu und das Feuerausmachen hatte jedes beteiligte Boot etwa 15 t des kostbaren Heizöls nutzlos verpulvert.

Auf einer Besprechung mit dem Chef des Stabes Admiral Adria und dem Chef der 11. Sicherungsdivision ergab sich dann, daß keine weitere Verwendung der Boote »TA 38« und »TA 39« als Minenträger mehr geplant war, und zwar mit Rücksicht auf die dringenden Vorbereitungen für einen »Sondereinsatz« dieser Boote. Also gaben die Boote am 11. September ihre Minen wieder ab und verholten zur Fortsetzung der kurzfristig unterbrochenen Überholungsarbeiten in die Werft.

Am 12. September besichtigte der Kommandierende Admiral Adria, Vizeadmiral Lietzmann, die Besatzungen der im Alten Hafen liegenden Einheiten der 11. Sicherungsdivision, darunter die der T-Boote »TA 37«, »TA 38«, »TA 40« und »TA 45«. Anschließend machte der Admiral einen Rundgang über »TA 40« und das neu in Dienst gestellte »TA 45«.

Am 14. September brachte »TA 37« noch wichtiges Artilleriegerät nach Venedig. Zu der am Abend dieses Tages beginnenden Minenunternehmung »Waschbär« stand das Boot nicht mehr zur Verfügung, da es für denselben »Sondereinsatz« vorbereitet werden mußte wie »TA 38« und »TA 39«.

SCHLUSSBETRACHTUNG

Die zwei Monate von Mitte Juli bis Mitte September 1944 waren für die 1. Geleitflottille eine glückhafte Zeit, und dies in zweifacher Hinsicht.

Auf der einen Seite hatte es der Flottille in dieser Zeit an Einsatzaufgaben wahrlich nicht gemangelt, ihren Männern war an Leistungen und Anstrengungen viel abverlangt worden. Und die Flottille hat alle ihr gestellten Aufgaben erfolgreich erfüllt, ohne nennenswerte Schäden und Verluste. Die Boote hatten fast alle Unternehmungen ohne Feindberührung mit Seestreitkräften durchführen können. Das war, fürwahr, eine schöne Bilanz.

Auf der anderen Seite hatte die Flottille in diesen zwei Monaten ein sehr systematisches Programm zur Ausbildung und zur Herstellung der Einsatzbereitschaft durchlaufen können; die Kommandanten der 9. T-Flottille in der Ägäis würden vor Neid erblassen, wenn sie diese lange und sorgfältig genutzte Zeit mit jenen zehn oder zwölf Tagen verglichen, die ihnen zwischen Indienststellung und ersten Kampfhandlungen zur Verfügung gestanden hatten und die sie nur zum kleinsten Teil zur Ausbildung hatten nutzen können. Dies war kein Verdienst der 1. Geleitflottille, es hätte auch hier bei stärkerer Aktivität des Feindes anders kommen können, aber den Nutzen hatte die Flottille davon.

Hauptträger der Geschehnisse dieser zwei Monate waren die drei Boote »TA 37«, »TA 38« und »TA 39« gewesen. Und nun wurden diese Boote der Verfügbarkeit für die 1. Geleitflottille entzogen zugunsten eines »Sondereinsatzes«, von dem noch niemand wußte, um was es sich handelte und ob er nur kurzfristig oder von längerer Dauer sein würde.

Da ist es nur folgerichtig, mit diesem Ausscheiden der drei Boote aus der Verfügbarkeit für die 1. Geleitflottille dieses Kapitel zu schließen. Über die-

	Chef	TA 37	TA 38	TA 39	TA 40
11.7. »Maulwurf«		x	x		
12.–15.7. »Iltis« 1–2		x	x		
23.–24.7. »Iltis« 1–2	x	x	x	x	
24.–25.7. »Iltis« 3	x	x	x	x	
26.–27.7. »Iltis« 4	x	x	x	x	
27.–28.7. »Iltis« 5–6	x	x	x	x	
2.–3.8. »Paula«			x	x	
2.–3.8. Geleit »Prometheus«		x			
3.8. »Zobel«		x			
3.–4.8. Geleit »Numidia«		x			
4.8. »Feh«					x
7.–8.8. Sperre Umago			x	x	
12.8. »Chinchilla I«	x	x	x	x	x
12.–13.8. »Marder«	x	x	x	x	x
16.–18.8. Überführung »TA 45«	x		x	x	
19.8. »Chinchilla II«	x	x	x	x	x
27.–29.8. »Murmel I«			x	x	
8.–9.9. »Murmel II«	x		x	x	
Summe 18	9	12	14	12	4

sen »Sondereinsatz« berichtet das 19. Kapitel, und die Geschicke der verbleibenden und neu hinzukommenden Boote der 1. Geleitflottille, beginnend mit dem erwähnten Minenunternehmen »Waschbär«, werden im 20. Kapitel und den folgenden dargestellt.

19. KAPITEL

Das Unternehmen »Odysseus«

20. bis 24.9.1944

VORGESCHICHTE

Anders als in der Adria, wo die 1. Geleitflottille immer wieder einmal ein
neues Boot von der Werft übernehmen und in Dienst stellen konnte, gab es in
der Ägäis keine Möglichkeit, für Verluste an Booten Ersatz zu beschaffen. Da
lag der Gedanke nahe, Einheiten aus der Adria in die Ägäis zu verlegen.
Schon im Frühjahr 1944 hatte ja »TA 39« als Ersatz für »TA 15« den »Durchbruch« durch die Straße von Otranto fahren sollen. Damals war diese Absicht
als zu riskant und wegen mangelnder Geheimhaltung aufgegeben worden.

Jetzt aber, Ende August 1944, verfügte die 9. T-Flottille in Piräus nur noch
über »TA 18« als einziges halbwegs fahrklares Boot, und ein Ende der Reparaturen von »TA 14« und »TA 17« war noch nicht abzusehen. Und gerade
jetzt kamen auf die Flottille vermehrte Aufgaben zu, denn Hitler hatte die
Räumung Südgriechenlands und der griechischen Inseln befohlen, und damit
erhöhte sich der Bedarf an Transportraum und folglich auch an Geleitfahrzeugen.

Deshalb griff das Marinegruppenkommando Süd in Sofia den Gedanken
einer Überführung wieder auf und erließ unter Beachtung allerstrengster Geheimhaltung den Befehl für das Unternehmen »Odysseus«. Dieser sah vor, in
der ersten Neumondperiode des September 1944 die in zahlreichen nächtlichen Minenwurf- und Geleitunternehmungen in der nördlichen Adria eingefahrenen und bewährten Boote »TA 37«, »TA 38« und »TA 39« in die
Ägäis zu überführen, mit abgesetzter Sicherung durch die ebenfalls zu überführenden Boote der 21. Schnellbootflottille.

Der Chef der die Boote abgebenden 1. Geleitflottille, zugleich in seiner Eigenschaft als Stellvertreter des Chefs der 11. Sicherungsdivision, gehörte zu
dem sehr kleinen Kreis der in dieses Vorhaben eingeweihten Stabsoffiziere.
Am 10. September hatte er den als Führer des Unternehmens bestimmten
Kptlt. Werner Lange vertraulich zu unterrichten und ihn mit der Verantwortung und der Durchführung aller erforderlichen Maßnahmen zu betrauen.
Die Operation war für den 17. September 1944 vorgesehen, mußte dann aber
verschoben werden.

»Odysseus« war als eine lagebedingte Verlegung der drei voll ausgerüsteten
Boote aus dem luftgefährdeten Triest über Pola nach Fiume getarnt worden.

Unter diesem Deckmantel konnten eine Fülle von unbedingt erforderlichen Restarbeiten erledigt und die Einsatzbereitschaft aller drei Boote hergestellt werden, ohne daß Offiziere und Besatzungen ahnten, welches Abenteuer ihnen bevorstand.

Am 19. September 1944 fand eine letzte Besprechung mit dem Ersten Admiralstabsoffizier des Admirals Adria statt. Darin wurde entschieden, daß Kptlt. Lange bereits in Pola die Unternehmung mit den Kommandanten an Hand des Operationsbefehls eingehend durchsprach. Ursprünglich hatte der Befehl erst nach dem Verlassen von Pola geöffnet werden sollen, aber da dann alsbald mit schlechtem Wetter und mit Feindberührung zu rechnen sein würde, war es besser, sich schon in Pola in Ruhe mit dem Befehl vertraut zu machen und mögliche Rückfragen sofort zu klären.

Am 20. September 1944 um 02.30 Uhr legten »TA 37« (Oblt.z.S. Goldammer), »TA 38« (Lt.z.S. Scheller) und »TA 39« (Kptlt. Lange, zugleich Verbandsführer) von ihren Liegeplätzen in Triest ab, um – einem Fernschreiben der 11. Sicherungsdivision entsprechend – zunächst nach Pola und dann nach Fiume zu verlegen. Mit 17 Knoten Marschfahrt lief der Verband mit einem angehängten Schnellboot bei sternenklarer Nacht und leichtem Ostsüdostwind auf dem Zwangsweg nach Pola.

Nach Beendigung eines ersten Fliegeralarms um 04.30 Uhr steuerten die Boote um 05.40 Uhr in den Fasana-Kanal ein. Um 06.15 Uhr wurden sie zum Einlaufen entlassen, um Öl und Wasser aufzufüllen und die bestellten Reservetorpedos zu übernehmen. Im Hafen lagen sie gut auseinandergezogen und getarnt.

Kurz nach 08.00 Uhr am 20. September 1944 überflogen drei Jagdbomber das Hafengebiet, ohne anzugreifen, und drehten dann nach Süden ab. Nach zwei weiteren Fliegeralarmen fand um 14.30 Uhr auf »TA 39« die vorgesehene Kommandantenbesprechung statt, an der auch der Führer der Schnellbootrotte »S 30« und »S 36«, Oblt.z.S. Backhaus, teilnahm. Da keiner der beteiligten Offiziere bis zu diesem Zeitpunkt etwas von der bevorstehenden Aufgabe wußte und sich bei den Besatzungen lediglich das Gerücht einer Verlegung nach Fiume herumgesprochen hatte, »darf die Geheimhaltung als sichergestellt angesehen werden«.

(Dieses Kapitel fußt fast ausschließlich auf dem Kriegstagebuch von »TA 39«. Alle wörtlichen Zitate sind ihm entnommen, sofern nicht ausdrücklich eine andere Quelle genannt wird!)

POLA BIS KOTOR

Um 18.00 Uhr waren die Betriebsstoffergänzung beendet und je Boot zwei Reservetorpedos seefest an Oberdeck verstaut. Um 18.23 Uhr legte der Verband ab zum Marsch nach Kotor, dem alten Cattaro. Jetzt erst unterrichteten

Fregattenkapitän Friedrich Karl Birnbaum
Chef der 1. Geleitflottille
Juli 1944–Februar 1945
Chef der 9. T-Flottille
Februar 1945–Mai 1945
(Foto: Slg. Birnbaum)

Kapitänleutnant (Ing.) Erich Müller
Flottilleningenieur
der 1. Geleitflottille
und der 9. T-Flottille
von Juli 1944–Mai 1945
(Foto: Slg. Birnbaum)

Oberleutnant z.S. Wilhelm Scheller
Kommandant »TA 38«
August 1944–Oktober 1944
vorges. Kommandant »TA 46«
Februar 1945
(Foto: Slg. Birnbaum)

Oberleutnant z.S. Miron Kunst (†)
Kommandant »TA 38«
April 1944–Juli 1944
(Foto: Slg. Birnbaum)

Oberleutnant z.S. Friedrich Nose
Kommandant »TA 40«
Juli–Oktober 1944
(Fotos: Slg. Birnbaum)

Kapitänleutnant Alfred Holzherr (†)
Kommandant »TA 41«
Februar–Mai 1945

Kapitänleutnant Walter Wenzel (†)
Kommandant »TA 45«
März–April 1945
vorher Stv. Kommandant »TA 44«
November–Dezember 1944

Oberleutnant z.S. Otto Ascherfeld
Kommandant »TA 41«
Oktober 1944–Februar 1945

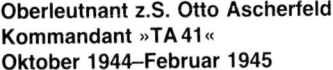

Die spätere Basis der 1. Geleitflottille in Triest noch zur italienischen Zeit 1943. In der Mitte der Minenleger »Vergado« (ex »Orao«), dahinter das Torpedoboot »TA 20«, 1914–1916 als »Kawakaze« bei Yarrow in Glasgow für Japan gebaut, 1916 von Italien als »Audace« übernommen, als »TA 20« am 21. Oktober 1943 in Dienst gestellt. Dahinter »TA 22«, 1913–1916 als »Giuseppe Missori« für die italienische Marine gebaut, am 3. Dezember 1943 als »TA 22« in Dienst gestellt.
(Foto: Archiv BfZ)

Das Torpedoboot »TA 20« (ex »Audace«) der 2. Geleitflottille bei einem Einsatz in der Adria mit einem Ar-196 Aufklärungsflugzeug. »TA 20« ging am 1. November 1944 zusammen mit den U-Jägern (ital. Korvetten) »UJ 202« und »UJ 208« im Gefecht mit den britischen Zerstörern »Avonvale« und »Wheatland« verloren.
(Foto: Archiv BfZ)

Zum Zeitpunkt der italienischen Kapitulation lagen in Triest, Fiume und Venedig eine Anzahl von Torpedobooten und Korvetten in verschiedenen Baustadien in den Werften. Die deutsche Marine versuchte, diese 10 T-Boote und 9 Korvetten fertigzustellen. Hier im Vordergrund das in der Ausrüstung befindliche T-Boot »Gladio«, das am 8. 1. 1944 als »TA 37« in Dienst kam, bei C.R.D.A. Trieste. (Foto: Archiv BfZ)

Nur zwei Monate blieb »TA 36«, der erbeutete italienische Torpedoboot-Neubau »Stella Polare«, im Dienst. Am 18. Januar 1944 setzte man in Fiume die Flagge, am 18. März 1944 geriet das Boot in eine eigene Minensperre südwestlich Fiume und sank. Hier bei der Beladung zu einer Minen-unternehmung. (Foto: Archiv BfZ)

Im März 1944 stellte Kapitänleutnant Carlheinz Vorsteher (1. Reihe Mitte) »TA 38«, den italienischen Neubau »Spada« für die 2. Geleitflottille in Dienst. Hier die Besatzung zum Gruppenfoto auf der Back in erster Garnitur Blau vereint. (Foto: Slg. Birnbaum)

»TA 38« in der ursprüngl. Adria-Bemalung mit dem Eisernen Kreuz als Kennzeichen am Vorschiff. Die Bewaffnung der Boote war, abgesehen von den beiden italienischen 10 cm Kanonen vorn und achtern, sehr unterschiedlich, je nachdem wie die Zulieferung der Flak und Torpedorohrsätze lief. (Foto: Slg. Birnbaum)

Zwischen zwei Einsätzen in Pola:
Die Kommandanten von »TA 37«,
Kptlt. Fritz Goldammer (vorn) und
»TA 38« Oblt. z.S. Miron Kunst.
Am 1. Juni 1944.
(Foto: Slg. Birnbaum)

Auf der Brücke von »TA 38«:
Oberleutnant z.S. Scheller.
(Foto: Slg. Birnbaum)

Das Torpedoboot »TA 38« in der Nordadria im Sommer 1944. An dem Vorschiff ist die MES-Anlage als Leiste zu erkennen. Das Boot war am 12. Februar 1944 in Dienst gestellt worden. (Foto: Slg. Birnbaum)

Das Torpedoboot »TA 39« (ex ital. »Daga«) kam am 27. März 1944 in Dienst. Am Mast ist der als schwarzes Viereck erscheinende FuMB-Antennensatz zu erkennen. (Foto: Slg. Vorsteher)

»TA 39« während der Operation »Odysseus« in Kotor.
(Foto: Slg. Vorsteher)

Das Ende von »TA 38« in Volos nach dem Luftangriff am 13. Oktober 1944.
(Foto: Slg. Vorsteher)

die Kommandanten ihre Besatzungen durch die Lautsprecheranlage über das gewagte Vorhaben, das nun seinen Anfang genommen hatte.

Bei auffrischendem Wind wurden in der Marschformation Steuerbordstaffel die Bootsabstände auf 2000 Meter vergrößert. Die Schnellboote liefen in Backbordstaffel beim Führerboot angehängt. Noch konnten diese bei Regen und tiefhängenden Wolken die Marschfahrt von 24 Knoten halten, aber gegen 19.00 Uhr fielen sie bereits so stark zurück, daß sie nach Pola entlassen werden mußten. Achteraus gab es laufend Flugzeugortungen und Flakfeuer – also waren die Abendaufklärer doch noch gekommen! Gegen 19.30 Uhr verschwand der Flugzeug-Orter in Richtung Quarnero.

Inzwischen war es stürmisch geworden, und die Boote arbeiteten schwer in der See, die mit Stärke 7 anrollte; die große, ausladende Back gab ihnen aber genügend Auftrieb, und die bereits in Pola gespannten Strecktaue bewährten sich.

Gegen 22.00 Uhr setzte zusätzlich eine schwere Dünung aus NNO, aus dem Quarnero, ein und erschwerte das Steuern in zunehmendem Maße. »Mit Operationen feindlicher Seestreitkräfte ist bei dieser Wetterlage nicht zu rechnen; unser größter Feind ist die tobende See! ... Die Boote reagieren kaum noch auf das Ruder ... die technische Besatzung leistet unmenschliche Arbeit«, schrieb der Kommandant »TA 38«, und im Kriegstagebuch von »TA 39« hieß es: »Von der Brücke ist kein Ausguck mehr möglich; ich fahre vom vorderen Leitstand aus. ›TA 38‹ hält an Backbordseite gut mit, ›TA 37‹ ist jedoch zurückgeblieben, ich sehe es nur noch zeitweise!«

»TA 37« war weit achteraus gesackt; See und Wind kamen nun von Backbord vorn. Die Marschfahrt wurde auf 21 Knoten herabgesetzt, und erst um 22.00 Uhr war »TA 37« so weit herangeschlossen, daß die Marschfahrt von 24 Knoten wieder aufgenommen werden konnte.

Zwischen 23.00 Uhr und Mitternacht fielen auf »TA 37« nacheinander eine Heizölpumpe, die gesamte E-Anlage und die Rudermaschine aus. Das Boot sackte erneut weit achteraus. Der Verband stand nun auf der Höhe von Lissa, ein Zuwarten und Heranlotsen durch Morsebefehle war nicht zu verantworten, aber die Kurse waren dem Kommandanten ja bekannt. »Wenn er klarkommt, muß er nachkommen«, heißt es lakonisch im Kriegstagebuch des Verbandsführers. Es wehte immer noch mit Stärke 5 aus Südost, die Temperatur betrug 18 Grad, der Himmel war bedeckt.

Zwischen 00.30 Uhr und 01.15 Uhr, nun schon am 21. September 1944, wurden von der Landseite her Scheinwerfer beobachtet, die den Verband jedoch nicht erfaßten, der gerade unter der Kimm stand. Als dann zusätzlich Schiffsortungsgeräte mit großer Lautstärke aus dem Sektor Süd bis Südwest für eine Zerstörerrotte gehalten wurden, ließ der Verbandsführer Scheinkurse steuern, um den Gegner zu täuschen.

Gegen 04.00 Uhr war die See etwas ruhiger geworden. Zwischen 04.15 Uhr und 04.37 Uhr ortete ein Flugzeug voraus, ein weiteres von achtern den Verband. Weitab an Steuerbord achteraus standen Leuchtbomben am Himmel.

»Wenn das nur nicht dem havarierten ›TA 37‹ gilt!« Um 05.00 Uhr wurde achteraus eine weitere Leuchtbombe gesichtet. B-Dienst-Meldungen bestätigten dem Verbandsführer, daß »TA 37« von der bewaffneten Luftaufklärung des Gegners erfaßt und mit Torpedos, Bomben und Bordwaffen angegriffen worden war. Eine der Feindmeldungen lautete: »Ein Geleitfahrzeug (T-Boot) in 42°37′ N, 17°25′ O, Kurs 180 Grad, Fahrt 25 sm/h ... Treffer konnten nicht beobachtet werden«. Lange: »Danach ist also nur ›TA 37‹ erfaßt!«

Wie sich später herausstellte, hatte »TA 37« in der Zeit zwischen 05.04 Uhr und 05.45 Uhr vier Bombenangriffe mit Bordwaffenbeschuß durch Sperrfeuer und Zickzackkurse erfolgreich abgewehrt, eine hervorragende Leistung des ganz auf sich selbst gestellten havarierten Bootes.

Um 06.30 Uhr fiel auf »TA 38« die Steuerbord-Maschine aus – und das ausgerechnet genau vor der Einsteuerung nach Kotor! Es war inzwischen taghell, die Sonne ging hinter den Küstenbergen auf. »Ich stoppe und lasse Schleppgeschirr klarmachen ... Um 06.35 Uhr ist die Maschine wieder klar für 15 sm/h, um 06.40 Uhr fällt sie erneut aus ... es ist wie verhext! Wir stehen genau zwischen der Einfahrt und einer Minensperre – und das bei stark hineinsetzendem Strom!«

Um 07.00 Uhr war die Ostro-Huk glücklich umrundet. Lotse und Nachschuboffizier (Ing.) des Arsenals Kotor kamen an Bord. »TA 38« wurde an die Pier von Risan detachiert. Um 08.12 Uhr passierte auch »TA 37« unbeschädigt die Ostro-Huk und machte um 09.00 Uhr in Perast fest. Um 10.37 Uhr meldete der Chef der 3. Schnellbootflottille durch Funk, daß er um Mitternacht mit drei Booten aus Kotor ausgelaufen und sofort von zwei Seeaufklärern erfaßt worden sei. Diese und zwei weitere Aufklärer, die hartnäckig unter der Küste nach Booten suchten, hätte er durch fünf Scheinvorstöße auf sich gezogen. Um 05.45 Uhr habe er zwei TA-Boote gesichtet und dann wegen des schweren Wetters kehrtgemacht. Um 07.10 Uhr sei er mit allen drei Booten in Kotor wieder eingelaufen.

Dort klappte die Heizöl- und Wasserversorgung schlecht. Durch die große Entfernung zwischen den Liegeplätzen verging so viel Zeit, daß der Verbandsführer, selbst mit dem Auto des Hafenkommandanten, erst um 10.00 Uhr bei »TA 37« eintraf. Hier erst erfuhr er das Desaster zahlreicher Rohrreißer und setzte daraufhin folgenden Funkspruch ab: »... Anstrebe Reparatur bis 21.9., 19.00 Uhr. Wenn ... nicht möglich, Entscheid, ob Weiterführung Aufgabe 24 Stunden verschoben oder ›TA 37‹ zurückgelassen werden soll. In letzterem Falle weitere Absichten hergeben für ›TA 37‹ unter evtl. Verwendung Öl für ›TA 38‹ und ›TA 39‹.«

»TA 38« verholte mittags an die Ölpier in Lipcic, um 80 t zu übernehmen. Die Hälfte davon war zur Abgabe an »TA 37« bestimmt, auf dem inzwischen mit Hochdruck gearbeitet wurde. Beim Anlegen an die Ölpier würgte sich »TA 38« eine Stahlleine zwischen die Backbord-Schraube und die Wellenbuchse, als der Schlepper diese unmotiviert loswarf. Ein Arsenaltaucher schaffte es nicht – wohl aber die eigene Besatzung bis zum anderen Morgen! Inzwischen traf ein Funkspruch vom Admiral Adria ein: »Falls bis 19.00 Uhr nicht klar, Verschiebung um 24 Stunden«. Aus Tarnungsgründen verholte »TA 39« in der Dunkelheit an die Minenpier nach Pristani, wo aber einige hundert Minen lagerten! Deshalb im Morgengrauen nichts wie zurück nach Kotor! Zum Glück herrschte während der Nacht wegen der Wetterlage – Südost Stärke 5 bei Regen und tiefhängenden Wolken – nur geringe feindliche Lufttätigkeit.

Am 22. September 1944 hatte dann »TA 37« seine Kesselanlage, »TA 38« seine Schraube wieder klar. Die Kommandanten atmeten auf!

DER DURCHBRUCH, KOTOR BIS KORFU

Die Ölbestände der drei Boote betrugen nur zwischen 159 t und 138 t (in Reihenfolge der Bootsnummern), daher war wirtschaftlichste Fahrt geboten. Deshalb und im Hinblick auf die Wetterlage wurde das für 19.00 Uhr befohlene Seeklar auf 18.00 Uhr vorverlegt. Aber dann platzte auf dem Führerboot eine Viertelstunde vor dem Ablegen eine Packung zwischen den Zudampfleitungen im Turbinenraum 2, was eine Verzögerung von einer Stunde verursachte. Gleichzeitig meldete der Chef der 1. Schnellbootdivision: »Einsatz 3. und 21. S-Flottille entfällt wegen Wetterlage«. Also mußte es auch ohne die abgesetzte Sicherung gehen!

Gegen 20.30 Uhr standen die drei Torpedoboote bei Südostwind Stärke 4, Seegang 3, starker Dünung unter der Küste und Regen vor dem Ausgang der Bucht. Eine Stunde später traten sie mit Kurs 250 Grad frei von den eigenen Sperren, einem Scheinkurs für ein im Norden stehendes Ortungsflugzeug, den Marsch zum Durchbruch durch die Otranto-Straße an.

Nach 23.00 Uhr zwangen weitere Radar-Orter mit Schiffsbordgeräten großer Lautstärke voraus den Verbandsführer zu wiederholten Kursänderungen. Um Mitternacht endlich war kein Gerät mehr zu hören – Stoßseufzer auf allen Brücken! Eine Kriegswache blieb auf Stationen.

Der Nachthimmel war bedeckt, es regnete strichweise, und der B-Dienst meldete: »In unserem Bereich ruhig.« Im Süden und Südosten Wetterleuchten und Gewitterböen, es roch nach idealem Durchbruchwetter! Die Stimmung stieg! Wird es klappen? Gegen 02.00 Uhr, nun schon am 23. September 1944, marschierten die Boote geschlossen mit 21 Knoten auf dem Zwangsweg. Um 03.00 Uhr stand der Verband vor der Bucht von Valona. Das Echolot auf »TA 39« fiel aus, »TA 38« meldete auf Anfrage 26 Meter Wassertiefe.

Als die Boote mit 15 Knoten Fahrt um 03.35 Uhr auf Südkurs schwenkten, zeigte starkes Wetterleuchten blitzartig die Küstenkonturen – der Verband stand planmäßig nördlich Saseno, das an Steuerbord gelassen wurde. In der Enge vermutete feindliche Schnellboote wurden mit hoher Fahrt um Kap Linguetta herum ausmanövriert. Auf Küstenkurs in Formation Steuerbordstaffel bei Marschfahrt 21 Knoten stand, als die Morgendämmerung begann, ein »Roter Hahn« über »TA 37«.

Um 05.50 Uhr wurden in 40 Grad Schiffspeilung, querab von Fort Palermo, drei Zerstörer in Lage 50 mit Gegnerbug rechts am Horizont gesichtet. Alarm! Auf den Signalbefehl, UK einzuschalten, kam keine Verbindung zustande, weil vor dem Verlassen der Kotor-Bucht, wo die Boote durch die Fjorde getrennt gelegen hatten, ein Abstimmen nicht möglich gewesen war. Das rächte sich jetzt.

Als die ersten Artilleriesalven des Gegners auf ca. 150 hm deckend lagen, entschloß sich der Verbandsführer zum Torpedoangriff, obwohl die Entfernung die Laufstrecke der italienischen Torpedos noch übertraf. Er gab die notwendigen Befehle, mit welchen Signalmitteln, ist nicht mehr festzustellen. »TA 39« mußte, um schießen zu können, erst einmal zudrehen. Im Abdrehen wanderte das Ziel durch, beim abermaligen Zudrehen fiel dann der Zweierfächer; beide Aale liefen gut.

Auf »TA 38« waren die Signale zum Torpedoschießen nicht wahrgenommen worden, wie der Kommandant schrieb. So fiel der Fächer von »TA 39« für ihn völlig überraschend. Er hielt das Zacken des Führerboots für Ausweichmanöver vor den feindlichen Einschlägen. Aber er beobachtete den Torpedoschuß noch so rechtzeitig, daß er durch Hartruder – bei 21 Knoten ein riskantes Manöver – den Laufbahnen ausweichen und so die gefährliche Lage meistern konnte.

Um 06.00 Uhr gab der Verbandsführer das Feuer der Artillerie frei bei einer Entfernung von 80 hm. Der Feind erwiderte das Feuer und lag sogleich wieder deckend; er schoß offenbar nach Funkmeß. Die Boote zackten und nebelten sich ein. Infolge der eigenen Rauchentwicklung kamen die Zerstörer außer Sicht; eine Entfernungsmessung war nicht mehr möglich, und für Leuchtgranaten war es schon zu hell. Gegen 06.15 Uhr drehte dann der Feind mit zwei Einheiten wieder zum laufenden Gefecht auf außerhalb der eigenen Artilleriereichweite. Sein Feuer lag erheblich schlechter als zuvor. Die T-Boote nebelten und strebten mit Höchstfahrt der Nordeinfahrt des Korfu-Kanals zu. Um 06.20 Uhr wurde das Nebeln eingestellt.

Das Gefecht war beendet – gottlob hatte der Feind keinen Treffer erzielt. Bei dem Gegner handelte es sich um die britischen »Hunter«-Zerstörer »Whaddon« und »Belvoir« (Lt. 05, S. 481).

Gleich darauf, von 06.33 Uhr bis 06.40 Uhr, wurde der Verband trotz laufender Abgabe des Erkennungssignals von zwei Seiten unter Beschuß durch eigene Küstenbatterien genommen. Aber die Boote kamen ohne Schäden hindurch und ankerten um 07.30 Uhr in der hintersten Ecke der Pagania-Bucht vor Korfu mit an Land vertäutem Heck. Der Verschlußzustand blieb, eine Kriegswache auf Stationen, Fla-Ausguck auf den umliegenden Höhen.

Funkmeldung an Admiral Adria und Admiral Ägäis – letzterer hatte ab Korfu die operative Führung –: »07.30 Uhr Pagania-Bucht ein. 05.50 Uhr bis 06.20 Uhr Gefecht mit britischen Zerstörern (Einschornstein), Treffer nicht beobachtet, keine Verluste und Beschädigungen. Absicht Weitermarsch 20.00 Uhr.«

»Ein Glück, daß wir das Gefecht erst vor dem Loch bekommen haben . . . ›TA 37‹ hat noch 90 t, ›TA 38‹ 80 t und ›TA 39‹ 95 t Öl. Damit kommen wir bei einer Marschfahrt von 21 Knoten bis nach Patras und haben noch eine kleine Reserve, um zeitweise AK laufen zu können . . . Während des Gefechtes fiel durch die Erschütterungen die B-Dienst-Anlage auf ›TA 39‹ für die Dauer von 70 Minuten aus, so daß eine Meldung der Zerstörer nicht mehr aufgenommen werden konnte.«

KORFU BIS PIRÄUS

Um 14.30 Uhr ging ein KR-Blitz-FT von Admiral Ägäis ein: »1.) Auslaufen TA-Boote erst 21.45 Uhr, so daß Einlaufen Patras bei erster Morgendämmerung. Dort Brennstoff-Ergänzung. 2.) 21. S-Flottille Scheinvorstoß durch Korfu-Kanal . . . Im Seegebiet Otrantostraße bis 24.00 Uhr auf Feindkräfte operieren, anschließend Patras, abgesetzt von den äußeren Zwangskurs-Punkten . . . Zusammentreffen mit TA-Booten vermeiden! . . .«

Um 16.00 Uhr reagierte der Chef der 21. S-Flottille durch Funkspruch in dem Sinne, daß ein Scheinvorstoß in die Otrantostraße zeitlich nicht durchführbar sei. Statt dessen schlug er, wie mit dem Kommandanten »TA 39« vereinbart, vorliche und achterliche Sicherung der T-Boote im Ortungsschatten auf dem Küstenweg vor. Um 19.42 Uhr ging die Entscheidung des Admirals Ägäis ein, daß die T-Boote auf dem Küstenzwangsweg marschieren sollten und daß wegen Verseuchung der Nordeinfahrt des Leukas-Kanals mit Feindminen gut frei von Punkt . . . zu navigieren sei; Admiral Ägäis beharrte auf kurzem Scheinvorstoß der 21. S-Flottille »wie befohlen«, jedoch ab 01.30 Uhr am 24. September Wartestellung im Seegebiet nordwestlich Kephallonia . . . gegen Überwasserstreitkräfte.

Kptlt. Lange war sauer und schrieb: »Also wieder allein!«

Um 19.00 Uhr am 23. September 1944 waren die Boote Anker auf gegangen, um noch bei Helligkeit aus dem Pagania-Schlauch herauszukommen. Wegen eines beobachteten Artilleriegefechts zwischen Küstenbatterien und feindlichen Überwasserstreitkräften in der Südeinfahrt des Korfu-Kanals und gleichzeitiger Beobachtung von je zwei Schiffs- und Flugzeugortern vor der Nordeinfahrt, entschloß sich der Verbandsführer, das Auslaufen auf den 24. September um 02.00 Uhr zu verschieben unter Inkaufnahme von drei Stunden Tagmarsch zwischen den Ionischen Inseln. Er ließ die Boote um 20.00 Uhr vor der Pagania-Bucht ankern und bat um 21.30 Uhr unter Meldung seiner Absicht um Jagdschutz ab Morgendämmerung des 24. September.

»Geht es klar, ist es gut, geht es unklar, wird man mich wohl vor den Kadi schleppen wegen Abänderung der Befehle höherer Dienststellen. – Aber in dem Absprung zu einer für den Gegner völlig unerwarteten Uhrzeit sehe ich die einzige Möglichkeit, aus diesem Sack, der oben und unten dichtgehalten wird, herauszukommen.« Dieser Entschluß des Verbandsführers zeugte von Verantwortungsfreudigkeit und würde die nachträgliche Billigung des ab Korfu zuständigen Admirals Ägäis finden.

Das FuMB blieb besetzt – gegen 23.00 Uhr ließ die Ortung durch den Gegner bis auf ein schwaches Flugzeuggerät auffällig nach. Da die Funkmeldung von 21.30 Uhr verstümmelt war, setzte Kptlt. Lange um 23.30 Uhr nochmals folgenden Spruch ab: »Wegen Gefechts Küste mit feindlichen ÜW-Streitkräften Südausgang und Ortungslage auslaufe erst 02.00 Uhr ... Marschfahrt 21 sm/h. 06.00 Uhr Jagdschutz erbeten.«

Bei Ostsüdostwind Stärke 2 bis 3 und sternklarer Nacht ging der Verband am 24. September 1944 um 02.00 Uhr Anker auf zum Marsch auf dem Küstenweg nach Patras, Formation Kiellinie, Fahrt 21 Knoten. Um 03.05 Uhr wurde die Sperrlücke in der Südeinfahrt des Korfu-Kanals passiert. Ein Flugzeug-Ortungsgerät war mit wechselnder Lautstärke zu hören. Um 03.10 Uhr ging der Funkspruch ein: »Kein Jagdschutz!«...

Ein unbekanntes Gerät ortete mit 163 MHz an Steuerbord voraus laufend als Sucher. Um 04.00 Uhr wurde es bei guter Sicht auf 39° 12′ N und 20° 30′ O lauter. Um 04.26 Uhr marschierte der Verband an der Kante des eigenen Sperrgebiets vor der Preves-Bucht, als der B-Dienst meldete: »Sichtmeldung: Drei Geleitfahrzeuge unbekannten Typs« ohne Standortangabe. Nach seinem Verhalten wurde dieses Radargerät zunächst für ein Flugzeuggerät auf einem Zerstörer gehalten. Wenn diese Annahme zutraf, war die Lage für den Verband äußerst gefährlich, da an Steuerbord die eigene Sperre, an Backbord die minenverseuchte Leukas-Bucht lagen und die Ölvorräte immer knapper wurden. Es herrschte dasselbe Zwielicht wie bei der gestrigen Begegnung mit den »Zerstörern vom Dienst«.

Um 05.10 Uhr war von einem Gegner immer noch nichts zu sehen. Das Ortungsgeräusch war verstummt. Ob es sich um ein an Land aufgestelltes Gerät handelte, das der Verband unterlaufen hatte?

Eine B-Dienst-Meldung von 05.20 Uhr klärte die Situation. Sie lautete: »05.10 Uhr habe Fühlung mit Feindverband verloren, des Feindes letzte Beobachtungsposition war, 3 Torpedoboote oder Geleitfahrzeuge in 38° 16′ N, 21° 02′ O, Kurs 135 Grad, Fahrt 20 sm/h.« Dieser Standort wäre innerhalb der Inseln gewesen! Der Orter hatte andere Flugzeuge aufgefordert, sich an der Suche zu beteiligen. Um 05.40 Uhr war dann durch den B-Dienst geklärt, daß es sich bei dieser Standortangabe um die des Orters selbst handelte, der zwischen Leukas und dem Festland stand, und daß der Verband seine Ortung durch dichtestes Ansteuern der Westküste von Leukas unterlaufen hatte.

Um 06.04 Uhr wurde Kap Ducato an der Südspitze von Leukas umrundet und in die Enge zwischen Leukas und Kephallonia eingesteuert. Es begann zu dämmern. Um 06.26 Uhr, eine halbe Seemeile östlich der Nordspitze von Ithaka: Fliegeralarm!

»Es ist taghell, Kurs 150 Grad, Marschfahrt 21 sm/h, Formation Max 1, dicht an Leukas geklemmt. Wir steuern nicht den vorgeschriebenen Zwangs-weg, sondern halten uns noch westlich davon, um das Flugzeug... zu täu-schen. Es ist ein hochfliegender Marauder, Kurs West. Das ist er also... Es ist selten, daß man sich nach einem andauernden Katz- und Mausspiel während der Nacht... persönlich in Augenschein nehmen kann.«

Als das Flugzeug einkurvte, Feuererlaubnis! Der Marauder schoß engli-sches Erkennungssignal, einen grün-weißen Doppelstern. Er hielt den Ver-band also für britisch und drehte nach Westen ab.

Um 06.44 Uhr wurde mit 24 Knoten Kurs auf Patras genommen, was die Ölbestände gerade noch zuließen. Von 07.30 Uhr bis 08.05 Uhr war in Korfu Fliegeralarm. »Da wird man uns vergeblich suchen.«

Der Verband stand um 08.00 Uhr ohne Feindberührung querab von Kap Papas und ankerte um 09.00 Uhr auf Patras Reede. Um 10.00 Uhr verholte er zur Ölergänzung in die Bucht von Lepanto. Während der Brennstoffüber-nahme wurden die Boote laufend von Kampf- und Jagdverbänden überflo-gen, die vom Angriff auf Piräus zurückkehrten.

Um 15.00 Uhr ging es Anker auf und begann der Marsch nach Piräus durch den Kanal von Korinth, angehängt die 21. S-Flottille. Der Durchbruch war gelungen und wurde mit dem Einlaufen in Piräus um 20.37 Uhr am 24. Sep-tember 1944 erfolgreich beendet.

Kptlt. Lange wurde für die erfolgreiche Überführung der drei Boote mit dem Deutschen Kreuz in Gold ausgezeichnet. Als im Ersten Weltkrieg der österreichisch-ungarische Admiral v. Horthy mit einem Kriegsschiffverband die Straße von Otranto durchbrach, ging dies als die Großtat »Horthy zieht den Korken« in die Seekriegsgeschichte ein. –

Über die weiteren Geschicke der drei Boote in der Ägäis wurde im 12. Ka-pitel berichtet.

20. KAPITEL

Nur mit einem Boot einsatzfähig

14.9. bis 3.11.1944

LAGEBETRACHTUNG

Seit der Chef der 1. Geleitflottille wußte, daß er mit »TA 37«, »TA 38« und »TA 39« den harten Kern seiner Flottille in die Ägäis abgeben sollte, sah er sich einer gänzlich veränderten Lage gegenüber. Die große Aufbauarbeit, die er in diese drei Boote investiert hatte, war zwar nicht verloren, sie würde aber nun anderen zugute kommen, der 9. T-Flottille in Piräus und dem Kommandierenden Admiral Ägäis, während er selber mit zunächst nur »TA 40« und »TA 45« vor einem völligen Neuanfang stand. Es hieß nun, mit um so größerem Nachdruck die weiteren auf den Werften liegenden Neubauten einsatzbereit zu machen und die dafür vorgesehenen Besatzungen auszubilden.

Diese neue Lage wirkte sich schon aus, bevor noch die drei Boote am 20. September 1944 zu ihrem dramatischen Marsch ausgelaufen waren, über den das vorige Kapitel berichtete. Zu der Minenunternehmung »Waschbär«, die am 14. September 1944 anlaufen sollte, standen sie dem Flottillenchef schon nicht mehr zur Verfügung, und so konnte er dafür nur »TA 40« einsetzen. Und als dann auch noch »TA 40« ausfiel, hatte die 1. Geleitflottille eine Zeitlang kein einziges einsatzklares Boot mehr. Das änderte sich erst Anfang November, als mit »TA 40« und »TA 45« wieder zwei Boote verfügbar waren.

14.–16. September 1944

Minenunternehmen »Waschbär«

Führung: Kommandant MS »Kiebitz«

Beteiligte Boote: »TA 20« von der 2. Geleitflottille als zweiter Minenträger, »TA 40« als Sicherung.

Der Verband lief am 14.9.1944 um 20.00 Uhr bei frischem Ostnordostwind und mäßiger Sicht aus Triest aus zum Minenunternehmen »Waschbär«, das der Sicherung des Quarnero dienen sollte. Er steuerte über den Weg »Blaufuchs« ins Wurfgebiet im Golf von Fiume. Die navigatorische Führung hatte »TA 40«, das 12 bis 15 hm vor dem Minenschiff mit ausgefahrenem S-Gerät marschierte, »TA 20« bei ihm in Steuerbordstaffel angehängt.

Gegen 23.00 Uhr wurden im Quadrat OJ 2368, als der Verband Südkurs steuerte und 15 Knoten lief, 2 Dez an Steuerbord voraus Schnellbootschatten mit starker Hecksee auf parallelem Kurs gesichtet. Bei Punkt 106 änderte der Verband den Kurs auf 140 Grad, und als das Erkennungssignal unbeantwortet blieb, schoß »TA 40« einen LG-Fächer. Nach einem zweiten in Richtung 240 Grad wurde eine S-Bootrotte gesichtet, die mit hoher Fahrt unter Nebelverwendung ablief.

»Feuererlaubnis!« – Während das vordere Geschütz weiterhin Leuchtgranaten schoß, lag das Feuer der Maschinenwaffen gut am Ziel, bis die Schnellboote außer Sicht kamen.

Etwa um 23.30 Uhr, nach einer Geräuschpeilung in 280 Grad und Sichten eines starken Schaumstreifens, erhielt das vordere Geschütz erneut Befehl, Leuchtgranaten zu schießen. Die Maschinenwaffen eröffneten auf nur 500 m Anfangsentfernung gegen die nebelnden Schnellboote das Feuer, das diese erwiderten. Die als feindlich angesprochenen S-Boote kamen gegen 23.45 Uhr im Schutz der Insel Brioni endgültig außer Sicht. Zur gleichen Zeit wurde in 90 Grad eine FuMO-Ortung auf Flugzeug- oder S-Bootfrequenz 210 MHz schwächer.

Nach diesem Feuergefecht setzte der Verband querab von Pola seinen Marsch ins Wurfgebiet bei mittlerer Sicht und glatter See fort. Die Minensperre fiel zwischen 04.30 Uhr und 04.45 Uhr am 15. September 1944 ohne Feindberührung planmäßig.

Wie sich nach dem Einlaufen herausstellte, hatte es sich bei den beschossenen Schnellbooten um zwei Rotten der 24. S-Flottille gehandelt. Diese Begegnungsmöglichkeit war dem Boot zwar rechtzeitig durch zwei Funksprüche mitgeteilt worden; sie wurden jedoch dem Kommandanten von dem noch unerfahrenen Funkpersonal zu spät – und auch noch falsch entschlüsselt – vorgelegt, so daß dieser im Küstenvorfeld von Pola um die fragliche Zeit mit eigenen Schnellbooten nicht rechnete.

Als das Erkennungssignal nicht beantwortet wurde, sah sich Oblt.z.S. Nose sofort zu energischem Handeln gezwungen. Zum Glück für alle Beteiligten wurden bei dem kurzen Gefecht weder gravierende Treffer erzielt noch Soldaten verletzt. So endete diese unfreiwillige »Nachtübung« lediglich mit einem disziplinarischen Nachspiel für das Funkpersonal von »TA 40«. Ein Notanruf, dreimal der Morsebuchstabe »i« durch die Führung der S-Boote (als Antwortbuchstabe auf das Erkennungssignal Küste) hätte die gefährliche Situation sofort geklärt... also Pannen auf beiden Seiten!

»Es hat sich wieder erwiesen, daß keine überraschende Begegnungsmöglichkeit zwischen S-Booten und größeren ÜW-Einheiten bestehen darf. Die Entfernung beim Sichten ist meist so gering, daß keine Zeit zum ES-Austausch bleibt. Die... Gefühle, ob Freund oder Feind, sind nicht zu beschreiben! Mag das Gefecht als tragisch zu bezeichnen sein, meine Männer haben durch diese ihre erste Feuertaufe viel gelernt« (Qu. 20).

Bedauerlich blieb der hohe Munitionsverbrauch, darunter 45 Schuß der kostbaren Leuchtgranaten.

Der Rückmarsch des Verbandes in der Nacht vom 15. zum 16. September 1944 nach Triest verlief reibungslos. Beim gemeldeten Passieren des U-Jägers »UJ 202« und des Geleitbootes »G 104« querab Cittanova um 03.00 Uhr funktionierte der ES-Austausch einwandfrei.

27.–29. September 1944

Minenunternehmen »Murmel 16–20«
Führung: Kommandant »Kiebitz«
Beteiligte Boote: »TA 20« von der 2. Geleitflottille als zweiter Minenträger, »TA 40« als Sicherung.

Am 21.9.1944 hatte »TA 40« in die Werft San Marco verholt zum Einbau des Torpedorohrsatzes, der Funkmeßgeräte und einer deutschen Nebelanlage. Danach stand das Boot zum Minenunternehmen »Murmel« zum Schutze des Golfes von Venedig zur Verfügung.

Nachdem in den frühen Morgenstunden des 27. September 1944 in der Werft San Marco ein Tieffliegerangriff abgewehrt worden war, lief um 18.00 Uhr MS »Kiebitz« mit »TA 40« und »TA 20« von Triest aus und steuerte das Wurfgebiet auf Weg »Lerche« mit 15 Knoten Marschfahrt an. Bei auffrischendem Wind und mäßiger Sicht hielt ab 21.00 Uhr ein Feindflugzeug Fühlung über dem Verband, den es als »Tanker mit zwei Geleitfahrzeugen« auf 45° 38′ N. 13° 08′ Ost mit Fahrt 12 Knoten und Kurs 240 Grad meldete. Die Verbandsführung rechnete daraufhin mit Luftangriffen gegen 22.00 Uhr und befahl deshalb, in Venedig einzulaufen, um den Fühlunghalter abzuschütteln.

Starke Flugzeuggeräusche über dem Boot veranlaßten den Kommandanten von »TA 40« um 22.00 Uhr, Sperrfeuer mit den 3,7 cm- und 2 cm-Waffen zu befehlen, woraufhin an Steuerbord querab drei Leuchtbomben fielen und, als das Boot genau zwischen den Molenköpfen von Venedig stand, sieben weitere die Situation taghell beleuchteten.

»... starke Flugzeug-Geräusche! *Voraus* in die Enge der Einfahrt *will* ich nicht; *zurück kann ich nicht* wegen des Aufdampfens und Sperrfeuers von »Kiebitz«... verdammte Lage! Ich backse mit AK gegen AK nach Steuerbord in der Einfahrt... im starken Dreh des Bootes werden 4 bis 6 Bombeneinschläge leichten Kalibers etwa 50 m von der Steuerbord-Bordwand beobachtet. MG-Beschuß aufs Achterschiff – es ging noch einmal klar! – »Kiebitz« hat zwei Raketenbombentreffer (Blindgänger zum Glück!). Zur Abwehr-Verstärkung »Kiebitz« lasse ich sein Sperrfeuer kreuzen...« (Qu. 20)

In seiner späteren Stellungnahme zur Durchführung dieses Unternehmens stellte der Chef der 1. Geleitflottille das entschlußfreudige Handeln des Kommandanten von »TA 40« in dieser kritischen Lage besonders heraus: »Bei etwas ›längerer Leitung‹ (des Kommandanten) wären empfindliche Beschädigungen des Bootes die wahrscheinliche Folge gewesen...« (Qu. 10)

Nach dem Ankern im Canale San Niccola befahl der Kommandant MS »Kiebitz«:

»Auslaufen um 02.00 Uhr zu ›Murmel 16 und 17‹ für den 28.9.«

Bei tiefschwarzer Nacht und Regen gestaltete sich dann am 28. September 1944 das Auslaufmanöver äußerst schwierig, so daß erst gegen 03.00 Uhr der Marsch ins Wurfgebiet angetreten werden konnte. Beim Aufdampfen war das Minenschiff auf ca. 200 m Seitenabstand nur an seiner Bug- und Hecksee zu erkennen, die Silhouette war nicht auszumachen.

Chioggia wurde bei Ostwind 4, Seegang 2 und starken Regenschauern passiert, die Sicht war entsprechend schlecht. Während zwischen 04.15 Uhr und 05.15 Uhr »Kiebitz« und »TA 20« die Sperren »Murmel 16 und 17« warfen, sicherte »TA 40« vor dem Wurfverband.

Am 29. September 1944 um 02.00 Uhr lief der Verband dann für »Murmel 18 bis 20« aus. »TA 40« marschierte 2 bis 3 Dez an Steuerbord vor dem Minenschiff in 1000 bis 1500 m Abstand. Bei Seegang 4–5 lag das Boot gut in der See, nahm aber viel Wasser über. Während des Minenwerfens sicherte »TA 40« den Verband in Sichtweite nach Süden. Zum Rückmarsch nach Triest mit 15 Knoten Fahrt über den Weg »Blaufuchs« übernahm »TA 40« wieder die navigatorische Führung.

Anfang Oktober 1944

Zur inneren Lage der Flottille

Am 19. September 1944 war endlich ein Sonderkommando von 350 Mann für die Boote »TA 41« bis »TA 44« eingetroffen. Die starke Verzögerung war auf die Umgliederung der personellen Betreuung der Flottille in den Bereich des Personalbüros des Admirals Adria zurückzuführen, die sich aber später als sehr zweckmäßig erweisen sollte.

Unter Flaksicherung durch »TA 40« wurde am 2. Oktober 1944 nach eingehender Besprechung mit der Bauaufsicht, dem Flottilleningenieur und der Werft Quarnaro die Abnahmefahrt des Zerstörers »TA 44« (ex »Antonio Pigafetta«) in den frühen Morgenstunden vor Fiume durchgeführt. Sie verlief zufriedenstellend und ohne Fliegerangriffe; um 12.00 Uhr wurde mit eigener Kraft im Hafen festgemacht.

In der Nacht 4./5. Oktober 1944 kehrte der Flottillenchef mit »TA 40« und angehängtem »TA 20« nach Triest zurück.

Nach dem Festmachen in der Werft San Marco wurden der Einbau des dringend erforderlichen FuMO auf »TA 40«, das nun Führerboot der Flottille geworden war, beendet, und bis zum 8.10. die beiden 2 cm-Breda-Kanonen gegen deutsche 2 cm-Doppelgeschütze ausgetauscht.

Am 9.10.1944 ließ der Flottillenchef, wegen der häufigen Versager der italienischen Leuchtgranaten, versuchsweise einen Scheinwerfer auf dem Leitstand einbauen.

So näherte sich das derzeit einzige einsatzfähige Torpedoboot der 1. Geleitflottille langsam aber sicher seiner vollen Kriegsbereitschaft.

9.–11. Oktober 1944

Das Insel-Unternehmen »Da Capo«
Führung: Freg.Kpt. Birnbaum als Chef i.V. der 11. Sicherungsdivision auf »UJ 202«.
Beteiligte Boote: »TA 40«, »UJ 202«, »UJ 208« (ex. ital. Korvetten-Neubau »Spingarda«, in Dienst 22.4.1944) und je vier S-Boote der 3. und 24. S-Flottille.

Am 9. Oktober 1944 ab 16.00 Uhr lagen »TA 40« und die U-Jäger »UJ 202« und »UJ 208« in Sofortbereitschaft, denn Freg.Kpt. Birnbaum als stellvertretender Chef der 11. Sicherungsdivision beabsichtigte, mit diesen drei Booten und je vier Schnellbooten der 3. und 24. S-Flottille in der Nacht 10./11. Oktober einen überraschenden Überfall auf die Schlupfwinkel der jugoslawischen Kanonenboote in den Buchten der Insel Molat durchzuführen. Von dort aus hatten diese mit 4 cm-Kanonen bestückten Boote wiederholt das im Inselgebiet operierende kleine Lazarettschiff »Bonn« angegriffen. Der Admiral Adria hatte den Operationsbefehl des Chefs genehmigt.

Zur Durchführung schiffte sich dieser mit einem kleinen Stab auf »UJ 202« ein, nachdem dort ein zusätzlicher Funksender eingebaut und eine B-Dienst-Gruppe zugeteilt worden war.

Am 9. Oktober 1944 um 20.15 Uhr legte der Verband, noch ohne die S-Boote, zum Marsch nach Pola ab. Trotz starker Ortung durch die feindliche Luftaufklärung – Leuchtbomben, Sperrfeuer nach Flugzeuggeräuschen und Bomben Steuerbord achteraus von »TA 40« – liefen die Boote ungeschoren gegen 01.00 Uhr am 10.10.1944 in Pola ein. Im Laufe des Tages überflogen zahlreiche Bomberverbände unter starkem Jagdschutz mit nördlichen Kursen in großer Höhe Pola, ohne anzugreifen.

Im S-Bootstützpunkt wurde dann das Inselunternehmen, bei dem sich die geübte taktische Zusammenarbeit zwischen T-Booten, U-Jägern und S-Booten erstmalig bewähren sollte, in allen Einzelheiten mit den beteiligten Flottillenchefs und Gruppenführern durchgesprochen und festgelegt, ehe um 19.00 Uhr die beiden Kampfgruppen zum Marsch ins Operationsgebiet ablegten.

Der Verband stand unter der Führung von Freg.Kpt. Birnbaum auf »UJ 202« und war in zwei Kampfgruppen, A und B, gegliedert. Die Kampfgruppe A, geführt vom Chef persönlich, bestand aus den U-Jägern »UJ 202« und »UJ 208« und vier S-Booten der 3. S-Flottille, die Kampfgruppe B aus »TA 40« und vier S-Booten der 24. S-Flottille, geführt vom Kommandanten »TA 40«, Oblt.z.S. Nose.

Am Abend des 10. Oktober waren die Witterungsverhältnisse günstig: Bei Kap Promontore, das um 20.00 Uhr passiert wurde, Wind 2, leicht bewegte See, mäßige Sicht und Küstendunst.

Um 21.00 Uhr hatte die 24. S-Flottille unter Führung ihres Chefs, Kptlt. Hans-Jürgen Meyer, herangeschlossen, während die 3. S-Flottille unter

Kptlt. Günter Schulz in abgesetzter Sicherung südlich Weg »Blaufuchs« auf-
klärte, um spätestens um 23.00 Uhr, von einem Punkt südlich der Insel Isto
aus operierend, vor dem Haupthafen Zapuntello zu stehen. Hier sollten die
vier stärkeren S-Boote der 3. die durch die 2. Rotte der 24. S-Flottille vielleicht herausgedrückten Feindboote abfangen und vernichten.

Um 21.30 Uhr entließ der Verbandsführer die Kampfgruppe B zur Durchführung ihres Kampfauftrags an der Ostküste der Insel Molat. Er selbst setzte
mit der Kampfgruppe A den Marsch auf Weg »Blaufuchs« fort. Er passierte
um 22.45 Uhr den Punkt A 115 und marschierte längs der Südküste der Insel
Premuda zur Position, von der aus die zu zerstörende Funk- und Signalstation auf dem Westzipfel der Insel Melada beschossen werden sollte. (Vgl. die
Karten Nr. 13 bis 15 im Anhang.)

Die Kampfgruppe B hatte indessen die Durchfahrt zwischen den Inseln
Lussin und Asinello planmäßig passiert und die 2. Rotte der 24. S-Flottille
nach Zapuntello detachiert. Dabei wurde »TA 40« von der Nordküste von
Isto aus mit leichten Infanteriewaffen beschossen. Während dann die U-Jäger
um 23.40 Uhr ihre Schußpositionen einnahmen, stieg die Spannung auf den
Brücken: Wird es in wenigen Minuten im Zapuntello-Hafen knallen?

Pünktlich um 23.45 Uhr erfolgte der befohlene Feuerüberfall auf die Hafenanlagen, der durch Infanteriewaffen, Granatwerfer und leichte Geschütze
(bis 4 cm) erwidert wurde. Erkannte Feuerstellungen wurden beschossen und
zum größten Teil durch Volltreffer, die Brände verursachten und Munition
hochjagten, zum Schweigen gebracht. »Von meinem Standort in See aus gesehen durch die bunten Bahnen der Leuchtspur und die Explosionen ein phan-
tastisches Feuerwerk! Leider versagen beide auf die im Ausbau befindlichen
Pieranlagen geschossenen (italienischen) Torpedos...« (Qu. 10)

Um 00.00 Uhr am 11.10. herrschte Windstille bei glatter See, mittlerer Bewölkung und ausreichender Sicht. Der Verbandsführer steuerte nun die Position für die Beschießung der Funk- und Signalstation Punta Banastra an, was
sich trotz der vorsorglichen Einschiffung des Zivilkapitäns des Lazarett-
schiffs »Bonn«, der sich aber bei Nacht nicht zurechtfand, als äußerst schwierig erwies. Inzwischen hatte Oblt.z.S. Nose auch die 1. Rotte der 24. S-Flottille zum Ausstöbern der Melada-Bucht entlassen und stand mit »TA 40« klar
zum LG-Schießen, um den U-Jägern von der Südküste der Insel Asino aus
ihr Ziel zu beleuchten. Es war 00.05 Uhr am 11. Oktober 1944.

»Nun kommt alles darauf an, daß der befohlene LG-Fächer von ›TA 40‹
das Ziel, die auf der Höhe 127 (Monte Banastra) gelegene Station, von Norden aus einwandfrei bezeichnet... Da steht der LG-Fächer genau östlich von
uns und klärt die Situation!« (Qu. 10)

Mit einer Anfangsentfernung von 30 hm wurde die Beschießung eröffnet.
Der LG-Fächer von »TA 40« wurde durch Leuchtgranaten von »UJ 202« abgelöst, weil der Mond durch tiefhängende Wolken verdeckt und die beabsichtigte Blindbeschießung dadurch nicht durchführbar war.

Das Feuer der beiden U-Jäger lag ausgezeichnet – nach wenigen Salven zerstörte ein Volltreffer das Gebäude total. Nach dem Aufdrehen wurde der Beschuß noch bis 00.30 Uhr fortgesetzt. Auf dem Zielberg loderten Brände. Feindliche Gegenwirkung war nicht feststellbar. Um 00.40 Uhr hängten sich an der Südkante der Punta Banastra nach planmäßigem ES-Austausch die S-Boote in Kiellinie an.

Die vom Lazarettschiff »Bonn« angegebenen Granatwerferstellungen waren nicht auszumachen. Die ungefähre Zielfläche wurde durch Leuchtraketen in Brand geschossen. Auch hier gab es keine feindliche Gegenwirkung.

Während dann »UJ 202« die Passagio di Tun ansteuerte, wurden die S-Boote zum Auskämmen der Baia di Bergugli detachiert.

Leider hatte auch die 1. Rotte der S-Boote mit Kptlt. Meyer keine »Füchse im Bau« angetroffen. Sie konnte lediglich die erkannten Hafenanlagen unter Feuer nehmen und umfangreiche Zerstörungen und Brände verursachen. Von den auf die Pieranlage geschossenen (italienischen) Torpedos dieser Rotte zerknallte immerhin wenigstens einer mit sichtbarer Wirkung. »Dieses Ergebnis: Von vier ... italienischen Aalen drei Versager ist deprimierend ... ›TA 40‹ beschießt ... Ort und Hafenanlagen.« (Qu. 10)

Um 00.45 Uhr wurde dann das Feuer eingestellt.

Auch die 3. S-Flottille hatte keine Feindboote aufgestöbert und lediglich durch zwei Torpedotreffer eine große, neuangelegte Zementpier in der Hafenbucht von Punta Luccina (südlich Melada) zerstören können. Sie sicherte nach Durchführen ihres Kampfauftrags während des Sammelns der beiden U-Jäger auf »TA 40« (Kampfgruppe B) südlich Punta Banastra und wurde anschließend zum Rückmarsch nach Pola entlassen.

Unter der navigatorischen Führung durch »TA 40« sollten ab 02.10 Uhr die U-Jäger mit Marschfahrt 15 Knoten nach Pola zurücklaufen.

Auf dem Zwangsweg südlich der Insel Unie schossen dann die S-Boote um 04.00 Uhr plötzlich rote Sterne und sackten weit achteraus. Zur Klärung der Situation befahl der Verbandsführer Fahrtverminderung auf 9 Knoten und schor mit »UJ 202« aus. Es stellte sich heraus, daß »S 628« vor Zapuntello außer mehreren harmlosen Überwassertreffern leichten Kalibers einen 4 cm-Treffer im Vorschiff unter Wasser erhalten hatte. Nach Abstützen des Raumes ließ sich das Boot zwar halten, mußte aber abgeschleppt werden. Bei stark auffrischendem Wind und beginnender Morgendämmerung gelang es gegen 05.45 Uhr, das havarierte S-Boot längsseits festzumachen und – gesichert durch die restlichen drei S-Boote – mit langsamer Fahrt den Rückmarsch anzutreten.

Und da kreuzten auch schon die »Aufklärer vom Dienst« den Kurs des Schleppzuges, ohne jedoch anzugreifen. Kurz darauf tauchten aus der aufgehenden Sonne mehrere Jagdbomber auf, die im konzentrierten Abwehrfeuer des U-Jägers nach Norden abdrehten.

Rauchfahnen im Süden hielt der Chef zunächst für feindliche Zerstörer, die nach dem nächtlichen Überfall auf Molat durch Morgenaufklärer herangeführt worden seien.

Ein KR-Funkspruch mit Standortangabe Quadrat 3175 untere Ecke, der um 06.24 Uhr auf »TA 40« einging, veranlaßte den Kommandanten, sofort kehrt zu machen und mit »UJ 208« dem gefährdeten Schleppzug entgegenzulaufen. Dabei wurden um 07.00 Uhr weitere aus Südwesten angreifende Tiefflieger nach Osten abgedrängt.

»TA 40« und »UJ 208« gingen nun auf Höchstfahrt. Gegen 07.30 Uhr, als die Verbände in Sichtweite waren, stellten sich die Rauchfahnen durch zwei markante Masten als zu dem aus der Ägäis kommenden Lazarettschiff »Gradisca« gehörig heraus. Diese Begegnung hätte dem Verbandsführer unbedingt angekündigt werden müssen.

Wunschgemäß wurde »TA 40« nun zu dem Lazarettschiff detachiert und von den Verwundeten an dessen Oberdeck freudig begrüßt. Von diesen hoffte die Besatzung bald Näheres über das Schicksal ihrer Kameraden von »TA 37«, »TA 38« und »TA 39« zu erfahren. –

Auf der Höhe von Kap Promontore zwang das konzentrierte Abwehrfeuer der Boote mehrere aus der Sonne anfliegende Jagdbomber zum Abdrehen.

Nach dem Einlaufen in Pola setzte der Verbandsführer einen Kurzbericht ab: »... Wenn auch das Hauptziel, die Vernichtung feindlicher Kanonenboote, nicht erreicht wurde, so wird doch die nachhaltige Zerstörung der Hafenanlagen und der Funk- und Signalstation ihren Eindruck auf den Gegner nicht verfehlen. Die Durchführung des Unternehmens ›Da Capo‹, die vor allem navigatorisch hohe Anforderungen an die Besatzungen stellte, ist als neuerliche Übung gemeinsamen Einsatzes größerer Überwasser-Einheiten mit Schnellbootgruppen sehr wertvoll gewesen; ganz abgesehen von dem Wert für die artilleristische Ausbildung durch die nächtliche Beschießung von Landzielen«. (Qu. 10).

11. Oktober 1944

Rückmarsch nach Triest, Gefecht vor Parenzo

Führung: Freg.Kpt. Birnbaum auf »TA 40«

Beteiligte Boote: »TA 40«, »UJ 202«, »UJ 208«

Nach dem Übersteigen des Verbandsführers auf sein Führerboot lief »TA 40« mit den U-Jägern um 19.15 Uhr von Pola aus, nachdem der Chef der 24. S-Flottille nicht absprachegemäß eingetroffen war. Um 19.45 Uhr lief dann das T-Boot aufgrund eines Morsespruchs von der Signalstelle Fasana zurück, um Kptlt. Meyer von einem S-Boot zu übernehmen; die U-Jäger wurden nach Triest entlassen. Um 20.30 Uhr waren Kptlt. Meyer und sein Adjutant an Bord.

Um 21.15 Uhr standen Steuerbord voraus Leuchtbomben am Himmel, etwa auf der Höhe von Rovigno, bei gleichzeitiger feindlicher S-Bootortung auf 212 MHz und Flugzeugortungen im cm-Bereich mit Lautstärke 3. Da mit gemeinsamem Einsatz von S-Booten und Flugzeugen gerechnet werden mußte, wie er bereits wiederholt auf den Küstenwegen Istriens und auch unter der italienischen Ostküste festgestellt worden war, wurde die Marschfahrt reduziert, um das verräterische Kielwasser zu vermeiden. »Auf der anderen Seite ist zur erfolgreichen Abwehr lauernder Schnellboote hohe Fahrt erforderlich – die übliche Zwickmühle bei Nacht!« (Qu. 10)

Gegen 21.30 Uhr nahm die Lautstärke der Ortung stark zu, und achteraus im Raum Pola wurde Flakfeuer beobachtet. Gegen 21.45 Uhr fielen in einiger Entfernung seewärts zahlreiche Leuchtbomben. Funkspruch von »UJ 202«: »Werden durch vier S-Boote angegriffen!«.

Als »TA 40« daraufhin mit hoher Fahrt zu den angegriffenen U-Jägern aufschloß, verstärkte sich die S-Bootortung recht voraus auf Dauerton.

»Schnellbootalarm!«

Der feindliche UK-Verkehr wurde aufgefaßt, das vordere 10 cm-Geschütz war klar zum LG-Schießen, als um 22.20 Uhr an Steuerbord voraus die Schatten zweier kleiner Fahrzeuge auftauchten, die aber noch nicht zu identifizieren waren. Als drei Leuchtgranaten versagten, befahl der Kommandant, das Ziel mit dem Scheinwerfer anzuleuchten, in dessen Licht dann das rechte Boot als MGB ausgemacht und mit allen Maschinenwaffen der Steuerbordseite unter Feuer genommen wurde. Da der Gegner sofort beim Aufleuchten des Scheinwerfers seinerseits das Feuer eröffnet hatte, Befehl: »Scheinwerfer blenden!«

Das Torpedoboot ging auf äußerste Fahrt, es hatte im konzentrischen Feuer zahlreiche Treffer in der Höhe der Brücke und mittschiffs erhalten. Die Bedienung der Steuerbord-vorderen 2 cm-Batterie war ausgefallen, ein Mann war sofort tot, drei Schwer- und sieben Leichtverwundete wurden versorgt.

Aber auch der so schneidig angreifende Gegner wurde schwer getroffen und dabei in Brand geschossen. Das achtere 10 cm-Geschütz hatte mit der dritten Salve einen Volltreffer erzielt, der heftige Detonationen auf dem schnell achteraus wandernden Gunboot auslöste.

Wie sich später herausstellte und von dem dicht unter der Küste marschierenden Geleit, Tankdampfer »Prometheus« und Küstenmotorschiff »G 234«, beobachtet wurde, sank ein Motor-Torpedoboot übers Heck, während das Kanonenboot auf kürzeste Entfernung brennend an dem Geleitzug vorbei nach See zu trieb. Auch mit seiner Vernichtung war daher zu rechnen. Vorausmeldung an Admiral Adria: »Ein Schnellboot versenkt, ein Kanonenboot in Brand geschossen...«

An der Vernichtung der beiden Boote war die Bordflak des Tankdampfers und von »G 234« der 2. Geleitflottille beteiligt, die den bereits waidwund geschossenen Feindbooten auf kürzeste Entfernung den Fangschuß gaben. Andererseits ist aber das Küstengeleit nur heil davongekommen, weil das mit hoher Fahrt aufschließende Torpedoboot, als es auf kürzeste Entfernung von Backbord achtern die Feindboote passierte, die geballte Feuerkraft des Gunboots auf sich zog und sowohl dieses als auch das Motor-Torpedoboot so zusammenschoß, daß der Angriff auf das Küstengeleit nicht mehr zum Erfolg führen konnte.

Außer den schon erwähnten Verlusten wurden auf »TA 40« insgesamt 73 Einschläge der Kaliber 2 cm und 4 cm über und unter der Wasserlinie gezählt! Ein kurzer Ölbrand konnte schnell und wirkungsvoll bekämpft werden, zahlreiche Leckagen in den Ölbunkern und Zellen wurden durch Pfropfen abgedichtet, so daß die Manövrierfähigkeit des Bootes bis zum Einlaufen in Triest nicht entscheidend beeinträchtigt war. Die technische Besatzung hatte sich unter der Führung des Leitenden Maschinisten, Stbs.Ob.Masch. Kliemchen, hervorragend eingesetzt.

In seinem KTB als stellvertretender Chef der 11. Sicherungsdivision schilderte der Verbandsführer die Entwicklung dieses Schnellbootgefechts nach Vorliegen aller Berichte später wie folgt: »Um 18.00 Uhr am 11. Oktober 1944 ›G 234‹ mit dem Dampfer ›Prometheus‹ nach Triest ausgelaufen, um 19.00 Uhr die beiden U-Jäger und ›TA 40‹. 21.20 Uhr Angriff von vier Schnellbooten auf die beiden U-Jäger in Höhe Cittanova. Feindboote ziehen sich mit Höchstfahrt aus dem Feuerbereich der U-Jäger zurück und greifen um 22.00 Uhr ›G 234‹ und den Tankdampfer an. Ab 22.05 Uhr Feuergefecht mit den Feindbooten. Um 22.18 Uhr zweiter Torpedoangriff auf das Geleit. Um 22.20 Uhr Feuer der U-Jäger eingestellt, da S-Boote außer Reichweite. ›TA 40‹ zwischen 22.20 und 22.40 Uhr Gefecht mit den feindlichen S- und Motor-Gun-Booten, von denen zwei versenkt werden« (Qu. 07).

Und weiter heißt es hier: »... U-Jäger und ›G 234‹ unbeschädigt... 23.45 Uhr mit ›TA 40‹ Triest ein« (Qu. 07).

Nach britischen Angaben waren an dem Gefecht 3 Motortorpedobote beteiligt, Totalverluste ließen sich nicht identifizieren.

12.–13. Oktober 1944

Führung: Freg.Kpt. Birnbaum auf »TA 45«
Beteiligte Boote: »TA 45«, »TA 20«
Aufgabe: Verlegungsmarsch Triest – Fiume
In seiner Eigenschaft als stellvertretender Chef der 11. Sicherungsdivision wollte Freg.Kpt. Birnbaum am 13. Oktober 1944 in Fiume den Zerstörer »TA 44« von der Werft abnehmen und in Dienst stellen. Zur Fahrt dorthin mußte er sich auf »TA 45« einschiffen als dem einzigen zur Zeit verfügbaren Boot, nachdem am 12. Oktober 1944 »TA 40« zur Beseitigung seiner im Gefecht vor Parenzo erlittenen Schäden in die Werft gegangen war. Getreu dem Grundsatz »Alleinfahrende Kriegsschiffe fahren grundsätzlich zu zweit« nahm er »TA 20« von der 2. Geleitflottille mit.

Am 12. Oktober 1944 um 22.30 Uhr liefen die beiden Boote aus Triest aus. Und sogleich fiel auf »TA 45« die Kreiselkompaßanlage aus. Um 22.40 Uhr ließ der Chef »TA 20« die navigatorische Führung übernehmen. Um 23.05 Uhr gab es einen ES-Austausch mit S-Booten der 24. S-Flottille, deren Verspätung beim Auslaufen unbekannt war. Und 20 Minuten später löste eine S-Bootortung voraus S-Bootalarm aus; fünf Minuten später, in Sicht von Kap

Promontore, wurden zwei Schatten nach ES-Austausch als eine weitere Rotte der 24. S-Flottille ausgemacht.

Es war irgendwie unheimlich in dieser Nacht. Der Chef notierte: »Mir ist auf diesem noch nicht eingefahrenen Boot, das zusammen mit dem langsamen und relativ schwach bewaffneten ›TA 20‹ marschieren muß, nicht wohl zumute« (Qu. 10). Der um Mitternacht beginnende neue Tag war Freitag, der dreizehnte Oktober 1944, und unter Seeleuten gilt ein solches Datum als unheilverkündend.

Und in der Tat begann kurz vor Mitternacht eine Serie von unglücklichen Ereignissen, die sich überstürzten. Um 23.45 Uhr wurden voraus feindliche Flugzeuge und Schnellboote geortet, und ausgerechnet in diesem Augenblick stand über »TA 45« der gefürchtete »rote Hahn«, ein hell leuchtender Funkenflug aus dem Schornstein. Die Situation war gefährlich!

Um 23.50 Uhr gab es auf »TA 45« einen Rohrreißer. Und fünf Minuten später, als der Chef gerade befohlen hatte, kehrt zu machen und nach Triest zurückzulaufen, folgten weitere Rohrreißer, und aus dem roten Hahn wurde ein handfester Schornsteinbrand.

Dieser war zwar um Mitternacht gelöscht, doch nun fiel der Kesselraum I durch Feuer aus. Gleichzeitig brach der E-Diesel zusammen. Das Boot war ohne Strom und manövrierunfähig. Der Chef rief »TA 20« zum Abschleppen heran. Die erste Schleppverbindung brach, erst nach einem zweiten Versuch gelang es, um 00.45 Uhr den Marsch mit 7 Knoten Fahrt anzutreten. Dabei dauerten die Flugzeug- und S-Bootortungen an und wurden lauter – eine wirklich verteufelte Lage!

Um 01.35 Uhr war das Feuer im Kesselraum I gelöscht. Eine nicht gemeldete Siebelfähre passierte um 02.00 Uhr. Und um 03.50 Uhr ankerte »TA 45« bei Punta Madonna, »TA 20« lief allein ein. Dieses alte Boot, Baujahr 1916, über das sich der Chef vor den Ereignissen dieser Nacht noch etwas abfällig geäußert hatte, hatte sich als Helfer und Retter in der Not bewährt. Ihm und einer unerhörten Portion Glück war es zu verdanken, daß »TA 45« die äußerst gefährlichen Lagen dieser dramatischen Nacht überlebt hat. Der liebe Gott hatte einen ganz dicken Daumen dazwischen gehalten!

Um 06.00 Uhr verholten Schlepper »TA 45« ins Arsenal. Die 1. Geleitflottille hatte nun kein fahrklares Boot mehr.

13.–19. Oktober 1944

Die 1. Geleitflottille ohne einsatzfähige Boote

Um trotzdem die Indienststellung von »TA 44« durchführen zu können, mußte Freg.Kpt. Birnbaum nun auf »UJ 202« mit »UJ 208« und »TA 20« auslaufen. Dieser Verband traf am 14. Oktober um 03.45 Uhr in Fiume ein. Dort wurde dann um 16.00 Uhr in Anwesenheit des Chefs des Stabes Admiral Adria, der Verbands- und Flottilleningenieure sowie zahlreicher Ehrengäste der Zerstörer »TA 44« in Dienst gestellt.

Im Zuge der allgemeinen Lageentwicklung war es dringend notwendig geworden, den Raum Zara an der Dalmatischen Küste über See nach Fiume zu räumen. Freg.Kpt. Birnbaum wurde in seiner Eigenschaft als Vertreter des in Urlaub befindlichen Chefs der 11. Sicherungsdivision mit einem kleinen Einsatzstab als »11. Sidi-Op.« in Fiume mit der Vorbereitung und Leitung dieser Operationen beauftragt. Als »Marine-Nachschubstab« wurden ihm der Chef der 10. Landungsflottille und als »Führer des Sicherungsverbandes« der Chef der 2. Geleitflottille unterstellt.

Am 14. Oktober 1944 vormittags, noch vor der Indienststellung von »TA 44«, fand mit diesen beiden Flottillenchefs eine Besprechung statt. Als deren Ergebnis wurde die vorgesehene Unternehmung »Al Fine«, die Überführung des Transporters »KT 6« und von vier MFP als Transportraum nach Zara zunächst um 24 Stunden verschoben, weil infolge leichtfertiger Äußerungen Besatzungsangehöriger von »UJ 208« und »KT 6« an Land mit einer Bloßstellung gerechnet werden mußte.

Als Führungs-Stabsoffiziere für die »11. Sidi–Op.« wurden der für »TA 44« designierte Oblt. z.S. Holzherr, bisher A 3 beim FdU Norwegen, der Divisionsadjutant Oblt. (AMD) Harnisch und als F 4 der Oblt. (NT) Kisro mit dem motorisierten Funkzug der Division nach Fiume in Marsch gesetzt. Hinzu kamen von der 1. Geleitflottille der 2. Verwaltungsoffizier, der Flottillenobersteuermann und ein Schreibersmaat.

Die Führung des in Triest verbliebenen Rest-Stabes der 11. Sicherungsdivision und – bis zum Wiedereintreffen des Flottillenchefs – der laufenden Dienstgeschäfte der 1. Geleitflottille nach den Weisungen von Freg.Kpt. Birnbaum wurde dem Chef der 2. U-Jagdflottille, Kptlt. Vollheim, übertragen.

17.–19. Oktober 1944

Das Unternehmen »Al Fine«

Führung: Korv.Kpt.d.R. Thorwest auf »TA 20«
Beteiligte Boote: 2 U-Jäger der 2. U-Jagdflottille
Obwohl an dieser Unternehmung kein Boot der 1. Geleitflottille beteiligt war, gehört sie doch in die Geschichte dieser Flottille hinein, da der Chef der 1. Geleitflottille, Freg.Kpt. Birnbaum, als stellvertretender Chef der 11. Sicherungsdivision mit seinem Einsatzstab von Fiume aus die operative Führung hatte.

Am 17. Oktober 1944 wurde mit den Flottillenchefs in Fiume das Anlaufen des Unternehmens »Al Fine«, das Durchbringen des zur Räumung benötigten Transportraums nach Zara, festgelegt. Die beabsichtigte Verstärkung der schwachen Sicherungskräfte durch »TA 40«, »TA 21« und »R 187« aus Triest mußte fallengelassen werden, weil die Wiederherstellung der KB von »TA 40« infolge Stauchungen der Lafetten der 10 cm-Geschütze bei dem Gefecht am 11.10.1944 vor Parenzo sich unerwartet bis zum 24.10.1944 verzögert hatte.

Bei Südsüdwestwind Stärke 3, bedecktem Himmel und geringer Sicht lief der aus »TA 20«, »UJ 202« und »UJ 208« bestehende Sicherungsverband am 17.10.1944 um 17.30 Uhr von Fiume aus. Im KTB des Divisionschefs (Qu. 07) steht unter diesem Datum:

»Da bis Mitternacht keine Funksprüche von den in See stechenden Einheiten eingehen, kann angenommen werden, daß das Durchbringen der Transporteinheiten ohne Feindberührung gelungen ist.«

Doch dem war leider nicht so!

Erst als am 18.10.1944 um 02.20 Uhr der Hafenkapitän von Fiume dem Führungsstab das Wiedereinlaufen von »KT 6« meldete, das der Kapitän des Schiffes mit »wegen schlechter Sicht« begründete, wurde klar, daß hier einiges schief gelaufen sein mußte! Weder dem Chef der 10. Landungsflottille (Nachschubstab) noch dem Operationsstab der 11. Sicherungsdivision war um diese Zeit bekannt, daß der MFP-Verband aufgrund der veränderten Wetterlage – Schirokko aus Südwest und Wolkenbrüche – vom befohlenen Kurs abgekommen war, einen MFP verloren hatte und mit dem Geleitboot »F 433« in der Slatinabucht an der Südwestecke der Insel Pag aufgelaufen war.

Der Führer des Sicherungsverbandes auf »TA 20« erhielt erst gegen Mitternacht Kenntnis von dieser Tatsache und entschloß sich daraufhin, durch den Canale di Maon dorthin zu laufen. Als zweistündige Versuche, mit »UJ 208« an einen noch festsitzenden Fährprahm heranzukommen und mit Hilfe der beiden inzwischen wieder fahrklaren MFP eine Abschleppverbindung herzustellen, gescheitert waren, entschied er sich, nach Fiume zurückzulaufen. Der MFP-Chef schließlich konnte erst bei der Lagebesprechung um 08.15 Uhr über diese Sachlage unterrichtet werden, die der Chef der 2. Geleitflottille nach dem Festmachen gemeldet hatte. Zurückzuführen war dies alles in erster Linie auf die völlig unzureichende Leistung der an Bord vorhandenen Funkstationen. »Mit einem derartigen Nachrichtenapparat ist eine operative Führung und rechtzeitige Durchsetzung zu fassender Entschlüsse nicht möglich!« (Qu. 07).

Am Vormittag des 18.10.1944 stellte sich in Fiume dann heraus, daß ein Soforteinsatz der beiden U-Jäger zur Hilfeleistung nicht mehr möglich war, weil die Backbordmaschine von »UJ 208« erst am späten Nachmittag wieder klargemeldet werden konnte und Schlepper nicht zur Verfügung standen. Eine Antwort auf die durch KR-Funkspruch angeforderte Lage- und Standortmeldung war von keinem der gestrandeten MFP eingegangen. Als Sofortmaßnahme veranlaßte Freg. Kpt. Birnbaum zunächst die Ablösung des seiner Aufgabe in keiner Weise gewachsenen Zivilkapitäns von »KT 6« durch den Oblt. z. S. Krone, der ihm als im Schwarzen Meer bereits bewährter Kommandant eines KT-U-Jägers bekannt war und der seine Aufgabe dann auch – im Alleingang – mit Bravour löste. Das Einverständnis des Admirals Adria zu dieser Regelung wurde fernschriftlich eingeholt.

Es würde im Rahmen dieses Buches zu weit führen, den Bericht über das

»Husarenstück Krone« ausführlich zu bringen; er kann im KTB der 11. Sicherungsdivision (Qu. 07) mit allen Stellungnahmen nachgelesen werden. In Kürze: Um 15.00 Uhr lief Krone auf »KT 6« mit dem Tankdampfer »Lumme« nach Zara aus mit dem Befehl, die auf P 235 heranschließende MFP-Gruppe aufzunehmen und diesen Geleitzug mit 7 Knoten Fahrt nach Zara zu führen. Der Tankdampfer mußte dann aber wegen Maschinenschadens den Hafen von Porto Re anlaufen, so daß »KT 6« zunächst allein blieb.

Um 17.00 Uhr schließlich lief der Sicherungsverband mit folgender Weisung aus: Den Strandungsort des »MFP 433« in der Slatinabucht mit 17 Knoten anzusteuern, wo inzwischen der vermißte »MFP 554« ebenfalls aufgelaufen war, um nach Herstellen einer Schleppverbindung beide MFP bis Punkt Z 220 zu dirigieren und dort Anschluß an »KT 6« zu gewinnen.

Der Chef der 2. Geleitflottille, Korv.Kpt. Thorwest, meldete um Mitternacht vom 18. bis 19. Oktober durch Funkspruch, daß beide gestrandeten MFP zwar leicht beschädigt, aber inzwischen wieder fahrbereit seien und vom Sicherungsverband mit 7 Knoten Fahrt bis Punkt Z 220 geleitet würden.

Etwa um 01.25 Uhr am 19.10.1944 wurden in Höhe des Punktes F 237 bei Punta Dura durch FuMB und S-Geräte des Verbandes feindliche Überwassereinheiten beiderseits des Verbandes festgestellt; nach LG-Schießen wurden westlich zwei und östlich mindestens ein feindliches Schnellboot ausgemacht und mit Maschinenwaffen beschossen. Die feindlichen Boote erwiderten das Feuer nicht und kamen schnell außer Sicht. Da das Durchbringen der Nachschubfahrzeuge seine vordringliche Aufgabe war, setzte der Verbandsführer den Marsch nach Zara unbeirrt fort, wo die beiden Fährprähme wegen der miserablen Sichtverhältnisse – starke Regenböen, stockfinstere Nacht – erst um 05.00 Uhr und »KT 6« erst um 06.00 Uhr einlaufen konnten.

Um 08.30 Uhr am 19.10.1944 machte Korv.Kpt. Thorwest bei Westsüdwest 4, Regen und starker Bewölkung mit dem Sicherungsverband wieder in Fiume fest. Das Unternehmen »Al Fine«, die gesicherte Überführung von »KT 6« und der restlichen Transport-MFP für den Materialabschub von Zara war damit, nach dem Fehlschlag der vorhergegangenen Nacht, erfolgreich durchgeführt.

21.–22. Oktober 1944

Führung: Korv.Kpt.d.R. Thorwest auf »TA 20«
Beteiligte Boote: »TA 20«, »TA 21«, »R 187«
Aufgabe: Sicherung des ersten Räumungsgeleits Zara–Fiume
Am Nachmittag des 21. Oktobers 1944 traf Freg.Kpt. Berger bei seinem operativen Führungsstab in Fiume ein, um die Führung der 11. Sicherungsdivision wieder persönlich zu übernehmen. Sein Stellvertreter, Freg.Kpt. Birnbaum, hatte kurz vorher das reibungslose Arbeiten dieses Stabes verbessert. Nachdem die dafür kommandierten Offiziere und der motorisierte Funkzug der Division eingetroffen waren, hatte er die bereits befohlene Räumung des

bisherigen Dienstgebäudes des Hafenkommandanten in Sussak und dessen Verlegung in den Verteidigungsblock mit Bunker in Fiume forciert durchführen lassen. Die provisorische Unterbringung des Stabes bei der 2. Geleitflottille und der Mannschaften in Wehrmachtunterkünften mußte schleunigst überwunden werden, »da sie im Zusammenhang mit den noch völlig unzureichenden Nachrichtenmitteln ein klares Arbeiten des operativen Stabes nicht zuläßt« (Qu. 07).

Um 17.30 Uhr an diesem 21.10.1944 lief der Chef der 2. Geleitflottille auf »TA 20« mit »TA 21« und »R 187« aus, um spätestens um 23.00 Uhr auf Punkt Z 220 einen aus »KT 6«, zwei MFP und den Transportfahrzeugen »Toni«, »Antonio« und »Friedmild« bestehenden Transportverband aufzunehmen.

Als gegen 08.00 Uhr am 22.10.1944 »KT 6« mit dem Transportverband in Fiume einlief, stand eine Einlaufmeldung der T-Boote und damit ein Bericht über den Nachtmarsch durch den Verbandsführer noch aus.

Wegen wetterbedingter Verzögerung des zu sichernden Transportverbandes und einer Ramming der Torpedoboote bei Dunkelheit und schlechter Sicht im Canale di Maon machte der Chef der 2. Geleitflottille kehrt und um 10.30 Uhr unverrichteter Dinge in Fiume wieder fest, wo die behelfsmäßige Instandsetzung des mittschiffs gerammten »TA 20« bis 23.10. abends in Angriff genommen wurde. Die Tankpeniche »Friedmild« lief nach Rettung der Besatzung eines als Schlepper eingesetzten Feuerlöschbootes, das auf dem Marsch nach Rab infolge zu grober See sank, am 23.10. um 06.20 Uhr ohne Sicherung in Fiume ein, während die Kleintransporter »Toni« und »Antonio« nach Zara zurückkehrten (Qu. 07).

Nach Übergabe der Dienstgeschäfte an den Chef der 11. Sicherungsdivision, Freg.Kpt. Berger, verließ Freg.Kpt. Birnbaum am 23.10.1944 Fiume und kehrte im Pkw zur Erledigung der dringlichsten Flottillenangelegenheiten nach Triest zurück.

23.–24. Oktober 1944

Führung: Oblt.z.S. Trautwein auf »UJ 202«
Beteiligte Boote: »UJ 202«, »UJ 208«
Aufgabe: Sicherung eines Räumungsgeleits

Auf dem Anmarsch zur Sicherung eines weiteren Räumungsgeleits gerieten in der Nacht vom 24. zum 25. Oktober 1944 die beiden U-Jäger »UJ 202« und »UJ 208« in einen Zangenangriff feindlicher Schnellboote hinein. Es gelang ihnen, bei nur geringen eigenen Personalverlusten den Angriff abzuwehren. Der zu sichernde Transport erreichte ungeschoren seinen Zielhafen Fiume.

Dieser Abwehrerfolg wurde seinerzeit im Wehrmachtsbericht vom 24.10.1944 und durch den Oberbefehlshaber der Marine (Ob.d.M.) besonders herausgestellt. Von britischer Seite liegen keine Meldungen über ein solches Gefecht vor, es könnte sich um das von den Jugoslawen gemeldete »unentschiedene« Gefecht zwischen vier Partisanenschiffen und drei deutschen Einheiten gehandelt haben.

31. Oktober–1. November 1944

Führung: Freg.Kpt. Berger auf »TA 20«
Beteiligte Boote: »TA 20«, »UJ 202«, »UJ 208«
Aufgabe: Angriff gegen Schnellboot-Schlupfwinkel
Um die gegnerischen Schnellboote in ihren bekannten Schlupfwinkeln auf den Inseln Ulbo und Selve überraschend anzugreifen, lief der Chef der 11. Sicherungsdivision am 31. Oktober 1944 um 23.00 Uhr mit den Booten »TA 20«, »UJ 202« und »UJ 208« auf »TA 20« aus Fiume aus.

Es war eine klare Vollmondnacht. Bei der Einfahrt in den Ulbo-Kanal wurde lauter englischer UK-Verkehr mitgehört, ohne daß es zu Feindberührung kam. Im Morgengrauen konnten dann in den Inselstützpunkten keine Feindboote festgestellt werden – wie bei »Da Capo« in der Nacht vom 10. zum 11. Oktober 1944 »keine Füchse im Bau!« Also lief der Verband am 1. November 1944 um 11.15 Uhr unverrichteter Dinge wieder in Fiume ein, um sich nun auf seine Hauptaufgabe, die Sicherung der Räumungsgeleite aus Zara während ihrer letzten Etappe bis Fiume, vorzubereiten.

1.–2. November 1944

Unternehmen »Wikinger« letzter Akt
Führung: Korp.Kpt.d.R. Thorwest auf »TA 20«
Beteiligte Boote: »TA 20«, »UJ 202«, »UJ 208«, »R 187«
Die Rücktransporte von Zara sollten vom 30. Oktober 1944 an in zwei Etappen unter dem strenggeheimen Decknamen »Wikinger« durchgeführt werden, zuerst von Zara zur Insel Rab und weiter nach Fiume.

Der Seekommandant Norddalmatien hatte, für die Seestreitkräfte völlig überraschend, ohne zwingenden Grund den Stichwortbefehl für die letzte Etappe »Wikinger« um 24 Stunden vorverlegt. Die dadurch entstandene Hektik und Unruhe war, in Verbindung mit Maschinenschäden auf den beiden U-Jägern, vielleicht einer der Gründe, die dann in der Nacht vom 1. zum 2. November 1944 zu der wohl größten Katastrophe führten, die die deutsche Marine in der Adria je traf.

Der Historiker darf das Ergebnis vorwegnehmen: In getrennt marschierenden Gruppen sollten »TA 20«, »UJ 202«, »UJ 208« und »R 187« die Transportfahrzeuge sichern. Und dann wurden »TA 20«, »UJ 202« und »UJ 208« in schwerem Gefecht von den britischen Zerstörern »Wheatland« und »Avonvale« (Lt. 05) zusammengeschossen und versenkt. Der Flottillenchef, Korv.Kpt. Thorwest, die drei Kommandanten und der größte Teil der Besatzungen sind dabei gefallen. »R 187« und die Transportfahrzeuge erreichten jedoch unangefochten Fiume am 2.11.1944.

Bei den Führungsstellen an Land dauerte es sehr viel länger, bis sich eine klare Erkenntnis über das Geschehen dieser Nacht durchsetzte. Die erste Nachricht war eine Heeresmeldung über den Seekommandanten Norddalmatien: »20.20 Uhr Seegefecht westlich Insel Pag«. Sie wurde bald darauf durch die Marinefunkstelle Rab mit dem Zusatz »zwischen Pag und Lussin Piccolo« bestätigt. Von keinem der beiden U-Jäger, die um diese Zeit das bezeichnete Seegebiet passiert haben müssen, wurde ein diesbezüglicher Funkspruch aufgenommen. Eine dringende Anforderung einer Standortmeldung blieb ohne Ergebnis.

Am 2.11.1944 lief dann, zusammen mit den Transportfahrzeugen, »R 187« ein, und dessen Kommandant konnte berichten: Er hatte das Gefecht beobachtet und das Gefechtsfeld nach Osten umgangen. Dabei hatte er absolute Funkstille gewahrt, eine Maßnahme, die später von der 11. Sicherungsdivision gutgeheißen, von der Gruppe Süd aber beanstandet wurde. Auf diese Weise hatte er die Transportfahrzeuge sicher nach Fiume einbringen können.

Er hatte gegen 20.30 Uhr, etwa 8 sm voraus bei Punkt F 216, starke Detonationen unter laufendem Leuchtbombeneinsatz durch den Gegner für explodierende feindliche Schnellboote gehalten, nachdem er zuvor heftigen Artillerieeinsatz der beiden U-Jäger »nach allen Seiten« beobachtet zu haben glaubte. Beim Ablaufen unter der Küste zum Aufnahmepunkt des zu sichernden Räumungsverbandes sah er weit achteraus »ein großes Fahrzeug brennend« unter starkem Leuchtbombenschein, wobei es sich nur um den Todeskampf des allein marschierenden »TA 20« gehandelt haben kann. Die Anwesenheit feindlicher Zerstörer hat er *nicht* vermutet, wohl aber ein Zusammenwirken von Schnellbooten und Jagdbombern.

Am Abend des 2.11.1944 wurden zwei Schnellboote und drei Küstenschutzboote aus Fiume zu einer Kontrollfahrt ausgeschickt. Sie mußten bereits im nördlichen Morlacca-Kanal wegen zu grober See kehrtmachen, ohne ihren Auftrag ausgeführt zu haben.

2. November 1944

Führung: Freg.Kpt. Birnbaum auf »TA 40«
Beteiligte Boote: »TA 40«, »TA 45«
Aufgaben: Geleit MS »Kiebitz« Triest – Fiume und Minenunternehmen »Lama«

Nachdem in Triest die Werftarbeiten forciert zu Ende gebracht worden waren, gelang es dem Chef der 1. Geleitflottille unter Ausnutzung der Wetterlage, mit seinen Booten »TA 40« und »TA 45« das beladene MS »Kiebitz« im Tagmarsch ohne Feindberührung in das befohlene Wurfgebiet für »Lama 3« im Quarnero zu führen und anschließend sicher nach Fiume zu geleiten, wo der Verband um 20.00 Uhr einlief.

Hier beurteilte man die Lage jetzt so: »Soweit bisher bekannt, ist ›TA 20‹ im Gefecht mit zwei Doppelschornstein-Zerstörern gesunken. Von den U-

Jägern fehlt noch jede Spur bis auf große Ölflecke 6 Seemeilen südöstlich Trestenico... Feind nahm nur Unverletzte auf... Nachsuche Südküste Lussin Piccolo erforderlich« (Qu. 07).

Entsprechend diesem Erfordernis erhielt Freg. Kpt. Birnbaum für seine beiden Boote den Befehl: »Auslaufen 3.11. um 02.45 Uhr westlich Sperrgebiet ›Forelle‹ und ›Schleie‹ nach Punkt F 216, Marschfahrt 20 sm Aufgabe: Nachsuche nach Überlebenden (in näher bezeichnetem Seegebiet) – Rückmarsch mit 24 sm/h bei gutem Flugwetter spätestens 08.00 Uhr, sonst 09.00 Uhr – dabei Küste Rab beobachten... Seenot-Flugstaffel ab Hellwerden beabsichtigt. Beteiligung S-Bootrotte (›S 33‹, ›S 154‹) angestrebt.«

3. November 1944

Führung: Freg. Kpt. Birnbaum auf »TA 40«
Beteiligte Boote: »TA 40«, »TA 45«
Aufgabe: Bergung der Überlebenden von »TA 20«

Um 03.00 Uhr am 3.11.1944 lief Freg. Kpt. Birnbaum mit der T-Bootrotte und den beiden S-Booten aus und kehrte mit 19 übernommenen Besatzungsangehörigen von »TA 20« um 12.30 Uhr nach Fiume zurück. Die Männer, von denen 10 unverletzt, 7 schwerverwundet und 2 tot von der Insel Trestenico aus geborgen worden waren, sind durch die Leuchtturmwärter und ihre Familien dort betreut und gut versorgt worden.

Mit dieser Suche war das Unternehmen »Wikinger« endgültig abgeschlossen. Da darf man als eine Bilanz das Bild darstellen, wie es sich damals nach allen Beobachtungen und der Vernehmung der Überlebenden den Verantwortlichen zeigte:

»Zwei feindliche Zerstörer sowie S- und Gun-Boot-Gruppen operierten gemeinsam mit Flugzeugen, deren Übermacht zunächst die beiden U-Jäger und etwa 2 Stunden später »TA 20« mit dem Verbandschef unterlagen, ohne noch Funksprüche absetzen zu können.

Der Entschluß des Räumbootkommandanten, sich aus dem Gefecht heraus- und absolute Funkstille zu halten, war richtig. Nur dadurch ... war es möglich, den von Sibenik durchstoßenden Kleinbootverband unbehindert bis Fiume durchzubringen; das heißt, die *Transport*aufgabe »Wikinger« sicherzustellen.« (Qu. 07).

In seiner abschließenden Stellungnahme stellte der Chef der 11. Sicherungsdivision fest:

1. Für den Abschub von Wehrmachtsgut und Soldaten aus dem Raum Zara nach Fiume wurden von den Sicherungseinheiten (2. Geleit- und 2. U-Jagdflottille) unter wiederholter Feindeinwirkung gefahren: »TA 20« acht, »TA 21« vier, »R 187« fünf und von den U-Jägern »UJ 202« und »UJ 208« je zehn Einsätze.

2. Wenn diese Transporte ... im wesentlichen verlustlos und zeitgerecht durchgeführt werden konnten, so ist das in hohem Maße der vorbildlichen

Einsatzbereitschaft... und dem Erfolg der beiden U-Jäger am 24.10. abends zuzuschreiben.« (Qu. 07).

3. Als Hauptgründe für die schweren Rückschläge führt er aus:
– Die laufenden Umdisponierungen des Heeres – die unbefriedigende Organisation des Hafenkommandanten Zara – die untragbar schlechten Nachrichtenverbindungen – das miserable einzig zur Verfügung stehende Heizöl (Pechöl) und die unzureichenden Einrichtungen zum Bunkern – und nicht zuletzt: die Überstürzung bei der Räumung Zaras über See unter Zurücklassung wertvollster Güter, obwohl ein direkter Zeitdruck nicht bestand.

	Chef	TA 40	TA 41	TA 42	TA 44	TA 45
14.–16.9. »Waschbär«		x				
27.–28.9. »Murmel 16–17«		x				
29.9. »Murmel 18–20«		x				
1.–5.10. Kriegsmärsche Triest–Fiume und	x	x				
Fiume–Triest	x	x				
2.10. Abnahmefahrt	x	x			x	
9.–11.10. »Da Capo«	x	x				
11.10. Kriegsmarsch Pola–Triest	x	x				
12.–13.10. Überführung	x					x
2.11. Sicherung »Kiebitz« bei »Lama 3«	x	x				x
3.11. Bergung Überlebender von »TA 20«	x	x				x
Summe 11	8	10			1	3
Bisher 18	9	4			0	0
Insgesamt 29	17	14			1	3

4. »Der tägliche Einsatz der Sicherungsfahrzeuge und der Verlust von zwei U-Jägern und einem Torpedoboot stehen in keinem befriedigenden Verhältnis zum materiellen Erfolg dieser Räumungsaktion'' (Qu. 07).

Der auf seinem Führerboot »TA 20« gefallene Chef der 2. Geleitflottille hat in seinen letzten KTB-Eintragungen scharfe Kritik an der »hektischen Desorganisation« im Bereich des Hafenkommandanten Zara und an den Seetransportstellen geübt, denen es nicht gelungen sei, für die Sicherungsfahrzeuge brauchbares Heizöl und funktionierende Einrichtungen für die Treibstoffübernahme bereitzustellen (Qu. 09).

Diese in ihren Ursachen nicht mehr nachprüfbaren Verhältnisse, die auch im Raum Triest nicht wesentlich besser waren, haben den seefahrenden Verbänden im *gesamten* adriatischen Seekriegsgebiet bis zum Schluß schwer zu schaffen gemacht.

Korv.Kpt.d.R. Thorwest wurde nach dem Tode in Würdigung seiner Verdienste zum Fregattenkapitän der Reserve befördert. (Lt. 10). Er und die Kommandanten von »TA 20«, Oblt.z.S.d.R. Heinz Guhrke, von »UJ 202«, Oblt.z.S.d.R. Heinz Trautwein und von »UJ 208«, Oblt.z.S.d.R. Klaus Wenke wurden posthum mit dem Ritterkreuz ausgezeichnet (Lohmann-Hildebrand II).

21. KAPITEL

Wieder als Flottille

4.11.1944 bis 28.2.1945

»TA 45« war zwar noch nicht kb gemeldet worden, aber es konnte von Anfang November 1944 an wieder eingesetzt werden. Mit nunmehr zwei fahrbereiten Booten, »TA 40« und »TA 45«, führte die 1. Geleitflottille die Bezeichnung »Flottille« wieder zu Recht.

5. November 1944

In den Mittagsstunden des 5.11.1944 griffen zwölf viermotorige Bomber Fiume an und belegten den Hafen und die Werft mit Bomben. Dabei trafen sie das Minenschiff »Kiebitz« so schwer, daß es in Brand geriet und sank. Die Personalverluste waren relativ gering, sechs Tote und eine Anzahl Leichtverletzter.

»Damit hat die 11. Sicherungsdivision innerhalb von fünf Tagen sechs unersetzliche Fahrzeuge und über 300 Mann verloren« (Qu. 07).

Eine kurze Würdigung des durch Korv.Kpt.d.R. v. Hansmann hervorragend geführten Minenschiffs, das seine Besatzung mit Stolz »das glückhafte Schiff« genannt hat, ist an dieser Stelle auch in der Geschichte der 1. Geleitflottille angebracht, die so viele erfolgreiche Einsätze mit MS »Kiebitz« gefahren hat.

Seit dem Frühjahr 1944 hatte das Schiff in zahlreichen Unternehmungen 2638 Minen und 423 Sperrschutzmittel geworfen und war aus allen Fährnissen, ohne jede Luftunterstützung, bis dato heil herausgekommen, meist gesichert durch Torpedoboote.

Korv.Kpt. v. Hansmann war nun der geeignete Nachfolger seines gefallenen Kameraden Thorwest und wurde, in Würdigung seiner Verdienste, Chef der verbliebenen 2. Geleitflottille in Fiume. Diese Flottille, welche die größte Last der Sicherungsaufgaben im Quarnero und beim Endkampf um die norddalmatinischen Inseln zu tragen hatte, bestand nunmehr aus folgenden Einheiten: dem Minenschiff »Fasana« (Kommandant Oblt.z.S. Matschoss), den Hilfsminenschiffen »Laurana« und »Locchi«, dem letzten verbliebenen U-Jäger »UJ 206«, dem kroatisch besetzten Torpedoboot »TA 48«, vier G-Booten und einigen Artillerie-Kümos (Lt. 11).

Der bisherige Chef der 2. U-Jagdflottille, Kptlt.z.V. Fritz Vollheim, der sich schon als U-Jägerkommandant in der Ägäis hervorragend bewährt hatte, sollte nach der Überführung des Zerstörers »TA 44« in Triest dessen Kommandant werden.

6.–10. November 1944

Führung: Freg.Kpt. Birnbaum auf »TA 40«
Beteiligte Boote: »TA 40«, »TA 45«
Aufgaben: Kriegsmärsche Pola – Fiume, Fiume – Pola, Pola – Triest, Geleit MS »Fasana« Triest – Pola, Marsch nach Fiume.
Nach der Verlegung von Pola nach Fiume verholte der Flottillenchef wegen der laufenden schweren Luftangriffe auf den Hafen von Fiume seine beiden Boote zunächst in Tarnstellung in der Bakarbucht, wo sie unter der Steilküste unbehelligt blieben.
Als dann aber die Überführung von »TA 44« erneut verschoben werden mußte (siehe unter dem 11./12.11.1944), verlegte Freg.Kpt. Birnbaum die T-Boote im Morgengrauen des 8. November 1944 wieder nach Pola und in der folgenden Nacht nach Triest zurück.
Am 10.11.1944 um 18.00 Uhr liefen die T-Boote »TA 40« und »TA 45« in Triest aus, geleiteten MS »Fasana« mit seiner Minenladung nach Pola und marschierten sofort weiter nach Fiume, um »TA 44« noch in der gleichen Nacht nach Pola zu überführen.

11.–12. November 1944

Führung: Freg.Kpt. Birnbaum auf »TA 44«
Beteiligte Boote: »TA 40«, »TA 44«, »TA 45«
Aufgabe: Überführung »TA 44« Fiume – Pola und Pola – Triest
Die Überführung des Zerstörers »TA 44« von Fiume nach Triest hatte eine lange Vorgeschichte. Diese wurde der besseren Übersichtlichkeit wegen nicht in ihren einzelnen Abschnitten dort dargestellt, wo sie zeitlich hingehört hätte, sondern sie wird im folgenden zusammengefaßt geschildert:
Sie begann am 19. Oktober, als Freg.Kpt. Birnbaum, zu dieser Zeit stellvertretender Chef der 11. Sicherungsdivision, eine Pause zwischen den Einsätzen dazu nutzte, den Zerstörer »TA 44« nach einer erfolgreichen Maschinenerprobung im Golf von Fiume mit eigener Kraft von der Werft an seinen Liegeplatz im Hafen zu fahren. Er beabsichtigte damals, nach einer Restausrüstung am 20. Oktober und Überprüfung der verbliebenen Werft-Arbeitspunkte, »TA 44« im Anschluß an eine abschließende Abnahme- und Probefahrt im Tagesmarsch nach Triest zu überführen (Qu. 07 und 10).
Da wegen des Ausfalls von »TA 40« bis mindestens zum 24.10.1944 keine ausreichend schnellen Sicherungsfahrzeuge verfügbar waren, hatte er den Chef der 1. Schnellbootdivision um Zuführung einer S-Bootgruppe aus Pola für den beabsichtigten Schnell-Tagmarsch nach Triest gebeten. In seinem KTB begründete Freg.Kpt. Birnbaum diesen Tagmarsch wie folgt:

»1. Die Indienststellung des Zerstörers ist bei der regen Spionagetätigkeit in Fiume dem Gegner bekannt. Er wird auf jeden Fall versuchen, den Verband bei der in einer der bevorstehenden Nächte zu erwartenden Überführung anzugreifen. Hierauf deutet schon das in der Nacht vom 17./18.10. beobachtete Auftreten feindlicher Schnellboote in der Bucht von Cherso hin. Die geringe Abwehrkraft des für ein Nachtgefecht artilleristisch noch nicht einsatzklaren Zerstörers und die durch andere Geleitfahrzeuge bedingte geringe Geschwindigkeit von höchstens 17 sm stellen eine erhebliche Gefährdung des mit viel Aufwand an Arbeitskraft und Zeit fertiggestellten Schiffes dar. Mit in Lauerstellung liegenden MGB und MTB ist, nach den Erfahrungen der letzten Wochen, besonders im Seegebiet vor der Westküste Istriens, mit Sicherheit zu rechnen.

2. Bei Tage und im Geleit von Schnellbooten kann ich die Geschwindigkeit voll ausnutzen, kann feindliche Flugzeuge rechtzeitig erkennen und wirksam abwehren und habe mit Schnellbootangriffen nicht zu rechnen.

3. Das außerordentlich schwergängige Ruder, zurückzuführen auf die nachteilig konstruierte mechanische Ruderanlaßleitung, gestattet bei dem langen Schiff (108 m) und dem Ausbildungsstand der Besatzung das nächtliche Passieren der Sperrlücke des Faresina-Kanals noch nicht« (Qu. 10).

Der Chef der 1. Schnellbootdivision lehnte am 20.10. »wegen der Feindlage und mangelnder Flakbewaffnung« das erbetene S-Bootgeleit ab. Seinerseits lehnte der Chef der 1. Geleitflottille eine Durchführung bei Nacht aus den genannten Gründen ab. Für die Verlegung bis Pola im Geleit der beiden U-Jäger wurde schließlich der 22. Oktober vorgesehen, und für das Stück Pola bis Triest erneut die Zuteilung von S-Booten beantragt.

Am 21. Oktober 1944 ab 06.30 Uhr verliefen die letzten Probe-Abnahmefahrt und das Zonenschießen der Artillerie sowie die Meilenfahrt in der Bucht von Fiume planmäßig, Höchstfahrt 29 sm/h. Dieses Ergebnis war äußerst unbefriedigend und in erster Linie auf das minderwertige Pech-Heizöl zurückzuführen. »Trotz Verwendung größtmöglicher Düsen gibt die Kesselanlage ... nicht die für die an sich sehr leistungsfähigen Turbinen erforderlichen Dampfdrucke her. Ein wesentlicher Geschwindigkeitsüberschuß gegenüber den Torpedobooten der »Ariete«-Klasse ist daher bei dem Zerstörer »TA 44« bis auf weiteres nicht in Rechnung zu stellen« (Qu. 07 und 10).

Die Probefahrt ergab ferner, daß an eine Verlegung nach Triest vor dem 24. Oktober nicht zu denken war.

Es wurde deshalb geplant, die Überführung erst nach Wiederherstellung der KB von »TA 40« und »TA 45« in zwei Etappen mit höherer Geschwindigkeit unter Ausnutzung der günstigen Wetterlage, mit einer kurzen Unterbrechung in Pola, durchzuführen und den Admiral Adria entsprechend zu unterrichten.

Nach dem Einlaufen des Chefs der 2. Geleitflottille auf »TA 20« mit den beiden U-Jägern am 21.10.1944 aus Zara, wo eine Geleitbesprechung mit dem Hafenkommandanten stattgefunden hatte, übernahmen diese Boote nach 08.00 Uhr den Flakschutz für »TA 44« bis zum Einlaufen in die Werft gegen 10.00 Uhr. Bei der anschließenden Werftbesprechung wurden die Restarbeitspunkte festgelegt.

Es ergab sich die Forderung, die Werftliegezeit in Fiume mit allen Mitteln einschließlich Sonntagsarbeit auf drei volle Tage bis zum 24. Oktober um 24.00 Uhr zu beschränken, wobei die seemännischen und artilleristischen Restpunkte möglichst noch mit zu erledigen waren. Nicht fertiggestellt werden konnten in dieser kurzen Zeit u.a. die Panzerung der Flak-Bereitschaftsspinde und der Einbau von Schutzschilden für die Flakwaffen. Das Zonenschießen ergab die Kriegsbrauchbarkeit der italienischen 12 cm-Batterie, wobei kleinere Ausstellungen durch das Artillerie-Arsenal in Triest noch zu beheben blieben.

Aber es verging dann doch noch mehr Zeit! Als sich am 3. November im Schutz einer tiefen Wolkendecke der Überführungsverband endlich sammelte, erfolgte um 16.00 Uhr ein überraschender Angriff durch zehn Jagdbomber, der auf dem Zerstörer durch Naheinschläge mit starker Splitterwirkung und durch Bordwaffenbeschuß erhebliche Schäden verursachte. Wegen der Durchschüsse in der Bordwand und der Leckagen in den Bunkern mußte der Auslaufversuch aufgegeben werden und »TA 44« wieder in die Quarnarowerft zurück.

Ein erneuter Verlegungsversuch wurde für den 7. November 1944 vorgesehen. Beim Ablegen in Fiume um 03.30 Uhr ereignete sich dann aber ein folgenschwerer Lagerbrand, so daß die Überführung abermals aufgeschoben werden mußte.

Am 11. November 1944 gelang es endlich, den Zerstörer in den frühen Morgenstunden von Fiume nach Pola zu bringen, gesichert durch die beiden Torpedoboote »TA 40« und »TA 45«. Der Flottillenchef selbst fuhr »TA 44« von der Brücke aus.

Während des Tageseinstands in Pola – bei niedriger Wolkendecke von Feindflugzeugen unbehelligt – mußten durch Kurier die in Fiume nicht mehr eingetroffenen Funkschlüsselunterlagen aus Triest geholt werden, während die beiden T-Boote für die Sperrlegung »Emma 1« Minen und Brennstoff übernahmen, die in der folgenden Nacht durchzuführen war, siehe im folgenden Abschnitt.

»Da Bahntransport wegen Schienensprengung liegengeblieben ist« und die Sperren »Emma 2 und 3« deshalb mangels Minen ausfallen mußten, »erhält Chef 1. Geleitflottille Befehl, am Abend »TA 44« von Pola nach Triest zu überführen« (Qu. 07).

Unter Ausnutzung der günstigen Wetterlage lief Freg. Kpt. Birnbaum am 12.11.1944 bereits um 15.30 Uhr unter Sicherung durch seine T-Bootrotte aus und um 20.00 Uhr mit dem Zerstörer glücklich in Triest ein. Ohne vom Gegner geortet worden zu sein, gelang diese Überführung auf dem Küstenweg trotz heißgelaufener Drucklager, die zeitweilig zum Fahren mit jeweils nur einer Schraube zwangen, ohne besondere Vorkommnisse.

11.–12. November 1944

Führung: Kptlt. Glissmann auf »TA 45«
Beteiligte Boote: MS »Fasana« und »TA 45« als Minenträger, »TA 40« als Sicherung.
Aufgabe: Sperrlegung »Emma 1« zum Schutze des Quarnero
Im KTB des inzwischen zum Kapitän zur See beförderten Chefs der 11. Sicherungsdivision heißt es unter dem 9. November:
»In der Zeit, wo »TA 44« im Fiume behelfsmäßig repariert wird, soll die Minenunternehmung »Emma 1–3« durchgeführt werden. Da MS »Fasana« allein zu geringe Ladefähigkeit hat, müssen ein MFP und »TA 45« mitwerfen. Ein sehr uneinheitlicher Wurfverband mit nur 6 sm Fahrt! Das Minenmaterial für »Emma 2–3« wird auf dem Bahnweg nach Pola überführt« (Qu. 07).
Während »TA 44« in Pola blieb, lief der Verband am 11. November 1944 um 18.00 Uhr aus und kehrte ohne Feindberührung nach zügiger Durchführung seiner Aufgabe am 12.11.1944 um 04.30 Uhr nach Pola zurück.
Da durch die Schienensprengung »Emma 2–3« vorerst nicht durchgeführt werden konnten, war die Verlegung von »TA 44« von Pola nach Triest, wie geschildert, möglich.

14. November 1944

Führung: Freg.Kpt. Birnbaum auf »TA 40«
Beteiligte Boote: »TA 40«, »TA 45«, »R 187«
Aufgabe: Abgesetzte Sicherung für das Geleit des Dampfers »Goffredo Mameli«
Um Mitternacht lief die T-Bootrotte entsprechend dem Geleitbefehl aus, der am 13.11.1944 nachmittags auf »TA 44« besprochen worden war. Um 01.45 Uhr ging von dem vorläufigen Geleitführer auf »R 187« folgender Funkspruch ein: » ›Goffredo Mameli‹ 00.20 Uhr Quadrat CJ 1233 Minentreffer ... sofort Schlepphilfe erforderlich.«
Um 03.00 Uhr lief dann »R 14« mit Verletzten der Dampferbesatzung in Triest ein. Wegen Ausfalls der Rudermaschine auf »TA 40« kehrte der Chef der 1. Geleitflottille um 04.20 Uhr mit seinen beiden Booten, nach Wegfall der Sicherungsaufgabe, nach Triest zurück. Die Sicherungsdivision ließ den Geleitweg »Blaufuchs« wegen Minenverdachts teilweise sperren, obwohl Kapt.z.S. Berger vermutete, daß der Dampfer infolge Fehlnavigation in dem eigenen Sperrgebiet »Neunauge« auf Mine gelaufen sei. Nachdem »R 14« mit drei Schleppern um 05.30 Uhr zur Hilfeleistung ausgelaufen war, folgte Freg.Kpt. Birnbaum um 07.00 Uhr mit seiner T-Bootrotte. Er meldete gegen 11.00 Uhr über die Signalstelle Kap Salvore, daß der Schleppzug frei vom Minenwarngebiet versuche, auf dem Küstenweg Triest zu erreichen. Als das schwer havarierte Schiff sich nicht halten ließ, wurde es in der Strugnanobucht aufgesetzt, und die sichernden Torpedoboote liefen wieder ein.

Nachdem auf »R 14« eine Maschine ausgefallen war, befahl die Sicherungs-division im Laufe des Nachmittags die einsatzklaren Räumboote zur Über-prüfung des gesperrten Wegstücks »Blaufuchs«, die unter Führung ihres Chefs mehrere Überläufe ohne Räumergebnis fuhren und nach Ausfall der Backbordmaschine von »R 16« um 21.00 Uhr an ihren Liegeplatz in Triest zurückkehrten. Der havarierte Dampfer wurde am nächsten Tage um 14.30 Uhr von zwei Schleppern glücklich nach Triest eingebracht.

23.–24. November 1944

Führung: Kptltl. Glissmann auf »TA 45«
Beteiligte Boote: »TA 40«, »TA 45«, »MFP 948«, MS »Fasana«
Aufgabe: Minenunternehmung »Emma 2«, Verstärkung der Minensperren zum Schutze des Quarnero
Bis zur Durchführung der Minenunternehmung »Emma 2« mußten einige Tage ohne Einsätze vergehen.
Am 15. November 1944 mußte eine Übungsfahrt von »TA 44« in der Trie-ster Bucht wegen eines Tieffliegerangriffs, der erfolgreich abgewehrt wurde, bereits um 14.00 Uhr abgebrochen werden. Die häufigen Fliegeralarme und der dadurch bedingte Arbeitsausfall an den Booten in Werft und Arsenal ver-hinderten bis auf weiteres den Einsatz der Torpedoboote »TA 40« und »TA 45« für die befohlene Fortsetzung des Minenunternehmens »Emma«, weil beide Boote wegen dringender Reparaturen vorübergehend aKB gemel-det werden mußten. So konnte die günstige Wetterlage bis zum 23. Novem-ber nicht ausgenutzt und die Belegung Triests mit Torpedobooten erst in der letzten Novemberwoche aufgelockert werden.
In der Zeit vom 16. bis 19.11.1944 konnte, ungestört von Luftangriffen, die MES-Grundvermessung und die Schleifenfahrt des Zerstörers »TA 44« durchgeführt werden. Anschließend verholte das Schiff zur Erledigung der in Fiume nicht mehr ausgeführten restlichen Werftarbeiten und zur Ausrüstung als Minenträger in das Arsenal Triest. Zur militärischen Weiterbildung und Vorbereitung auf den Borddienst ließ der Flottillenchef im Wechsel je die Hälfte der seemännischen und technischen Besatzung ausschiffen und in ei-ner nahegelegenen Schule unterbringen. Mit der Leitung der Ausbildung an Land beauftragte er den I.W.O. und den Leitenden Ingenieur.
Am 18.11.1944 fand eine Flottillenmusterung statt, in deren Verlauf drei E.K.I. und 32 E.K.II an Besatzungsangehörige von »TA 40« verliehen wur-den, die sich bei den Einsätzen des Bootes in den Monaten seit seiner In-dienststellung besonders ausgezeichnet hatten.
Auch die zukünftige 2. Torpedobootrotte mit »TA 41« und »TA 42« lag nach wie vor in der Werft zur Überholung bzw. Fertigstellung der Maschi-nenanlagen, eine Arbeit, die nur äußerst schleppend voran kam.
Bei »TA 41«, das zwar in Dienst gestellt, aber noch nicht kriegsbereit war, mußte die artilleristische Ausbildung der Besatzung und die Abstimmung der

Geschütze für das vorgesehene Anschießen, unter Leitung von Korv.Kpt. Wurlitzer mit dessen SAS-Lehrtrupp mangels klarer Antriebsanlage bis auf weiteres im Hafen erfolgen. Infolge der zunehmenden Verknappung der Heizölvorräte hätten die Boote für Ausbildungszwecke sowieso keinen Brennstoff zugeteilt bekommen, der durch die Vernichtung von Tanklagern nurmehr für Einsätze, zwingende Verlegungen und Abnahmefahrten rationiert gebunkert werden durfte. Ein trostloser Zustand!

Nachdem es dann der Sicherungsdivision gelungen war, das Minenmaterial für die geplanten Sperren im Quarnero auf dem Land- und Seewege nach Pola zu schaffen, hing jetzt die Durchführung nurmehr von der Einsatzfähigkeit des langsamen MS »Fasana« und der endlichen KB-Meldung der Torpedoboote ab.

Nach einem erneuten Ruderausfall auf »TA 40« am 21.11.1944 konnte das Geleit des Dampfers »Voloska« von Pola nach Arsa nur durch das »G-Boot 102« der 2. Geleitflottille gesichert werden. Es wurde zwischen 17.30 Uhr auf 23.45 Uhr ohne Feindberührung durchgeführt.

Am 22.11.1944 lief «G 102» um 17.00 Uhr mit dem kohlebeladenen Dampfer wieder nach Pola aus. Heftiger 2 cm-Beschuß von Land bei der Arsa-Einfahrt wurde von »G 102« erwidert. Um 21.00 Uhr traf das Geleit in Pola ein.

Endlich, am 23.11.1944 um 03.00 Uhr konnten die beiden T-Boote nach Pola auslaufen, um die fällige Sperrlegung mit dem MS »Fasana« und einem MFP in der folgenden Nacht durchzuführen. Drei Boote der 3. S-Flottille fuhren dabei Fernsicherung unter der Südküste der Insel Cherso. Kptlt. Glissmann führte den ungleichen Verband von seinem minentragenden Boot »TA 45« aus in achterlicher Position und ließ »TA 40« mit dessen drehbaren Kuba-Antennen als navigatorisches Führerboot vorauslaufen, was sich als zweckmäßig erwies.

Die Sperre wurde in der Zeit von 01.15 bis 02.30 Uhr am 24.11.1944 planmäßig geworfen. Zwei »Thetisbojen« und »Aphroditen«, durch »TA 40« geschickt geworfen, lenkten während des Minenwerfens mehrere feindliche Schnellboote, die mit Lautstärke bis zu 5 achteraus geortet waren, mit Erfolg von dem Wurfverband ab.

25.–26. November 1944

Führung: Kptlt. Glissmann auf »TA 45«
Beteiligte Boote: »TA 40«, »TA 45«, MS »Fasana«
Aufgabe: Sperrlegung »Emma 3«
Um 18.30 Uhr, eine knappe halbe Stunde nach dem Auslaufen des Verbandes aus Pola, bei günstigem Wind und Wetter, meldete MS »Fasana« einen Ruderversager, der aber in wenigen Minuten behoben werden konnte. Bei Kap Promontore hatte es dann so stark aufgebrist, daß die für die Fernsicherung während des Minenlegens aus Pola ausgelaufenen vier S-Boote entlassen werden mußten. Bei Windstärke 6, Sturmwarnung und Seegang 4 wurden in

der Zeit von 20.00 Uhr bis 21.00 Uhr die insgesamt 175 Ankertauminen von MS »Fasana« und »TA 45« planmäßig geworfen. Versager und/oder Oberflächenstände sind nicht beobachtet worden.

Auf dem Rückmarsch Richtung Triest in der Nacht vom 25. zum 26. November 1944 entschloß sich der Verbandsführer, nach mehreren neuerlichen Ruderausfällen verschiedener Ursachen auf dem Minenschiff, die »Fasana« längsseits zu vertäuen, um das manövrierunfähige, langsame Schiff, gesichert durch »TA 40«, so nach Triest einzubringen. Am Eingang des Faresina-Kanals herrschte jedoch gegen 01.00 Uhr am 26.11.1944 eine derart starke Südwestdünung – trotz abflauender Windstärke –, daß Kptlt. Glissmann gezwungen war, kehrt zu machen und den Havaristen zu seinem Ankerplatz in Pola zu schleppen, wo die Netzsperre um 03.00 Uhr glücklich passiert wurde. Der Verbandsführer setzte eine entsprechende Kurzmeldung an die 11. Sicherungsdivision ab.

Schon um 05.00 Uhr am 26.11.1944 liefen die beiden T-Boote nach einer Kommandantenbesprechung in Pola wieder aus. Um 08.00 Uhr wichen sie zwei treibenden Bleikappenminen aus, ohne sie abzuschießen und dadurch unschädlich zu machen. In seiner Stellungnahme zum KTB »TA 45« monierte dies der Flottillenchef. Er veranlaßte aus diesem Grund eine schriftliche Weisung an alle Kommandanten der Flottille unter Hinweis auf die entsprechenden Bestimmungen.

Um 09.00 Uhr machten die beiden T-Boote an ihren Liegeplätzen in Triest fest. Für die erfolgreiche Durchführung der schwierigen Minenunternehmungen »Emma« sprach der Flottillenchef dem Verbandsführer seine Anerkennung aus.

3. Dezember 1944

Führung: Lt.z.S. Scheller auf »TA 40«

Beteiligte Boote: »TA 40«

Aufgabe: Geleit Dampfer »Pluto« Triest – Venedig

Am 27. November 1944 fand die beabsichtigte Abnahmefahrt von »TA 42« unter Führung des Werftkapitäns mit dessen Werftbesatzung von 16.00 Uhr bis 18.00 Uhr statt. Die beiden Schwesterboote »TA 40« und »TA 45« fuhren Flaksicherung. Da eine erhebliche Bora wehte, konnte nur ein Teil des Abnahmeprogramms durchgeführt werden. Dabei stellte sich, außer einer Reihe anderer Beanstandungen in der Maschinenanlage, heraus, daß die Verpackungsarbeiten sehr nachlässig ausgeführt worden waren. Mindestens 14 Arbeitstage waren zur Erledigung aller Restarbeiten bis zur Abnahmefahrt noch anzusetzen (Qu. 07, und 10).

Bis zum 1. Dezember wehte die Bora mit Windstärken 8 bis 9 und verhinderte jeglichen Einsatz der Flottillen.

Am 2. Dezember 1944 hatte es dann so weit abgeflaut, daß die MES-Erprobung von »TA 41« durchgeführt werden konnte, wobei sich die üblichen

Mängel ergaben. Schon am nächsten Tage mußte das Boot wegen gravierender Maschinenschäden erneut aKB gemeldet werden.

Erst am 3. Dezember 1944 um 03.00 Uhr konnte Lt. z. S. Scheller auf »TA 40« in Triest auslaufen, um den mit Kohle beladenen Dampfer »Pluto« nach Venedig zu geleiten, wo das Geleit infolge Nebels erst um 09.00 Uhr einlief.

3. – 4. Dezember 1944

Führung: Freg. Kpt. Birnbaum auf »TA 40«
Beteiligte Boote: »TA 40«, »TA 41«, »TA 45«
Aufgabe: Kriegsmarsch von Venedig ins Einsatzgebiet Quarnero

Am 3. Dezember 1944 wurde eine Landung gegnerischer Truppen unter Zerstörerbeschuß auf der Insel Unie gemeldet und für die Insel Cherso höchste Alarmbereitschaft angeordnet. Aufgrund zahlreicher, sich teilweise widersprechender Meldungen der Hafen- und des Seekommandanten befahl das Marinekommando Italien den Soforteinsatz der 1. Schnellbootdivision und abgesetzte Sicherung durch die 1. Geleitflottille. Diese Sofortbereitschaft für die T-Boote kam der 11. Sicherungsdivision jedoch äußerst ungelegen, da »TA 40« noch in Venedig lag, »TA 41« noch nicht wieder kb war und »TA 45« bei einer Grundberührung einen Schraubenflügel verbogen hatte, was reduzierte Geschwindigkeit bedeutete.

Nachdem der Einsatzbefehl vorlag, Alarmstufe I für Triest und Sofortbereitschaft auch für die 6. R-Flottille befohlen war, lief der Chef der 1. Geleitflottille auf »TA 45« unverzüglich mit dem nur beschränkt kriegsbereiten »TA 41« nach Venedig aus, um von dort aus mit »TA 40« noch in der Nacht zum 4. Dezember zu der befohlenen Sicherungsaufgabe für die Schnellboote das dalmatinische Inselgebiet anzusteuern.

Nachdem um 23.00 Uhr die auch für die 2. Geleitflottille befohlene Sofortbereitschaft wieder aufgehoben worden war, stellte sich die ganze Hektik im Stabsquartier in Levico bald mehr oder minder als blinder Alarm heraus, da es sich bei den Inselbeschießungen offenbar nur um eine Demonstration und nicht um feindliche Anlandung oder Inbesitznahme gehandelt hatte. Tatsächlich beschossen die britischen »Hunter«-Zerstörer »Brocklesby«, »Lamerton«, »Quantock« und »Wilton« mit 2 MTBs Lussin-Piccolo gegenüber Unie.

Dieser Kriegsmarsch zur Abwehr der befürchteten Feindlandungen auf Lussin, Unie und weiterer norddalmatinischen Inseln führte zu keinerlei Feindberührung. Er wurde zur Gefechtsausbildung der nur bedingt kriegsbereiten Boote »TA 41« und »TA 45« und zum nächtlichen Evolutionieren genutzt, so daß der enorme Ölverbrauch bei diesem Unternehmen nicht nur in den Schornstein zu schreiben blieb. –

Am 4. Dezember 1944 ging vom Marinekommando Italien dann ein Funkspruch ein, aus dem folgende Tatsachen hervorgingen, die den Großalarm wegen Gefährdung der norddalmatinischen Inseln ausgelöst hatten:

1. Bei der Insel Lussin waren am 3.12.1944 mittags insgesamt 18 feindliche Fahrzeuge gesichtet worden, darunter zwei leichte Kreuzer, neun Zerstörer, ein großes und mehrere kleine Landungsfahrzeuge sowie ein großer Truppentransporter (s. o.).
2. Die eigenen Batterien und Stellungen auf Lussin und Cherso-Süd lagen unter starkem Beschuß durch Schiffsgeschütze und unter Luftangriffen.
3. Die Batterien auf Lussin außer Gefecht gesetzt.
4. Angriff eines schwächeren Kontingents angelandeter Feindkräfte abgewehrt.

Laut KTB der 11. Sicherungsdivision operierten in der Nacht vom 3. zum 4. Dezember 1944 zwei eigene Sturmbootgruppen und neun Schnellboote aus Pola befehlsgemäß an der Ost- und Westküste der Inseln ohne Feindberührung zur Abwehr des gemeldeten feindlichen Landungsverbandes. Die angesetzten S-Bootgruppen liefen zwischen 05.00 Uhr und 06.00 Uhr am 4.12.1944 ohne Feindsichtung wieder in Pola ein. Ihnen folgten die Torpedoboote um 08.00 Uhr nach erfolglosem Vorstoß in das Seegebiet Quadrat 3453-56 ebenfalls ohne Feindsichtung. Der Flottillenchef meldete nach dem Festmachen: »Nachtmarsch ins Ostgebiet o. b. V. Um 06.00 Uhr Einsicht Porto Chigale: keine Feindfahrzeuge, keine Kampftätigkeit beobachtet« (Qu 07).

5. – 6. Dezember 1944

Führung: Freg. Kpt. Birnbaum auf »TA 40«
Beteiligte Boote: »TA 40«, »TA 45«
Aufgabe: Kriegsmärsche Pola – Triest und Triest – Pola

Am 4. Dezember 1944 mittags erhielten der Chef der 1. Geleitflottille und der Kommandant des MS »Fasana« in Pola folgenden Befehl für ein Minenunternehmen westlich der Insel Scherda: »Nacht 4./5.12. mit MS »Fasana« und »TA 45« als Minenträger weitere Verseuchung in Quadrat CJ 3439 (westlich Scherda) von nördlich der Linie Südspitze Scherda bis Nordspitze Ulbo. »TA 40« als Sicherung Pola aus um 17.00 Uhr. An- und Rückmarsch auf Weg »Senta« bis Insel Asinello. S-Boote abschirmen südostwärts Ulbo und südwestlich Melada«. Es folgten Angaben für die Abstände und Tiefeneinstellungen der Minen und Sperrschutzmittel und der Befehl »Bestätigen!«

Um 15.20 Uhr meldete der Hafenkapitän Cherso, daß die Inseln Cherso und Lussin feindfrei seien. Während bei günstigem Wetter – Ost 1, Nieselregen, 8° C und Sicht 3 sm – mehrere Küstengeleite unangefochten an der Istrischen Westküste liefen, erfolgte um 19.00 Uhr telefonischer Widerruf der für die Nacht befohlenen Minenunternehmung und die Ankündigung einer anderen Verseuchungsaufgabe für »TA 40« und »TA 45« im Quadrat 3439 rechts unten zwischen den Inseln Maon und Ulbo, für die näherer Befehl an Chef 1. Geleitflottille folgen sollte. Wegen nur noch geringer Treibstoffbe-

stände sollten die Torpedoboote nach der Minenverseuchung zur Ölübernahme nach Triest zurückkehren.

Nachdem die Minenunternehmung in der Nacht 4./5.12.1944 wegen Ausfalls der Kreiselkompasse auf beiden Booten und zu geringer Ölbestände ausfallen mußte, würgte sich beim nächtlichen Ablegen in Pola »TA 45« auch
noch eine Stahlleine in die Backbordschraube und in das Ruder. So mußte der
Flottillenchef das Auslaufen nach Triest auf 19.00 Uhr verschieben.

Für die wegen der Wetterverschlechterung sowieso noch nicht durchführ-
bare Minenverseuchung verlegte er in den frühen Morgenstunden des 6. Dezember 1944 wieder von Triest nach Pola als Absprunghafen, wo er um 06.30
Uhr ohne besondere Vorkommnisse einlief.

7.–8. Dezember 1944

Führung: Freg. Kpt. Birnbaum auf »TA 40«
Beteiligte Boote: »TA 45« und MS »Fasana« als Minenträger, »TA 40« als
Sicherung
Aufgabe: Minenverseuchung zwischen Ulbo und Scherda

Um 17.00 Uhr am 7. Dezember 1944 verließ der Wurfverband Pola, um
18.30 Uhr liefen zur Abschirmung des riskanten Unternehmens neun
Schnellboote aus, von denen eines wegen Motorenausfalls kehrt machen
mußte. Um 05.00 Uhr am 8. Dezember 1944 liefen die vier S-Bootrotten und
um 07.00 Uhr der Wurfverband nach planmäßiger Versuchung des befohlenen Seegebiets ungeschoren wieder in Pola ein. Der Flottillenchef setzte unmittelbar nach dem Festmachen folgenden Kurzbericht ab:

1. »... 21.00 Uhr bis 03.30 Uhr durch größere Einheit erfaßt. Fühlung nur
kurzfristig während der Sperrlegung zwischen 23.00 und 01.00 Uhr abge-
schüttelt. Je eine »Thetis« (= Täuschungsboje TUL) SO- und NW-Ecke des
Sperrgebiets ausgelegt.

2. Da kein Angriff, annehme, daß Versuchung nicht erkannt.

3. Absicht: Nacht 8./9.12. Sperrlegung AR 151, falls Seegang südlich Promontore abnimmt. Bei derzeitiger Wetterlage mit »Fasana« und MFP, wie
befohlen, nicht durchführbar« (Qu. 10).

Es herrschte OSO bis Stärke 6, Seegang 5 bei Regen, 15° C, Sicht 8 sm.
Aufgrund dieser Wetterlage hatte die Sicherungsdivision bereits sämtliche
Geleit-Schiffsbewegungen abgestoppt.

9.–11. Dezember 1944

Führung: Kptlt. Klemm auf »TA 45«
Beteiligte Boote: »TA 45«, MS »Fasana« und »MFP 951« als Minenträger,
»TA 40« als Sicherung
Aufgabe: Sperrlegung »Rita 15« vor Pola und Versuchung »Alpha« im
Quarnerolo.

MS »Fasana« meldete den Ausfall seiner Kreiselanlage, für die Ersatz aus Triest angefordert werden mußte.

Am 9. Dezember 1944 um 16.30 Uhr meldete der Chef der 1. Geleitflottille dann aus Pola, daß eine Minenübernahme wegen der Wetterlage vorerst nicht möglich sei.

Deshalb wurde die Führung des Wurfverbandes in Pola bis auf weiteres dem Chef der 6. R-Flottille, Kptlt. Klemm, übertragen und Freg.Kpt. Birnbaum zur Regelung dringender Flottillenangelegenheiten nach Triest entlassen.

Nach vorübergehender Wetterbesserung lief dann Kptlt. Klemm mit dem Wurfverband am 9. Dezember 1944 um 23.00 Uhr Pola aus. Es wehte inzwischen aus SSW noch immer mit Windstärke 6, bei grobem Seegang, Regenschauern und schlechter Sicht, als gegen Mitternacht auf seinem Führerboot »TA 45« der Funkspruch einging: »Unter Zurückstellung »Rita« ... mit Stichwort »Alpha 1« befohlene Verseuchung durchführen mit »Fasana« und »TA 45« ... Falls wegen Feindeinwirkung oder Zeitmangels nicht durchführbar, folgende Ausweich-Aufgabe:
1. Von Insel Asinello 2 sm ab in Richtung 210° eine 1,5 sm breite Verseuchung oder
2. von Insel Sansego 5 sm in Richtung 120° gemäß Sperrbefehl. Stichworte für 1) = Alpha III westwärts, für 2) = Alpha IV ostwärts.«

Unter diesen Umständen kehrte Kptlt. Klemm mit dem Wurfverband um und lief wieder nach Pola ein.

Das ursprünglich für die Nacht 10./11. Dezember vorgesehene Minenunternehmen »Alpha I« mußte wegen Fliegeralarms und mangels ausreichender Beladungsmöglichkeiten um 24 Stunden verschoben und die Sicherung durch Schnellboote wegen der harten Wetterlage abgeblasen werden.

Nach Wetterberuhigung am 11. Dezember lief dann der Verband um 18.00 Uhr für »Alpha I« aus mit dem Ergebnis, daß Kptlt. Klemm bereits um 20.00 Uhr durch Funkspruch melden mußte: »Aufgaben wegen zu schwerer See abgebrochen...« Die winterliche Bora hatte wieder einmal die Durchführung der vom Marinekommando Italien für dringlich erachteten Minenunternehmungen vereitelt und die 11. Sicherungsdivision gezwungen, auch die wichtigen Küstengeleite mit Kohlen und Bauxit bis auf weiteres abzustoppen.

15. Dezember 1944

Führung: Freg.Kpt. Birnbaum auf »TA 40«
Beteiligte Boote: »TA 45« und MS »Fasana« als Minenträger, »TA 40« als Sicherung
Aufgabe: Sperrlegung »Alpha II«
Nach vorübergehender Wetterbesserung übernahm der Chef der 1. Geleitflottille wieder die Führung und Verantwortung für den schwachen Minenwurfverband in Pola. Er schlug nach Lage der Dinge vor, die vordringlichen

Minensperren »Alpha I« und »Alpha II«, die dem Gegner das Eindringen in den Quarnerogolf erschweren sollten, in umgekehrter Reihenfolge zu werfen. Außerdem forderte er die Teilnahme von »R 187« als Geräteboot für MS »Fasana« und zugleich zusätzliche Sicherung. Er schlug die Zuteilung einer Sturmbootgruppe bei Wetterberuhigung und die Übernahme von zwei Sprengbooten auf MS »Fasana« vor.

Während die Vorverlegung von »Alpha II« genehmigt wurde, lehnte der Chef der 11. Sicherungsdivision sämtliche zusätzlichen Forderungen des Verbandsführers ab. Dafür setzte die Bora – entgegen der den Vorschlägen von Freg.Kpt. Birnbaum zugrundeliegenden Wetterprognose – in der Nacht vom 12. zum 13. Dezember wieder mit Windstärken bis 8 im Raume Pola erneut ein, mit heftigen Sturmböen aus östlichen Richtungen und Sturmwarnungen an der gesamten Küste einschließlich der Triester Bucht.

Zu allem Überfluß meldete der Chef der 2. Geleitflottille, Korv.Kpt. v. Hansmann, aus Pola, daß nach zuverlässigen Agentenmeldungen »TA 48« und die ebenfalls kroatisch besetzte, aus veralteten und wenig seetüchtigen Küsten-Schnellbooten bestehende »K.S.-Flottille« beabsichtigten, beim nächsten Auslaufen zum Feind überzugehen. Von den K.S.-Booten waren fünf kb gemeldet. – Auf diese Entwicklung, die von der Feldpolizei und dem Sicherheitsdienst beobachtet wurde und die schließlich zum Ausbruch des Führerbootes der K.S.-Flottille über die geschlossene Hafensperre führte, kann hier nicht eingegangen werden.

Bei der 1. Geleitflottille waren nur mehr einige wenige kroatischstämmige Besatzungsangehörige an Bord völlig integriert, so daß es hier weder Spannungen noch Panik gab.

Freg.Kpt. Birnbaum hatte mit den im Lager »St. Bartolomae« untergebrachten Resten der früheren »Kroatischen Legion«, mit deren Offizieren er im Schwarzen Meer als »Räumchef Krim« sehr positive Erfahrungen gemacht hatte, nach wie vor guten, kameradschaftlichen Kontakt. Diese lehnten den »Verrat einzelner, die offenbar Opfer der Feindpropaganda geworden« seien, mit großer Erbitterung ab.

Hier nur so viel zu diesem Thema, das zu beträchtlicher Aufregung im Stab des neuen Befehlshabers und zu einem kriegsgerichtlichen Verfahren führte, das wie das »Hornberger Schießen« ausging, da keinem – außer der unter Führung eines jungen Kommandanten mit dem einen K.S.-Boot übergelaufenen Besatzung – Fahnenflucht oder Rädelsführung nachgewiesen werden konnte.

Eine Suchaktion mit Fährprähmen der 10. L-Flottille und J-Booten unter der Küste der Insel Krk nach dem übergelaufenen K.S.-Boot verlief ergebnislos. –

Am 15. Dezember 1944 um 08.00 Uhr meldete der Hafenkapitän Lussin durch Funkspruch, daß am 14.12.1944 um 15.15 Uhr zwei feindliche Zerstörer in südwestlicher Richtung ablaufend gesichtet worden seien. Nach zwei heftigen Explosionen gegen 14.30 Uhr sei einer der Zerstörer gesunken. Es war der britische Geleitzerstörer »Aldenham«, der auf die in der Nacht vom 7. zum 8. Dezember durch MS »Fasana« und »TA 45« unter Sicherung durch »TA 40« gelegten Minen zwischen den Inseln Ulbo und Scherda gelaufen war (Lt. 03, Bd. II, 2, S. 113). Als Erfolg dieser Sperre ist die Versenkung eines und die Beschädigung eines weiteren Feindzerstörers auch in den Kriegstagebüchern der vorgesetzten Stäbe festgehalten (Qu. 03 und 07).

Endlich dann in den späten Abendstunden des 15. Dezember 1944 konnte das Minenunternehmen »Alpha II« durchgeführt werden. Der Verband verließ Pola um 16.30 Uhr und lief nach planmäßiger Sperrlegung so rechtzeitig wieder in Pola ein, daß am 16.12.1944 um 07.30 Uhr mit der Minenübernahme für »Alpha I« begonnen werden konnte.

17.–19. Dezember 1944

Versuche zur Sperrlegung »Alpha I«

»TA 40« war im Nebel bei der Insel Pag aufgelaufen, kam aber mit eigener Kraft wieder frei. Die bedauerliche Folge war, daß das Führerboot daraufhin in Triest eindocken mußte und für mehrere Wochen ausfiel.

Der Nebel verdichtete sich nun am 17. Dezember 1944 auch in der Triester Bucht so stark, daß u. a. das aus Venedig gekommene Lazarettschiff »Gradisca« auf Reede ankern mußte.

Der Versuch, die Sperre mit »TA 45«, MS »Fasana« und drei Räumbooten, die nachmittags ausgelaufen waren, am 18. Dezember zu werfen, mußte wegen neuerlicher Verdichtung des Nebels im Küstenvorfeld bereits um 20.00 Uhr aufgegeben werden.

Das havarierte »TA 40«, das angehängt an ein Geleit um 19.00 Uhr aus Pola nach Triest ausgelaufen war, meldete nach dem Festmachen am 19. Dezember, daß es um 02.30 Uhr bei einem Schnellbootangriff auf dem Küstenweg in Höhe von Cittanova zwei Torpedolaufbahnen mit Erfolg ausgewichen sei. Zwei Gegengeleite (Triest – Pola) sind in den Abendstunden ohne Feindberührung in Pola eingelaufen.

20.–26. Dezember 1944

Erzwungene Weihnachtspause

Am 20. Dezember 1944 nahm die Bora wieder zu. Bei Nordnordost Stärke 6 mit Sturmböen, Seegang 4 und Temperaturen wenig über dem Gefrierpunkt war an planmäßige Küstengeleite ebensowenig zu denken wie an eine Fortsetzung des Sperrprogramms. Dieses sah eine dichte Minensperrung im Quarnero mit nur einer Sperrlücke bei Cherso vor, wie sie von der Sicherungsdivision gefordert wurde.

In Triest hatte die vom Marinekommando Italien am 14.12.1944 befohlene Feindbeobachtungsgruppe (B-Gruppe), bestehend aus einem Offizier, zwei Oberfeldwebeln, einem Unteroffizier und vierzehn Mannschaften, bei der 11.

Sicherungsdivision in Opicina ihre Tätigkeit aufgenommen, eine längst überfällige Maßnahme.

Nachdem es noch gelungen war, den havarierten Dampfer »Scarpanto« am 23. Dezember 1944 nach Venedig einzuschleppen, wehte es über die letzte Kriegsweihnacht pausenlos aus östlichen Richtungen mit Windstärke bis 8 und Sturmböen, bei Temperaturen um den Nullpunkt, so daß alle Schiffsbewegungen abgestoppt werden mußten und auch der Gegner, zur See und in der Luft, den erschöpften Männern der Flottille, die ja derzeit wieder einmal nur über *ein* kriegsbereites Torpedoboot (»TA 45«) verfügte, eine unfreiwillige Atempause ließ.

27.–28. Dezember 1944

Führung: Freg.Kpt. Birnbaum auf »TA 45«
Beteiligte Boote: »TA 45«, MS »Fasana« und drei R-Boote, die 2. Gruppe der 3. S-Flottille als Fernsicherung
Aufgabe: Minenunternehmen »Alpha III«
Als es dann am 27. Dezember 1944 etwas abflaute, lief der Flottillenchef auf »TA 45« nach Pola, wo in der Nacht zum 28.12.1944 endlich mit »Alpha III« das Sperrsystem zum Schutz des Fiume-Golfes vollendet werden sollte.

Nach Beendigung der Minenübernahme lief der Verband um 17.00 Uhr mit Kurs Quarnero aus. Es hatte ein wenig abgeflaut und die an diesem Tage wieder angelaufenen Küstengeleite erreichten ihre Zielhäfen, wenn auch die schwächsten und langsamsten wegen des noch immer starken Seegangs umkehren mußten.

Nach planmäßiger Durchführung lief der Minenwurfverband am 28.12.1944 um 04.30 Uhr wieder in Pola ein.

Mit Wiederaufnahme der Geleittätigkeit hatte die 11. Sicherungsdivision zehn wichtige und einige kleinere Küstengeleite zwischen Pola und Venedig ohne Verluste durchführen können. Alles atmete auf!

31. Dezember 1944

Führung: Kptlt. Klemm auf »TA 45«
Beteiligte Boote: »TA 45«, 3 Minen-MFP und 3 R-Boote als Sicherung
Aufgabe: Sperrlegung »Rita 4«
In der Nacht zum 29.12.1944 briste es dann wieder auf, weshalb das vorgesehene Minenunternehmen »Alpha IV« bis auf weiteres verschoben werden mußte.

Am 29.12.1944 drahtete das Marinekommando Italien: »In allen Fragen Steuerung Gesamtschiffahrt, mit Ausnahme Besetzung Hafenschutz-Positionen und Schnellbooteinsatz, hat 11. Sicherungsdivision Befehlsbefugnis an alle Hafen-Kommandanten und -Kapitäne (HaKo und HaKa)« . . . (Qu. 07).

Mit Rücksicht auf das »Alpha«-Sperrsystem wurden aufgehoben a) Weg »Blaufuchs« von Punkt A 111 nach Süden und b) Weg »Senta« zwischen den Punkten A 108a und A 111. Hierfür sollten in Kürze neue Wegepunkte festgelegt werden.

Noch am letzten Tage des Jahres 1944 konnten weitere sechs Geleite ohne Feindberührung und Verluste gefahren werden.

Was die beabsichtigte Sperrlegung »Alpha IV« und folgende betraf, mußte deren Durchführung aus folgenden zwingenden Gründen auf Januar 1945 verlegt werden: a) Ausfall von »TA 40« nach der Grundberührung und b) zwei Heizöl- und ein Treibölbunker von MS »Fasana« waren gerissen, Dauer der Reparatur etwa eine Woche; gleichzeitig sollte die störanfällige Ruderanlage des Schiffes gründlich überholt werden.

Dagegen gelang es, außer den erwähnten sechs Geleiten noch eine Minenunternehmung mit »TA 45« erfolgreich durchzuführen. Es handelte sich um die Ergänzung des »Rita«-Sperrsystems zum Schutze des Küstenweges nach Pola durch die Sperre »Rita 4«.

Diese Aufgabe wurde unter Führung von Kptlt. Klemm am 31. Dezember 1944 zwischen 18.30 Uhr und 23.00 Uhr von Pola aus planmäßig gelöst.

In der Stellungnahme des inzwischen in Marine-Oberkommando Süd (MOK Süd) umgewandelten neuen Oberbefehlshabers bezw. seines Chefs des Stabes in Levico heißt es wörtlich unter dem Datum vom 24. Januar 1945: ». . . Die in Durchführung befindlichen Sperren »Alpha I bis IVff« wurden zur völligen Sperrung des Quarnerolo und zur zusätzlichen des Eingangs zum Quarnero mit je 120 Minen und 50 Sperrschutzmitteln befohlen, um das Eindringen des Gegners in den Fiume-Golf zu erschweren, wo er in letzter Zeit wiederholt mit S-Booten und auch mit Zerstörern aufgetreten ist . . .« (Qu. 07).

Einzelbetrachtungen zum 4. Quartal 1944

Die Jahreswende 1944/45 ist ein geeigneter Anlaß, in der fortlaufenden Berichterstattung über die Einsätze und Ereignisse einmal innezuhalten und den Blick auf einige Dinge zu richten, die in dem vergangenen Vierteljahr ebenfalls eine Rolle gespielt haben.

Am 20. Oktober 1944 war als erster der drei Kommandanten, die einen Monat vorher ihre Torpedoboote von Triest nach Piräus überführt hatten, der ehemalige Kommandant von »TA 37«, Oblt.z.S. Fritz Goldammer, wieder zu seiner Stammflottille zurückgekehrt. Er sollte »TA 40« übernehmen, dessen Kommandant, Oblt.z.S. Friedrich Nose, wegen seines angegriffenen Gesundheitszustandes borddienstunfähig in ein Heimatlazarett verlegt werden mußte.

Zwei Tage später kehrten auch Kptlt. Werner Lange und Lt.z.S. Wilhelm Scheller, die ehemaligen Kommandanten von »TA 39« und »TA 38«, nach Triest zurück, nachdem sie sich bei dem inzwischen von Sofia nach Wien verlegten Stab der Gruppe Süd gemeldet hatten. Sie sollten Kommandanten der noch in der Endausrüstung auf den Werften in Triest und Fiume liegenden Boote »TA 43« und »TA 46« werden und hätten diese gerne mit ihren eingefahrenen Besatzungen in Dienst gestellt, wenn deren Transport von Saloniki nach der Adria hätte ermöglicht werden können. Alle drei »Odysseus«-Kommandanten meldeten sich am Vormittag des 24. Oktober zum Vortrag beim Admiral Adria und berichteten ab 15.00 Uhr dieses Tages vor den Offizieren und Abschnittsoberfeldwebeln der Flottille, unter Teilnahme von Vertretern der Stäbe Admiral Adria und der 11. Sicherungsdivision, eingehend über ihre Erfahrungen beim Durchbruch in die Ägäis und bei den dort noch gefahrenen Einsätzen.

Anläßlich seines Abschiedsbesuches als Oberbefehlshaber der Marinegruppe Süd am 25. Oktober schritt Admiral Fricke im Anschluß an einen Appell, zu dem alle verfügbaren Offiziere des Adria-Befehlsbereiches befohlen waren, die Front der im Hafengelände angetretenen rund 1 000 Mann von den Flottillen und Minenschiffen ab, die ihm Freg.Kpt. Birnbaum in Vertretung des bei seinem Op-Stab weilenden Freg.Kpt. Berger meldete. Nach einer kurzen Ansprache an die versammelten Besatzungen machte der Admiral einen Rundgang über »TA 45«, das einzige derzeit dazu verfügbare T-Boot. Am Abend desselben Tages ließ sich der Oberbefehlshaber nochmals Einzelheiten über das Unternehmen »Odysseus« und die danach bei der 9. T-Flottille in der Ägäis gefahrenen Einsätze der Boote vortragen.

Im Nachhinein muß es an dieser Stelle als eine bedauerliche Unterlassung bezeichnet werden, daß der scheidende Oberbefehlshaber die einmalige Gelegenheit dieses Truppenbesuchs nicht wahrnahm, auch die beiden Kommandanten von »TA 37« und »TA 38« vor versammelter Mannschaft mit dem Deutschen Kreuz auszuzeichnen, wie es ihr Flottillenchef auf dem Dienstwege bereits unmittelbar nach dem gelungenen Durchbruch für alle drei Torpedobootkommandanten beantragt hatte.

Nicht nur die Überlebenden dieser drei Boote hätten in einer derartigen Geste die wahrlich verdiente Anerkennung auch ihrer persönlichen Leistungen erblickt – wie aus zahlreichen Nachkriegsäußerungen gegenüber den Verfassern dieser Flottillengeschichte hervorgeht –, sondern auch für die in der Adria verbliebenen Kameraden wäre es eine längst fällige, um nicht zu sagen überfällige Ehrung gewesen.

Nach dem Untergang von »TA 20« und der beiden U-Jäger im dalmatinischen Inselgebiet in der Nacht vom 1. zum 2. November 1944 lief in den Messen das böse Wort um: »Hier muß man erst abgesoffen sein, um posthum ausgezeichnet oder befördert zu werden!« Und der Chef der 1. Geleit- und späteren 9. T-Flottille Adria mußte sich noch 1946 während der britischen Gefangenschaft in der Suezkanalzone nachsagen lassen, er habe seine verdientesten Offiziere nicht für höhere Kriegsauszeichnungen vorgeschlagen, weil er selbst nicht mit einem entsprechenden Orden bedacht worden sei.

Das Eiserne Kreuz I. Klasse (E.K.I) brachten sämtliche Kommandanten und zahlreiche Soldaten ihrer Besatzungen bereits von früheren Einsätzen auf anderen Kriegsschauplätzen mit, ehe sie ihren schweren Dienst auf den Torpedobooten der Adria-Flottillen antraten.

Obwohl sich solche Versäumnisse vom »Grünen Tisch« her notwendigerweise negativ auf die Stimmung der Besatzungen auswirken mußten, haben die Männer auch unter dem neuen Befehlshaber unbeirrt weiter vorbildlich ihre Pflicht getan und, trotz der ständig zunehmenden Belastungen sowie angesichts schwerer Verluste auf ihren Booten, ebenso tapfer durchgehalten wie die zum Fußmarsch durch das partisanenverseuchte Jugoslawien – völlig unzureichend bewaffnet und bekleidet – verurteilten Besatzungen der 9. T-Flottille (Ägäis) nach der Räumung von Saloniki.

Anläßlich der Abgabe des adriatischen Befehlsbereiches an das Deutsche Marinekommando Italien hat Admiral Fricke Ende November 1944 in einem Tagesbefehl an alle unterstellten Einheiten die Entwicklung seit dem Abfall Italiens vom Achsenbündnis skizziert und die Leistungen aller Soldaten des Adriabereichs im Jahre 1944 gewürdigt:

»Der Verrat Italiens hat uns vor mehr als einem Jahre gezwungen, die Verteidigung der Adriaküste selbst zu übernehmen.

Die Durchführung dieser Aufgabe zur See und an der Küste wurde dem Admiral Adria übertragen.

Mit bescheidensten Mitteln, aber in kühnem Zugriff und in zäher Verfolgung des gesteckten Zieles wurde die erste Aufgabe gelöst und dann an den Aufbau der Seestreitkräfte und Küstenverteidigung gegangen.

Der Aufbau dieses als letzten zur Aufstellung gekommenen Befehlsbereichs der Kriegsmarine in außerheimischen Gewässern begegnete naturgemäß großen personellen und materiellen Schwierigkeiten. Dazu kam, daß der über 400 sm langen Küste ein sich ständig nach Norden vorschiebender Feind auf der italienischen Halbinsel auf geringe Entfernung mit weit überlegenen Kampfmitteln zur See und in der Luft gegenüberstand.

Unter der Führung Eures Kommandierenden Admirals und seiner Unterführer habt Ihr, Soldaten des Adria-Bereichs, trotz der ständigen, niemals aufhörenden Einwirkung der feindlichen Luftwaffe, trotz des ununterbrochenen Einsatzes feindlicher Seestreitkräfte, die bis in den inneren Inselbereich vordrangen, trotz immer wiederholter Anlandungen von Feindkräften auf Inseln und dem Festland, habt Ihr in zähestem und aufopferungsvollem Einsatz an der langen, weglosen Küste und zu den zahlreichen Inseln die Versorgung Eurer Kameraden von Marine und Heer über See sichergestellt und den kriegswichtigen Wirtschaftsverkehr gesichert.

Ihr habt den Feind in kühnen Offensivstößen in seinen Gewässern aufgesucht, zum Kampf gestellt und Minen bis vor die feindlichen Häfen herangetragen. Ihr habt schließlich bei der durch höhere Rücksichten notwendig gewordenen Räumung des Küstengebietes unter vollem Einsatz über See zurückgeführt, was auf diesem Weg zurückgeführt werden konnte, und kämpft

Euch nun zu Lande Schulter an Schulter mit den Heerestruppen in gleich tapferem und zähen Ringen nach der Heimat durch.

Die in dem Zeitabschnitt von mehr als einem Jahr gemachten Anstrengungen und die gebrachten Opfer sind nicht umsonst gewesen. Sie haben dem Feind solange den Zugang in den Westteil der Balkanhalbinsel verwehrt, als dies der höchsten Führung für notwendig erschien und damit zur Gestaltung des Bildes unserer Kriegsführung im Süden entscheidend beigetragen.

Ich spreche Euch allen als Euer Oberbefehlshaber nochmals meinen besonderen Dank und meine Anerkennung für Eure hervorragende soldatische und seemännische Haltung und die allzeit bewiesene Einsatzfreudigkeit aus und erwarte, daß die nun unter das Marinekommando Italien tretenden Einheiten und Verbände auch unter dieser neuen Führung ihre Pflicht mit derselben Selbstverständlichkeit tun werden wie bisher.

Adm. Fricke, OB Gruppe Süd«

Nach der Überführung von »TA 44« nach Triest hofften die Stäbe nun – wie bei dem in der Triester San-Marco-Werft vor der Fertigstellung liegenden kleineren Zerstörer »TA 43« (ex »Sebenico«), der noch nicht in Dienst gestellt werden konnte – nach Durchführung der artilleristischen Umarmierung von den italienischen 12-cm-Doppellafetten auf deutsche 10,5-cm-Einzelgeschütze mit entsprechenden Feuerleitanlagen und Reduzierung der Torpedobewaffnung auf nur einen Drillings-Rohrsatz, in kürzester Zeit wenigstens *einen* schnellen und zugleich kampfkräftigen Zerstörer als Minenträger mit einem Fassungsvermögen von bis zu 100 Ankertauminen und einem Maximum an Fla-Armierung für operative Sperrunternehmungen verfügbar zu haben, sobald die erheblichen Mängel in den Hauptmaschinen behoben sein würden.

Doch die in diesen Zerstörer gesetzten Hoffnungen, dessen Kriegsbereitschaft durch die Versenkung des bisher leistungsfähigsten Minenschiffs »Kiebitz« für operative Minensperren so dringend erforderlich war, blieben ein frommer Wunsch, wie die folgenden Ereignisse mit den ständig zunehmenden Rückschlägen zeigten.

Der Flottillenchef sollte an seinen *beiden* Zerstörern keine Freude haben!

Ähnlich enttäuschend gestaltete sich die schleppende Fertigstellung auch der Torpedoboote »TA 41« (ex »Lancia«) und »TA 42« (ex »Alabarda«) auf der San-Marco-Werft in Triest.

»TA 41« war zwar auf Befehl des Admirals Adria am 21. Oktober bereits in Dienst gestellt worden, konnte aber mangels wesentlicher Einzelteile für die artilleristischen Armaturen und weil kein Heizöl für die Gefechtsausbildung in See zur Verfügung stand, bis auf weiteres noch nicht kriegsbereit gemeldet werden.

»TA 42« führte endlich, am 27. November 1944, trotz starker Behinderung durch schlechtes Wetter (Bora) unter der vorzüglichen Führung des Werftkapitäns Relli, noch mit dessen Werftbesatzung, einen Teil des Probe- und Abnahmefahrtprogramms durch. Das Boot wurde, nach Besprechung der umfangreichen Restarbeitspunkte für die Maschinenanlage und vorbehaltlich deren Erledigung innerhalb von 14 Tagen, am folgenden Tage vorläufig abgenommen. Seine Indienststellung aber sollte sich noch um Monate verzögern.

So konnte mit beiden Booten, unter der Führung der Oberleutnante zur See Ascherfeld und Waldkirch, nur ein Minimum der höheren Orts geforderten Minenunternehmungen und Geleitsicherungen gefahren werden – obwohl deren I. Wachoffiziere die Ausbildung mit Erfolg vorantrieben und die Leitenden Ingenieure und Wachmaschinisten sich ständig, zwischen dem stockenden regulären Werftarbeitsprogramm, um die Überwindung der vielen technischen Mängel bemühten.

Daß fast den ganzen Monat Dezember 1944 über und in der zweiten Monatshälfte des Januar 1945 wieder die gefürchtete Bora das Winterwetter bestimmte und die Durchführung geplanter Einsätze unmöglich machte oder immer wieder verzögerte, sei hier nur am Rande vermerkt.

Der Befehlshaber des Marinekommandos Italien, Vizeadmiral Löwisch, schrieb in seinem KTB vom 9.11.1944:

»Im Zuge der Lageentwicklung im Südraum, die auf dem Balkan ein Zurücknehmen der Küstenfront Albanien – Dalmatien bringen mußte, war seit längerem eine Neuorganisation zu erwarten, welche das Restgebiet des Admirals Adria unter dem Marinekommando vereinigte. ... Einheitliche Befehlsführung im Bereich des OB Südwest ist damit auch marineseitig hergestellt. Als neues Arbeitsgebiet kommt aus diesem Raum die kroatische Frage hinzu...« (Qu. 03).

Im KTB des Marinegruppenkommandos Süd steht dazu unter dem 15.11.1944:

»Durch die angelaufene Räumung der drei südlichen Seeko-Bereiche beschränkt sich der Befehlsbereich des Admirals Adria nun praktisch auf den Seeko Istrien, dem noch die nördlichen Gebietsteile des Seeko Norddalmatien angegliedert worden sind.

Seetransportaufgaben bestehen in diesem Raum nurmehr für die Versorgung der Inseln im Quarnero, die wehrwirtschaftlich wichtigen Transporte nach Triest (Bauxit und Kohle) sowie für den weiterlaufenden Verkehr Triest – Venedig und zurück. Mehr in den Vordergrund treten dagegen immer mehr die rein militärischen Aufgaben der Verteidigung der istrischen Halbinsel mit ihren tiefen Flanken Triest und Fiume, deren Wichtigkeit... unterstrichen wird durch die Erklärung Polas zur Seefestung.

Entgegen der Absicht des Oberbefehlshabers Südwest, ganz Istrien im Falle eines Feindangriffes aufzugeben und die Hauptkampflinie von Anfang an auf den »Tschitschenbogen« zurückzuverlegen, ... ist der Führerbefehl zur Einrichtung Polas als Seefestung mit der Aufgabe zum »Halten bis zur letzten Patrone« – gleich wie die Atlantikfestungen – ergangen.

Die Maßnahmen der nächsten Zeit müssen daher die... Verstärkung dieses Stützpunktes zum Ziel haben.«

Und weiter heißt es hier:

»Nach beendeter Rückführung der dalmatinischen Einheiten auf Reichsgebiet ist die Auflösung des Admirals Adria, die Unterstellung der Seestreitkräfte und des Seeko Istrien unter das Marinekommando Italien und – nach Rückführung der Einheiten des Admiral Ägäis aus dem Südostraum – die Auflösung des Gruppenkommandos Süd geplant.« (Qu. 02).

Nach Auffassung des neuen Befehlshabers, die er in seiner Zusammenfassung Ende November ausdrückte, »wird sich der Schwerpunkt unserer Mittelmeer-Kriegführung aufgrund der Entwicklung an den Landfronten ... mehr und mehr in die nördliche Adria verlagern. ... Das Gebiet zwischen Donau und Istrien ist gegen einen russischen Einbruch nicht gesichert. Wenn ich auch nach wie vor der Auffassung bin, daß der Engländer eine deutsche Front vom Triester Raum bis zum Plattensee als Bollwerk gegen ein Übergreifen des Bolschewismus auf Italien für zweckmäßiger hält als eigenen (englischen) Einsatz hier, so wird er aber die Nord-Adria einschließlich der Inseln ... immer klarer als sein Küstenvorfeld ansehen. Für die Verteidigung Istriens und (speziell) Polas ergibt sich daraus ... eine ständige Bedrohung, welcher mit dem Einsatz aller dem Marinekommando zur Verfügung stehenden Offensiv-Kampfmittel zu begegnen ist. Damit wird ... künftig das Inselgebiet des Quarnero der Schwerpunkt der eigenen Seekriegführung sein« (Qu. 03).

Er hielt deshalb den Ausbau der Verteidigungskraft auf See und eine Verstärkung der Küstenbefestigungen im adriatischen Seegebiet seines Befehlsbereichs für seine Hauptaufgabe in der kommenden Zeit.

»Eine besondere Stellung nimmt hierbei der ... nur mit Mitteln aus der Heimat mögliche Ausbau auf den nord-dalmatinischen Inseln ein, ohne deren gesicherte Verteidigung der Golf von Fiume sehr bald ausgeschaltet sein würde« (Qu. 03).

Die sich aus dieser zutreffenden Lagebeurteilung ergebenden, oben zitierten Forderungen ließen sich in der Folge jedoch aufgrund der immer katastrophaler werdenden Nachschubkapazitäten nur zum geringsten Teil erfüllen. So konnten die noch in deutscher Hand verbliebenen Inseln nur unter größten Schwierigkeiten, in engem Zusammenwirken zwischen Küstenjägern und Landungs-Pionieren des Heeres mit unseren Kleinbootverbänden und den in Pola konzentrierten Schnellbootgruppen bis zur schrittweisen Räumung auch des Quarnero im ersten Quartal 1945 gehalten werden.

Nachdem Pola, trotz der Unmöglichkeit eines Ausbaus zur Festung (– weder nach der Land- noch nach der Seefront –) und trotz entsprechender Einwände aller örtlichen Befehlshaber am 23.11.1944 »mit sofortiger Wirkung« zum »Festen Platz« erklärt worden war, wurde Kapt.z.S. Waue, bisher Chef des Stabes Admiral Ägäis, als Konteradmiral zum »Kommandanten von Pola« ernannt und als solcher der Heeresgruppe C unterstellt.

Der OB Südwest hatte beim Oberkommando der Wehrmacht beantragt, Pola nur als »festungsartig auszubauenden Stützpunkt« und nicht als »Seefestung« zu bezeichnen. Er vertrat gegenüber Vizeadmiral Löwisch deshalb auch den Standpunkt, daß der Kommandant dieses »nur so lange wie möglich« zu haltenden Stützpunktes ein Heeresoffizier sein müsse, und hatte höheren Orts die Benennung »Küstenverteidigungsabschnitt Pola« beantragt. All dies aber nutzte gar nichts!

»Hinfällig wird die Bedeutung von Pola, wenn es dem Gegner gelingen sollte, sowohl Triest wie Fiume, sei es von Land oder von See her, auszuschalten. Nur für diesen Fall ist... eine vorzeitige Aufgabe der »Festung Pola« vorgesehen, um die dort eingesetzten Kräfte der Landfront nicht verloren gehen zu lassen« (Qu. 03).

Bei diesem Hickhack war es für jeden Einsichtigen, der die wahren Verhältnisse auf diesem verlorenen Posten einigermaßen kannte, klar, daß Pola sich nur noch für eine absehbare Zeitspanne als Seestützpunkt würde halten lassen.

Deshalb auch wehrte sich der Chef der 1. Geleitflottille – hartnäckig, aber leider vergebens – gegen die Kommandierung eines seiner ersten, tüchtigen Torpedobootkommandanten, des deutsch-kroatischen Oblt. z. S. Miron Kunst – nachdem dieser wegen einer im Englischen Kanal erlittenen Kopfverletzung als borddienstuntauglich von »TA 38« abkommandiert worden war – zum Stabe des Konteradmirals Waue nach Pola. Er sah das tragische Ende dieses prächtigen Offiziers, den man wegen seiner Beherrschung der Landessprache (!) angefordert hatte, bereits damals voraus, ohne es abwenden zu können.

Erst lange nach dem Kriege konnte der Flottillenchef mit der Witwe und dem Sohn Verbindung aufnehmen, die ihm für diese Flottillengeschichte das Tagebuch dieses Offiziers überließen – er wurde nach der Kapitulation in Pola zusammen mit dem Festungskommandanten und dem Stabspersonal ermordet. (Qu. 50).

Zu der im KTB des Marinekommandos Italien erwähnten »kroatischen Frage« (siehe S. 250) schrieb Vizeadmiral Löwisch:

»Mit der Übernahme des Adriabereiches tritt unter meinen Befehl auch die kroatische Marine, die, im Gegensatz zur italienischen Marine, bisher keine selbständige Organisation darstellt. Kroaten sind auf schwimmenden Einheiten der 11. Sicherungsdivision eingesetzt, zum geringeren Teil im Hafendienst und in der Küstenverteidigung... Insgesamt beträgt die Kopfstärke zur Zeit etwa 1300 Soldaten. Der Einsatzwert wird nicht höher als bei der (Rumpf-)italienischen Marine eingeschätzt aufgrund zahlreicher Beispiele bei den an Land eingesetzten Verbänden und der auch bei der Marine eingetretenen (Einzel-)Fälle von Unzuverlässigkeit« (Qu. 03).

Im KTB der 1. Geleitflottille für die zweite Monatshälfte November 1944, Abschnitt Maschine, wird von 80 bis 90 Prozent ausgefallener Werft-Arbeitszeit durch die fast täglichen Bombenangriffe auf Triest gesprochen. Der Flottilleningenieur beklagte in diesem Zusammenhang besonders den schleppenden Verlauf der in Fiume nicht mehr bewältigten Restarbeiten auf »TA 44«. Er schrieb wörtlich: »Das Gleiche gilt für alle zur Zeit noch in der Werft befindlichen Torpedoboote der Flottille.« Er schlug deshalb eine Spätschicht zwischen 16.00 Uhr und 24.00 Uhr vor, wo im allgemeinen keine Bombenangriffe erfolgten, außerdem den Fortfall der bisher üblichen Arbeitsruhe bei Werft-Voralarm und bei allen öffentlichen Luftwarnungen und Voralarmen. Der Divisionsingenieur, Korv.Kpt.(Ing) Kellerer, forderte in seiner zustimmenden Stellungnahme zu diesen Vorschlägen mit allem Nachdruck einen endlichen Erfolg der seit längerer Zeit geführten Verhandlungen des Oberwerftstabes in dieser Sache mit den zuständigen Stellen beim politischen »Obersten Kommissar« (sprich Gauleiter der NSDAP!). (Qu. 10).

Am 26.11.1944 kehrte Kptlt. Lange von Heimaturlaub zurück und übernahm endgültig das Kommando des Zerstörers »TA 43« (ex »Sebenico«), dessen I.W.O., Oblt.z.S. Nahrgang, in seiner Vertretung die Ausbildung der seemännischen Besatzung und ihre Vorbereitung auf den Borddienst nach Kräften gefördert hatte. Das Gleiche galt für den L.I., Oblt.(Ing) Siebert, bezüglich des technischen Personals.

Am 28.11.1944 übergab der Führerbootkommandant, Oblt.z.S. Goldammer, für einen dreiwöchigen Urlaub das Kommando von »TA 40« an den ehemaligen Kommandanten von »TA 38«, Lt.z.S. Scheller, mit dessen »TA 46« (ex »Fionda«), das noch unfertig in der Quarnaro-Werft Fiume mit vorläufigem Baubelehrungskommando lag, bis auf weiteres nicht zu rechnen war. Scheller hatte mehrmals für neue Kommandanten deren Boote geführt.

»Mit dem 29.11.1944 ist der Restbereich des Admirals Adria vom Marinekommando Italien übernommen worden. Dieser Bereich umfaßt das Gebiet des Seeko Istrien, welches nach Südosten bis zur Frontlinie aus dem Restgebiet des Seeko Nord-Dalmatien erweitert ist. Die 11. Sicherungsdivision mit ihren verbliebenen Streitkräften, die 1. Schnellbootdivision und der Seetransportchef sind gleichfalls unter das Marinekommando Italien getreten. Durch Vereinigung der Seetransport-Organisation, die nach Auflösung des SeeTra-Chef Adria (wie an der italienischen Westküste) vom Marinekommando Italien selbst gesteuert wird, soll auch in der Adria eine straffe Führung und damit bessere Ausnutzung der vorhandenen Mittel erreicht werden... Der außerordentliche Wert von Pola als Stützpunkt für die eigenen durch Neubauten in der nächsten Zeit anwachsenden offensiven Streitkräfte... sowie die Bedeutung Polas als Zwischenstation für den Seetransport von Triest nach Fiume und den norddalmatinischen Inseln liegt klar auf der Hand.

Diesen Hafen der eigenen Kriegsführung so lange wie möglich zu erhalten, ist unbedingt erforderlich. Der Ausbau der Festung Pola nach See zu durch Batterien und Verminung des Vorfeldes fällt dabei der Marine zu« (Qu. 03).

Diese Lagebeurteilung durch den neuen Befehlshaber, Vizeadmiral Löwisch, ging bezüglich der Torpedoboote und Zerstörer der 1. Geleitflottille, Triest, von einer planmäßigen Einsatzbereitschaft der TA-Boote mit den Nummern 40 bis 46, also insgesamt sieben Einheiten mit relativ hoher Geschwindigkeit, starker artilleristischer und ausreichender Torpedo-Armierung und – last not least – einem beachtlichen Minenfassungsvermögen für operative Sperrvorhaben für das Jahr 1945 aus.

Der Stand der Seestreitkräfte sah indessen unter dem Stichtag 30. November 1944 im adriatischen Raum des Befehlsbereichs nur zwei TA-Boote der 1. Geleit-, zwei Hilfsminenschiffe und ein Geleitboot der 2. Geleit-Flottille, drei R-Boote in der 6. R-Flottille und zwölf S-Boote der 1. Schnellbootdivision kriegsbereit, während alle übrigen Einheiten der Flottillen außer KB bzw. noch unfertig in den Werften lagen (Qu. 02 und 03).

Am 23. November hieß es noch optimistisch im KTB des neuen Befehlshabers (Qu. 03): »1. Geleitflottille besteht z.Zt. aus drei T-Booten (»TA 40«, »TA 41«, »TA 45«) und einem Zerstörer (»TA 44«). Ein weiterer Zerstörer (»TA 43«) wird noch in diesem Jahr in Dienst gestellt werden. Beide Zerstörer etwa Januar 45 klar. Ein weiteres T-Boot (»TA 42«) 10. Januar werftfertig, letztes T-Boot (»TA 46«) geschätzter Termin Mitte Februar.

Mit spätestens 1. März damit vier Torpedoboote und zwei Zerstörer in 1. Geleitflottille klar. Wie im Ligurischen Meer auch in Adria für T-Boote in erster Linie operative Aufgaben vorgesehen, Geleitdienst entfällt bei Küsten-Kleinverkehr. – 10. T-Flottille . . . verfügt über gleiche Boottypen wie jetzige 1. Geleitflottille. Es wird deshalb bei OKM die Umwandlung der 1. Geleit- in 9. T-Flottille zur Fortführung der Tradition dieser Flottille, unter deren Führung »TA 37«, »TA 38« und »TA 39« . . . zuletzt standen und untergingen, beantragt. «

So hatten nicht nur der Befehlshaber in Levico, sondern auch der betroffene Flottillenchef in Triest sich die Entwicklung um die Jahreswende 44/45 gedacht! Doch beide hatten die Rechnung ohne den Wirt, ohne das Schicksal gemacht, indem bereits der Dezember mit der Kriegsweihnacht 1944 infolge des winterlichen Schlechtwetters (Bora), Bombenschäden, lahmgelegtem Werftbetrieb und steigender Brennstoffverknappung zeigte, daß praktisch nur ein Bruchteil der sorgfältig geplanten Einsatzvorhaben mit jeweils nur zwei eingeschränkt kriegsbereiten Torpedobooten und den stark wetterabhängigen Schnellbooten operativ zu bewältigen war. Was an Einsätzen seitens der 1. Geleitflottille bis zum Januar 1945 tatsächlich noch gefahren werden konnte, wurde bereits dargestellt. –

ZUR QUELLENLAGE

Die Zeit um die Jahreswende 1944/45 stellt sich auch in dem zur Verfügung stehenden Quellenmaterial als eine Zäsur dar. Das KTB der 1. Geleitflottille fehlt für den ganzen Monat Dezember 1944 und ist danach nur noch für die Zeit 1. bis 15. Januar 1945 vorhanden. Das KTB der 11. Sicherungsdivision fehlt für den Januar 1945 und ist für den Februar 1945 nur in stark beschädigtem Zustand vorhanden. Nach dem 1. März 1945 gibt es keine authentischen Quellen mehr für das Geschehen im nördlichen Adriaraum.

Die KTB der höheren Führungsstellen, soweit sie vorhanden sind, sind für die einzelnen Ereignisse wenig ergiebig.

Diese Darstellung stützt sich daher für Januar und Februar 1945 in zunehmendem Maße, ab 1. März 1945 aber ausschließlich auf die nachträglich niedergelegten persönlichen Aufzeichnungen des Flottillenchefs (Qu. 46) und die ebenfalls aus der Erinnerung geschriebenen Berichte und Auskünfte einiger Teilnehmer an den damaligen Ereignissen, besonders des Kriegstagebuchschreibers Hans Buchmann (Qu. 42).

Deshalb kann im folgenden für die Vollständigkeit des Geschehens und für die Richtigkeit der Darstellung, insbesondere einiger Daten, eine unbedingte Gewähr nicht mehr gegeben werden.

3.–4. Januar 1945

Führung: Kptlt. Glissmann auf »TA 45«
Beteiligte Boote: »TA 45«
Aufgabe: Geleit Dampfer »Prometheus« Pola–Triest
Hiermit wird der Bericht über die Geschehnisse dort fortgesetzt, wo er auf Seite 290 mit dem 31.12.1944 unterbrochen wurde.

»TA 45« hatte in den Mittagsstunden des 3.1.1945 ein Funkmeß-Übungsschießen vor den Molen durchgeführt. Als das Boot gegen 16.30 Uhr einlief, um befehlsgemäß den Dampfer »Prometheus« ins Geleit zu nehmen, und dieser gerade auslief, überflogen viermotorige Bomber den Hafen. Unter dem Feuer der Batterien liefen der Dampfer und »TA 45« aus. Danach jedoch lief »Prometheus« wieder ein, und der Kommandant entschloß sich, das Auslaufen zu verschieben.

Um 22.00 Uhr lief dann das Geleit aus. »Prometheus« folgte aber dem T-Boot nicht auf dem Zwangsweg, sondern fuhr dicht unter der Küste die Buchten aus, entgegen dem Geleitbefehl.

Gegen 00.30 Uhr am 4.1.1945 Fliegeralarm. »Prometheus« schoß Sperrfeuer, eine Bombe fiel an Steuerbordseite des Dampfers, ohne Schaden anzurichten. Die Flugzeuge überflogen den Zickzackkurse steuernden Verband mehrmals und warfen einige Leuchtbomben. Das gut liegende Sperrfeuer des T-Bootes und des Dampfers zwang die Angreifer zum Abdrehen.

Gegen 02.30 Uhr detonierten dann mehrere Bomben zwischen »TA 45« und dem Dampfer. Die eingeschiffte B-Dienstgruppe berichtete, der Dampfer sei als »großer Tanker« und das T-Boot als »kleines Frachtschiff« gemeldet worden. Schäden entstanden nicht.

Um 04.00 Uhr wurde der Fliegeralarm beendet, und um 05.50 Uhr lagen die Fahrzeuge in Triest fest.

7.–9. Januar 1945

Führung: Kptlt. Glissmann auf »TA 45«, ab 8.1.45 abends Oblt.z.S. Ascherfeld auf »TA 41«
Beteiligte Boote: »TA 41«, »TA 45«, ab 8.1.45 abends »TA 41« und »G 102«.

Aufgabe: Geleit Dampfer »Mediceo« Triest–Pola

Am 7.1.1945 um 21.00 Uhr lief der Verband aus Triest aus. Doch schon um 22.10 Uhr fiel auf »TA 45« die Steuerbord-Maschine durch Schaden an der Kühlwasserpumpe aus. Der Verband machte kehrt und lief am 8.1.1945 um 00.15 Uhr wieder in Triest ein.

Um 21.00 Uhr verließ der Dampfer dann auf Befehl der 11. Sicherungsdivision erneut Triest mit Kurs Pola, nun gesichert durch »TA 41« und »G 102«.

Es herrschte Nordostwind Stärke 4 bis 5, Seegang 3, dunkle Nacht bei bedecktem Himmel, Schneeschauern und schlechter Sicht. Später flaute der Wind ab und drehte auf Südost. Ohne besondere Ereignisse machte der Verband dann am 9.1.1945 um 07.00 Uhr in Pola fest.

9.–10. Januar 1945

Führung: Kptlt. Klemm auf »TA 41«

Beteiligte Boote: »TA 41« und MS »Fasana« als Minenträger, drei Räumboote als Nahsicherung.

Aufgabe: Minenverseuchung »Alpha IV Ost«.

»TA 41« übernahm im Laufe des 9.1.1945 Minen. Unter Führung des Chefs der 6. R-Flottille lief der Verband dann um 17.30 Uhr in Pola aus. Aber schon um 17.55 Uhr meldete »Fasana«, daß ihre beiden Maschinen heißliefen. Der Verband machte kehrt, das Vorhaben wurde um 24 Stunden verschoben.

Als dann aber um 18.30 Uhr die Maschinen auf »Fasana« wieder klar waren, befahl der Verbandsführer Dampf auf zur Durchführung der Minenverseuchung, um die günstige Wetterlage auszunutzen. Um 19.15 Uhr lief der Verband aus. Bei Südostwind 3 bis 4, See 2 bis 3, schlechter Sicht und zeitweise feinem Regen marschierte er auf dem Weg »Blaufuchs« bis Punkt 108 a und dann auf Weg »Senta«.

In der Zeit zwischen 23.34 Uhr und 00.13 Uhr wurde die Verseuchung planmäßig durchgeführt, und nach einem Alarm auf Grund von Ortungen lief der Verband ohne Feindberührung um 04.40 Uhr am 10.1.1945 wieder in Pola ein.

Am selben Tage verließ der Chef der 11. Sicherungsdivision, Kapt.z.S. Walter Berger, Triest und löste in der Heimat seinen Nachfolger, Freg.Kpt. Wilhelm Ambrosius, als Kommandeur der Sperrschule ab. Bis dieser Ende Februar 1945 in Triest eintraf, war Freg.Kpt. Birnbaum wieder stellvertretender Chef der 11. Sicherungsdivision. Seine Vertretung als Chef der 1. Geleitflottille übernahm der Kommandant des in der Werft liegenden Zerstörers »TA 44«, Kptlt.z.V. Vollheim.

11.–12. Januar 1945

Führung: Kptlt. Klemm auf »TA 41«

Beteiligte Boote: »TA 41«, MS »Fasana« als Minenträger, drei Räumboote als Sicherung.

Aufgabe: Minenverseuchung »Alpha IV West«

Bei dem günstigen Wetter, schwachwindig bei ruhiger See, zeitweise Regen und sehr schlechter Sicht, waren Feindstreitkräfte nicht zu erwarten. So konnte der Verband schon um 16.30 Uhr unbemerkt auslaufen. Dennoch wurden fortlaufend feindliche Ortungen festgestellt. Es gelang aber zwischen 22.18 Uhr und 23.03 Uhr, die Minen ungestört zu werfen. Am 12. 1. 1945 um 02.35 Uhr lag der Verband wieder in Pola fest.

11.–12. Januar 1945

Führung: Kptlt. Glissmann auf »TA 45«
Beteiligte Boote: »TA 45«
Aufgabe: Geleit Dampfer »Pluto« Triest – Venedig

Um 22.00 Uhr am 11.1.1945 liefen der Dampfer »Pluto« und »TA 45« aus Triest aus. Auf dem Marsch nach Venedig hatte der Kommandant mit starker Stromversetzung in Richtung auf die Sände vor der Tagliamentomündung zu kämpfen. Bei der Begegnung mit einem Schleppzug gab es Schwierigkeiten mit dem ES-Austausch. Flugzeuggeräusche blieben ohne Angriff.

Um 03.00 Uhr stand das Geleit vor der Hafensperre von Venedig. Der Lotse war nicht zur Stelle, er kam erst gegen 04.30 Uhr an Bord. Um 05.40 Uhr machte das Geleit dann im Hafen von Venedig fest.

13. Januar 1945

Führung: Kptlt. Glissmann auf »TA 45«
Beteiligte Boote: »TA 45«, »KT 6«
Aufgabe: Kriegsmarsch Venedig–Triest

Um 00.00 Uhr am 13.1.1945 verließen »TA 45« und »KT 6« Venedig. Sie konnten trotz Seegang 4 eine Fahrt von 14 Knoten halten. In der Bucht von Triest briste dann die Bora auf Stärke 9 bis 10 auf. Wegen der unbeleuchteten Sperre gestaltete sich das Einlaufen bei dem Sturm außerordentlich schwierig, so daß der Kommandant mehrere Kraftmanöver mit der Maschine fahren mußte. Aber um 06.15 Uhr lagen beide Fahrzeuge in Triest wohlbehalten fest.

14.–15. Januar 1945

Führung: Kptlt. Glissmann auf »TA 45«
Beteiligte Boote: »TA 45«
Aufgabe: Geleit Dampfer »Leonhard« Triest–Pola

Das befohlene Geleit mußte am 13.1.1945 wegen der Wetterlage verschoben werden und lief erst am 14.1.1945 um 22.15 Uhr an. Bei achterlichem, wesentlich abflauendem Wind konnte der Verband 11 Knoten laufen. Ein Gegengeleit passierte vor Umago, der ES-Austausch funktionierte. Im übrigen blieb es ruhig, und in den frühen Morgenstunden des 15.1.1945 traf das Geleit unbehelligt in Pola ein.

16.–31. Januar 1945

Winterstürme

Im KTB der 1. Geleitflottille für die erste Hälfte Januar 1945, dem letzten vorhandenen, vermerkt eine Tabelle über die Fahrten in dieser Zeit bei »TA 41« und »TA 45« je sechs Seetage, bei »TA 40« und »TA 44« aKB und bei »TA 42« und »TA 43« »noch nicht in Dienst gestellt«, eine traurige Bilanz zum Jahresbeginn!

Bei den beiden Zerstörern stand die waffentechnische Umrüstung und die Instandsetzung der Antriebsanlagen nach wie vor im Vordergrund. Die Besatzungen der in der Werft liegenden Einheiten wurden teils an Land, teils an Bord im Rahmen der gegebenen Möglichkeiten ausgebildet und auf die Gefechtsbesichtigung vorbereitet, um jederzeit kurzfristig eingesetzt werden zu können.

Für die zweite Januarhälfte liegen keinerlei Angaben über irgendwelche Fahrten vor. Andererseits ist bekannt, daß in dieser Zeit die Bora das Wetter sehr anhaltend und mit großer Heftigkeit beherrschte und daß die Sichtverhältnisse zumeist außerordentlich schlecht waren.

Deshalb darf angenommen werden, daß in dieser Zeit von den Booten der 1. Geleitflottille keine Einsätze gefahren werden konnten.

1.–2. Februar 1945

Führung: Kptlt. Lange auf »TA 41«
Beteiligte Boote: »TA 41«, »TA 45«
Aufgabe: Minenverseuchung »Kogge I«

Nachdem am Vortage ein Versuch, die Minenverseuchung »Kogge I« durchzuführen, wegen Nebels gescheitert und die Unternehmung um 24 Stunden verschoben worden war, liefen die beiden Boote nun am 1.2.1945 um 17.30 Uhr aus. Sie nahmen nicht den befohlenen Weg zwischen den Inseln und den Sperrgebieten »Alpha 4 Ost« und »Alpha 3« hindurch, sondern wegen des Wetters und zahlreicher Ortungen den Weg außerhalb der Sperren, den zu benutzen nur für den Rückweg freigestellt war. Infolge einer nicht erfaßbaren Stromversetzung nach Nordwesten und wegen zahlreicher Ausweichmanöver, um die Orter abzuschütteln, hatte der Verband keinen genauen Schiffsort für den Ausgangspunkt der Verseuchung. Obwohl der Verbandsführer vor dem Auslaufen besonders darauf hingewiesen worden war, daß die Sperre wegen der nachfolgenden Sperrvorhaben sehr genau gelegt werden müßte, entschloß sich Kptlt. Lange dennoch, die Minen zu werfen. Sie lagen nun im ungünstigsten Fall 4,5 sm nordwestlich der befohlenen Position, wie sich nachträglich aus dem Kopplungsvergleich der Boote ergab.

Unter diesen Umständen hätten die Minen nicht geworfen werden dürfen.

»Wenn wegen Wetter- und Feindlage kein einwandfreies Besteck möglich war, mußte versucht werden, durch Herantasten an die Küste unter ständigem Loten einen einwandfreien Abgangsort zu finden, oder das Unternehmen mußte abgebrochen werden« (Qu. 07).

Das MOK Süd teilte diese Ansicht des stellvertretenden Chefs der 11. Sicherungsdivision nicht. In seiner Stellungnahme zu dessen KTB hieß es, die Minen hätten sehr wohl geworfen werden dürfen; nur hätte der Verbandsführer nach dem Werfen noch ein paar Seemeilen weiterlaufen müssen, um im Nachhinein einen verläßlichen Schiffsort zu bekommen, aus dem dann die genaue Lage der Minen zu rekonstruieren gewesen wäre.

Am 2.2.1945 um 02.30 Uhr liefen die beiden Boote wieder in Pola ein und wurden angewiesen, weitere Befehle abzuwarten. Kptlt. Lange meldete beim Einlaufen: »Kogge I planmäßig«. Erst am Nachmittag hat er dann in einem Fernschreibgespräch seine Meldung korrigiert.

4.–5. Februar 1945

Führung: Kptlt. Lange auf »TA 41«
Beteiligte Boote: »TA 41«, »TA 45«
Aufgabe: Minenversuchung »Kogge II«

Am 3.2.1945 verlegte die 1. Geleitflottille einen Teil ihrer Diensträume und das Offizierheim in ein Haus nahe am Alten Hafen, das freistehend, hoch und schmal war und daher als weniger bombengefährdet erschien; in der Tat ist es bis zum Ende auch unversehrt geblieben. Durch die Nähe zum Hafen sollte die so dringend erforderliche Frontnähe erhalten bleiben, die die vorgesetzten Stäbe auf den umliegenden Karsthöhen vermissen ließen (vgl. 15. Kapitel).

Wegen der ungenauen Lage der Versuchung »Kogge I« konnten die folgenden Sperren nicht, wie geplant, ausgelegt werden. Das MOK Süd befahl daher am 3.2.1945 neue Gebiete für die Versuchungen »Kogge II und III«. Die 11. Sicherungsdivision erhob aber gegen die neue Lage von »Kogge III« Bedenken, so daß zunächst nur das Unternehmen »Kogge II« als weiträumige Versuchung von 1 sm südwestlich der Nordspitze der Insel Tramerca bis Punte Bianche geplant werden konnte.

Am Abend des 3.2.1945 vereitelte aber dichter Nebel diese Unternehmung ebenso wie die vorgesehene Verlegung des Dampfers »Pluto« von Triest nach Arsa.

Erst am 4.2.1945 um 19.00 Uhr liefen die beiden T-Boote aus Pola aus. Sie führten die Versuchung planmäßig und ohne Zwischenfälle durch und kehrten am 5.2.1945 um 04.00 Uhr nach Pola zurück.

Parallel dazu führten drei Boote der 3. S-Flottille die Minenversuchungsaufgabe »Hamburg« durch, mit der gleichzeitig die T-Bootrotte während der Versuchung »Kogge II« abgeschirmt werden sollte.

Und in der Tat kamen diese S-Boote südlich der Insel Gruizza in ein Gefecht mit zwei Gruppen feindlicher Gun-Boote. Ein Treffer auf »S 36« riß zwei der unscharfen Minen über Bord. Die S-Boote warfen nun auch die anderen Minen als unscharfe »Stuhlstände«, d.h. der Minenstuhl löste sich nicht von der Mine, sondern zog sie mit sich hinab auf den Grund. Um die feindlichen Gun-Boote von den beiden T-Booten abzuziehen, liefen die S-Boote nach Südwesten zwischen Premuda und der Sperre »AR 156« hindurch.

Als dann die S-Boote ihren Kurs auf Nordwest geändert hatten, kam es erneut zu einem Artilleriegefecht. Die eigenen 4-cm-Geschütze erzielten Treffer beim Gegner, der seinerseits nur leichte Beschädigungen durch 2 cm- und Maschinengewehrfeuer verursachte.

War auch die geplante Verseuchung mißlungen, so wurde doch die Abschirmung der T-Boote vollauf erreicht. »Die Zusammenarbeit der S-Boote mit den TA-Booten der 1. Geleitflottille hat sich ... im vorliegenden Falle wiederum, wie schon unter Admiral Adria, bewährt, da der beabsichtigte Zweck, die feindlichen Fahrzeuge von den Torpedobooten abzuziehen, anscheinend erreicht worden ist« (Qu. 07).

6.–7. Februar 1945

Führung: Kptlt. Lange auf »TA 41«
Beteiligte Boote: »TA 41«, »TA 45«
Aufgabe: Minenverseuchung »Kogge III«
Alsbald nach dem Auslaufen aus Pola am Abend des 6.2.1945 wurden die beiden T-Boote von der feindlichen Ortung erfaßt. Als es gelang, den Gegner – 5 S-Boote – mit Funkmeß zu orten, ließ der Verbandsführer auf »TA 41« seine 24 Minen kurzerhand unscharf, als Stuhlstände, etwa 1 sm westlich von Pola über Bord werfen, um frei beweglich und artilleristisch einsatzfähig zu sein. Das Boot eröffnete nach Funkmeß das Feuer auf das geortete Ziel – Entfernung 30 hm –. Das war um 19.15 Uhr am 6.2.1945. Zehn Minuten später war der Gegner außer Reichweite. Aber die feindlichen Ortungen hörten nicht auf. Die T-Boote versuchten nun, mit hoher Fahrt nach Süden durchzustoßen, doch gelang es nicht, die Fühlunghalter abzuschütteln. Deshalb brach der Verbandsführer die Unternehmung endgültig ab und lief wieder nach Pola zurück, wo er in den ersten Stunden des 7. Februar 1945 eintraf. »TA 45« gab seine 24 Minen von Bord, 12 EMC (Einheitsmine C) und 12 UMB (U-Bootmine B).

Berichte der B-Dienstgruppe bestätigten, daß mindestens fünf feindliche Einheiten in der Nähe der Boote gewesen waren.

7.–8. Februar 1945

Führung: Kptlt. Lange auf »TA 41«
Beteiligte Boote: »TA 41«, »TA 45«
Aufgabe: Sicherung für das Geleit Dampfer »Pluto« Triest–Arsa.
Die beiden T-Boote liefen am 7.2.1945 nachmittags aus Pola aus. Sie sollten

westlich Kap Promontore Jagd auf feindliche S-Boote machen mit dem Ziel, diese von dem wertvollen Geleit nach Süden abzuziehen.

Um 19.10 und 19.20 Uhr konnte die B-Dienstgruppe auf »TA 41« feindlichen Funksprechverkehr auffangen. Die fünf feindlichen Einheiten standen untereinander in Sprechverbindung und meldeten um 19.20 Uhr ihrem Verbandsführer: »2 Feindboote gesichtet im W 1«. Danach gingen sie auf UKW-Sprechverkehr über und konnten nicht mehr aufgenommen werden.

Statt dessen erfaßte »TA 41« zwei feindliche Schnellbootgruppen mit seinem FuMO auf Position 6 bis 8 sm westlich von Pola und gab um 20.15 Uhr eine entsprechende Meldung ab.

Etwa 2,5 sm nordwestlich von Cittanova kam es zum Gefecht zwischen dem Geleit und feindlichen Schnellbooten, und um 20.20 Uhr erhielt »Pluto« einen Torpedotreffer. Da das Schiff aber schwimm- und manövrierfähig geblieben war, konnte es den Rückmarsch nach Triest antreten. Mit Hilfe von Hafenschleppern, die ihm entgegengesandt worden waren, wurde der Havarist am 8.2.1945 um 06.15 Uhr nach Triest eingebracht.

Dieser Mißerfolg hatte bewiesen, daß wegen der erneut einsetzenden starken Luftüberwachung und der Bedrohung durch die Schnellboote des Gegners der Einsatz der letzten Großschiffe zum Kohletransport aus Arsa nicht mehr zu verantworten war. Künftig sollten durch Zusammenfassung kleinerer Fahrzeuge im Monat etwa 9000 t Kohle nach Pola transportiert werden, während 12 000 t über Land von Fiume nach Triest verladen werden sollten, Bahntransport Fiume – Pola unter Leitung des Heeres-Transportchefs, Weitertransport Pola – Triest durch den Obersten Kommissar.

Mit der Umkehr des torpedierten Dampfers nach Triest war die Sicherungsaufgabe für die T-Boote entfallen, und sie liefen wieder nach Pola ein.

In dieser Nacht war auch ein Minenunternehmen des MS »Fasana« mit einem MFP gescheitert und wurde abgebrochen, weil es in Höhe von Umago zu einem Gefecht mit feindlichen Schnellbooten gekommen war.

Aus den zusammengefaßten Berichten des Geleitführers »Pluto«, des Kommandanten der »Fasana« und des Verbandsführers der T-Boote ergab sich, daß in dieser Nacht mindestens drei Gruppen feindlicher Schnellboote vor der Westküste von Istrien gestanden hatten.

11.–12. Februar 1945

Führung: Kptlt. Lange auf »TA 41«
Beteiligte Boote: »TA 41«, »TA 45«
Aufgabe: Minenverseuchung »Kogge III«
Nachdem in Pola neue Minen eingetroffen waren, sollten die beiden T-Boote in der Nacht vom 11. zum 12. Februar erneut versuchen, die Minenverseuchung »Kogge III« durchzuführen. Die Boote liefen am Abend des 11.2.1945 aus Pola aus und traten den Marsch ins Wurfgebiet an. Ab 22.15 Uhr und erneut um 22.38 Uhr wurden Fühlungshalter am Verband festge-

stellt, der daraufhin Ausweichkurse steuerte. Um 00.30 Uhr am 12.2.1945 wurden dann die Minen scharf als Verseuchung geworfen. Ausholende Kurse zur Täuschung des Gegners über die Sperrlage waren nicht mehr möglich, da, wie der B-Dienst feststellte, feindliche Schnellbootgruppen durch den Fühlunghalter Kursanweisung auf den Verband erhielten. Der Verband trat den Rückmarsch nach Pola an und traf am 12.2.1945 um 04.30 Uhr dort ein.

Kptlt. Lange hatte in seiner ersten Meldung als Ort der Verseuchung ein Gebiet außerhalb des Sperrgebiets »Herta« angegeben. Dies trug ihm am 13.2.1945 eine Mißbilligung des MOK Süd ein, weil danach die Verseuchung an einer falschen Stelle erfolgt war. Eine Nachprüfung ergab dann aber, daß die Minen noch innerhalb des Gebiets »Herta« lagen, und zwar an der Stelle, für die ursprünglich »Kogge II« vorgesehen war, die dann aber wegen der ungenauen Lage von »Kogge I« aufgegeben worden war. Der Vorwurf gegen Kptlt. Lange wurde nach Auswertung aller Einzelmeldungen zurückgenommen. – – –

Bald nach dieser Unternehmung verlegten die beiden Boote zurück in den Raum von Triest. Kptlt. Lange mußte sich seinen Aufgaben als Kommandant »TA 43« widmen, das nun bald in Dienst gestellt werden sollte. »TA 45« ging nach Triest zur Kesselreinigung, und »TA 41« mußte für einige Instandsetzungen die Werft San Rocco im bei Triest gelegenen Muggia aufsuchen.

15. und 16. Februar 1945

Bombenangriffe auf Fiume
In Fiume stand das neue Minenschiff »Kuckuck« kurz vor der Indienststellung. Am 15.2.1945 fielen in Fiume Bomben, die aber keinen nennenswerten Schaden anrichteten.

»Es ist auffallend, daß Feind nach einer Pause von fast drei Monaten... dann wieder mit seinen Bombenangriffen beginnt, wenn ein wertvolles Schiff kurz vor der Fertigstellung steht. MS »Kuckuck« hat am 15.2. morgens Probefahrt gemacht. Verrat offensichtlich« (Qu. 07).

Am 16.2.1945 flogen 50 Bomber einen Hochangriff auf die Werft von Fiume. MS »Kuckuck« erhielt einen Treffer auf das Achterschiff, der die Rudermaschine zerstörte. Aber das Schiff schwamm. Der gleichfalls in der Werft von Fiume liegende Neubau von »TA 46« für die 1. Geleitflottille erlitt keinen nennenswerten Schaden, aber fast die gesamte Ausrüstung für beide Schiffe wurde durch Feuer vernichtet. Das Schwimmdock wurde schwer getroffen und brach auseinander.

17. Februar 1945

Bombenangriffe auf Fiume, Pola und Triest
In den Mittagsstunden fielen wieder Bomben auf Fiume und Pola, die aber – abgesehen vom Verkehrsboot des MS »Kuckuck« – keine Schäden auf Fahrzeugen der 11. Sicherungsdivision anrichteten.

Doch von 15.20 Uhr bis 15.50 Uhr ging auf die Häfen und die Werften von Triest ein schwerer Bombenangriff nieder, besonders auf die San-Marco-Werft.

Außer dem Minenprahm »Laurana« wurde besonders der Zerstörer »TA 44« schwer getroffen. Das Schiff erhielt mehrere Volltreffer, brach in der Mitte auseinander und sank.

Damit verlor die 1. Geleitflottille ein Schiff, in das von Anfang an besonders große Erwartungen gesetzt worden waren und das stets viele Sorgen und Schwierigkeiten bereitet hatte. Jetzt, kurz vor seiner Fertigstellung, sanken die Früchte unendlichen Aufwands an Material, Mühe und Zeit auf den Grund des Hafenbeckens von San Marco.

Während das Heben der »Laurana« sofort befohlen wurde, war »TA 44« als Totalverlust zu beklagen. Man begann sogleich damit, die Geheimsachen und Waffen zu bergen, aber an eine Wiederherstellung des Zerstörers war nicht zu denken.

Zum Glück waren die Personalverluste gering. Der Kommandant, Kptlt. z.V. Vollheim, wurde als Erster Admiralstabsoffizier zum Seekommandanten Istrien kommandiert. Die Besatzung wurde größtenteils den Landeinheiten zugeführt.

20. Februar 1945

Bombenangriffe auf Triest und Fiume

Seit dem Abend des 17.2., am 18. und am 19.2.1945 vereitelten Nebel und eine heftige Bora die meisten Einsätze in der Adria. Vor allem konnte der Weg »Lerche« zwischen Venedig und Triest, der wegen Verdachts einer Verminung durch den Feind gesperrt worden war, nicht überprüft werden.

Das Wetter beeinträchtigte aber die Tätigkeit der feindlichen Luftwaffe am 20.2.1945 nicht. Um 13.30 Uhr flog sie einen schweren Bombenangriff auf Triest. Das kroatisch besetzte »TA 48« der 2. Geleitflottille und die MFP 554 und 952 der 10. L-Flottille wurden in der San-Marco-Werft versenkt.

Auch auf die Werft San Rocco im nahe bei Triest gelegenen Muggia fielen wieder Bomben. Sie trafen das dort im Dock liegende »TA 41« in Abteilung II. Damit fiel das Boot für lange Zeit aus, es wurde aber mit Besatzung und Kommandant in Dienst gehalten.

Und Bomben auf Fiume forderten weitere Opfer. Hier wurde das wenige Tage vor seiner Indienststellung stehende »TA 46« getroffen und versenkt. Wie »TA 44«, so war auch »TA 46« als Totalverlust anzusehen. Sein designierter Kommandant, Oblt.z.S. Wilhelm Scheller, wurde vom 1.3. bis 23.3.1945 stellvertretender Kommandant »TA 45« und danach zum Stabe des Seekommandanten Istrien kommandiert. Mit ihm verlor die 1. Geleitflottille einen ihrer ersten, besonders qualifizierten Kommandanten. Auch das noch auf der Helling liegende »TA 47« wurde getroffen, so daß ein Weiterbau nicht mehr in Frage kam.

Das MOK Süd zog aus den Luftangriffen der letzten Tage weitergehende Schlüsse (Qu. 03). Die Westalliierten schienen die nordadriatischen Häfen und Werften bei ihrer erwarteten Frühjahrsoffensive nicht in Rechnung zu stellen und die Besetzung dieses Raumes den Sowjettruppen oder den Tito-truppen überlassen zu wollen. »Durch planmäßige Zerstörung Werftanlagen (und) Häfen dann aber für Sowjetrussen und Tito nicht sofort benutzbar, dadurch entweder Ausschaltung sowjetischen Einflusses in Adria... beabsichtigt, oder durch Sowjetrußland Interesselosigkeit in Adria zum Ausdruck gebracht« (Qu. 03).

21. Februar 1945

Führung: Kptlt. Goldammer auf »TA 40«
Beteiligte Boote: »TA 40«, »TA 42«
Aufgabe: Verlegung Triest – Venedig
Am 21.2.1945 konnte endlich die 6. Räumbootflottille den Weg »Lerche« zwischen Venedig und Triest mit speziellen Räumgeräten (Hohlstab) ablaufen und dann minenfrei melden. Um 13.30 Uhr wurde der Weg wieder freigegeben. Beim Auslegen neuer Wegetonnen war auch »TA 40« beteiligt (Qu. 03).

Anschließend verlegte »TA 40« zusammen mit dem inzwischen mit Oblt.z.S.d.R. Heinz Waldkirch als Kommandant in Dienst gestellten »TA 42« von Triest nach Venedig ohne Zwischenfälle. In Venedig sollten die beiden Boote ihre Entmagnetisierung durchführen. Außerdem wurde mit der Verlegung dem Befehl des MOK Süd entsprochen, die Belegung der Häfen Triest und ganz Istriens weitgehend aufzulockern, da mit weiteren Bombenangriffen zu rechnen war (Qu. 03).

Und sie kamen! An diesem 21.2.1945 führten Angriffe einzelner viermotoriger Bomber auf Triest zur Beschädigung des »MFP 1043«. In Pola verursachten Bomben den Totalverlust des »MFP 961«. Am 22.2.1945 vernichteten Bomben die Anlagen des Sperrwaffenkommandos in Pola nahezu total, so daß Pola für eine Minenübernahme vorerst ausfiel.

Am Mittag des 24.2.1945 griffen vier Jabos in Fiume wieder das MS »Kukkuck« an; das Schiff geriet in Brand, bekam Schlagseite und kenterte um 14.33 Uhr.

Diesen schweren Verlusten stand als erfreuliches Ereignis gegenüber, daß am 23.2.1945 in Triest »TA 43« unter Kptlt. Lange endlich in Dienst gestellt werden konnte.

24.–28. Februar 1945

Feindlandung auf der Insel Pag
Am Abend des 24.2.1945 meldete das Grenadier-Regiment 846, auf der Insel Pag, bei Pogliano seien feindliche Truppen gelandet, unterstützt durch Be-

schuß von Schiffsartillerie. Der Bitte, die Landungsflotte zu bekämpfen, konnte ohne nähere Kenntnis über Stärke und Art derselben nicht entsprochen werden. Torpedoboote konnten so kurzfristig von Venedig oder Triest aus in dieser Nacht nicht mehr eingesetzt werden.

Am 25. und 26. Februar 1945 waren auf der Insel wechselvolle Kämpfe zwischen den angelandeten Feindkräften und den inzwischen zur Verstärkung der Inselbesatzung überführten eigenen Truppen im Gange (Qu. 03).

Am 24.2.1945 sah das MOK Süd den Einsatz von Torpedobooten für die Nacht vom 25. zum 26. Februar vor und forderte vom Chef i.V. der 11. Sicherungsdivision Meldung über die verfügbaren Boote und die Absichten. Darauf meldete dieser:

»1. ›TA 40‹/›TA 42‹ Vorstoß über ›Star‹ – ›Blaufuchs‹ – ›Rotfuchs‹ bis Nordkante Warngebiet ›Herta‹...

2. ›TA 45‹ Abbruch Kesselreinigung, Wiederherstellung KB.

3. ›TA 43‹ noch nicht gefechtsklar. Gefechtsausbildung wird forciert.

4. Eigene Beurteilung: Wegen eigener Minenlage Operieren T-Boote im Inselgebiet nicht möglich.

5. Absicht über Einsatz ›TA 43‹/›TA 45‹ folgt.« (Qu. 07).

Die Bedenken gegen einen Einsatz von T-Booten im Inselgebiet, noch dazu bei mondklarer Nacht, wurden fernmündlich noch näher erläutert. Im weiteren Verlauf der Beratungen sah dann das MOK Süd vom Einsatz der T-Boote ab.

Am späten Abend des 26.2.1945 unterrichtete ein Funkspruch des Hafenkapitäns in Senj, daß die Entsendung weiteren Schiffsraums nicht mehr notwendig sei, da »Lage Pag geklärt«.

Am 27.2.1945 meldete der Chef der 2. Geleitflottille die planmäßige Auslegung der immer wieder verschobenen Minensperre »Rita 1« westlich von Pola. Der Vorschlag der 11. Sicherungsdivision, 15 sm nördlich »AR 158« eine zweireihige Minensperre zur Verstärkung zu werfen, wurde um 17.00 Uhr vom MOK Süd wegen Minenmangels abgelehnt.

Infolge des sich verstärkenden Nebels mußten für die letzte Februarnacht vorgesehene Küstengeleite und eine erste Verminung der Westküste Istriens mit KMA (Küstenmine A) auf den März verschoben werden.

SCHLUSSBETRACHTUNG

Mit dem 28. Februar 1945 endete die Zeit, in der die neuen Torpedoboote in der Adria den Namen »1. Geleitflottille« führten. Fortan sollten sie »9. Torpedobootflottille« heißen. Doch davon mehr im nächsten Kapitel, hier geht es um einen Rückblick.

Zu einer Zeit, Ende Februar 1945, als es in der Ägäis schon seit vier Monaten keine T-Boote mehr gab und die 10. T-Flottille im westlichen Mittelmeer nach harten Kämpfen und schweren Verlusten auf nur drei Boote zusammengeschmolzen war, verfügte die Adria-Flottille mit »TA 40«, »TA 41«, »TA 42«, »TA 43« und »TA 45« noch über fünf in Dienst gestellte und mit Besatzungen und Kommandanten ausgestattete Boote. Wenn trotzdem kaum jemals mehr als zwei, oft genug aber weniger als zwei Boote gleichzeitig einsatzklar waren, so warf das ein bezeichnendes Licht auf die unsagbaren Schwierigkeiten, die zu dieser Zeit und in diesem Raum einer Indiensthaltung von Seestreitkräften entgegenstanden.

Dennoch – oder gerade deswegen! – war die 1. Geleitflottille eine wirklich glückhafte Truppe gewesen! In den siebeneinhalb Monaten ihres Bestehens bis Mitte Februar 1945 hatte sie in der Adria keines ihrer Boote verloren. Erst am 17.2. und am 20.2.1945 hatte auch sie mit dem Verlust von »TA 44« und »TA 46« dem Schicksal ihren Tribut zahlen müssen.

Vor allem aber war es erfreulich, daß die Flottille seit Juli 1944 nur sehr geringe Personalverluste in der Adria zu beklagen hatte.

In der letzten Zeit waren zu den bekannten Belastungen durch die Übermacht des Feindes und die Unzulänglichkeiten bei der materiellen Indiensthaltung zwei weitere erschwerende Faktoren hinzugetreten: das Wetter und die hoffnungslose Verknappung von Brennstoff und Material.

Die Adria war in diesen Wintermonaten nicht das lieblich-warme Gebiet, das sonnenhungrige Nordländer in friedlichen Sommern an die Strände Istriens, Dalmatiens und der ostitalienischen Küste lockte. – Sie war vielmehr ein höchst unwirtliches, sehr rauhes Revier, in dem langdauernde Stürme mit äußerster Heftigkeit tobten, in dem dicker Nebel anhaltend keine Sicht zuließ und in dem Temperaturen um den Gefrierpunkt und auch darunter das Leben unangenehm machten. So manche Unternehmung hatte wegen der Witterung verschoben oder abgebrochen werden müssen, und das Wetter war auch die Ursache für die Periode relativer Inaktivität in der zweiten Januarhälfte gewesen. Nein, Seefahrt im Winter in der Adria, ja schon der bloße Aufenthalt dort, das war alles andere als eine Freude oder ein Vergnügen, das war eine einzige Strapaze! Es blieb nur zu hoffen, daß sich die Wetterverhältnisse mit der fortschreitenden Jahreszeit zunehmend bessern würden.

Nicht ändern würde sich dagegen das zweite erschwerende Element, die Verknappung des Brennstoffs und des Materials. »Der Brennstoffmangel... hat für den Befehlsbereich des MOK Süd um so unangenehmere Folgen, als aus dem Heimatbereich eine Verstärkung« (gemeint: Ergänzung) »der Fehlbestände an Personal, Waffen und Material nicht erfolgt... Derzeitige Hauptaufgabe der Kriegsmarine im italienischen Raum für den zu erwartenden Kampf ist es, die (noch) vorhandenen Seestreitkräfte... für Alarm-Sperren auf dem höchsten Stand der Gefechtsbereitschaft zu halten« (Qu. 03). In diesem Sinne hatte das MOK Süd begonnen, die Wichtigkeit einzelner Vorhaben gegen die Kostbarkeit des dazu benötigten Brennstoffs abzuwägen und minderwichtige Unternehmungen nicht durchzuführen. Deshalb kam es zu der geringen Fahrtätigkeit der Flottille in der zweiten Hälfte Februar.

Andererseits beschränkten sich die Aktivitäten in der Adria nicht auf die

Ereignisse, die hier wegen der Beteiligung der 1. Geleitflottille dargestellt wurden. Als Beispiel für das, was da sonst noch geschah, sei hier einmal für einige Nächte aufgezählt, was sich so an Kleingeleiten zwischen Venedig, Triest, Pola, Fiume und den Inseln abspielte:

Nacht 10./11.2.   10 Geleite
Nacht 11./12.2.   9 Geleite
Nacht 12./13.2.   9 Geleite
Nacht 13./14.2.   11 Geleite
Nacht 17./18.2.   6 Geleite
Nacht 22./23.2.   17 Geleite
Nacht 23./24.2.   8 Geleite (Angaben Qu. 07).

In der Flottille hatte sich einiges verändert bzw. änderte sich jetzt. Oblt. z. S. d. R. Ascherfeld war als Kommandant »TA 41« durch Oblt. z. S., ab 1.3.1945 Kptlt. Alfred Holzherr abgelöst worden. Oblt. z. S. d. R. Waldkirch gab sein »TA 42« an Kptlt. Hermann Densch ab. Und Nachfolger von Kptlt. Glissmann als Kommandant »TA 45« wurde, nach einer dreiwöchigen Vertretung durch Oblt. z. S. Scheller, Kptlt. Walter Wenzel.

Dabei fällt auf, daß alle drei neuen Kommandanten aus dem Personalbereich des Führers der Zerstörer, wenn auch über Zwischenverwendungen, stammten. Densch war Erster Offizier auf dem Zerstörer »Z 31« gewesen (und war dort im Juni 1944 von Kptlt. Vorsteher, vormals Kommandant von »TA 15«, »TA 38« und »TA 39«, abgelöst worden) und danach in der Ägäis Kommandant von »TA 14« bis zu dessen Untergang. Wenzel war Kommandant auf »T 139«, »T 111« und »T 8« gewesen und zuletzt bei der 10. T-Flottille Kommandant auf »TA 28« bis zum Untergang am 4.9.1944. Und Holzherr hatte seit der Indienststellung am 9.4.1938 bis zum Februar 1941 als Obersteuermann auf dem Zerstörer »Friedrich Ihn« gefahren. War dies nun schon eine Auswirkung der bevorstehenden personellen Unterstellung unter den Führer der Zerstörer? Die Frage ist erlaubt, aber auch nur Vermutungen anzustellen wäre unzulässig.

Es muß an dieser Stelle als tragisch bezeichnet werden, daß alle drei genannten Offiziere, die tüchtige Kommandanten der bisherigen Geleitflottille ablösten, ihre neuen Kommandos mit dem Leben bezahlen mußten, wie in den beiden letzten Kapiteln dieses Buches zu lesen sein wird. Hier waren keine Lorbeeren mehr zu ernten, und jeder höheren Orts befohlene Stellenwechsel konnte sich in keiner Hinsicht mehr positiv auswirken.

Dies traf auch auf die Führung der 11. Sicherungsdivision zu, deren neuer Chef nach hektischen Wochen mit seinem Stab schließlich in jugoslawische Gefangenschaft fallen sollte.

Erst Ende Februar 1945 war Freg. Kpt. Wilhelm Ambrosius als neuer Chef der 11. Sicherungsdivision eingetroffen.

Freg. Kpt. Birnbaum konnte sich nun wieder ganz seiner Flottille widmen, nunmehr der neuen, zweiten

9. Torpedobootflottille!

312

Belegte Einsätze	Chef	TA 40	TA 41	TA 42	TA 44	TA 45
6.–10.11.1944						
Pola – Fiume	x	x				x
Fiume – Pola	x	x				x
Pola – Triest	x	x				x
Triest – Pola – Fiume	x	x				x
11.–12.11.						
Überführung »TA 44«	x	x			x	x
11.–12.11. »Emma 1«		x				x
14.11.						
Geleit »G. Mamelli«	x	x				x
23.–24.11. »Emma 2«		x				x
25.–26.11. »Emma 3«		x				x
3.12. Geleit »Pluto«		x				
3.–4.12.						
Venedig – Quarnero	x	x	x			x
5.–6.12.						
Pola – Triest – Pola	x	x				x
7.–8.12.						
Verseuchung Scherda	x	x				x
9.–11.12.»Rita 15«		x				x
»Alpha I«		x				x
15.12. »Alpha II«	x	x				x
17.–19.12. »Alpha I«		x				x
27.–28.12. »Alpha III«	x					x
31.12. »Rita 4«						x
3.–4.1.1945						
Geleit »Prometheus«						x
7.–9.1. Geleit »Mediceo«			x			x
9.–10.1. »Alpha IV Ost«			x			
11.–12.1.						
»Alpha IV West«			x			
11.–12.1. Geleit »Pluto«						x
13.1. Venedig – Triest						x
14.–15.1.						
Geleit »Leonhard«						x
1.–2.2. »Kogge I«			x			x
4.–5.2. »Kogge II«			x			x
6.–7.2. »Kogge III«			x			x
7.–8.2. Geleit »Pluto«			x			x
11.–12.2. »Kogge III«			x			x
Pola – Triest			x			x
21.2. Triest – Venedig		x		x		
Summe 33	11	18	10	1	1	29
Bisher 29	17	14			1	3
Insgesamt 62	28	32	10	1	2	32

22. KAPITEL

Die 9. Torpedobootflottille in der Adria

1.3. bis 15.4.1945

GESAMTLAGEBETRACHTUNG

Wenn man sich mit einem so engen geschichtlichen Rahmen beschäftigt wie dem der Geschichte einer einzelnen Flottille, dann gerät man leicht in die Gefahr, die Beziehung zu dem Geschehen im großen zu verlieren. Einerseits gibt man dann den Problemen, Sorgen und Rückschlägen am Ort einen höheren Rang, als er ihnen in Relation zum Gesamtgeschehen des Krieges zukommt, andererseits könnte man die Leistungen unterbewerten, die hier trotz der hoffnungslosen Gesamtlage noch vollbracht wurden. Es ist daher erforderlich, einmal einen Blick auf die Kriegsumstände im Ganzen zu werfen, wie sie um den 1. März 1945 herum das Bild im Inneren der »Festung Europa« prägten.

Die Westalliierten hatten die Reichsgrenze überschritten und bewegten sich auf den Rhein zu, den sie mit ihrer am 23.2.1945 begonnenen Offensive beiderseits Köln erreichten und am 7.3.1945 bei Remagen überschritten. Die Rote Armee war am 12.1.1945 zur Großoffensive angetreten und drang unaufhaltsam nach Westen vor. Vor ihr her wälzte sich der Strom der Flüchtlinge in zahllosen Trecks mit ihrem unsagbaren Elend und ihren hohen Verlusten westwärts. Dann hatten die Russen Ostpreußen vom Reich abgeschnitten und auf weiten Strecken die Oder erreicht. Am 26.2.1945 erzielten sie den Durchbruch durch Hinterpommern bis an die Ostsee. Nur einige der zu Festungen erklärten Städte leisteten noch erbitterten Widerstand. Am 13.2.1945 hatten die Russen Budapest eingenommen, Ungarn schloß am 20.2.1945 einen Waffenstillstand, in dem es sich zum Kriegseintritt gegen Deutschland verpflichtete.

Der Rückzug der Heeresgruppe E in Jugoslawien hatte Ende Januar 1945 seinen vorläufigen Abschluß gefunden auf einer Linie, die, vom Plattensee kommend, entlang der Drina über Višegrad nach Mostar führte. In Italien verlief die Front von südlich La Spezia in westöstlicher Richtung bis nahe Faenza und dann nördlich zum Seengebiet bei Comacchio.

Und in dieses immer kleiner werdende Reichsgebiet luden die feindlichen Bomber Tag für Tag und Nacht für Nacht ihre Bomben ab; am 13./14.2.1945 forderte der Angriff auf das mit Flüchtlingen überfüllte Dresden über 35 000 Tote und am 22.2.1945 wurden fast 9000 Flugzeuge gegen Verkehrsziele in

Deutschland eingesetzt. Tiefflieger schossen auf alles, was sich bewegte. In-
dustrieproduktion und Verkehr kamen nach und nach zum Erliegen.

Die Kriegsmarine hatte begonnen, mit allen ihr verbliebenen Kräften Truppen und Flüchtlinge aus den eingeschlossenen Kesseln Kurland, Ostpreußen,
Danzig und Pommern abzutransportieren; insgesamt hat sie bis Kriegsende
über zwei Millionen Menschen über See zurückgeführt und vor dem Zugriff
der Russen gerettet, bei nur einem Prozent Verlusten an Menschenleben eine
der größten Seetransportleistungen der Geschichte. (Alle Angaben Lt. 01).

Diese Verhältnisse in der Heimat brachten für die Männer an den Fronten
große zusätzliche seelische Belastungen. Immer wieder kamen in Briefen un-
heilvolle Nachrichten, daß die Wohnung zerbombt worden oder daß der Tod
dieses oder jenes nahestehenden Menschen zu beklagen war. Oder aber das
Ausbleiben jeder Nachricht erzeugte die nagende Sorge der Ungewißheit
über das Schicksal der Angehörigen. Diese Belastung traf auch die Männer
der Flottille in Triest.

DIE 1. GELEITFLOTTILLE WIRD 9. T-FLOTTILLE

Vor diesem düsteren Hintergrund mutet es fast makaber an zu sagen, daß
die Männer auf den Torpedobooten in der Adria Anlaß zur Freude hatten.
Denn mit dem 1. März 1945 wurde ihre Flottille endlich in

9. Torpedobootflottille

umbenannt. Damit ging – viel zu spät! – der Wunsch des Flottillenchefs in Erfüllung, mit dem er im Juli 1944 seinen Dienst in der Adria angetreten hatte.
Hatte er aber damals seine Flottille als 11. T-Flottille, also als dritte Torpedo-
bootkomponente im Mittelmeer, neben die 9. T-Flottille in der Ägäis und die
10. T-Flottille im westlichen Mittelmeer stellen wollen, so gab es nun seit vier
Monaten in der Ägäis keine Torpedoboote mehr, und im westlichen Mittelmeer waren es nur noch drei Boote (und drei Wochen später nur noch eines!).
So blieb als vernünftige Lösung nun nur noch übrig, von den Booten in der
Ägäis, angesichts der vielen wechselseitigen Beziehungen (siehe 14. Kapitel)
den Namen und die Tradition als »9. T-Flottille« weiterzuführen.

Die in Klammern gesetzten Zusätze »(Ägäis)« und »(Adria)« zur Bezeichnung 9. Torpedobootflottille gibt es nur in diesem Buch, weil nur hier von
beiden Flottillen nebeneinander und sogar im Wechsel die Rede und somit
eine Unterscheidung erforderlich ist. In der Wirklichkeit damals gab es diese
Zusätze nicht, die beiden Flottillen waren durch Raum und Zeit unverwech-
selbar voneinander unterschieden. Jede dieser Flottillen verstand sich nur unter dem Namen »9. T-Flottille« und wurde auch von außen nur so genannt.

Die Umbenennung war aber nicht nur eine Namensänderung, sie hatte
auch weitergehende Folgen:

Mit dem 1. März 1945 wurde die 9. T-Flottille einsatzmäßig direkt dem MOK Süd unterstellt. Die 11. Sicherungsdivision hatte nun nur noch die taktische Durchführung der Einsätze zu führen. Ferner wurde die Flottille nun personell dem Führer der Zerstörer (F.d.Z.) unterstellt, der auf seinem Stabstender in Swinemünde saß. Auf Grund der großen Entfernung und der Kriegsverhältnisse hat dieser Wechsel der Unterstellung aber keine praktische Bedeutung mehr gewonnen.

Und noch ein Drittes hatte sich geändert: Nunmehr als 9. T-Flottille hatten die Besatzungen die Möglichkeit, das Zerstörer-Kriegsabzeichen zu erwerben. In der Wehrmacht gab es neben den Tapferkeitsauszeichnungen (Eisernes Kreuz II. und I. Klasse, Deutsches Kreuz, Ritterkreuz), die in jedem einzelnen Fall auf Grund eines begründeten Einzelantrags der Vorgesetzten verliehen wurden, auch die sog. Kriegsabzeichen. Diese wurden innerhalb der einzelnen Waffengattungen jedem unbescholtenen Soldaten verliehen, der eine bestimmte Anzahl von Einsätzen an der Front mitgemacht hatte. Solange die Flottille »1. Geleitflottille« war, konnten die Soldaten das »Kriegsabzeichen für Minensuch-, U-Boot-Jagd- und Sicherungsverbände« bekommen, und sehr viele Soldaten der Flottille besaßen es. Nun, als zur »9. T-Flottille« gehörig, war für sie das »Zerstörer-Kriegsabzeichen« zuständig, das durch den Führer der Zerstörer verliehen wurde. Aber auch diese Änderung kam durch die Entwicklung der Kriegsereignisse kaum noch zur Auswirkung; nur vereinzelte Abzeichen konnten unter zum Teil abenteuerlichen Umständen noch verliehen werden.

Aber das wußte man jetzt am 1. März 1945 noch nicht. Man erhoffte sich von den Änderungen positive Auswirkungen und war darüber erfreut. Mit unvermindertem Einsatzwillen gingen die Männer der 9. T-Flottille in die ihnen bevorstehenden Aufgaben hinein.

1.–16. März 1945

Mit diesen Aufgaben sah es aber recht dürftig aus. In der ersten Monatshälfte des März 1945 gab es für die Boote der 9. T-Flottille keine Einsätze zu fahren. Gründe dafür waren das schlechte Wetter mit häufiger Bora und viel Nebel, die Brennstoffknappheit und der Mangel an Minen (Qu. 01). Was es zu fahren gab, erledigten vornehmlich die MFP, die in größerer Zahl vorhanden waren als T-Boote und die wirtschaftlicher fuhren.

Die Luftangriffe auf istrische Häfen dauerten an. Am 7.3.1945 wurde Arsa angegriffen, dabei wurde mit »KT 6« das letzte größere Transportfahrzeug vernichtet. Die Kohletransporte konnten nun nur noch mit kleinen Fahrzeugen und, soweit verfügbar, mit MFP durchgeführt werden.

In den Nächten vom 7. zum 8. und vom 8. zum 9. März warfen MFP 50 Küstenminen zwischen Grado und Lignano sowie im Gebiet südlich des Küstenweges »Lerche«. Der Chef der 9. T-Flottille protestierte gegen diese weitere Verminung der adriatischen Nordküste, weil sie die Bewegungsfreiheit der Seestreitkräfte einengte und bisher nur eigene Geleit- und Transportfahrzeuge aufgelaufen waren. Das MOK Süd befürchtete hier eine größere Landung des Feindes, aber der Flottillenchef sah diese Gefahr nicht; der Feind hatte eine solche Kraftanstrengung ja gar nicht mehr nötig!

Vor der Hafeneinfahrt der Insel Brioni wurden durch Minentaucher erstmalig vier englische Luftminen festgestellt und gesprengt.

In der Nacht vom 11. zum 12.3.1945 ortete die stationäre Funkmeßortung an Land mehrere feindliche Gruppen MGB und MTB im Küstenvorfeld von Venedig und Grado; inwieweit feindliche Minenräumtätigkeit in diesem Seegebiet stattfand, konnte nicht festgestellt werden. Westlich von Sansego wurden zurücklaufende MGB von Land aus beobachtet; da dabei auch Wasserbombenwürfe erkannt wurden, mutmaßte das MOK Süd eine Überprüfung des Küstenvorfelds auf Minen durch den Feind.

Am 16.3.1945 ging auf das Werftgelände und den Hafen von Monfalcone ein schwerer Bombenangriff nieder, dem mehrere Kleinboot- und MFP-Neubauten sowie zwei Schwimmdocks zum Opfer fielen.

17.–18. März 1945

Führung: Kptlt. Goldammer auf »TA 40«
Beteiligte Boote: »TA 40«, »TA 42«
Aufgabe: Kriegsmarsch Triest – Venedig
Das MOK Süd befahl eine Minenunternehmung an der italienischen Ostküste südlich von Venedig. Zur Vorbereitung verlegten die beiden T-Boote von Triest nach Venedig ohne besondere Vorkommnisse.

19.–20. März 1945

Am 19.3.1945 folgte Freg.Kpt. Birnbaum seinen beiden Booten im Pkw von Triest nach Venedig. Er sollte dort nach einer Besprechung mit dem Seekommandanten die Führung der bevorstehenden Minenunternehmung übernehmen.

Und am 20.3.1945 konnten MFP die Einfahrt zum Hafen der Insel Cherso planmäßig verminen.

21. März 1945

Luftangriff auf Venedig
Am Nachmittag des 21. März 1945 wurden in Venedig der Hafen und das Arsenal überraschenden Luftangriffen ausgesetzt, ausgeführt von je 40 Mustangs und Spitfires. Die Wirkung war verheerend!

Die beiden T-Boote »TA 40« und »TA 42« hatten im Marittima-Becken festgemacht, »TA 40« an der Südseite, »TA 42« an der Nordseite hinter einem Kümo und vor einem 3700-t-Dampfer mit einer hochbrisanten Ladung. Der

Hafenkommandant war der Forderung des Flottillenchefs, das Boot an einen sicheren Liegeplatz zu verholen, nicht nachgekommen. So nahm das Verhängnis seinen Lauf.

Am Vormittag des 21. März 1945 sprach der Flottillenchef auf »TA 42« mit den beiden Kommandanten den Operationsbefehl für die folgende Nacht durch, als einzelne hochfliegende Aufklärer über dem Hafengebiet gemeldet wurden. Bis auf die Wache, die der Kommandant mit dem I.W.O. an Bord behielt, war am frühen Nachmittag die Besatzung zu Sport und Ausbildungsdienst an Land mit der Weisung, bei Fliegeralarm den nahegelegenen Bunker aufzusuchen. Dies geschah auch, als gegen 15.30 Uhr völlig überraschend, ohne Voralarm, »TA 42« und die hinter ihm in Reihe liegenden Dampfer, »Leonhard« und der letzte noch vorhandene Tanker, mit Bomben und Bordwaffen angegriffen wurden. Die durch Reihenwürfe in Brand gesetzten Schiffe sanken nach schweren Explosionen an der Pier, während die aus östlicher Richtung über die Lagergebäude herabstoßenden Jagdbomber einen Raketenbombentreffer auf der Back von »TA 42« erzielten, der diese aufriß und die vorderen 2 cm-Flakgeschütze außer Gefecht setzte.

Der Kommandant, Kptlt. Densch, der mit seinem I.W.O. sofort das Steuerbord 2 cm-Doppelgeschütz selbst besetzt hatte, lief gerade zu dem mittschiffs zwischen dem Schornstein und dem Torpedorohrsatz montierten 2 cm-Vierling, als er in die Explosion eines der drei weiteren Bombentreffer geriet, der ihn auf der Stelle tötete. Die beiden anderen Bomben zerstörten die Torpedorohrsätze und zerrissen die Festmacher, so daß das schwergetroffene Boot kenterte und sinkend in die Mitte des Hafenbeckens trieb. Der I.W.O. und ein Geschützführer, der Mtr.Ob.Gefr. Walter Tillmann, hatten sich noch über die Back an Land retten können, bevor die Leinen brachen.

Der in einem Motorboot zurückgeeilte Flottillenchef sah von dem Wrack des Bootes nur noch die Mastspitze, von seinem Kommandanten aber keine Spur mehr.

Bei diesem folgenschweren Luftangriff wurden außer den versenkten Schiffen acht Lagerschuppen, zahlreiche Verladeeinrichtungen und Kräne im Arsenal zerstört. Die Personalverluste hielten sich in Grenzen. »TA 42« hatte außer dem Kommandanten und einem Obermaaten nur einige durch Splitter leicht verletzte Soldaten zu beklagen.

»TA 40« hatte im Schatten eines großen Lagerschuppens an der Südseite des Hafenbeckens den Angriff unbeschädigt überstanden. Sein Kommandant, Kptlt. Goldammer, teilte später mit: »Die Angriffe erfolgten von der Ostseite. Durch Lagerhallen verdeckt, konnten die Flugzeuge erst relativ spät – für wirksame Abwehrmaßnahmen zu spät – ausgemacht werden.«

Die für die folgende Nacht vorgesehenen Unternehmungen, Sicherung einer Sperrlegung vor der Venedig-Bucht und Geleit des Dampfers »Leonhard« und des Tankers nach Triest, fielen aus.

»TA 40« verlegte im Alleinmarsch zurück nach Triest, wo »TA 45« wegen

318

seiner Maschinenschäden noch in der Werft lag und »TA 43« nach wie vor noch nicht fahrklar war. –

22. März – 10. April 1945

Das MOK Süd war offensichtlich mit dem Einsatz der Torpedoboote sehr zurückhaltend. Es schien, als wolle es die Boote für den Alarmeinsatz im Falle der befürchteten großen Landungsoffensive reservieren.

Hinzu kam das weiterhin sehr schlechte Wetter. Tagelang war der Geleit- und Sicherungsdienst stark behindert, er konnte erst in der Nacht zum 31.3.1945 wieder aufgenommen werden.

Am 2. April 1945 wurde ein Minenerfolg im norddalmatinischen Inselgebiet bestätigt: 2 sm südlich von Sansego war ein mit Partisanen vollbesetztes Küstenmotorschiff von 150 t auf Mine gelaufen und gesunken. Es gab viele Verwundete, 28 Tote wurden festgestellt.

In der Nacht vom 2. zum 3. April legten 4 MFP eine Küstenminensperre vor Cáorle, und in der darauffolgenden Nacht verseuchten 3 MFP das Seegebiet vor Grado.

Auf den dalmatinischen Inseln tobten wechselhafte Kämpfe zwischen den Inselbesatzungen und wiederholten Landungsversuchen der Alliierten zur Unterstützung der jugoslawischen Partisanen und Tito-Truppen. Dabei wurden deutsche Schnellboote und Räumboote im Zusammenwirken mit der 6. K-Division eingesetzt, einer Teileinheit der Kleinkampfverbände der Marine.

Heeres- und Landmarineeinheiten konnten unter Einsatz von 4 Artillerieträger-MFP den nördlich von Senj bis zur Küste vorgedrungenen Feind zurückwerfen.

Die Alliierten flogen konzentrierte Angriffe gegen die deutschen Funkmeß- und Radaranlagen an der Küste Istriens. Das MOK Süd deutete dies als ein Anzeichen für die erwartete größere Landung.

Feindliche Stoßtrupps konnten die Marinefunkanlagen von Senj und Jablanac ausheben, die somit ausgefallen waren.

Seit 2.4.1945 hatte das Wetter wieder jeglichen Geleitverkehr lahmgelegt.

11. April 1945

Führung: Freg. Kpt. Birnbaum auf »TA 40«
Beteiligte Boote: »TA 40«, »TA 45«
Aufgabe: Unterstützung von Einsätzen der Artillerieträger-MFP an der dalmatinischen Küste.

Das MOK Süd befahl einen erneuten Einsatz von Artillerieträger-MFP im Inselgebiet nördlich Zara und vor der Küste im Bereich Senj – Jablanac – Karlobag. Die Boote der 9. T-Flottille sollten diese gegen erwartete feindliche Landungen gerichteten Einsätze unterstützen und nach See zu abschirmen.

Am 11.4.1945 lief der Flottillenchef mit seinen beiden Booten aus Triest aus und kam unbehelligt nach Fiume. Hier legten sich die Boote in die Bakarbucht gut getarnt in Wartestellung. Am Abend sollte die Unternehmung anlaufen. Das Wetter mit bedecktem Himmel und schlechter Sicht war für das Vorhaben ideal.

Doch dann ging der Funkspruch ein, das Unternehmen sei um 24 Stunden verschoben. Die Boote machten sofort Feuer aus und verbesserten ihre Tarnung.

Nach späteren mündlichen Aussagen (so vor allem der L.I. von »TA 45«) war nun die Stimmung an Bord niedergedrückt. Der Grund war klar: Abgesehen von der Luftaufklärung würden die Boote von den Partisanen gemeldet werden, denn nachdem hier seit Wochen keine T-Boote mehr gesehen worden waren, mußte jetzt ihr Auftreten auf eine bevorstehende Unternehmung hindeuten. Wäre nun der Einsatz noch am Abend des Ankunftstages, wie geplant, angelaufen, so hätte die Hoffnung bestanden, daß der Feind Gegenmaßnahmen nicht mehr rechtzeitig vorbereiten konnte. Diese Zeit hatte er aber nun bei der Verschiebung um 24 Stunden. Dadurch wurden die Erfolgsaussichten für das Unternehmen deutlich eingeschränkt.

Der Operationsbefehl für die Nacht vom 11. zum 12. März 1945 sah die Sicherung eines Nachschubtransportes nach der Südspitze der Insel Krk vor. Freg.Kpt. Birnbaum schrieb dazu in einem Bericht, den er aus der Gefangenschaft an die Hinterbliebenen einiger auf »TA 45« gefallener Kameraden richtete: »Dieser Befehl wurde... aufgrund der veränderten Lage aufgehoben und das Auslaufen... der T-Boote... um 24 Stunden verschoben. Trotz energischer Hinweise meinerseits, daß... ein Einsatz der im Raum Fiume nicht zu verbergenden Boote erst in der... folgenden Nacht den sicheren Verlust der letzten beiden kriegsbereiten Torpedoboote bedeute... wurde der Einsatz zur Sicherung einer Kampffährengruppe, die den vom Feind besetzten Hafen Senj beschießen sollte sowie die Beschießung des weiter südlich gelegenen Hafens Jablanac durch die Torpedoboote befohlen. Aus Äußerungen des Kommandanten von »TA 45«, der besonders pessimistisch gestimmt war, ging... dessen Überzeugung hervor, daß er mit seinem Boot von dieser Unternehmung nicht zurückkehren werde. Ähnliche Gefühle bewegten uns alle und wurden durch... die Tatsache, daß dieses Unternehmen nun in den ersten Nachtstunden eines Freitag, dem dreizehnten durchzuführen war, noch verstärkt« (Qu. 46).

12.–13. April 1945

Führung: Freg.Kpt. Birnbaum auf »TA 40«
Beteiligte Boote: »TA 40«, »TA 45«
Aufgabe« Unterstützung von Einsätzen der Artillerieträger-MFP an der dalmatinischen Küste.

Der Flottillenchef blieb am 12.4.1945 mit seiner T-Bootrotte in der Bakarbucht. Am Abend wurde Dampf aufgemacht, erst um Mitternacht zum Freitag, dem 13. April 1945 – ein unheilverkündendes Datum! – liefen die Boote aus der Bakarbucht aus.

War das Wetter in der Nacht zuvor besonders günstig gewesen, so war es jetzt mit sternklarem Himmel und Vollmond für eine solche Unternehmung im Inselgebiet denkbar ungeeignet.

Die Boote liefen durch den Morlacca-Kanal nach Süden und in seinem Südteil geradewegs hinein in einen Zangenangriff feindlicher Schnellbootgruppen, die dort auf sie gewartet hatten. »Ohne besondere Vorkommnisse erreichten wir gegen 02.00 Uhr die Höhe von Novi, als kurz hintereinander an Backbord unter Land die auf Senj marschierenden Kampffähren und an Steuerbord unter der Krk-Küste die Schatten und Schaumstreifen feindlicher Schnellboote gesichtet wurden. Alarm war gegeben, ein Leuchtgranatenfächer in Feindrichtung lag in der Luft, das Führerboot drehte mit Höchstfahrt in die Richtung der vom Horchgerät gemeldeten Torpedolaufbahnen nach Steuerbord – die daraufhin knapp an Bug und Heck vorbeiliefen – als eine ohrenbetäubende Detonation auf dem bis ca. 100 m herangeschlossenen Hintermann »TA 45« eine gewaltige Feuersäule in Höhe der Brücke verursachte und ein zweiter Torpedotreffer unmittelbar darauf das Boot in zwei Teile riß, von denen der Bug hochragend an dem brennenden und schnell sinkenden Achterschiff vorbeitrieb, bis auch er gurgelnd in der Tiefe verschwand... Um die im Wasser treibenden Kameraden und die Hilferufe der Verwundeten, über deren Köpfe hinweg ein rasendes Abwehrfeuer aus allen Rohren des Führerbootes auf die Meute der angreifenden Schnellboote prasselte, konnten wir uns in dieser Lage nicht kümmern. In schneidigem Rückzugsgefecht führte der Kommandant, Kptlt. Goldammer, sein Boot heil aus dieser fast aussichtslosen Lage heraus, während der Funk meine Meldung an die operative Führung und an die vor Senj stehenden Fähren die Weisung strahlte, auf dem Rückmarsch nach Überlebenden zu fahnden« (Qu. 46).

Es gelang, sich vom Feind zu lösen und die Morlacca-Enge zu passieren. Mit Täuschungskursen steuerte der Flottillenchef Fiume an, doch schon um 04.00 Uhr am 13.4.1945 lief er wieder aus und machte gegen 09.00 Uhr in Pola fest.

Die Überlebenden von »TA 45« konnten sich größtenteils auf Flöße retten. Nach 8 bis 10 Stunden Paddeln erreichten sie die dalmatinische Küste bei Novi. Der L.I., der einzige überlebende Offizier, hat die Männer mit viel Geschick und Glück nach Triest zurückgeführt.

Über den Untergang von »TA 45« liegt ein Bericht vor, den Walter Nieland, Wachmaschinist auf »TA 45«, als Brief an die Witwe seines Kommandanten, Kptlt. Wenzel, auf deren Anfrage nach dem Schicksal ihres als vermißt gemeldeten Mannes am 5.8.1946 gerichtet hatte:

»Am 13.4.... mit »TA 40« gemeinsam um 00.30 Uhr... entlang der kroatischen Küste nach S.O. Bei Novi... bekamen wir gegen 02.30 Uhr 2 Torpedotreffer ins Vorschiff, die den Untergang in 4 bis 5 Minuten herbeiführten.

Ich befand mich ... mit dem L.I. (Lt. Ing. d. R. Heumann) und einem weiteren Obermaschinisten im Maschinenleitstand an Oberdeck ... Nach dem Treffer konnte ich mich von Bord auf ein Floß retten und beobachtete das Kentern und Versinken des Bootes, was sehr schnell vor sich ging. Etwa die Hälfte der Besatzung hatte sich ... auf die Rettungsflöße retten können und kam nach 8 bis 10 Stunden Paddeln bei Novi an Land. – Von den Offizieren hatte sich nur der L.I. retten können, von allen anderen fehlte jede Spur, da sie alle auf der Brücke gewesen waren. Zu erklären wäre der Verlust des gesamten Brückenpersonals dadurch, daß beide Treffer ins Vorschiff kamen und alle mehr oder weniger schwer verwundet, ... sich nicht von Bord retten konnten.«

Der Untergang von »TA 45« und der Tod so vieler seiner Männer war ein äußerst schmerzlicher Verlust für die 9. T-Flottille. Sie bestand nun nur noch aus den drei Booten »TA 40«, »TA 41« und »TA 43«, von denen aber nur »TA 40« einsatzklar war. Bei »TA 41« bestand keine, bei »TA 43« geringe Hoffnung, daß die Boote noch einsatzklar werden könnten.

Und doch gab es bei dieser Katastrophe ein Glück, daß nämlich die Überlebenden von »TA 45« heil nach Triest durchgekommen und nicht in die Hände der Partisanen gefallen sind, was wohl ihren Tod bedeutet haben würde.

13. April 1945

Führung: Freg. Kpt. Birnbaum auf »TA 40«
Beteiligte Boote: »TA 40«
Aufgabe: Kriegsmarsch Pola – Triest
In Pola setzte der Flottillenchef einen Gefechts-Kurzbericht über das Gefecht und die Versenkung von »TA 45« sowie über die zur Nachsuche nach Überlebenden eingeleiteten Maßnahmen ab.

Um 14.00 Uhr lief er dann mit »TA 40« aus Pola aus und traf um 19.00 Uhr unbehelligt in Triest ein.

Hier im Standort der Flottille trafen dann bald die ersten Nachrichten von den Überlebenden und wenige Tage später diese selbst unter Führung des L.I. ein. Außer diesen bei Novi angelandeten Männern schlugen sich von einer kleinen auf die Insel Krk abgetriebenen Gruppe ein Maat und ein Gefreiter, nach Überwältigung eines Exekutivtrupps der Partisanen, zwei Tage und Nächte lang bis zur Nordspitze der Insel durch, nachdem sie ihre schwerverwundeten Kameraden hatten zurücklassen müssen, und erreichten mit einem erbeuteten Fischerboot völlig erschöpft Fiume.

In dem schon erwähnten Bericht des Flottillenchefs aus der Gefangenschaft schrieb er: »Das Boot war mit einer Besatzung von 156 Mann ausgelaufen. Von 80 Besatzungsangehörigen – insgesamt 76 wurden gerettet – fehlt bis heute jede Spur ... Sie alle starben in treuer Pflichterfüllung bis zum Letzten ... als tapfere deutsche Soldaten. Viele von uns, denen der Stacheldraht und ein ungewisses Schicksal in einer düsteren Zukunft bestimmt waren, haben sie damals um ihren Seemannstod beneidet« (Qu. 46).

SCHLUSSBETRACHTUNG

Es hat den Anschein, als habe die Flottille mit ihrem Namen »1. Geleitflottille« auch deren gute Beziehungen zum Soldatenglück abgelegt, das ihr so lange treu gewesen war. In den sechs Wochen ihres Bestehens hatte die 9. T-Flottille nur zwei wesentliche Aufgaben zugewiesen bekommen; keine davon hatte sie bis zum Ende durchführen können, und jede von ihnen hatte sie ein Boot gekostet, eine fürwahr traurige Bilanz. (Es mag sein, daß noch die eine oder andere weitere, aber unbedeutende Fahrt gemacht wurde, Informationen darüber liegen aber nicht vor.)

Aber kann man von einer einzelnen Truppe eine glückhaftere, erfolgreichere Entwicklung erwarten, losgelöst von der Entwicklung des Gesamtgeschehens, wenn dieses in rasendem Strudel alles ins Verderben zieht? Denn in diesen Tagen um den 15. April herum standen Deutschland und seine Wehrmacht schon mitten in ihrem Untergang. Überall wurde erkennbar, »daß sich das Reich, der Krieg, die Wehrmacht, die Gesellschaft in voller Auflösung befanden, bewährte militärische Grundsätze sich zu Anachronismen wandelten, moralische Prinzipien ins Schwanken gerieten, alle ›Werte‹ fragwürdig, alle ›Erfolge‹ nur noch wie Hohn angesichts der heraufziehenden Katastrophe wirkten« (Lt. 07, S. 537). »Jedermann wußte, daß der Widerstand Ende April nach und nach infolge der Brennstoff- und Verkehrslage erlöschen mußte – ab 20. April konnten z. B. keine U-Boote mehr auslaufen (VII C)« (Lt. 07, S. 541).

In Nordwestdeutschland war der größte Teil von den Westalliierten besetzt. Am 10.4.1945 besetzten sie Hannover. Am 18.4.1945 wurde im Ruhrkessel der Widerstand eingestellt, rund 325 000 deutsche Soldaten gerieten in Gefangenschaft. Nur ein schmaler Streifen an der Nordseeküste nördlich der Linie etwa Groningen – Wittenberge sowie Schleswig-Holstein waren noch nicht feindbesetzt. Die Westalliierten erreichten auf weiten Strecken die Elbe und besetzten am 19.4.1945 Leipzig. Ihre nach Südosten gerichtete Front verlief entlang einer Linie etwa Hof – Straßburg und war in ständigem Vorrükken; sie erreichte wenige Tage später die Donau und überschritt sie.

Die Rote Armee hielt an der Oder und hatte bei Frankfurt einen Brückenkopf gebildet. In Schlesien hatte sie die Oder bereits überschritten und war bis in die Lausitz und an den Rand der Sudeten vorgedrungen. Hinter der Front waren am 30.3. Danzig und am 9.4. Königsberg nach erbittertem Widerstand in Feindeshand gefallen. Am 13.4.1945 hatten die Sowjets Wien erobert.

Die Jugoslawen hatten am 20.3.1945 eine Offensive begonnen, am 6.4.1945 Sarajewo eingenommen und drängten nun durch Kroatien nach Nordwesten.

In Italien waren am 9.4.1945 die britische 8. Armee im Ostteil der Front, am 14.4.1945 die 5. US-Armee im Westteil zum Angriff angetreten. Mit der Einnahme von Bologna am 21.4.1945 brach der deutsche Widerstand in Italien zusammen, die Alliierten stießen am 22. und 23.4.1945 bis zum Po vor.

Der Luftterror und das Flüchtlingselend dauerten an allen Fronten unvermindert an. Und die Transportleistungen der deutschen Kriegsmarine bei der Rückführung von Menschen aus den eingeschlossenen Ostgebieten steigerten sich ins Übermenschliche.

Am 16. April 1945 aber begann die Rote Armee ihre Großoffensive zur Eroberung von Berlin. Das war der Todesstoß! Das war das Ende, das Ende des Deutschen Reiches, das Ende der Deutschen Wehrmacht, das Ende des Zweiten Weltkrieges in Europa! (Alle Angaben Lt. 01).

Von diesem Strudel des Untergangs wurde zwangsläufig auch die 9. T-Flottille ergriffen. Die Entwicklung der letzten sechs Wochen, ihre Mißerfolge und ihre Verluste, waren die ersten Schritte des Weges gewesen, den die Männer noch zu gehen hatten

bis zum bitteren Ende!

Belegte Einsätze		Chef	»TA 40«	»TA 42«	»TA 45«
17.–18.3. Triest – Venedig			x	x	
Venedig – Triest		x	x		
11.4. Triest – Fiume		x	x		x
12.–13.4. Gefecht im Morlacca-Kanal		x	x		x
13.4. Pola – Triest		x	x		
Summe	5	4	5	1	2
Bisher	62	28	32	1	32
Insgesamt	67	32	37	2	34

23. KAPITEL

Bis zum bitteren Ende

16.4. bis 2.5.1945

ZUR QUELLENLAGE

Quellengrundlage für dieses letzte Kapitel sind in erster Linie die persönlichen Aufzeichnungen von Freg.Kpt. Birnbaum (Qu. 46), und aus diesen wiederum vor allem die »Sammlung Birnbaum«. Sie enthält Aufzeichnungen, die Freg.Kpt. Birnbaum alsbald nach seiner Entlassung aus der britischen Gefangenschaft im Januar 1948 verfaßt hat sowie seine Korrespondenz über diesen letzten Abschnitt aus den Jahren 1957 bis 1963. Sie enthält ferner die persönlichen Aufzeichnungen des Kriegstagebuchführers Hans Buchmann (Qu. 42) in der von Freg.Kpt. Birnbaum redigierten Fassung. Die Sammlung befindet sich im Militärarchiv in Freiburg unter der Signatur IV M 556/11.

Im übrigen gilt die Bemerkung von Seite 255 auch für dieses Kapitel.

16.–29. April 1945

Die Lage in und um Triest wurde von Tag zu Tag bedrohlicher. Die jugoslawischen Partisanentruppen hatten ganz Istrien außer Pola und die meisten der dalmatinischen Inseln besetzt und schoben ihre Front näher und näher an die Stadt heran. Die »Nationale Italienische Freiheitsbewegung« war aus der Heimlichkeit des Hinterhalts herausgetreten und ging nun in der Öffentlichkeit zum Kampf über. Deutsche Soldaten konnten sich in der Stadt nur noch mit schußbereiter Pistole bewegen. Die fast pausenlosen Luftangriffe auf den Hafen und die Werften nahmen von Nacht zu Nacht an Heftigkeit zu.

Um den 20. April herum wurden die Besatzungen von »TA 42«, »TA 44« und die Restbesatzung von »TA 45« im Landkampf eingesetzt und dazu in Einheiten des Heeres und der Waffen-SS eingegliedert.

Unter diesen belastenden Verhältnissen warteten der Flottillenchef und die Besatzungen der letzten beiden Boote »TA 40« und »TA 43« vergeblich auf Einsatzbefehle. Das MOK Süd schien an seiner Ansicht festzuhalten, diese letzten Einheiten für den Fall einer großen Landungsoperation in Reserve halten zu sollen. Für andere Operationen fehlte es zudem an Treibstoff. »TA 43« war nun endlich einsatzbereit geworden, jedoch alsbald traten neue Störungen ein. Mehrmals wurde in dieser Zeit das Boot k.b. und bald darauf wieder a.k.b. gemeldet.

Überall zeigten sich nun Zeichen des Zusammenbruchs. Der Reichsführer der SS, Heinrich Himmler, führte eigenmächtig Kapitulationsverhandlungen mit den Alliierten. Der Wehrmachtoberbefehlshaber Südwest, Generaloberst v. Vietinghoff, Nachfolger des Generalfeldmarschalls v. Kesselring, verhandelte über eine Kapitulation aller deutschen Soldaten in Italien. Der Reichsmarschall Hermann Göring, einst engster Vertrauter Hitlers, wurde am 23. 4. 1945 unter dem – wohl unbegründeten – Vorwurf des Verrats von Hitler aller seiner Ämter im Staat, in der Wehrmacht und in der Partei enthoben. »... die nationalsozialistische Führung löste sich auf, das Reich zerfiel, die bisher gültigen hierarchischen Strukturen verwirrten sich, nach der Devise ›Rette sich, wer kann‹ brach das totale Chaos bis in die Reichskanzlei, bis in den Befehlsbunker des Tyrannen« (Lt. 07, S. 543).

Am 25. 4. 1945 reichten sich sowjetrussische und amerikanische Truppen an der Elbe bei Torgau die Hände.

In Italien besetzten die Amerikaner am 27. 4. 1945 Genua. Damit war der letzte Hafen im westlichen Mittelmeer verloren. Die 10. T-Flottille hatte damit ihr Ende gefunden. Nur noch die Boote im Raum von Triest waren die letzten Reste deutscher Seestreitkräfte im Mittelmeer. Am 28. 4. 1945 wurde Mussolini in Dongo am Comer See erschossen und später in Mailand, an den Füßen aufgehängt, öffentlich zur Schau gestellt.

In Triest verließen am 28. 4. 1945 die letzten Einheiten des Oberkommissars sowie die Einheiten der Polizei und der Waffen-SS die Stadt und ihre zur Kampfzone gewordene Umgebung in Richtung Heimat. Nun war Triest praktisch in der Hand der italienischen Freischärler.

Venedig fiel am 29. 4. 1945 in britische Hand. Und am selben Tage wurde im alliierten Hauptquartier in Caserta die Kapitulation aller deutschen Streitkräfte in Italien unterzeichnet. Diese Kapitulation sollte am 2. Mai 1945 um 14.00 Uhr in Kraft treten.

Und in all diesem Chaos ringsum warteten die Männer der 9. T-Flottille in Triest in disziplinierter Untätigkeit auf Befehle zum Einsatz.

30. April 1945

Am 30. April 1945 drangen jugoslawische Partisanen in die Stadt Triest ein. An vielen Stellen kam es zu Kämpfen. Auch auf den umliegenden Höhen, bei Opicina, wurde gekämpft.

Im Heizungskeller des Stabsgebäudes der 9. T-Flottille wurden im Laufe des Vormittags alle Geheimsachen des Stabes vernichtet. Ein Unterhändler erschien beim Flottillenchef an Bord »TA 40«, der jedoch jede Verhandlung ablehnte.

Nun endlich erhielt der Chef der 9. T-Flottille einen Einsatzbefehl. Er sollte mit seinen fahrklaren Booten nach Pola laufen und die dort eingeschlossenen Truppen evakuieren. Das Auslaufen war für 20.00 Uhr befohlen. Die 11. Sicherungsdivision hatte den Antrag des Flottillenchefs abgelehnt, bereits am Tage den Marsch anzutreten, wo er die volle Einsatzbereitschaft der Flawaffen und volle Manövrierfreiheit besessen hätte.

Der Chronist darf vermerken, daß an diesem 30. April 1945 Adolf Hitler sich in seinem Befehlsbunker in Berlin den Tod gab, »gefallen«, wie es zunächst offiziell verlautete. Er hatte vorher den Oberbefehlshaber der Marine, Großadmiral Karl Dönitz, zu seinem Nachfolger bestimmt. Dieser trat am 1. Mai 1945 sein Amt als »Staatsoberhaupt« an. Die Soldaten in der Adria erfuhren diese Nachricht aber erst zu einem späteren Zeitpunkt, zum Teil wegen der örtlichen Ereignisse nur durch Weitergabe von Mund zu Mund.

30. April – 1. Mai 1945

Führung: Freg. Kpt. Birnbaum auf »TA 40«
Beteiligte Boote: »TA 40«, »TA 43«
Aufgabe: Evakuierung der Truppen aus Pola (erster Versuch)
Seeklar war für 20.00 Uhr angesetzt. Aber das Ablegen erwies sich als unmöglich, denn es blies eine steife, auflandige Bora, und Schlepper standen nicht mehr zur Verfügung. Zudem hatte »TA 43« wieder eine Maschinenstörung.

Um 00.30 Uhr am 1. Mai 1945 aber hatte der Sturm weitgehend nachgelassen, und »TA 43« hatte die Störung mit Bordmitteln behoben. Nun gelang das Ablegen, und die beiden Boote liefen aus.

Der Marsch verlief zunächst ohne Störung oder Zwischenfälle. Auch der Feind verhielt sich ruhig. Aber um 02.15 Uhr fielen auf »TA 43« die Maschinenlüfter aus, die nun noch mögliche Höchstfahrt war auf 10 Knoten herabgesetzt. Deshalb mußte der Flottillenchef schweren Herzens das Unternehmen aufgeben und nach Triest zurücklaufen.

Beim Einlaufen in den frühen Morgenstunden des 1. Mai 1945 lag der Hafen unter Beschuß aus den nächstliegenden Straßen heraus und von den Karsthöhen herab. Die deutschen Truppen hatten sich an verschiedenen Stellen der Stadt zur Rundumverteidigung notdürftig eingerichtet, überall wurde gekämpft. Eine Truppe, zu der auch frühere Kameraden der 9. T-Flottille gehörten, verteidigte heldenhaft den Gebäudekomplex des Justizpalastes, in dem größere Mengen Munition und Verpflegung für die rings um Triest eingesetzten Marine- und Heereseinheiten lagerten.

1. Mai 1945

Führung: Freg. Kpt. Birnbaum auf »TA 40«
Beteiligte Boote: »TA 40«, »TA 43«
Aufgabe: Evakuierung der Truppen aus Pola (zweiter Versuch)
Der Flottillenchef betrachtete den Befehl, die Truppen aus Pola herauszuholen, immer noch als gültig. Als daher »TA 43« seine Maschine wieder klar meldete, befahl er Seeklar für 11.30 Uhr. Die Ablehnung der 11. Sicherungs-

division vom Vortage, nicht am Tage auszulaufen, wertete er nur als eine Einzelentscheidung für die Fahrt am Tage zuvor.

Wie schon in der Nacht, so ging auch jetzt zuerst alles klar. Vom Feind konnte nur eine Zerstörerrotte südlich der Bucht von Triest geortet werden, zur Feindberührung kam es aber nicht.

Doch schon nach einer Stunde Fahrt hatte »TA 43« schwerwiegende Rohrreißer in den Kesseln. Also mußte der Flottillenchef abermals aufgeben und wieder nach Triest einlaufen. Dort machten die beiden Boote um 13.15 Uhr fest.

Da erhielt er von der 11. Sicherungsdivision einen Funkspruch, der jedes Auslaufen bei Tage ausdrücklich verbot.

Während der Mittagsstunden nahm die Heftigkeit der Kämpfe in der Stadt zu. Tito-Panzer tauchten auf. Alle Nachrichtenverbindungen waren unterbrochen. Eine Funkverbindung zur 11. Sicherungsdivision kam nicht mehr zustande. »TA 43« erhielt mehrere Treffer von Granatwerfern, die das Boot nun endgültig außer Kriegsbereitschaft setzten.

Der Flottillenchef hielt sich immer noch an den Befehl zur Evakuierung der Truppen aus Pola gebunden. Nach dem Ausfall von »TA 43« wollte er es nun mit »TA 40« und einigen schnellen MFP versuchen. Dazu mußte aber zuvor »TA 40« seine Heizölbestände aus den Bunkern von »TA 43« ergänzen.

Um 16.00 Uhr legte »TA 40« ab, um bei »TA 43« längsseits zu gehen. Während des Anlegemanövers erhielt das Boot Granatwerfertreffer, die die Hauptdampfleitung und die Rudermaschine trafen. Und dann machte ein weiterer schwerer Treffer im Turbinenraum um 16.30 Uhr das Boot endgültig fahrunklar. Die 9. T-Flottille besaß nun kein einsatzklares Boot mehr.

Damit mußte die Absicht der Evakuierung der Truppen aus Pola endgültig aufgegeben werden. Zwangsläufig mußte man nun die Männer in Pola ihrem Schicksal überlassen, das dann auch grausam genug war: Sie gerieten in jugoslawische Gefangenschaft, der Festungskommandant, Konteradmiral Waue, und die Angehörigen seines Stabes, wurden erschossen, darunter auch der frühere Kommandant von »TA 38«, Oblt.z.S. Miron Kunst.

1. Mai 1945 und folgende Tage

Bevor diese Darstellung mit den Ereignissen im alten Hafen von Triest nach dem Ausfall von »TA 40« und »TA 43« fortfährt, soll erst der Bericht über jene Männer abgeschlossen werden, die sich nicht dort befanden, aber zur 9. T-Flottille gehörten oder sich, wenn sie anderen Einheiten zugeteilt worden waren, ihr innerlich noch zugehörig fühlten.

»TA 41« lag immer noch mit seinen schweren Bombenschäden in der San-Rocco-Werft in Muggia. Unter der Führung des 1. Wachoffiziers, Oblt.z.S. Mellwig, wurde am 15.3.1945 ein Kontingent der Besatzung von etwa 40 Sol-

Auf der Werft C.R.D.A. in Triest schreitet der Bau der Torpedoboote fort: Die als italienische Torpedoboote »Lancia« (rechts) und »Alabarda« (links) am 24. März 1943 begonnenen »TA 41« und »TA 42« liefen beide am 7. Mai 1944 von Stapel und kamen am 21. Oktober bzw. 27. November 1944 in Dienst. Hier Anfang 1944 vor dem Stapellauf auf der Helling.   (Foto: Archiv BfZ)

Die Indienststellung von »TA 40« (ex ital. »Pugnale«) bei C.R.D.A. Triest am 8. Juli 1944.
(Foto: Slg. Birnbaum)

»TA 40« bei der Vorbereitung zu einer Unternehmung Anfang 1945 in Triest. Am Schornstein das Bootsabzeichen, am Mast die FuMB-Antennen, an Oberdeck und auf der Signalbrücke leichte Flak, auf der Back die 10 cm Kanone. (Foto: Slg. Birnbaum)

»TA 41« und dahinter ein Schwesterboot zwischen zwei Einsätzen gegen Fliegersicht mit Tarnnetzen teilweise abgedeckt. (Foto: Archiv BfZ)

»TA 41« macht 1944 zu einem Minenunternehmen Dampf auf. Der Einsatz ging von Pola aus.
(Foto: Slg. Birnbaum)

»TA 45« (ex italienisch »Spica«) wurde am 6. September 1944 in Dienst gestellt. Es war als eines der wenigen Boote der 1. Geleit-/9. T-Flottille mit einem FuMG ausgerüstet, dessen Antenne über der Brücke zu erkennen ist. (Foto: Archiv BfZ)

»TA 42« kam als letztes T-Boot der »Ariete«-Klasse am 27. November 1944 in Dienst. Hier bei der Probefahrt. (Foto: Archiv BfZ)

Luftangriffe behinderten den Bau und die Instandhaltung der Boote der 1. Geleit-, 2. U-Jagd- und 9. T-Flottille immer stärker. Hier »TA 41« nach einem Bombentreffer in San Rocco. (Foto: Slg. Birnbaum)

Der Korvettenbau verzögerte sich ebenfalls immer mehr. Hier links »UJ 208« (ex »Spingarda«), die am 22. April 1944 in Dienst kam, während die in Ausrüstung befindliche »UJ 207« (ex »Carabina«) (rechts) im Februar 1945 einem Luftangriff zum Opfer fiel. (Foto: Archiv BfZ)

Besondere Sorgenkinder der 1. Geleit- und 9. T-Flottille waren die beiden Zerstörer: Die »TA 43«
(ex italienisch »Sebenico«, ex jugoslawisch »Beograd«) kam zwar am 6. September 1944 in Dienst,
wurde aber immer wieder durch Luftangriffe beschädigt, so daß sie praktisch kaum einsatzfähig
wurde.   (Foto: Archiv BfZ)

Ähnlich war das Schicksal des Zerstörers »TA 44« (ex italienisch »Antonio Pigafetta«), eines besonders starken Schiffes, auf das man große Hoffnungen setzte. Am 14. Oktober 1944 proviso-
risch zur Überführung in Dienst, wurde »TA 44« nie voll einsatzfähig. Hier noch unter italienischer
Flagge 1943.   (Foto: Archiv BfZ)

Zu den vier fertiggestellten Korvetten der 2. U-Jagdflottille gehörte die »UJ 202« (ex ital. »Melpomene«), die am 24. Februar 1944 in Dienst kam und bei dem tragischen Gefecht am 1. November 1944 unterging. (Foto: Archiv BfZ)

Fünf der erbeuteten Korvetten-Neubauten kamen dagegen nie in Dienst, wie z. B. »UJ 203« (ex ital. »Tersicore«), die bei einem Luftangriff am 20. April 1944 getroffen durchbrach und nicht mehr reparaturwürdig war. (Foto: Archiv BfZ)

Eine der wertvollsten Einheiten in der Adria war das auch als Transporter verwendete Minenschiff »Kiebitz«, das in der italienischen Marine als Hilfskreuzer »Ramb III« gedient hatte.

(Foto: Archiv BfZ)

Für Transportzwecke wurden im Mittelmeer und Schwarzen Meer die Kriegstransportschiffe eingesetzt. In der Adria nahm »KT 6« an manchen Einsätzen teil. (Foto: Slg. Vorsteher)

Nach dem Kriege kamen die Offiziere der 9. T-Flottille in das Offizierslager 3, Camp 380 in der Suez-Kanalzone. Hier der Flottillenchef, Fregattenkapitän Birnbaum, in seinem Zelt H 10 im Jahr 1947. (Foto: Slg. Birnbaum)

Im Offizierslager in Ägypten: v. l. n. r.: Flottilleningenieur Kptlt. (Ing.) Müller und die Kommandanten »TA 40« und »TA 38« Kptlt. Goldammer und Oblt. z.S. Scheller.

(Foto: Slg. Birnbaum)

Der Kriegstagebuchführer der 1. Geleit-/9. T-Flottille Triest, Hans Buchmann, als Sozialreferent des Deutschen Marinebundes nach dem Krieg.

daten zum Landeinsatz abgeteilt. Über diese Truppe liegt ein Bericht dieses Offiziers vor.

Die Männer wurden einer Gebirgsjägereinheit zugeteilt, notdürftig ausgerüstet und ausgebildet und in eine Stellung im Landesinnern verlegt. Dort blieb es in der ersten Zeit recht ruhig, erst Ende April 1945 änderte sich das. Am 1. Mai 1945 wurde die Truppe in den kleinen Hafenort San Bartolomé zurückgezogen. Dort sammelten sich mehrere Einheiten und erhielten den Befehl, sich am 2. Mai 1945 um 19.00 Uhr auf den im Hafen liegenden Schiffen einzuschiffen und auszulaufen.

Beim Auslaufen lagen die Boote unter schwerem Feuer aus Handwaffen und Granatwerfern, das sie erwiderten. Es wurde eine abenteuerliche Fahrt! Nach Ausfall des Motors trieb das Boot »Karl«, ein Kümo, auf dem die »TA 41«-Leute sich eingeschifft hatten, über ein Minenfeld. Trotz allem kamen alle Boote ohne Verluste bis vor Grado, wo sie ankerten. Hier wurden sie von englischen Schnellbooten wahrgenommen und nach Ancona geleitet, wo die Männer ausgeschifft wurden und in ein Durchgangslager als Kriegsgefangene kamen. Nach wenigen Tagen wurden sie nach Tarent geschafft und dann weiter in eines der britischen Gefangenenlager in der Suezkanalzone Ägyptens, in der damals noch britische Soldaten stationiert waren.

Über die übrige Besatzung von »TA 41« ist nur vom Hörensagen etwas bekannt. Sie soll unter der Führung ihres Kommandanten, Kptlt. Holzherr, am 1. Mai 1945 gegen 17.00 Uhr von Bord gegangen sein. Ob vorher vorschriftsmäßig die Geheimsachen vernichtet, die Waffen unbrauchbar gemacht und das Boot durch Sprengung versenkt wurde, ist nicht bezeugt, wohl aber anzunehmen. Die Männer kamen dann zu einer »Batterie Hadler«. Mit dieser sollen sie dann am 2. Mai 1945 ohne ernstlichen Widerstand von jugoslawischen Partisanen gefangengenommen worden sein. Nach mündlichen Berichten sollen der Kommandant mit den restlichen Offizieren und ein Teil der Besatzung nach schweren Mißhandlungen getötet worden sein. –

Nach dem Verlust von »TA 42« am 21. März 1945 in Venedig wurde die technische Besatzung des Bootes nach La Spezia bzw. nach Genua in Marsch gesetzt, wo sie wohl noch auf den letzten Booten der 10. T-Flottille gefahren ist. Die Männer der seemännischen Besatzung waren zuerst am Lido von Venedig untergebracht; sie sollten in den Bereich des Seekommandanten Istrien nach Triest überführt werden. Sie wurden als Verstärkung der Flak auf einem Küstengeleit eingesetzt, das aus Kümos und MFP bestand. Ein Schnellbootangriff zwang diesen Verband zur Umkehr, nachdem ein Kümo versenkt und ein MFP beschädigt worden war, wobei einige Männer von »TA 42« fielen. Die Männer haben dann auf dem Landwege in den nächsten Tagen in Lkw unter Abwehr von heftigen Partisanenangriffen Triest erreicht. Hier wurden sie unter Führung des II. W.O. mit MG, Granatwerfern und Panzerfäusten für den Landkampf ausgerüstet und erhielten den Auftrag, die Straße nach Opicina für den Rückzug von Truppen aus Istrien freizuhalten. Diese Aufgabe haben sie bis zum 1. Mai 1945, trotz schwerer Kämpfe mit

Partisanen ohne eigene Verluste, erfüllt. Als dann aber die Verbindung mit dem Kampfkommandanten abriß und die Stellung von eigener 8,8 cm Flak beschossen wurde, mußte sie geräumt werden. Die Männer schlugen sich unter starkem MG- und Granatwerferbeschuß bis zur »Neuen Universität« durch, wo sie vom Dach und aus den Fenstern beschossen wurden. Hierbei wurde der tapfere II.W.O., Lt.z.S. Gerwin, tödlich getroffen und einige seiner Seeleute verwundet. Ein nächtlicher Versuch, zum »Alten Hafen« durchzubrechen, scheiterte unter weiteren Verlusten. In der Nacht zum 2. Mai 1945 gelang es der Truppe schließlich, sich zusammen mit einigen versprengten Marinesoldaten ohne Verluste bis Bakola durchzuschlagen, wo sie vom Feind eingeschlossen wurde. Die Angriffe der Partisanen wurden von feindlichen Schnellbooten und von Tieffliegern mit Bordwaffen unterstützt. Eine Gruppe, die sich mit Ruderbooten absetzen wollte, wurde zersprengt.

Am Nachmittag des 2. Mai 1945 teilten Unterhändler der Partisanen den Eingeschlossenen mit, daß alle deutschen Streitkräfte kapituliert hätten und neuseeländische Panzereinheiten auf dem Vormarsch nach Triest seien. Diesen Einheiten würden die Deutschen als Kriegsgefangene übergeben werden. Dieses Versprechen wurde aber nach der Kapitulation dieser tapferen Soldaten, wie auch andernorts in jenen Tagen, nicht gehalten. Wieviele von ihnen die dann folgenden berüchtigten »Sühnemärsche« in die jugoslawische Gefangenschaft antreten mußten und wie wenige sie lebend überstanden haben, ist nicht mehr festzustellen.

Über das Schicksal der anderen Soldaten, die damals von der Flottille in den Landeinsatz kamen, ist Näheres nicht bekannt. Einige mögen mit ihren Einheiten den Marsch in die Heimat angetreten und diese erreicht oder nicht erreicht haben. Andere mögen sich solange behauptet haben, bis die Engländer das Gebiet besetzten und sie gefangennahmen. Wieder andere mögen in jugoslawische Gefangenschaft gekommen sein. Einige konnten von Pola aus an Bord von Booten der 3. S-Flottille in die britische Gefangenschaft in Ancona mitgenommen werden.

Für alle aber, die nicht schon vorher gefallen waren oder die noch die Heimat erreichten, hieß das Los »Gefangenschaft«! Dies gilt auch für die Dienststellen auf den Karsthöhen bei Opicina, die 11. Sicherungsdivision, den Seekommandanten Istrien und den »Kampfkommandanten« des Heeres, die von den Jugoslawen gefangengenommen wurden.

Diese Gefangenschaft, vornehmlich die jugoslawische, hat noch viele Todesopfer gefordert, sei dies nun durch bewußte Tötung (wie in Pola und wie wohl auch bei »TA 41«), sei dies durch Krankheiten oder aus Entkräftung auf den sogenannten »Sühnemärschen«. Für diejenigen, die überlebten, dauerte es zumeist sehr lange, bis sie endlich in die Heimat entlassen wurden. So mancher kam dort als ein gesundheitlich gebrochener Mann an, so auch Freg.Kpt. Ambrosius, der Chef der 11. Sicherungsdivision, im Jahre 1948.

Und damit schließt der auf diese Männer bezogene Teil der Geschichte der 9. T-Flottille.

338

Zu den wenigen noch von deutschen Truppen besetzten Gebieten der Stadt Triest gehörten die vier nördlichen Hafenmolen, der »Alte Hafen«. Dieses Gelände war durch eine hohe Mauer gegen die Stadt abgeschirmt. Dorthin hatten sich etwa 6000 Soldaten aller Wehrmachtteile zurückgezogen und zur Rundumverteidigung notdürftig eingerichtet.

Zu diesen Soldaten gehörten auch die Besatzungen von »TA 40« und »TA 43« sowie andere Männer der 9. T-Flottille unter Führung ihres Flottillenchefs, als die Truppe der 9. T-Flottille.

Solange Freg. Kpt. Birnbaum von seinen Vorgesetzten Befehle erhalten hatte oder einholen konnte, hatte er sich pflichtgetreu an diese gehalten. Nachdem nun der letzte Befehl, die Evakuierung der Truppen aus Pola, durch den Ausfall der beiden letzten T-Boote gegenstandslos geworden war und es mit den vorgesetzten Stellen keine Nachrichtenverbindung mehr gab, war der Flottillenchef auf sich allein gestellt. Und er tat nun das, was er nach den in der Wehrmacht geltenden Regelungen tun mußte: Er übernahm als der dienstälteste anwesende Seeoffizier die Befehlsgewalt über alle im Hafengelände befindlichen Soldaten.

Er faßte den Entschluß, in der kommenden Nacht mit allen Soldaten auf allen im Hafen vorhandenen Schiffen, Booten und Fahrzeugen aus dem Hafen auszubrechen und an der Mündung des Tagliamento zu landen. Zwar war dieser Platz wegen der vorgelagerten Barren für eine Anlandung nur wenig geeignet, aber er war die einzige Landestelle, an der die Minenlage ein Anlandkommen überhaupt noch gestattete.

Für diesen schwerwiegenden Entschluß hatte er mehrere Gründe:

Erstens wollte er diese größtenteils kampffähigen Truppen – darunter eine motorisierte 8,8 cm-Flakbatterie unter Hauptmann Silberkuhl – der Gefangennahme entziehen und lieber versuchen, sie der kämpfenden Front in der sogenannten »Blauen Linie des Gauleiter-Stellungbaus« in den Voralpen zuzuführen, wo sie zur Verteidigung der Heimat nützlicher sein konnten, als in Triest »verheizt« zu werden.

Zweitens beabsichtigte er, von der Tagliamentomündung aus mit der 8,8 cm-Batterie einen Vorstoß zu unternehmen, um die in Opicina eingeschlossenen Stäbe zu entsetzen. Ein solcher Versuch vom Hafen aus quer durch die feindbesetzte Stadt hindurch hatte keine Aussicht auf Erfolg.

Und drittens dürfte bei dem Entschluß die Sorge mitgespielt haben, nicht in jugoslawische Gefangenschaft zu geraten. Wie berechtigt diese Sorge gewesen war, hat sich später bestätigt. Die Morde in Pola und wohl auch die an der Besatzung von »TA 41« (Kptlt. Holzherr) bewiesen es. In einem anerkannten Geschichtsbuch (Der Große Ploetz 1980 S. 910) kann man lesen, daß die Jugoslawen, als ihnen die Engländer die in ihre Hände gefallenen kroatischen Soldaten auslieferten, auf dem Marsch von Bleiburg nach Marburg 30 000, in der Umgebung von Marburg weitere 50 000 Soldaten sowie 30 000

Zivilisten umgebracht haben, und es ist nicht anzunehmen, daß sie mit deutschen Gefangenen sehr viel rücksichtsvoller verfuhren, als mit ihren eigenen Landeskindern.

Nach dem Ausfall von »TA 40« um 16.30 Uhr am 1. Mai 1945 versammelte Freg.Kpt. Birnbaum die Einheitsführer der im Hafen befindlichen Truppen auf dem größten Schiff, dem MS »Fasana«. Der Plan für die Einschiffung und den Ausbruch wurde festgelegt.

Derweil verschossen »TA 40« und »TA 43« ihre 10 cm- und 10,5 cm-Munition auf erkannte Partisanenstellungen auf den umliegenden Höhen. Des weiteren wurden auf beiden Booten die Geheimsachen vernichtet, die Waffen und Geräte unbrauchbar gemacht und die Boote mit Wasserbomben und Panzerfäusten zur Sprengung vorbereitet.

Der Flottillenarzt, Oberstabsarzt Dr. Kloebe, blieb zusammen mit einem Sanitätsmaat und dem Kochsmaat von »TA 40« bei den Verwundeten in Triest zurück; sie wurden dann von Jugoslawen gefangengenommen.

Mit Einbruch der Dunkelheit begann die Einschiffung. Sie vollzog sich vor einer gespenstischen Szenerie: Rund um den Hafen und an vielen Stellen in der Stadt lodern Brände, und der Lärm von Gewehrfeuer, Geschützfeuer der Panzer und Granatwerfer kündete von den Kämpfen in der Stadt. Auch der Hafen lag wiederholt unter Beschuß.

Die Einschiffung verlief im wesentlichen glatt, so gut, wie dies bei der nur kurzen verfügbaren Zeit und bei der Hektik des ganzen Geschehens möglich war, die nur mehr ein Improvisieren als ein Organisieren zugelassen hatten.

Um Mitternacht vom 1. zum 2. Mai 1945 war es dann soweit. »TA 40« und »TA 43« werden durch Sprengung versenkt, und um 00.30 Uhr verließen die Fahrzeuge den Hafen von Triest. Freg.Kpt. Birnbaum führte von Bord des Geleitbootes »G 323« aus, soweit man bei einem so heterogenen Verband von einer geordneten Führung sprechen kann.

Aber allen Unzulänglichkeiten zum Trotz gelang es, die Bucht von Triest zu durchfahren, und am Morgen des 2. Mai 1945 um 05.45 Uhr standen die Schiffe vor der Mündung des Tagliamento. Um 06.15 Uhr begann die Anlandung.

Diese erwies sich als äußerst schwierig, da die Barren den überladenen Fahrzeugen eine hinreichende Annäherung an die Küste verwehrten; selbst die MFP kamen nicht an Land. Bei dem Versuch, etwas seitlich der Landestelle bessere Bedingungen zu finden, gingen zwei MFP durch Minen verloren. Es mußte also darauf verzichtet werden, das Großgerät auszuschiffen; auch die 8,8 cm-Batterie konnte nicht entladen werden. Dadurch war der beabsichtigte Vorstoß nach Opicina unmöglich geworden.

Plötzlich griffen feindliche Jagdbomber an und beschossen die Schiffe. Auf einigen Fahrzeugen brach eine Panik aus, die zu Verlusten führte. Die Kommandanten konnten sich dagegen nur unvollkommen durchsetzen. Viele Soldaten des Heeres und der Luftwaffe sprangen kopflos mit Gepäck über Bord und ertranken – Todesopfer, die an sich vermeidbar gewesen wären. Einige andere Soldaten kamen durch Unfälle ums Leben.

Insgesamt blieben aber die Verluste relativ gering. Schließlich gelang es, die Soldaten und die leichten Waffen bis einschließlich 2 cm in Booten an Land zu bringen. Und während sie sich dort unter ihren Einheitsführern sammelten und als Brückenkopf einigelten, umstellten englische Schnellboote den Verband, griffen jedoch nicht an. Einige der Fahrzeuge schleppten sie ab, vor allem die seewärts sichernden Räumboote der 6. R-Flottille, die anderen konnten sich später versenken oder, wie das MS »Fasana«, weitgehend zerstören.

Im Brückenkopf an Land wurden zwei Kampfgruppen gebildet, die eine auf der westlichen Seite des Flusses unter Führung des Oberstleutnants Tolar, die andere auf der östlichen Seite unter Freg. Kpt. Birnbaum.

Um 09.00 Uhr war bereits ein Unterhändler der Partisanen erschienen, aber jede Verhandlung wurde strikt abgelehnt.

Gegen 12.00 Uhrt trafen britische Panzer ein. Sie gehörten zur 2. neuseeländischen Division des Generals Freyberg und umstellten den Brückenkopf, der nun vollständig eingekreist war, von Land her durch die Panzer, von See her durch die Schnellboote.

Etwa um 16.00 Uhr forderte ein englischer Parlamentär zur Übergabe des Platzes auf. Zuerst lehnten die beiden Kampfgruppenkommandeure noch ab. Aber dann kamen sie, nach eingehender Besprechung mit ihren Offizieren, doch zu der Überzeugung von der Sinnlosigkeit jeden weiteren Widerstandes, zumal die Engländer jederzeit ihre Luftwaffe hinzuziehen konnten. Und als dann die abgeschlossene Kapitulation aller deutschen Streitkräfte in Italien bekannt wurde, mußten sie schließlich in die Übergabe einwilligen.

Und am 2. Mai 1945 gegen 18.00 Uhr, vier Stunden nach der Kapitulation

	Chef	»TA 37«	»TA 38«	»TA 39«	»TA 40«	»TA 41«	»TA 42«	»TA 43«	»TA 44«	»TA 45«
30.4.–1.5. Evakuierung von Pola	x				x			x		
1.5. Evakuierung von Pola	x				x			x		
Summe 2	2				2			2		
Bisher 67	32	12	14	12	37	10	1	0	2	32
Insgesamt 69	34	12	14	12	39	10	1	2	2	32

in Italien, gaben die deutschen Truppen ihre Waffen ab und begaben sich in die Gefangenschaft der Engländer.

Das war das bittere Ende!

Am 3.5.1945 begann der Abtransport. Einige kamen in Lager in Oberitalien, die meisten aber wurden in verschiedene Gefangenenlager in der Suezkanalzone verbracht. Das mörderische Klima, Krankheiten und andere Unbilden der Gefangenschaft forderte noch manche Todesopfer. Die Rückkehr in die Heimat verzögerte sich bis zu drei Jahren, bis ins Jahr 1948 hinein.

Mit der Gefangennahme an der Tagliamentomündung am 2. Mai 1945 um 18.00 Uhr endete die Geschichte der 9. Torpedobootflottille in der Adria!

SCHLUSSBETRACHTUNG

Die Männer der 9. T-Flottille hatten ihren Weg bis zum Ende nicht nur bis zu ihrer eigenen Gefangennahme, sondern auch bis zur Einstellung der Feindseligkeiten im ganzen italienischen Raum tapfer durchgestanden, wenn auch zuletzt ohne ihre Torpedoboote.

Diese Kapitulation war zwar vom Wehrmachtsoberfehlshaber Südwest eigenmächtig abgeschlossen worden, aber Großadmiral Dönitz als nunmehriges Staatsoberhaupt hatte sie nachträglich stillschweigend geduldet (Lt. 07, S. 552).

In den letzten vierzehn Tagen ihres Bestehens hatte das MOK Süd die 9. T-Flottille als Reserve für den Fall einer alliierten Großlandung »geschont«. Aber vielleicht war diese Untätigkeit in den sich immer mehr verschlimmernden Zuständen in Triest, und während sich ringsum die Ereignisse im Taumel des Zusammenbruchs überstürzten, ein schwereres Los, als es harte Einsätze gewesen wären.

Erst ganz zum Schluß hatte die Flottille noch einmal eine operative Aufgabe erhalten mit dem Befehl, die in Pola eingeschlossenen Truppen zu evakuieren. Nachdem zwei Versuche zur Erfüllung dieser Aufgabe wieder an den materiellen Unzulänglichkeiten gescheitert waren und dann die beiden letzten Boote vor einem dritten Anlauf durch Feindeinwirkung ausfielen, war die 9. T-Flottille nur noch eine militärische Truppe ohne Boote.

Der Entschluß des Flottillenchefs, mit allen noch fahrbereiten Fahrzeugen aus Triest auszubrechen und an der Mündung des Tagliamento zu landen, hat sicher manche Kritik gefunden. Denn am 2. Mai 1945 besetzten die Engländer Triest. Hätte nicht so lange der Hafen gehalten werden können, damit die Truppen sich hier den Engländern ergeben konnten, ohne die Verluste bei der Landung zu erleiden? Aber solche Kritik vom »grünen Tisch«, nur auf Möglichkeiten gegründet, gilt nicht viel; wahrscheinlich wären bei einem Kampf um den Hafen die Verluste weitaus größer gewesen als bei der Landung. Für den Historiker gelten nur die Tatsachen: Durch seinen Entschluß hat

Freg. Kpt. Birnbaum, wenn auch unter einigen Verlusten, die große Mehrzahl der ihm so unerwartet und unfreiwillig anvertrauten 6000 bis 7000 Soldaten, darunter die Reste der kroatischen Marinetruppen auf ihren letzten Booten, vor der jugoslawischen Gefangenschaft gerettet. Und nur das zählt!

Bei dem Ausbruch aus Triest und bei der Landung haben die Männer der 9. T-Flottille die zuverlässige Kerntruppe ihres Flottillenchefs und nunmehrigen Verbandsführers gebildet. Sie haben damit bis zur letzten Minute in treuer Pflichterfüllung ihre Bewährung erneut bewiesen.

Die Feindseligkeiten in und um Triest waren beendet, nicht aber die Auseinandersetzungen um die Stadt. Die Westalliierten und die Jugoslawen zankten sich darum, wer sie nun besetzen sollte. Erst am 21. Juni 1945 wurde in der Venezia Giulia eine Demarkationslinie vereinbart, der zufolge Triest und Pola von den Briten zu besetzen waren. Später kam es dann zu Streitigkeiten zwischen Italien und Jugoslawien um den Besitz von Triest, bis nach dem Zwischenstadium der »Freien Stadt Triest« mit einer italienischen Zone A und einer jugoslawischen Zone B endlich 1954 die Stadt Triest mit einem schmalen Küstenstreifen als Verbindung zum übrigen Italien italienisch wurde, während alles übrige Gebiet zu Jugoslawien kam.

RÜCKBLICK

Die 9. T-Flottille war nicht mehr. Damit hatte auch die letzte der drei Torpedobootflottillen im Mittelmeer ihr ehrenvolles Ende gefunden. Auf die zehn Monate ihres Bestehens – die Zeit als 1. Geleitflottille mit einbezogen – konnten ihre Männer mit Stolz zurückblicken.

Insgesamt hatte sie 69 Aufgaben in der Adria durchgeführt, davon hatte der Flottillenchef 34 persönlich geführt. Daran waren die Boote wie folgt beteiligt: »TA 37« 12, »TA 38« 14, »TA 39« 12, »TA 40« 34, »TA 41« 10, »TA 42« 1, »TA 43« 2, »TA 44« 2 und »TA 45« 32 Fahrten. Bezogen auf die einzelnen Boote waren es insgesamt 119 Einsätze.

Von den neun Booten, die zur Flottille gehört hatten, waren vier durch Feindeinwirkung in See verlorengegangen, drei davon in der Ägäis. Zwei wurden im Hafen ein Opfer der Bomben, und drei weitere wurden, nachdem sie durch feindliche Waffenwirkung nicht mehr fahrbereit waren, durch Sprengung selbst versenkt.

Die Mehrzahl der Einsätze waren Minenunternehmungen gewesen, sei es als Minenträger, sei es Sicherung von Minenträgern. Geleite und andere Aufgaben gab es nur wenige. Aber nicht alle Einsatzfahrten der Flottille hatten erfolgreich durchgeführt werden können, so manches Unternehmen mußte abgebrochen werden. Dennoch ist die Erfolgsbilanz sehr erfreulich.

Erfreulich sind auch die relativ geringen Personalverluste. Die Opfer in der Ägäis nicht mitgerechnet, waren die 80 Toten beim Untergang von »TA 45« am schmerzlichsten. Die bei allen anderen Fahrten mit Feindberührung erlittenen Verluste waren relativ gering. Dennoch, jeder einzelne dieser Gefallenen war einer zu viel!

Umso größer aber waren die persönlichen Opfer an Leistungen, Anstrengungen, Strapazen und Entsagungen, an Hingabe und Treue. Bei einer absoluten See- und Luftherrschaft des Feindes mit seiner quantitativen und qualitativen Überlegenheit, beim ununterbrochenen Ringen mit den Unzulänglichkeiten des Materials, bei dem Mangel an Ersatzteilen und bei einer bis zum Schwinden aller Vorräte (außer dem Inhalt der eigenen Bunker) gehenden Verknappung des Treibstoffs, bei zunehmender Feindseligkeit der Bevölkerung, bei Absinken der Leistungsfähigkeit der Werften und Werkstätten, bei ständiger Zunahme der Luftangriffe, bei den belastenden Nachrichten aus der Heimat und bei den schweren Sorgen um den Ausgang des Krieges mußte den Männern der 9. T-Flottille bis zum Schluß das Äußerste abverlangt werden, was Menschen überhaupt zu leisten vermögen. Und sie haben es geleistet, zuverlässig, pflichttreu und ehrenhaft.

Sieben Tage nach dem Ende der 9. T-Flottille in der Adria war der Zweite Weltkrieg in Europa zu Ende mit seinem unglücklichen Ausgang für das Deutsche Reich, für die Deutschen. Die 9. T-Flottille in der Adria gehörte zu den Truppenteilen, die sich bis zum Ende Zuverlässigkeit, Zusammenhalt und Disziplin bewahrt hatten. Ihre Männer konnten mit Fug und Recht sagen, daß es an ihnen nicht gelegen hatte, daß der Krieg nicht günstiger ausging.

Gewiß gab es in der Adria, wie vorher schon in der Ägäis, nicht viele Lorbeeren zu ernten, keinen großen Ruhm zu gewinnen. Höhere Tapferkeitsauszeichnungen wurden nur sehr selten verliehen. Den einen Ruhm aber hat sich jeder Mann der Flottille erworben, mit Stolz von sich sagen zu können:

Ich habe meine Pflicht getan!

Schlußwort

In diesem Buch wird ein Ausschnitt aus der deutschen Seekriegsgeschichte des Zweiten Weltkrieges dargestellt, der zeitlich auf die Ereignisse zwischen September 1943 und Mai 1945, und örtlich begrenzt ist auf die Seegebiete des Ägäischen und des Adriatischen Meeres. Inhaltlich beschränkt sich dieser Bericht auf die im Titel genannten drei Flottillen.

Von »Geschichtsschreibung« kann bei einer so engen Begrenzung nicht die Rede sein, aber einen kleinen Beitrag dazu soll diese Abhandlung darstellen. Sie ist nicht mehr – aber auch nicht weniger! – als ein »geschichtliches Beispiel«.

Ein Beispiel einmal in dem Sinne, daß es stellvertretend für die vielen Verbände in der Küstenvorfeldsicherung steht, die ähnliche Schicksale hatten.

Zum anderen aber möge das hier dargestellte Geschehen dazu dienen, für die Zukunft daraus Lehren zu ziehen. Der »Wert des geschichtlichen Beispiels« als Grundlage von Schlußfolgerungen für die Zukunft ist unter Historikern umstritten (wie dies u. a. Dr. Dieter Hartwig in der Zeitschrift »Marineforum« 1983, Seite 296 ausführt). Er wird aber umso einheitlicher bejaht, je weniger die zu ziehende Lehre von zeitspezifischen Gegebenheiten abhängt, und er wird allgemein anerkannt, wenn diese Lehre allgemeingültig und zeitlos ist.

Zu solchen allgemeingültigen und zeitlosen Folgerungen findet man beim Lesen dieses Buches, wenn man einmal den Kräften nachspürt, welche die Männer, von denen hier die Rede ist, zu ihren Leistungen und Opfern befähigten. Woher nahmen sie die innere Kraft, unter den schwierigsten Verhältnissen, allen Widrigkeiten zum Trotz und gegenüber einer geradezu erdrückenden Übermacht des Feindes Woche um Woche, Monat um Monat ihren Dienst zu tun bis zur Selbstaufopferung?

An Hand der Daten kann man erkennen, wie dicht oft die Nachteinsätze aufeinanderfolgten. Und wenn man bedenkt, daß jedes Boot von nahezu allen Fahrten oft erhebliche Schäden mitbrachte, die bis zum nächsten Einsatz beseitigt sein mußten, dann fragt man sich zu Recht, wann diese Männer überhaupt je geschlafen haben.

Und in dem Maße, in dem sich die militärische Lage für die Deutschen verschlechterte, wuchs die Feindseligkeit der Bevölkerung, verlangsamte sich das Arbeitstempo in den Werften und Werkstätten, nahmen Sabotageakte und gewaltsame Anschläge zu. In diesen Widrigkeiten und Schwierigkeiten waren die deutschen Soldaten und zivilen Kräfte, in der Ägäis wie in der Adria, mehr und mehr auf sich allein gestellt.

Hinzu kam die nicht zu unterschätzende seelische Belastung: Die Männer in der Ägäis fühlten sich zunehmend auf einem verlorenen Außenposten vergessen, denn von Berlin bis Rhodos war es ebenso weit wie bis zur Kaukasusfront, bis Stalingrad oder bis zum Nordkap; die Verbindung zur Ägäis aber war äußerst dünn und unsicher und wurde schließlich ganz abgeschnitten. Die Soldaten in der Adria wiederum litten unter dem Gefühl, in einem verlorengehenden Krieg in einem fremden Land und einem winzig gewordenen Operationsgebiet dienen und kämpfen zu müssen, während die feindlichen Armeen immer tiefer in das eigene Heimatland eindrangen.

Eine Belastung besonderer Art aber war die ungeheure Überwindung, die es den einzelnen jedesmal kostete, wenn es in einen neuen Einsatz ging. Gewiß, man war auch in den Häfen den Bomben- und Tieffliegerangriffen ausgesetzt, doch dieses Schicksal teilte man mit der Zivilbevölkerung in der Heimat. Aus dem Hafen aber auszulaufen hieß, sich dem allgegenwärtigen und übermächtigen Feind zur See und aus der Luft offen und nahezu ohne Deckungsmöglichkeit als Zielscheibe darzubieten. Es war nicht mehr so, daß man beim Auslaufen »nur« damit rechnen mußte, daß es vielleicht zu einer Feindberührung kommen konnte; vielmehr waren die Zusammenstöße mit dem Gegner zur Regel geworden, und nur in besonderen Glücksfällen, die in der Ägäis wie in der Adria immer seltener wurden, blieben sie einmal aus.

Hätte es unter solchen Verhältnissen nicht nahegelegen, durch langsameres und weniger sorgfältiges Arbeiten das nächste Auslaufen zu verzögern, zu sabotieren?

Doch davon konnte keine Rede sein! Disziplin und Einsatzwille blieben in bewundernswerter Weise bis zum Schluß unverändert erhalten.

Zu einer solchen Haltung mußten die einzelnen über innere Kräfte verfügen, und diese erwuchsen ihnen aus der starken charakterlichen Bindung an zwei schlichte ethische Begriffe, an die Pflicht und an die Ehre.

Die *Pflicht*, das war nicht jene, von der damals jeder Soldat auswendig lernen mußte: »Größten Lohn und höchstes Glück findet der Soldat im Bewußtsein freudig erfüllter Pflicht.« Nein, freudig haben diese Soldaten ihre Pflicht nicht getan! Sie taten diese Pflicht entweder stillschweigend-selbstverständlich in soldatischer Treue, oder aber mit jenem verbissenem Ingrimm der friderizianischen »verdammten Pflicht und Schuldigkeit«. Die Pflicht, das war für diese Männer der ganz starke innerliche Imperativ: »Dies ist meine Aufgabe, die muß ich erfüllen um jeden Preis!« und: »Dieses oder jenes wird von mir erwartet, und diese Erwartung muß ich rechtfertigen, koste es, was es wolle!«

Und die *Ehre*, das war auch nicht jene bis zur Lächerlichkeit überstrapazierte, hohle Floskel mancher pathetischer Reden, sondern jenes tiefinnerliche Gebot, von dem Alfred de Vigny in seiner unvergänglichen »Servitude et grandeur militaires« (1835) so erschütternde Beispiele bringt und deren Gegenteil die Schande, die Scham ist. Die Ehre, das war jener auf der eigenen Selbstachtung beruhende Anspruch, aufgrund des eigenen Handelns und der eigenen Haltung sich die Achtung der anderen zu bewahren. Sie war der im eigenen Gewissen wirkende Imperativ, nichts zu tun und alles zu unterlassen, dessen man sich im Urteil anderer, insbesondere der Vorgesetzten und Kameraden, würde schämen müssen.

Die Pflicht und die Ehre – darüber sprach man nicht, danach handelte man. Nicht Pflicht- und Ehrbewußtsein, sondern unbewußt-innerliches Pflicht- und Ehrgefühl waren die richtungweisenden Triebkräfte für Handeln und Haltung des einzelnen.

Und darin liegt das historische Beispiel, das jene Männer, über die dieses Buch berichtet, gegeben haben: Sie haben bewiesen und der Nachwelt vorgelebt, zu welchen fast übermenschlichen Leistungen und Opfern eine Gemeinschaft *dann* fähig ist, wenn sich ihre Glieder stärker als an alles andere an die sittlichen Werte von Pflicht und Ehre gebunden fühlen. Dieses Beispiel ist allgemeingültig und zeitlos, es ist ein »historisches Beispiel«.

Rückschauend betrachtet, mag man darüber streiten, welchen Sinn denn die in diesem Buch geschilderten Ereignisse eigentlich hatten oder ob sie nicht gar sinnlos waren; und auch darüber, ob die soldatische Pflichterfüllung der Besatzungen ein anerkennenswertes Verdienst in einem vaterländischen Krieg war oder gar eine Mitschuld an einem verbrecherischen Morden einschloß; und auch darüber, ob die Erfüllung der Aufgaben sinnvoller Kampf war oder eine sinnlose Verlängerung eines ohnehin verlorenen Krieges. All diese und ähnliche Fragen schränken aber nicht den unverlierbaren Sinn des historischen Beispiels von der tragenden Kraft der Bindung an die Pflicht und die Ehre ein.

Diese Männer waren durchdrungen von der Überzeugung, durch ihr Ausharren auf jenem Außenposten der schrumpfenden Südfront die Heimat und ihre Familien bis zum letzten schützen und vor der Vernichtung durch den übermächtigen Gegner bewahren zu müssen.

Und darin liegen Sinn und Ziel dieses Buches: Es will diese beispielhaften Leistungen würdigen, auch als Mahnung an diejenigen, die vielleicht in einer anderen Zeit an die Stelle von Pflicht und Ehre andere – oder auch gar keine! – Werte setzen wollen.

Die Männer der 9. T-Flottille in der Ägäis, der 1. Geleitflottille und 9. T-Flottille in der Adria haben durch ihre Pflichterfüllung sich selbst und allen in diesen Randmeeren unter den gleichen unsagbar schwierigen Bedingungen eingesetzten Kameraden anderer Einheiten ein unvergängliches Denkmal gesetzt.

Davon will dieses Buch Zeugnis geben! –

Dank

Unser besonderer Dank für ihre Unterstützung bei der Erschließung der im Bundesarchiv/Militärarchiv zu Freiburg vorliegenden Kriegstagebücher sowie sonstiger Quellen und der einschlägigen Literatur gebührt
  dem Herrn Leitenden Archivdirektor Oberst i. G. a. D. Dr. Manfred Kehrig
    und dem für die Marineakten zuständigen Herrn Archivdirektor Dr. Hansjosef Maierhöfer.
  Für seinen Rat und seine tatkräftige Hilfe danken wir ganz besonders Herrn Professor Dr. Jürgen Rohwer von der Bibliothek für Zeitgeschichte in Stuttgart; desgleichen Herrn Dr. Gerd Hümmelchen vom Arbeitskreis für Wehrforschung.
  Für sachverständige Beratung seitens des Militärgeschichtlichen Forschungsamtes Freiburg danken wir den Herren
    Kapitän zur See Dr. Werner Rahn und
    Fregattenkapitän Dr. Gerhard Schreiber.
    Von weiteren Mitarbeitern des M.G.F.A. sei bedankt der Kartenzeichner Herr Balke.
  Darüber hinaus gilt unser Dank den Herren
    Oberstleutnant a. D. Randolf Kugler, Speyer, und
    Flottillenadmiral a. D. Dr. Helmut Meyer-Abich, Wilhelmshaven,
    die Literaturmaterial und Beiträge aus den Akten ihrer früheren Stabstätigkeit und aus ihren privaten Sammlungen zur Verfügung gestellt haben.
  Herrn Christoph Wiethold, Eutin, sei für seine fotomechanische Hilfe bei den Kartenskizzen und Zeichnungen gedankt.
  Eine Darstellung des Rückmarsches durch Jugoslawien wurde dadurch möglich, daß uns dankenswerterweise die Herren Fritz Ammenhäuser, Willy Dörr, Walter Matthiesen, Karl Müller, Ernst Schäfer und Erich Ullrich Berichte und das nur spärlich vorhandene authentische Urkundenmaterial zugänglich gemacht haben.
  Für die Rekonstruktion des geschichtlichen Ablaufs bei den Einsätzen in der Adria haben sich durch Beiträge unseren Dank verdient
    von den Torpedobootkommandanten die Herren Goldammer, Scheller, Nose und Ascherfeld,
    von den Ersten Wachoffizieren die Herren Mellwig und Kumm,
    von den Leitenden Ingenieuren Herr Fronauer.

Nicht zuletzt sind die Verfasser dem bewährten Geheimregistrator und Kriegstagebuchführer der Flottillen in der Adria,

Herrn Hans Buchmann, Celle,

für dessen private Aufzeichnungen des Flottillengeschehens bis zum bitteren Ende in der Tagliamentomündung zu besonderem Dank verpflichtet.

Unser gemeinsamer Dank gilt schließlich allen denjenigen, die am damaligen Seekriegsgeschehen in Ägäis und Adria beteiligt waren und darüber – schriftlich oder mündlich – Berichte, Auskünfte und Dokumente beigesteuert haben sowie allen anderen Persönlichkeiten, die uns Informationen lieferten.

Herrn Korvettenkapitän a. D. Wirich von Gartzen, der bereits vorher mit seinem Buch »Die Flottille« über die 10. T-Flottille im westlichen Mittelmeer gleichsam das Gegenstück zu diesem Buch herausgebracht hat, sei für seine kameradschaftliche Zusammenarbeit herzlich gedankt.

Nur durch die Zusammenarbeit aller Beteiligten war es möglich, nach vierzig Jahren die Chronik des Zweiten Weltkrieges durch die wahrheitsgetreue Darstellung der harten Einsätze ehemals italienischer Torpedoboote unter deutscher Flagge, Führung und Besatzung im Mittelmeer nach dem Abfall Italiens vom Achsenbündnis zu ergänzen.

Glücksburg und Freiburg, im Januar 1987
Die Verfasser

Anhang

ANHANG 1: NACHTRÄGLICHE ERLÄUTERUNGEN

Die Verfasser haben in diesem Buch durchweg auf Fußnoten verzichtet. Deshalb werden nun im nachhinein einige Erläuterungen und Hinweise angefügt, die dem einen oder anderen Leser zum besseren Verständnis wichtig sein können. Hinweise auf Quellen und Literatur sind als Klammervermerke in den Text eingefügt. In diesen Klammern ist »Qu.« mit einer Zahl der Hinweis auf die entsprechende Quelle im Quellenverzeichnis Anhang 3, »Lt.« mit einer Zahl auf das entsprechende Werk im Literaturverzeichnis Anhang 4 (S. 382–383).

Zur Einteilung dieses Buches

Diejenigen Kapitel, die über die Einsätze der 9. T-Flottille in der Ägäis berichten, sind in Abschnitte unterteilt, deren jeder einen Zeitraum von einem oder mehreren Tagen umfaßt; diese Zeiträume stehen als Überschriften über den Abschnitten.

Ein Abschnitt rechnet in der Regel vom Verlassen des Heimathafens bis zur Rückkehr dorthin. Ein neuer Abschnitt beginnt außerdem, wenn sich die Zusammensetzung des Verbandes ändert oder wenn die taktische Führung wechselt.

Ein Abschnitt umfaßt eine oder mehrere Aufgaben (= Fahrten, Einsätze, Unternehmungen). Diese werden im Kopf des Abschnitts einzeln genannt und mit in Klammern gesetzten Ziffern fortlaufend durch alle Kapitel durchnumeriert. Diese Ziffern in Klammern finden sich dann auch im Text. Dadurch wird eine genaue Zählweise der Aufgaben gewährleistet mit Aufschluß über ihr Zustandekommen; die Angaben anderer Zusammenstellungen, die unter anderen Zweckbestimmungen aufgestellt wurden, weichen davon natürlich ab. So rechnet die Unternehmungsliste des F. d. Z. (Qu. 29) die Einsätze nach ihrer Wertigkeit für das Zerstörer-Kriegsabzeichen, und der Anhang zum KTB der 9. T-Flottille (Qu. 08) läßt nicht klar erkennen, wie seine Angaben zustandegekommen sind.

Auch die Kapitel des zweiten Teiles dieses Buches sind in gleicher Weise in Abschnitte unterteilt. Eine Durchnumerierung der Aufgaben erübrigte sich jedoch, da in der Adria in nahezu allen Fällen die Zeitspanne mit einer Aufgabe identisch war.

Geographische Ortsangaben

Die Bezeichnung und die Schreibweise geographischer Orte folgen dem damals üblichen Sprachgebrauch. Sie sind daher nicht einheitlich und hängen weitgehend von der Herkunft der damals benutzten Seekarten ab.

Im griechischen Raum wurde zumeist die humanistisch-deutsche Form, nicht die neugriechische, angewendet (Piräus statt Pireefs, Euböa statt Evia) mit Ausnahme von Iraklion (statt Herakleion oder Candia). Aber auch italienische Namen wurden benutzt, wenn sie damals üblich waren (Santorin statt Thera, Stampalia statt Astipalaia).

Im italienischen Raum wurden zumeist die italienischen Namen benutzt, wenn nicht deutsche Namen üblich waren (Venedig, Triest).

Im dalmatinischen Küstengebiet wurden italienische Formen (Fiume statt Rijeka, Abbazia statt Opatija) neben jugoslawischen (Kotor statt Cattaro) gebraucht.

Im Landesinneren Jugoslawiens wurden die damaligen jugoslawischen Namen angewendet, von denen viele nach dem Kriege, meist mit Bezug auf Tito, umgewandelt wurden. Daneben finden sich aber auch deutsche Namen (Belgrad, Agram, Cilli).

Wenn vereinzelt eine Ortsangabe nach geographischer Breite und Länge vorkommt, können die Karten im Anhang 2 ungefähren Aufschluß über den Ort geben.

Militärische Ortsangaben

Zur Tarnung und zur Vereinfachung des Befehls- und Meldewesens gab es in der Ägäis wie in der Adria geheime Wegekarten. In ihnen waren auf eine Übersichtskarte des Seegebiets alle befahrbaren Wege eingedruckt. Die einzelnen Punkte dieser Wege waren durch Ziffern und/oder Buchstaben gekennzeichnet. Diese Wegekarten konnten jedoch nicht mehr aufgefunden werden.

In der Ägäis gab es in den Wegekarten nur die Bezeichnung dieser Punkte. Der Befehl, wie zu fahren war, mußte diese Punkte der Reihe nach aufzählen. Im ersten Teil dieses Buches konnte es vermieden werden, auf diese Punkte zur Bezeichnung eines Ortes zurückzugreifen, statt dessen wurde auf allgemein bekannte geographische Namen Bezug genommen.

In der Adria hatten außer den einzelnen Wegepunkten auch ganze Wege und Wegstücke eigene Bezeichnungen, diese meist in Form getarnter Eigennamen. Und da sich das Quellenmaterial für die Adria sehr viel mehr auf die Angaben der Wegekarten bezieht, als dies die Quellen für die Ägäis taten, ließ es sich des öfteren nicht vermeiden, die Bezeichnungen der Punkte und Wege in den Text zu übernehmen. Dabei waren sich die Verfasser mit Bedauern darüber klar, daß sie nicht imstande waren, diese Ortsbezeichnungen dem Leser in irgendeiner Form, von Einzelfällen abgesehen, zu veranschaulichen. Der somit entstandene Schaden ist jedoch geringer, als wenn die Ortsangaben ganz unterblieben wären; immerhin gestatten sie dem Leser doch, hier und da einen inneren Bezug herzustellen. Gewissen Aufschluß geben die Karten 13 bis 15 im Anhang 2.

Ein besonderes Problem in der Adria waren die Ortsangaben mit Bezug auf die zahlreichen zu legenden Minensperren. Die einzelnen Sperren, Sperrstücke und Punkte waren mit Eigennamen, Buchstaben oder Ziffern benannt. Wo es im Zusammenhang notwendig war, eine Ortsangabe zu machen, konnte diese sich nur auf diese Benennungen beziehen, obwohl auch diese nirgends anschaulich gemacht werden konnten. Aber diese Angaben ermöglichen es dem Leser doch, gewisse textinterne Beziehungen herzustellen.

Ein weiteres Mittel für getarnte militärische Ortsangaben waren die Quadratkarten. Innerhalb eines großen Gebietes, das durch zwei Buchstaben bezeichnet war, war das Gebiet in Quadrate eingeteilt, deren jedes eine zweistellige Zahl trug. Jedes dieser Quadrate konnte in neun Quadrate unterteilt werden, deren Zahlen von 1 bis 9 die dritte Ziffer der Quadratangabe lieferten. Und wiederum jedes dieser Quadrate konnte in neun Quadrate unterteilt werden, und deren Zahlen von 1 bis 9 gaben die vierte Stelle der Quadratbezeichnung an (Beispiel Karten 11 und 12 im Anhang 2).

Zeitangaben

Uhrzeiten im Text sind, wenn nicht im Einzelfall eine größere Genauigkeit notwendig war, meist auf volle fünf oder zehn Minuten auf- oder abgerundet; der Leser möchte eine ungefähre Zeitvorstellung haben und nicht durch präzise Minuten verwirrt werden. Und in den Kriegstagebüchern mehrerer Boote erscheint oft ein und dasselbe Geschehnis unter etwas differierenden Zeitangaben; denn wer schaut schon beim Eintritt eines plötzlichen Ereignisses als erste Reaktion auf die Uhr? –

Uhrzeiten sind unverändert so in den Text aufgenommen worden, wie sie in den Quellen angegeben sind, ohne Rücksicht darauf, nach welcher Zeit die Uhren gestellt waren. Die Ägäis liegt zwischen 23 Grad und 28 Grad Ostlänge, also in einer Zone, in der die osteuropäische Zeit des 30. Längengrades mit den tageszeitlichen Erscheinungen übereinstimmt. Diese Zeit ist aber eine Stunde weiter als die nach mitteleuropäischer Zeit gestellten Uhren der deutschen Wehrmacht. Das führt dazu, daß nach deutschen Uhren alle von der Tageszeit abhängigen Ereignisse eine Stunde früher liegen, als man es gewohnt war. Wenn z. B. die Anlandung auf Leros im November in der ersten Morgendämmerung stattfinden sollte und auf 05.00 Uhr angesetzt wurde, so muß man dabei berücksichtigen, daß die Sonne nach Ortszeit gegen 06.25 Uhr aufging und daß, wenn die deutschen Uhren 05.00 Uhr zeigten, es nach osteuropäischer Zeit bereits 06.00 Uhr war, also 25 Minuten vor Sonnenaufgang. Wurde es morgens um 07.00 Uhr hell und abends um 17.00 Uhr dunkel, so zeigten deutsche Uhren statt dessen 06.00 Uhr und 16.00 Uhr.

Dieses Problem stellte sich in der Adria nicht. Sie gehört zur mitteleuropäischen Zeitzone, und deshalb waren dort die Uhrzeiten und die tageszeitlichen Erscheinungen in Übereinstimmung.

Diese Betrachtung galt für das Winterhalbjahr. Wenn aber im Sommerhalbjahr die deutschen Uhren nach mitteleuropäischer Sommerzeit gingen, die ja der osteuropäischen Zeit entspricht, dann waren in der Ägäis die tageszeitlichen Verhältnisse in Übereinstimmung mit den deutschen Uhren, dagegen waren sie in der Adria eine Stunde später als nach deutschen Uhren, wie man das auch aus Deutschland von der Sommerzeit her kennt.

Auch Uhrzeitangaben aus westalliierten Quellen wurden unverändert übernommen, so daß es zwischen ihnen und deutschen Uhrzeiten Unterschiede geben kann. So wurde die Uhrzeit der Kapitulation von Leros nach italienischer Zeit angegeben, weil genaue Zeiten in deutschen Quellen nicht genannt wurden.

Angaben von Richtungen, Entfernungen und Geschwindigkeiten

Für Richtungsangaben wurden zumeist die Himmelsrichtungen benutzt. Des öfteren wurden sie aber auch auf die Längsschiffsachse des Schiffes bezogen. Dann wurden sie entweder in allgemeiner Form (z. B. Backbord voraus, Steuerbord achteraus) gemacht oder genauer in Grad oder in Dez; ein Dez gleich 10 Grad.

Entfernungen wurden allgemein in Seemeilen ausgedrückt, abgekürzt sm, vereinzelt auch in Kilometern. Im Zusammenhang mit dem Waffeneinsatz, mit Sichtmeldungen und mit taktischen Aussagen wurde als Einheit auch der Hektometer benutzt, abgekürzt hm; ein Hektometer gleich 100 Meter.

Damals war für die Fahrt eines Schiffes der Ausdruck »Meilen« gebräuchlich, eine Kurzform für Seemeilen pro Stunde, abgekürzt sm/h; auch dieser Ausdruck wurde manchmal benutzt, vor allem in wörtlichen Zitaten. Da aber »Meilen« eine nicht korrekte Form ist, wurde im Text meist die in der Seefahrt gebräuchliche, in die Marine aber erst später eingeführte Bezeichnung Knoten benutzt; ein Knoten gleich 1 Seemeile in der Stunde. Der Ausdruck ist abgeleitet von den Knoten in der jedem Seebefahrenen bekannten Logleine, mit der die Geschwindigkeit des Schiffes gemessen wurde.

Dienstgrade der Marineoffiziere

Für Leser, die mit den Marineverhältnissen nur wenig vertraut sind, werden im folgenden die in diesem Buch verwendeten Abkürzungen für die Dienstgrade der Marineoffiziere angegeben, dazu die nicht abgekürzte Bezeichnung und der vergleichbare Dienstgrad des Heeres:

Lt.z.S., Leutnant zur See, Leutnant
Oblt.z.S., Oberleutnant zur See, Oberleutnant
Kptlt., Kapitänleutnant, Hauptmann
Korv.Kpt., Korvettenkapitän, Major
Freg.Kpt., Fregattenkapitän, Oberstleutnant
Kapt.z.S., Kapitän zur See, Oberst
Die Dienstgrade der Admirale wurden immer ausgeschrieben. Es entsprachen
sich der Konteradmiral und der Generalmajor, der Vizeadmiral und der Ge-
neralleutnant, der Admiral und der General, der Generaladmiral und der Ge-
neraloberst, und der Großadmiral und der Generalfeldmarschall.

Die Zugehörigkeit eines Offiziers zu einem anderen als dem Seeoffizier-
korps wurde durch Zusätze zum Dienstgrad bezeichnet. Es bedeutete der
Zusatz
(Ing) = Ingenieuroffizier
(V) = Verwaltungsoffizier
(W) = Waffenoffizier
Es gab noch weitere Speziallaufbahnen der Offiziere. Bei den Leutnanten und
Oberleutnanten trat der Zusatz an die Stelle des »zur See«, beim Kapitän zur
See jedoch trat er hinzu.

Altersstruktur der Flottillen

Manchen Leser mag es interessieren, wie damals die Altersstruktur in den
Flottillen war.

Die überwiegende Zahl der Mannschaften gehörte der Altersgruppe zwischen 18 und 22 Jahren an. Die Unteroffiziere ohne Portepee waren in der
Mehrzahl zwischen 22 und 27 Jahre alt, es gab auch einige aktive Obermaate,
die etwas älter waren. Die meisten Unteroffiziere mit Portepee waren in der
zweiten Hälfte der zwanziger Jahre, einige waren auch über 30 Jahre alt. Das
Gros der Wachoffiziere war zwischen 22 und 27 Jahre alt, ebenso mehrere
der Ingenieuroffiziere, obwohl unter ihnen die hervorragenden aus dem
Mannschaftsstand hervorgegangenen Leitenden Ingenieure älter waren. Die
Kommandanten waren zum größten Teil zwischen 25 und 30 Jahre alt. Und
von den Flottillenchefs waren Freg.Kpt. Dominik und Freg.Kpt. Birnbaum
37, Freg.Kpt. Riede gerade 40 Jahre alt.

Alles in allem waren die Flottillen eine junge, aktive Truppe. Wesentlich äl-
tere Reservisten gab es nur wenige.

Abkürzungen

Abkürzungen wurden möglichst wenig benutzt, selbst wenn einige damals
sehr gebräuchlich waren. Die wichtigsten in den Text aufgenommenen Abkürzungen sollen im folgenden erklärt werden:

»E-« als Ausdruck für die Entfernung eines Zieles, damit auch Zusammensetzungen wie E-Messer, E-Meßgerät, wurden im Text vermieden. »E-« im Text bezieht sich deshalb immer auf die elektrische Anlage, auf die Stromversorgung des Bootes, also E-Anlage = elektrische Anlage, E-Maschinist = der für die E-Anlage verantwortliche Unteroffizier.

»ES« = Erkennungssignal. Neben der Freund-Feind-Unterscheidung durch Morsezeichen, die nur selten benutzt wurden, war als Erkennungssignal das Sternsignal sehr verbreitet, vor allem zwischen Schiff und Flugzeug. Mit der Sternsignalpistole wurde ein Geschoß in einige Höhe geschossen, wo es sich in verschiedenartige feuerwerksähnliche Lichterscheinungen zerlegte. In täglichem Wechsel gab es zwei solche Sternsignale, eins als Anforderung, eins als Antwort.

»FuMB«, »FuMO«. FuMO-Geräte waren aktive Ortungsgeräte, bei denen das Echo ausgestrahlter elektromagnetischer Wellenimpulse Richtung und Entfernung eines Zieles festzustellen gestattete. In Form von Rundum-Ortungsgeräten, dem Radar, waren sie in Deutschland noch nicht entwickelt. FuMB-Geräte dagegen waren passive Ortungsgeräte, die die Strahlung aktiver Ortungsgeräte des Gegners hörbar machten. Nach dem Maximum des Empfangs konnte man die Richtung des Orters bestimmen, und aus der Lautstärke konnte man auf seine Entfernung, aus der Frequenz auf seine Art (Flugzeug, Zerstörer, Schnellboot, an Land) schließen.

»kb«, »KB«, »k.b.«, »K.B.« bedeutet »kriegsbereit« bzw. »Kriegsbereitschaft«. Ein Kriegsschiff war k.b. und meldete seine K.B., wenn es in allen seinen Teilen einsatzfähig war. War es nur eingeschränkt einsatzfähig, so wurde den Abkürzungen ein »e . .« vorangestellt, war es nicht einsatzfähig, so wurde ein »a . .« vorangestellt (a steht für »außer« . . .«). Dagegen bezogen sich »fahrbereit« und »Fahrbereitschaft« nur auf die Einsatzfähigkeit der Maschinenanlage.

»KTB«, »K.T.B.« = Kriegstagebuch. Jede Einheit mußte ein täglich zu unterschreibendes Kriegstagebuch führen. Zum Ende und in der Mitte eines jeden Monats wurden die K.T.B. abgeschlossen. Die K.T.B. der Torpedoboote wurden dem des Flottillenchefs als Anlagen beigefügt und liefen mit diesem auf dem Dienstwege nach oben. Die Vorgesetzten durften die Eintragungen nicht ändern, wohl aber dazu Stellung nehmen. Eine der zahlreichen Ausfertigungen lief so bis zur Seekriegsleitung, wo sie nach Auswertung im Archiv verblieb. Von dort her sind die K.T.B. eine besonders wichtige Quelle für die historische Forschung, so auch für dieses Buch.

»LG« = Leuchtgranate, ein Artilleriegeschoß, bei dem ein Zeitzünder einen Leuchtsatz ausstößt, der, an einem Fallschirm hängend, die Gegend eine Zeitlang beleuchtet.

»MES« bedeutet Mineneigenschutz. Eine in Längsrichtung um das Schiff gelegte Kabelschleife erzeugte bei Stromdurchgang ein magnetisches Feld, durch das das Eigenfeld des Schiffes möglichst aufgehoben werden und beim Überlaufen die Magnetzündungen der Minen nicht ansprechen sollten. Bei der MES-Vermessung durchlief das Schiff ein Meßfeld, mit dessen Hilfe die wirksamste Stromstärke ermittelt wurde.

»*MFP*« = Marine-Fährprahm, kastenförmiges Seefahrzeug für Landungs- und Transportaufgaben, dessen abgeschrägtes Vorschiff eine Landeklappe hatte zum Be- und Entladen an freier Küste. MFP wurden in sehr großer Zahl gebaut und haben sich auf allen Kriegsschauplätzen hervorragend bewährt. Sie waren meist in Landungsflottillen (L-Flottillen) zusammengefaßt. Tragfähigkeit meist etwa 100 Tonnen.

»*MGB*« = Motor-Gun-Boat, Motorkanonenboot

»*MS*« = Minenschiff, ein meist etwas größeres Schiff, das Minen tragen und werfen konnte.

»*M/S*« = Abkürzung für Motorschiff.

»*MTB*« = Motor-Torpedo-Boot.

»*S-Gerät*«, ein Unterwasser-Ortungsgerät gegen Uboote, arbeitete mit den Echos von Schall- oder Ultraschallimpulsen und gestattete, Richtung und Entfernung des Uboots zu bestimmen. Die Wirksamkeit der Geräte war stark von Verhältnissen des Wassers abhängig, insbesondere von den durch verschiedene Temperaturen oder Salzgehalte verursachten Schichtungen des Wassers; »Sonar« im Gegensatz zur Überwasserortung »Radar«.

»*UK*« = Ultra-Kurzwellen-Telefonie.

ANHANG 2: KARTENSKIZZEN, ZEICHNUNGEN

Kartenskizzen

1 Ägäis, südwestlicher Teil
2 Gewässer um Attika und Euböa
3 Athen und Umgebung
4 Ägäis, südöstlicher Teil
5 Dodekanes
6 Leros
7 Ägäis, nördlicher Teil
8 Adria
9 Straße von Otranto und Ionische Inseln
10 Jugoslawien
11 Wegeskizze Unternehmen »Odysseus«, nördlicher Teil
12 Wegeskizze Unternehmen »Odysseus«, südlicher Teil
13 Wegeskizze Unternehmen »Da Capo«, nördlicher Teil
14 Wegeskizze Unternehmen »Da Capo«, südlicher Teil
15 Wegeskizze Unternehmen »Da Capo«, Ausschnitt
16 Norddalmatien

Schattenrisse der Boote

Bootswappen

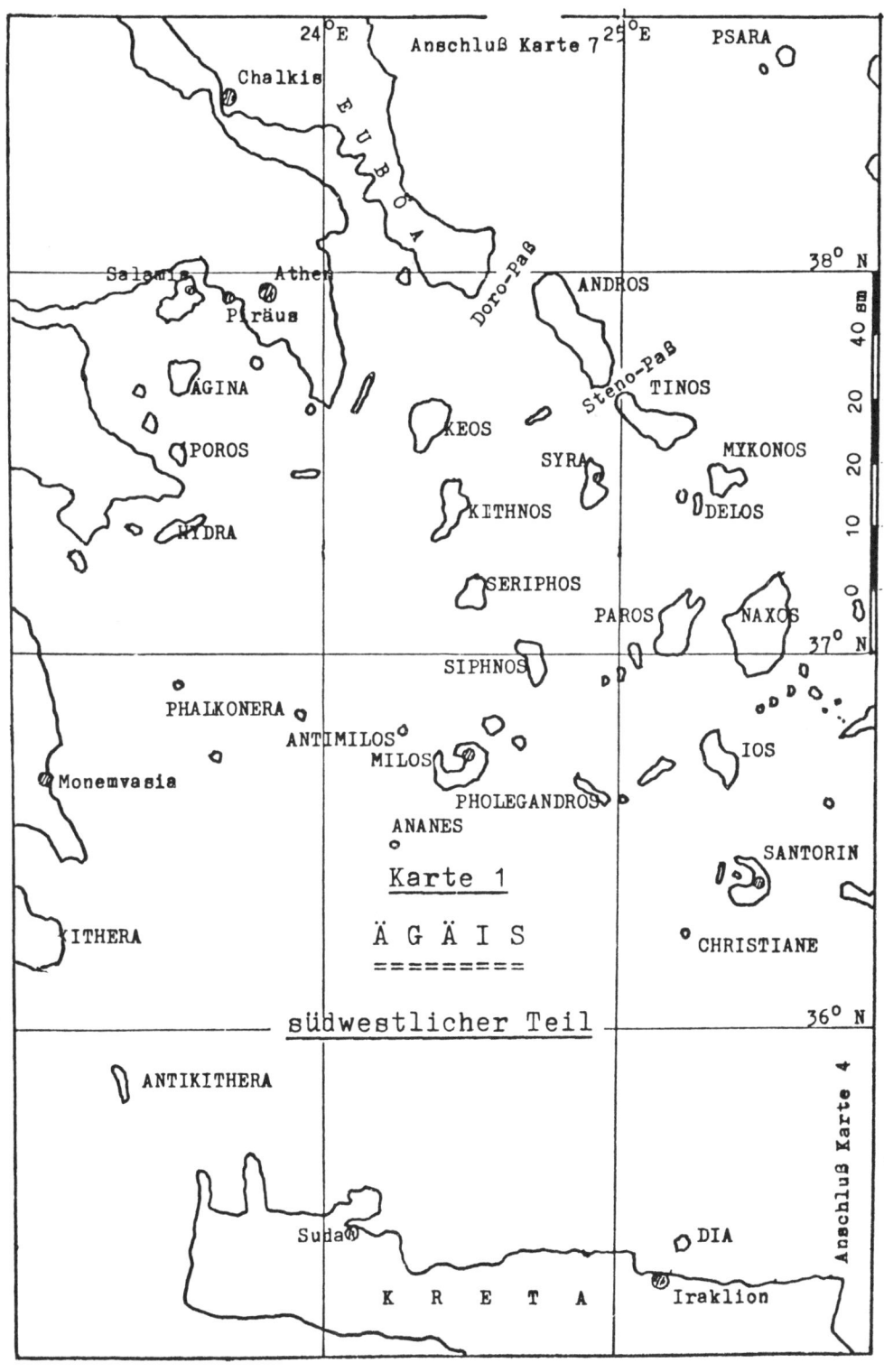

Anschluß Karte 7

PSARA

24°E   25°E

Chalkis

E U B Ö A

38° N

40 sm

Doro-Paß

ANDROS

Salamis   Athen

Piräus

Steno-Paß

TINOS

20

AGINA

KEOS

MYKONOS

20

POROS

SYRA

DELOS

10

KITHNOS

HYDRA

0

SERIPHOS

PAROS

NAXOS

37° N

SIPHNOS

PHAIKONERA

ANTIMILOS

MILOS

IOS

Monemvasia

PHOLEGANDROS

ANANES

Karte 1

SANTORIN

KITHERA

Ä G Ä I S

=========

CHRISTIANE

südwestlicher Teil

36° N

Anschluß Karte 4

ANTIKITHERA

DIA

Suda

K R E T A

Iraklion

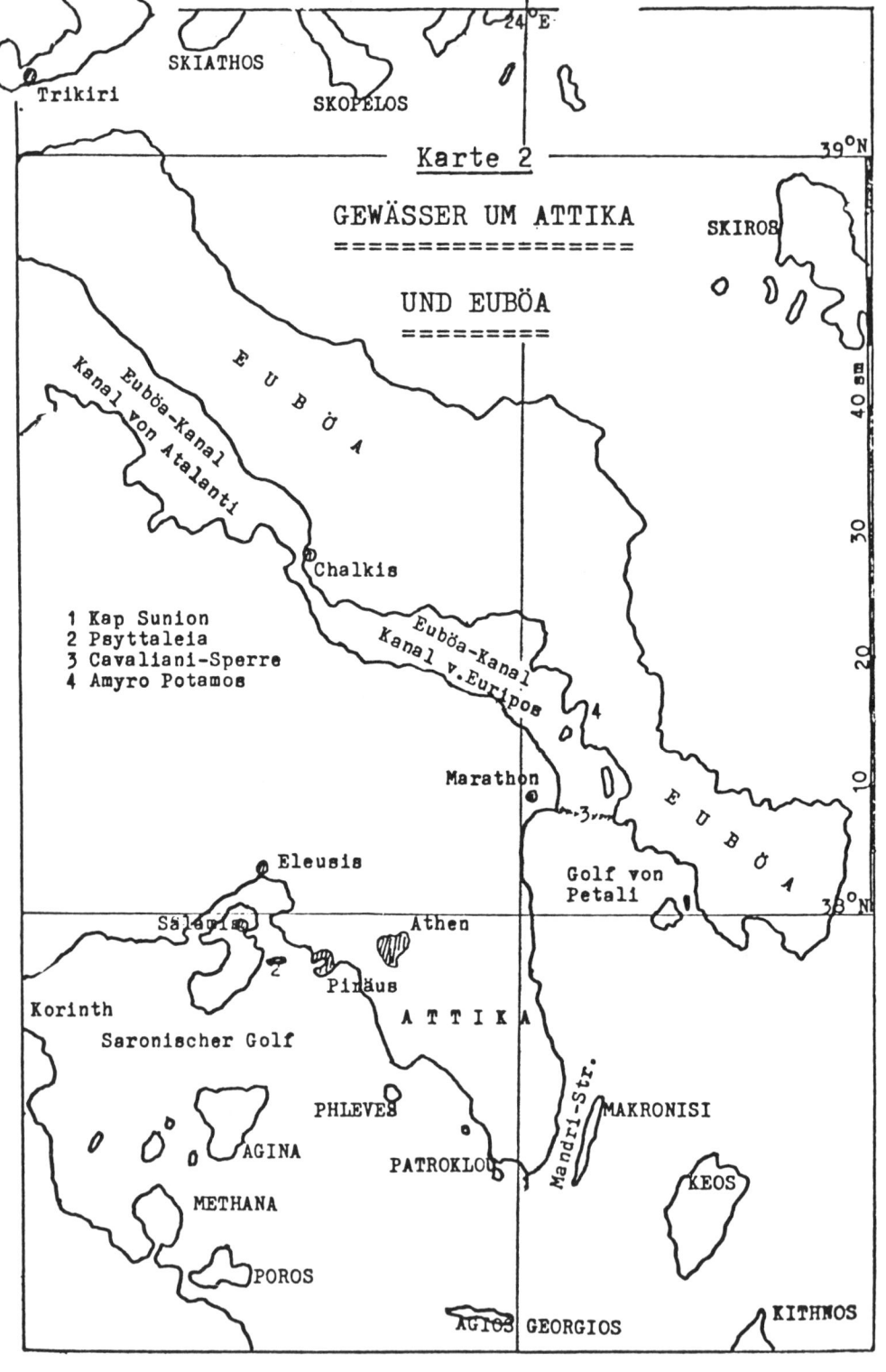

Karte 2

GEWÄSSER UM ATTIKA
==================

UND EUBÖA
=========

1 Kap Sunion
2 Psyttaleia
3 Cavaliani-Sperre
4 Amyro Potamos

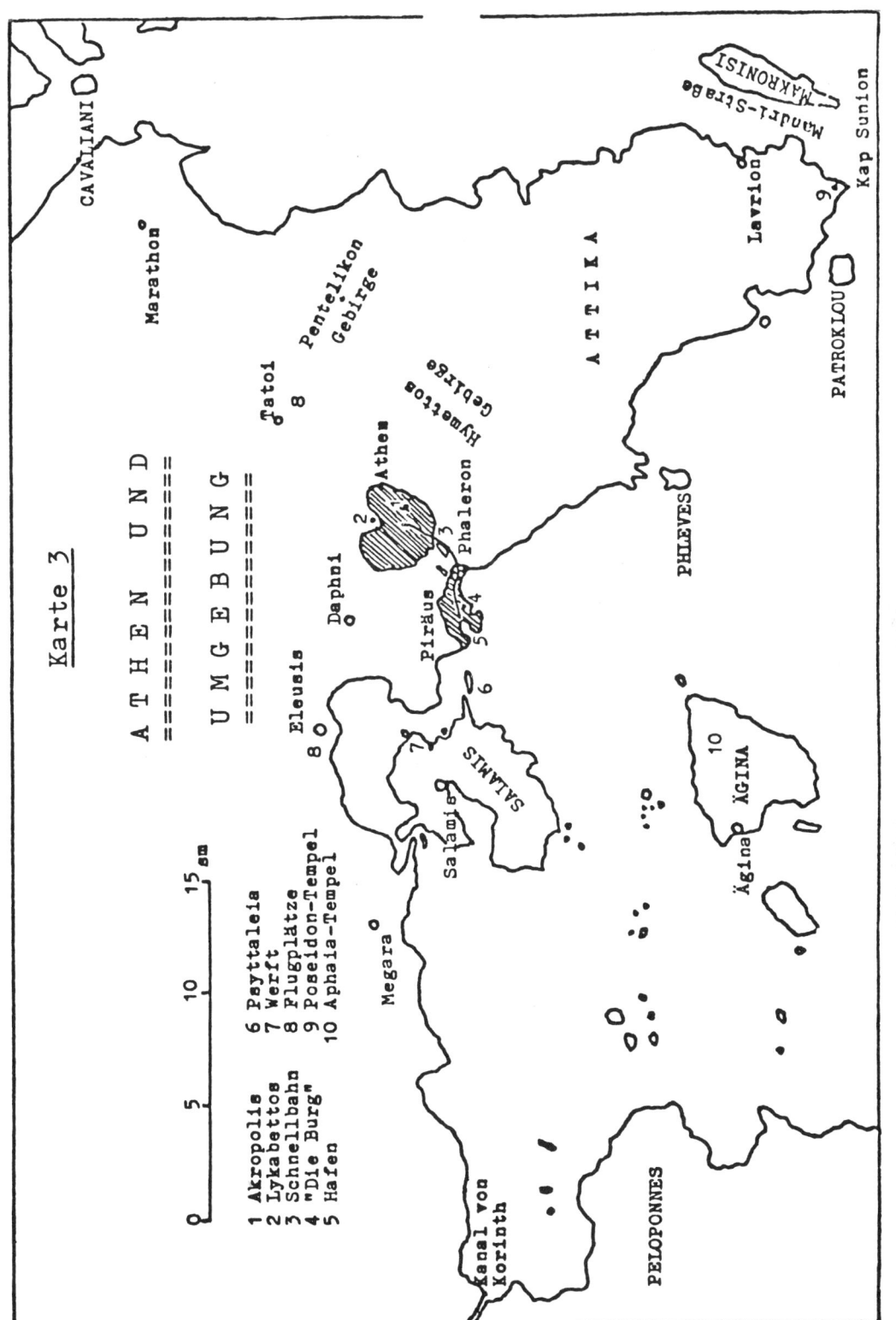

Karte 3

A T H E N   U N D
===================
U M G E B U N G
===================

1 Akropolis   6 Psyttaleia
2 Lykabettos   7 Werft
3 Schnellbahn   8 Flugplätze
4 "Die Burg"   9 Poseidon-Tempel
5 Hafen   10 Aphaia-Tempel

0   5   10   15 sm

CAVALIANI

Marathon

Pentelikon
Gebirge

Tatoi
8

Athen
2
1
3
Phaleron

Hymettos
Gebirge

Daphni

Piräus

4
5

6

Eleusis
8

7

SALAMIS

Salamis

Megara

Kanal von
Korinth

PELOPONNES

ATTIKA

Lavrion
9
Kap Sunion

Mandri-Straße
MAKRONISI

PATROKLOU

PHLEVES

ÄGINA
10

Ägina

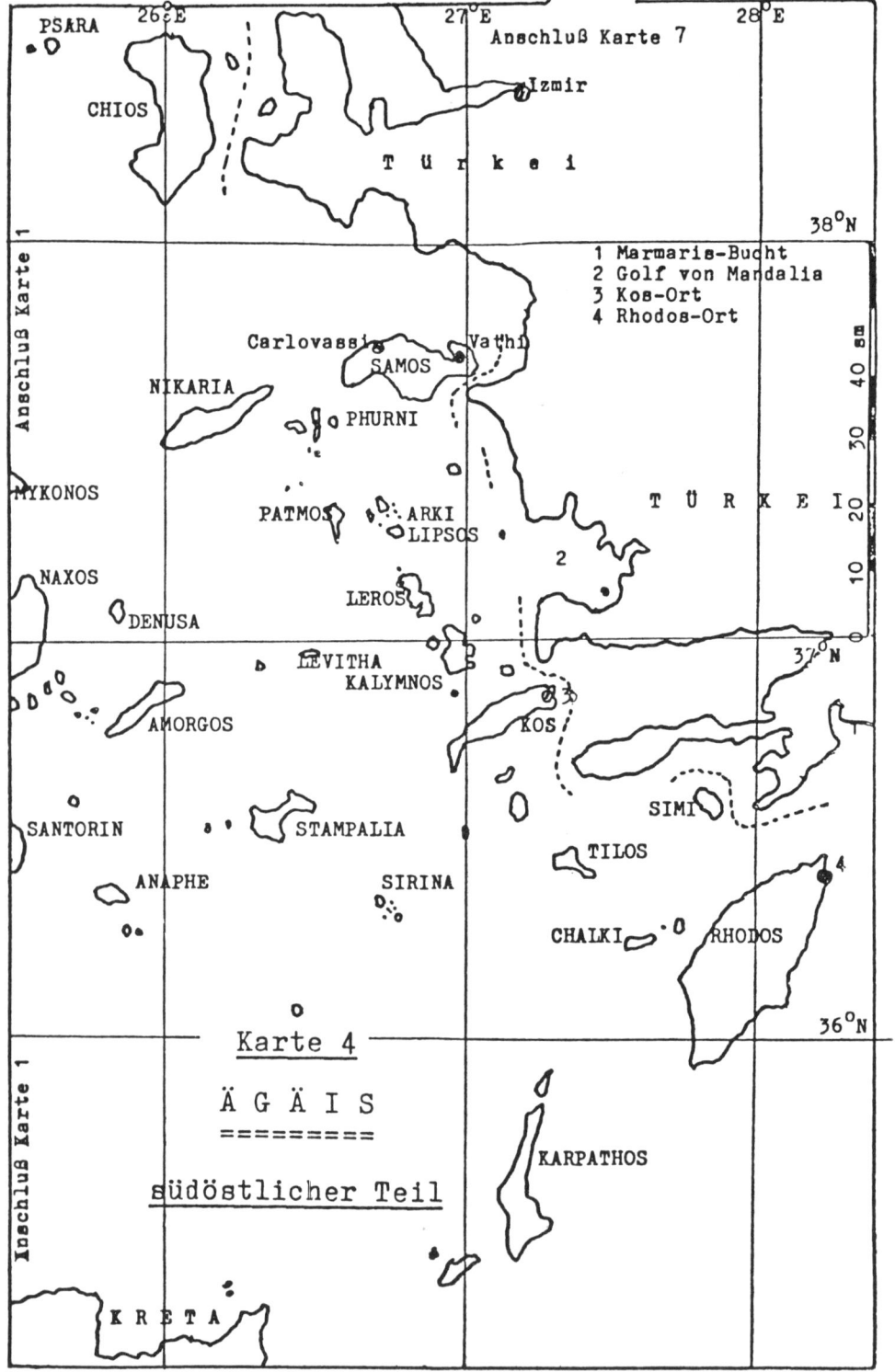

PSARA

26°E   27°E   Anschluß Karte 7   28°E

CHIOS

Izmir

T ü r k e i

38°N

Anschluß Karte 1

1 Marmaris-Bucht
2 Golf von Mandalia
3 Kos-Ort
4 Rhodos-Ort

Carlovassi   Vathi
SAMOS

NIKARIA

PHURNI

40 sm

30

MYKONOS

PATMOS   ARKI
LIPSOS

T Ü R K E I

20

10

NAXOS

LEROS

DENUSA

2

LEVITHA
KALYMNOS

37°N

AMORGOS

KOS

SIMI

SANTORIN

STAMPALIA

TILOS

4

ANAPHE

SIRINA

CHALKI   RHODOS

36°N

Karte 4

Ä G Ä I S
=========

Anschluß Karte 1

südöstlicher Teil

KARPATHOS

K R E T A

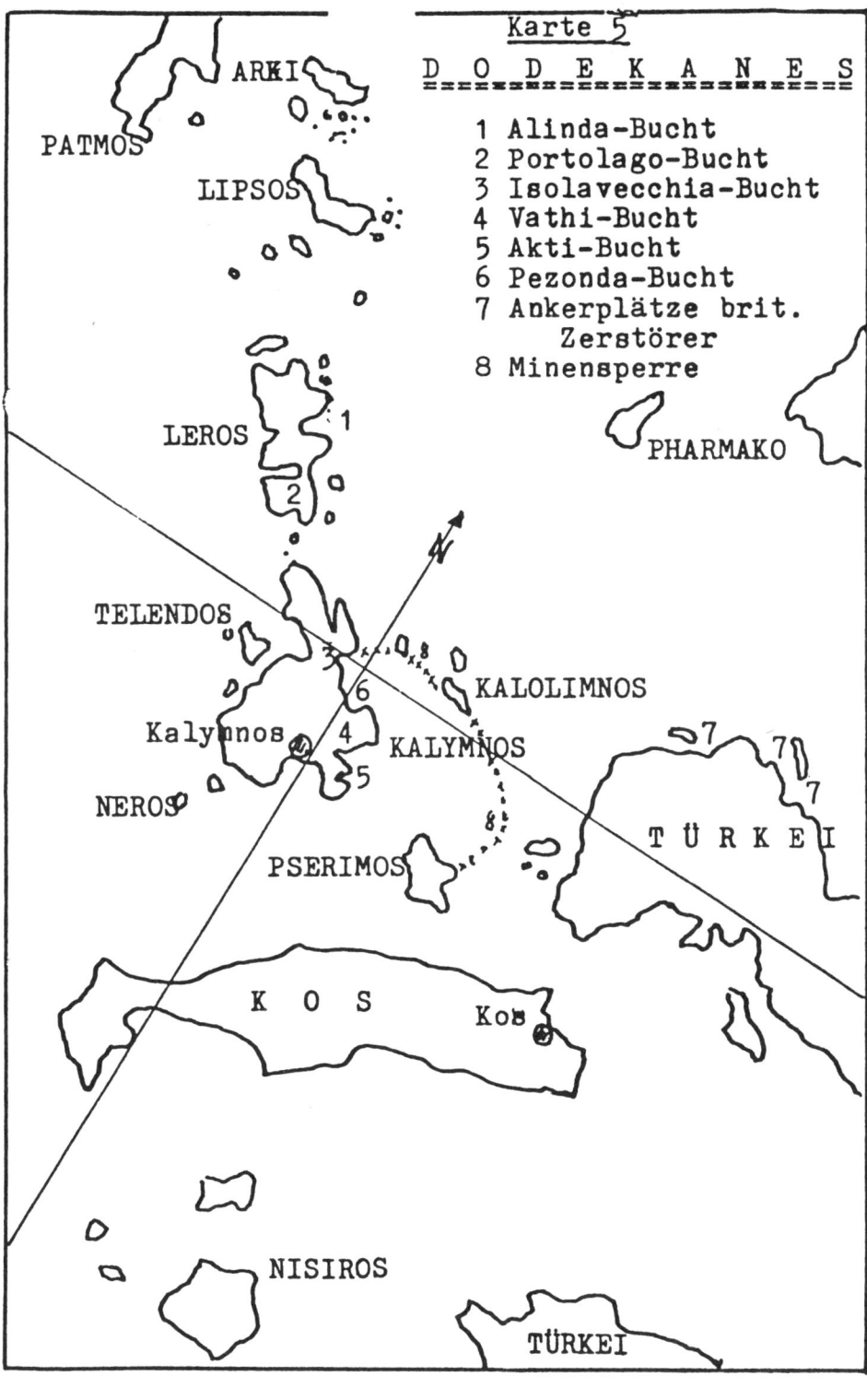

Karte 5

D O D E K A N E S
======================================

1 Alinda-Bucht
2 Portolago-Bucht
3 Isolavecchia-Bucht
4 Vathi-Bucht
5 Akti-Bucht
6 Pezonda-Bucht
7 Ankerplätze brit.
  Zerstörer
8 Minensperre

ARKI
PATMOS
LIPSOS
PHARMAKO
LEROS
TELENDOS
KALOLIMNOS
Kalymnos
KALYMNOS
NEROS
TÜRKEI
PSERIMOS
K O S
Kos
NISIROS
TÜRKEI

Karte 6

L E R O S

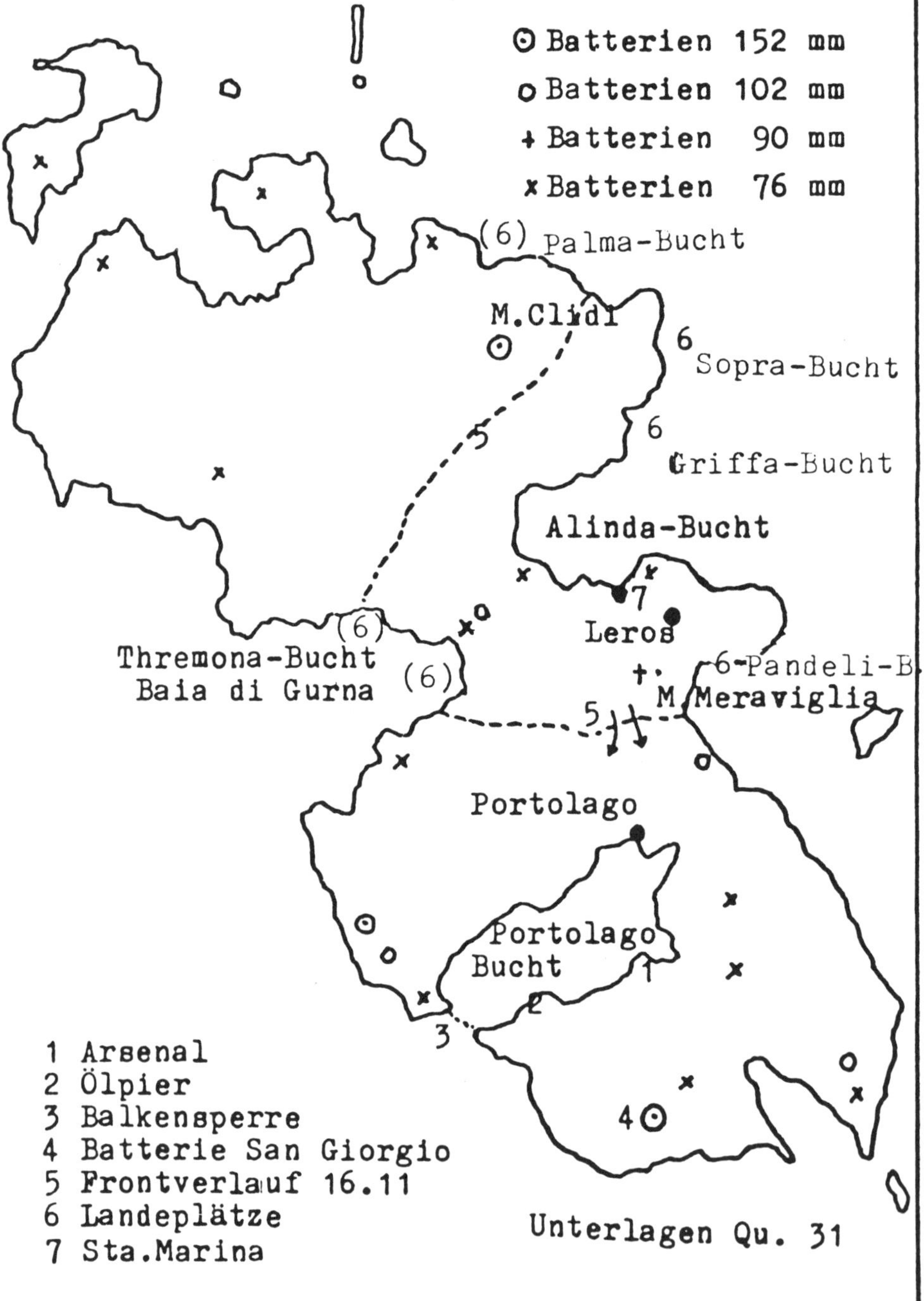

⊙ Batterien 152 mm
○ Batterien 102 mm
+ Batterien 90 mm
× Batterien 76 mm

(6) Palma-Bucht

M.Clidi

6 Sopra-Bucht

6 Griffa-Bucht

Alinda-Bucht

7 Leros

(6)

Thremona-Bucht
Baia di Gurna
(6)

6 Pandeli-B.

M.Meraviglia

5

Portolago

Portolago
Bucht

1

2

3

4

1 Arsenal
2 Ölpier
3 Balkensperre
4 Batterie San Giorgio
5 Frontverlauf 16.11
6 Landeplätze
7 Sta.Marina

Unterlagen Qu. 31

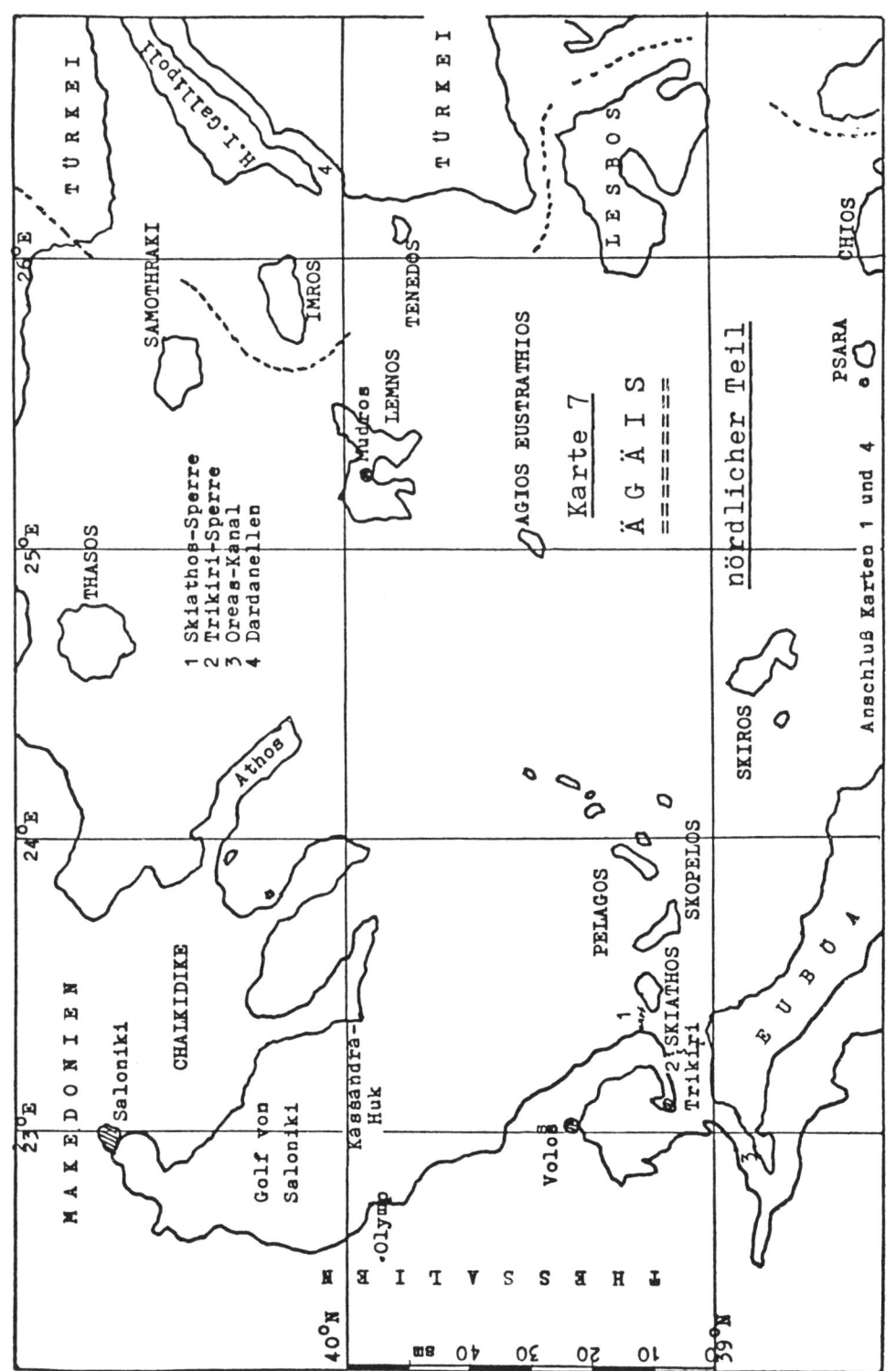

TÜRKEI

H.I.Gallipoli

SAMOTHRAKI

IMROS

TENEDOS

LEMNOS

Mudros

TÜRKEI

LESBOS

CHIOS

THASOS

26°E

25°E

1 Skiathos-Sperre
2 Trikiri-Sperre
3 Oreas-Kanal
4 Dardanellen

AGIOS EUSTRATHIOS

Karte 7

Ä G Ä I S
=========

nördlicher Teil

PSARA

Anschluß Karten 1 und 4

Athos

24°E

SKIROS

MAKEDONIEN

Saloniki

CHALKIDIKE

Golf von
Saloniki

Kassandra-
Huk

Olymp.

PELAGOS

SKOPELOS

SKIATHOS
Trikiri

Volo

E U B Ö A

23°E

T H E S S A L I E N

40°N

39°N

10 20 30 40 sm

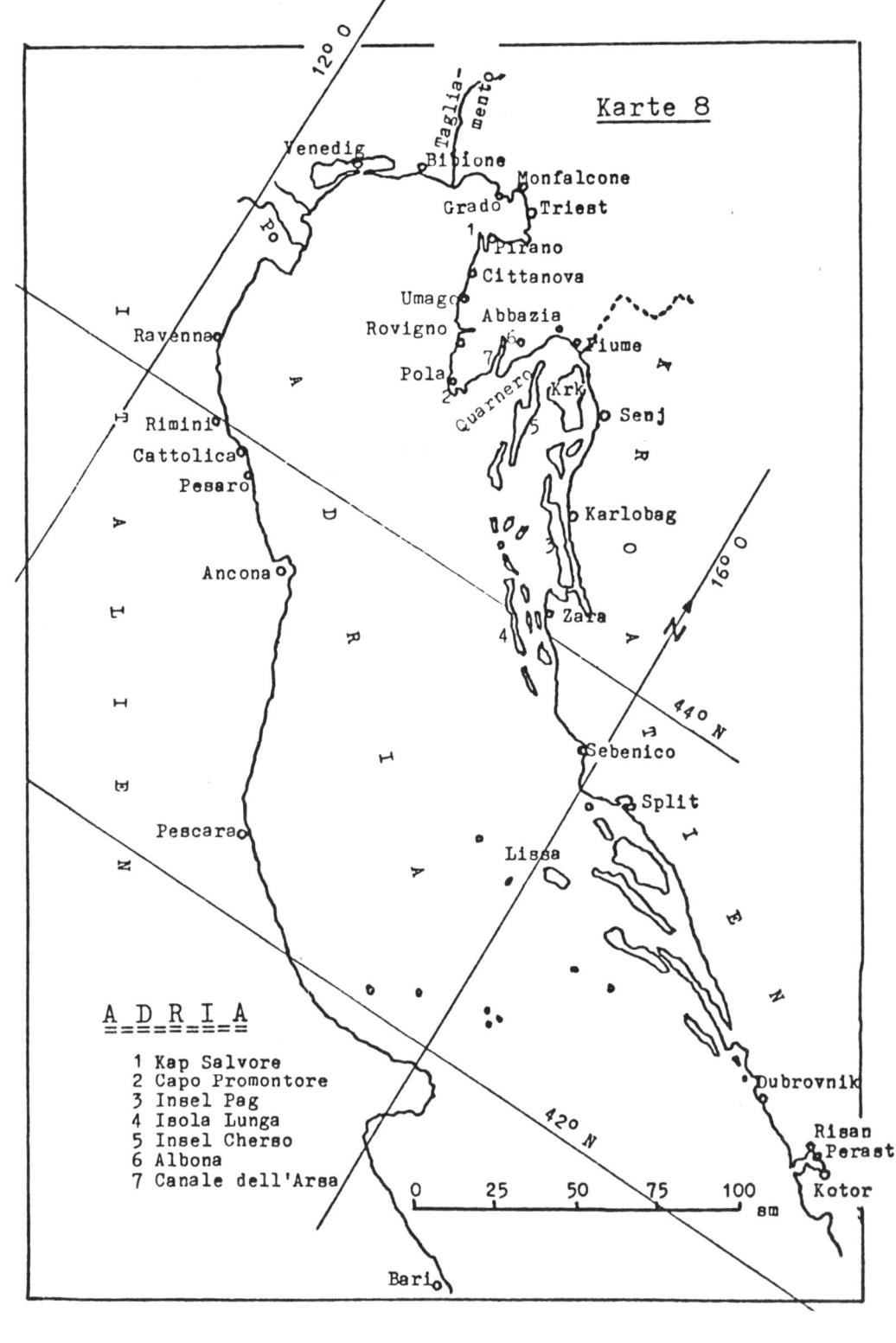

Karte 8

A D R I A

1 Kap Salvore
2 Capo Promontore
3 Insel Pag
4 Isola Lunga
5 Insel Cherso
6 Albona
7 Canale dell'Arsa

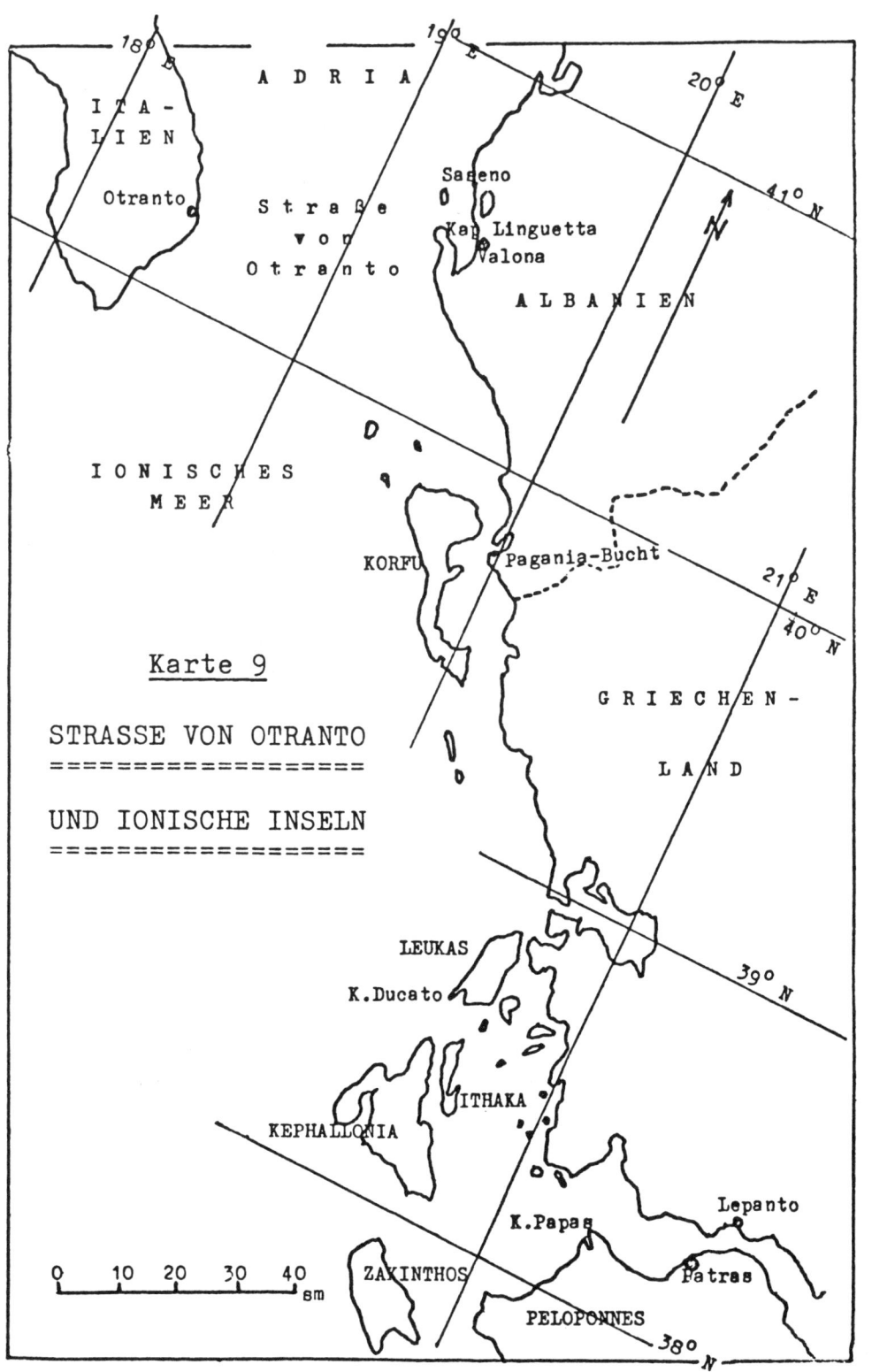

Karte 9

STRASSE VON OTRANTO
===================

UND IONISCHE INSELN
===================

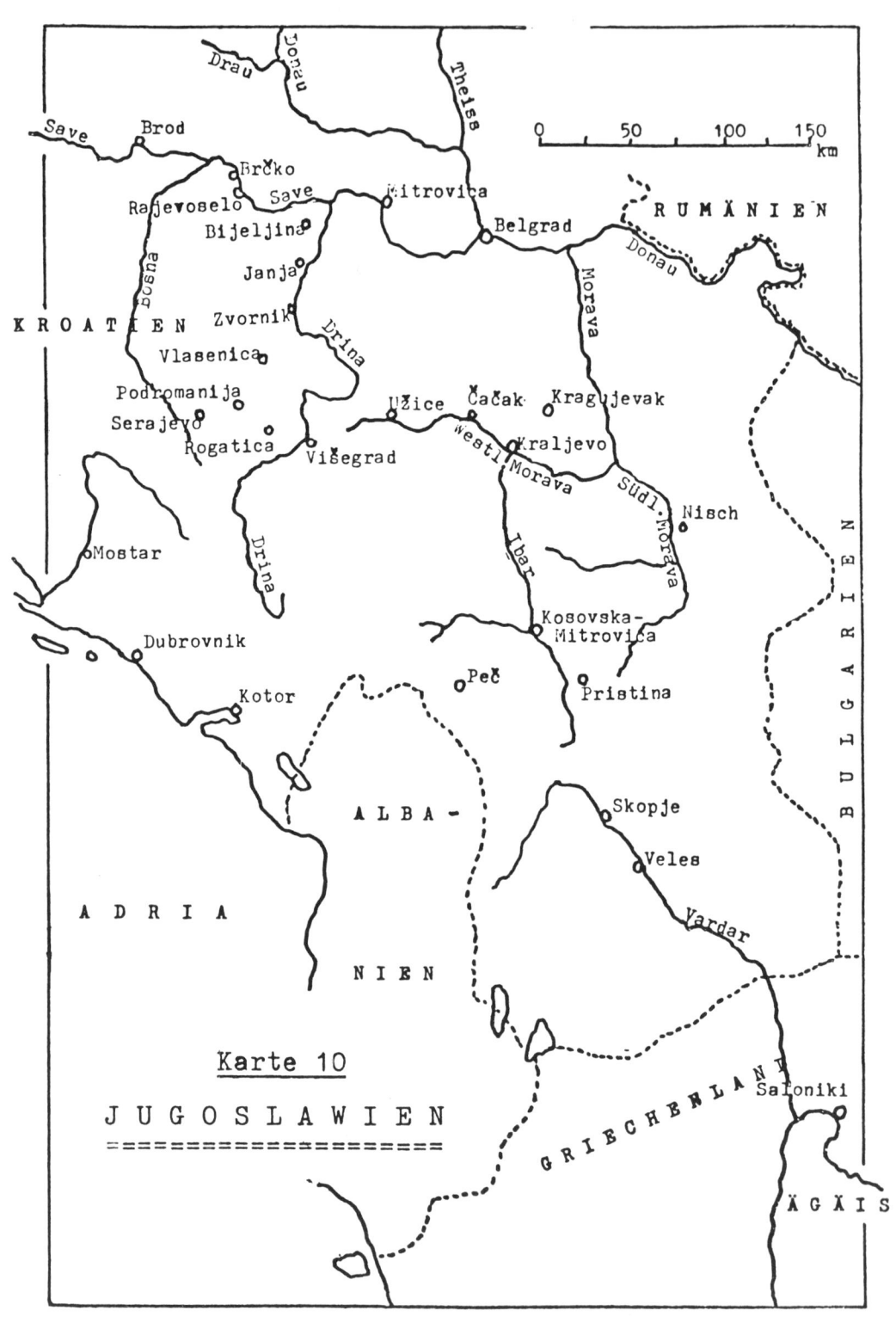

Karte 10

J U G O S L A W I E N
====================

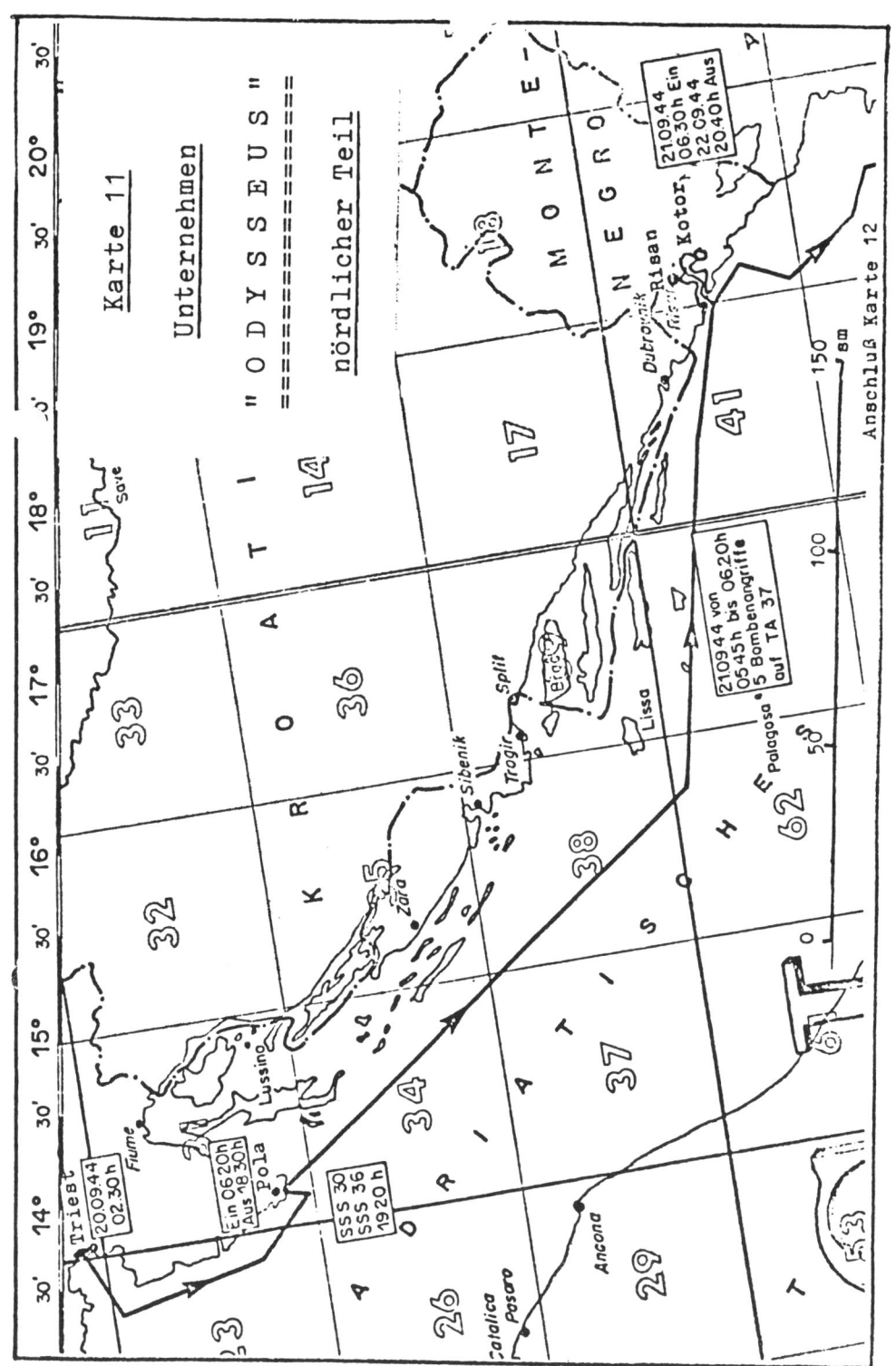

Karte 11

Unternehmen

"ODYSSEUS"
==============

nördlicher Teil
==============

Anschluß Karte 12

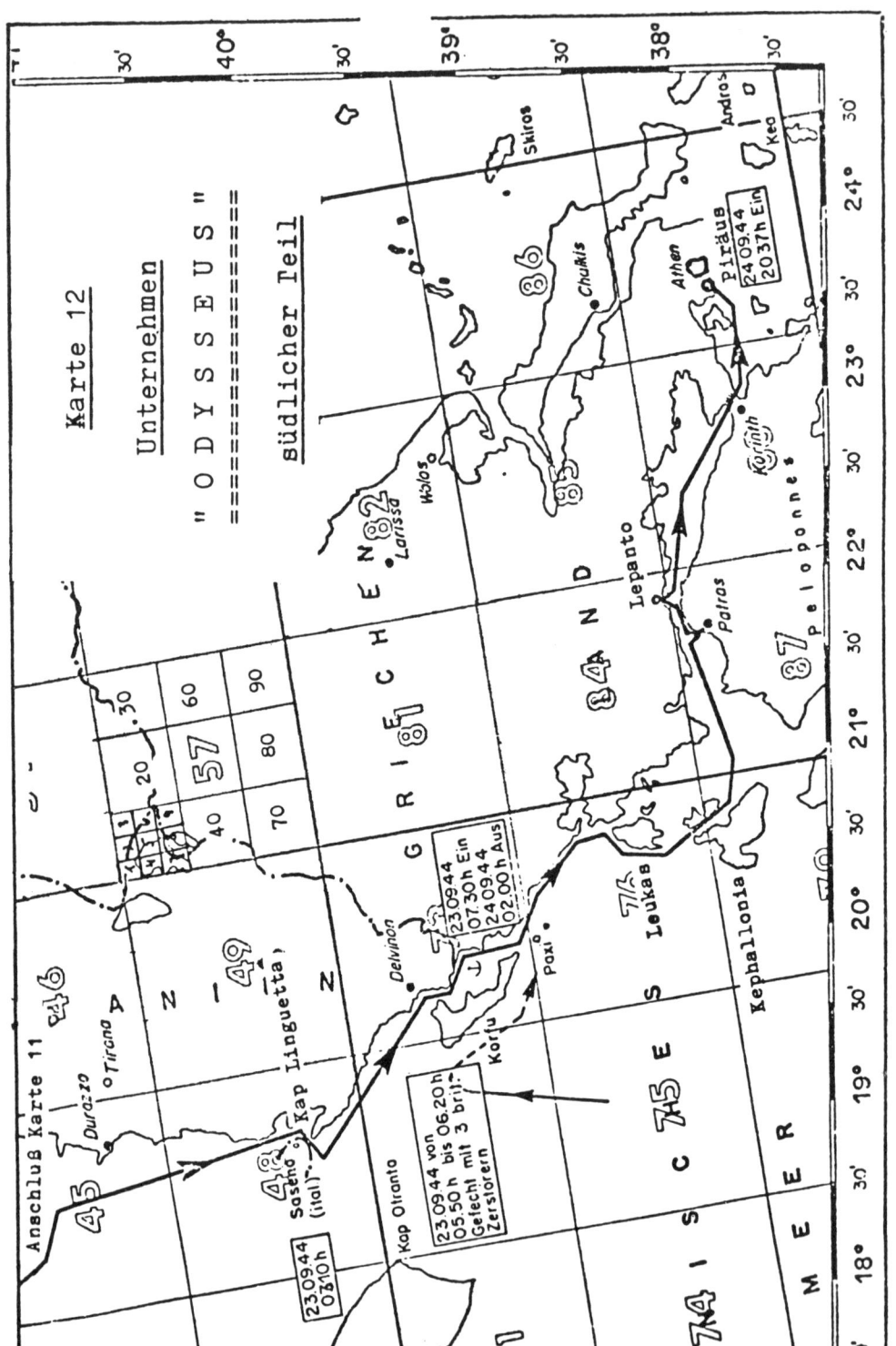

Karte 12

Unternehmen

"O D Y S S E U S"
================

südlicher Teil

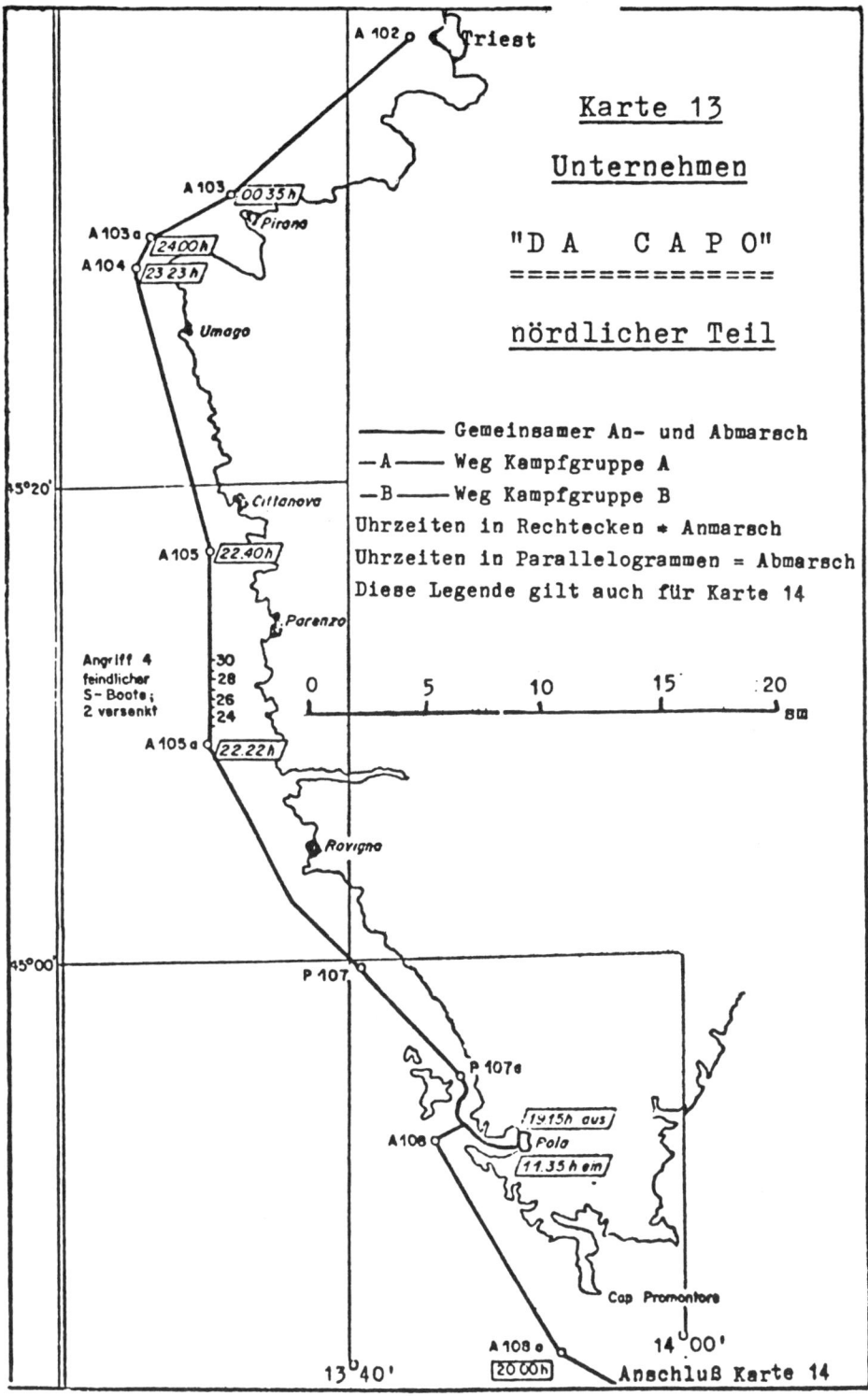

Karte 13

Unternehmen

"D A   C A P O"
================

nördlicher Teil

——————— Gemeinsamer An- und Abmarsch
—A——— Weg Kampfgruppe A
—B——— Weg Kampfgruppe B
Uhrzeiten in Rechtecken ∗ Anmarsch
Uhrzeiten in Parallelogrammen = Abmarsch
Diese Legende gilt auch für Karte 14

A 102 ○ Triest

A 103 ○ 00 35 h
Pirano

A 103 a ○ 24 00 h
A 104 ○ 23 23 h

Umago

45°20′

Cittanova

A 105 ○ 22.40 h

Parenzo

Angriff 4
feindlicher   30
S- Boote;   28
2 versenkt   26
               24

A 105 a ○ 22.22 h

Rovigno

45°00′

P 107

P 107a

19 15h aus
Pola
11.35 h ein

A 106 ○

Cap Promontore

14°00′

A 108 a ○
20 00 h

13°40′

0   5   10   15   20
sm

Anschluß Karte 14

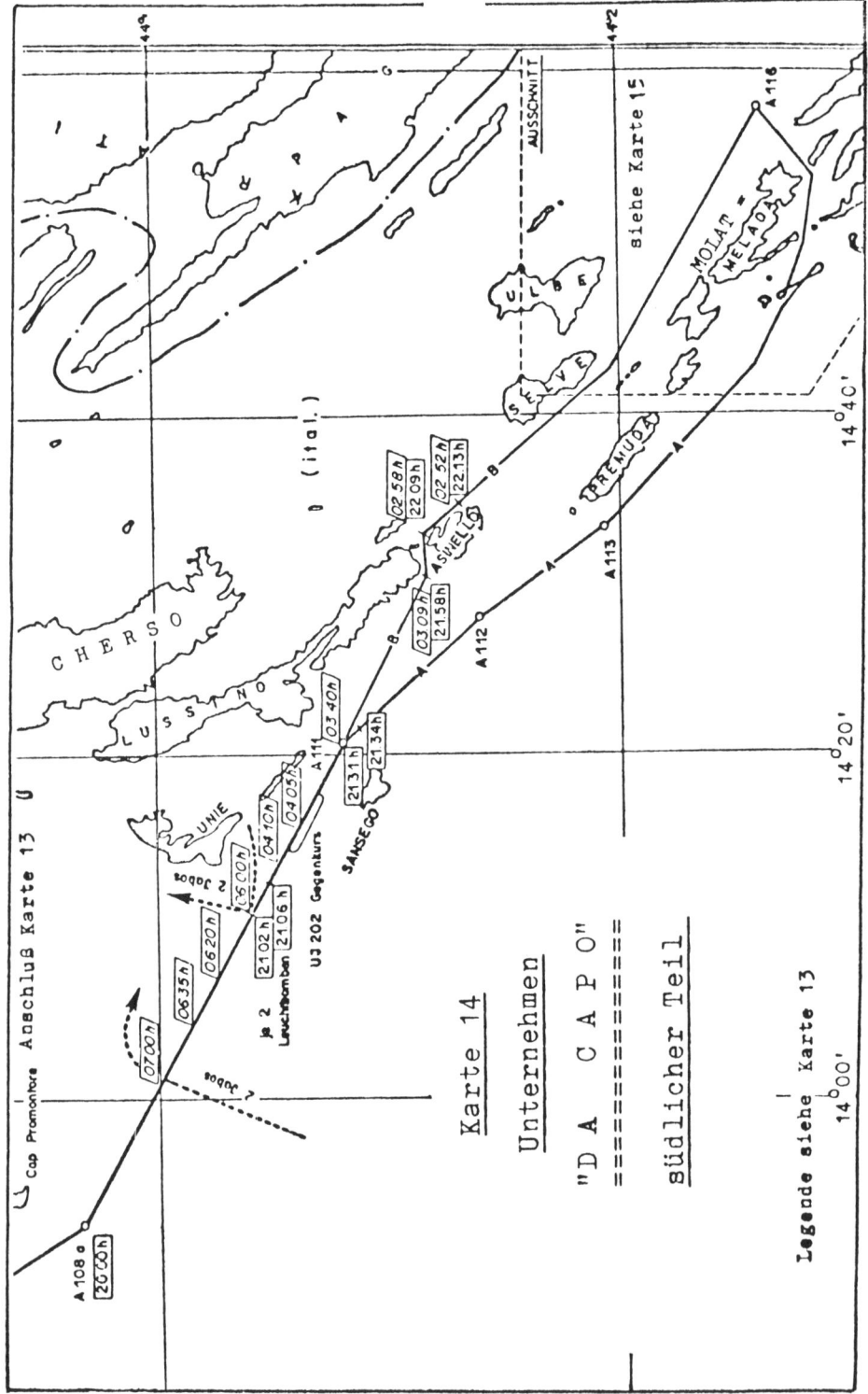

Karte 14

Unternehmen

"D A C A P O"
========================

südlicher Teil

Legende siehe Karte 13

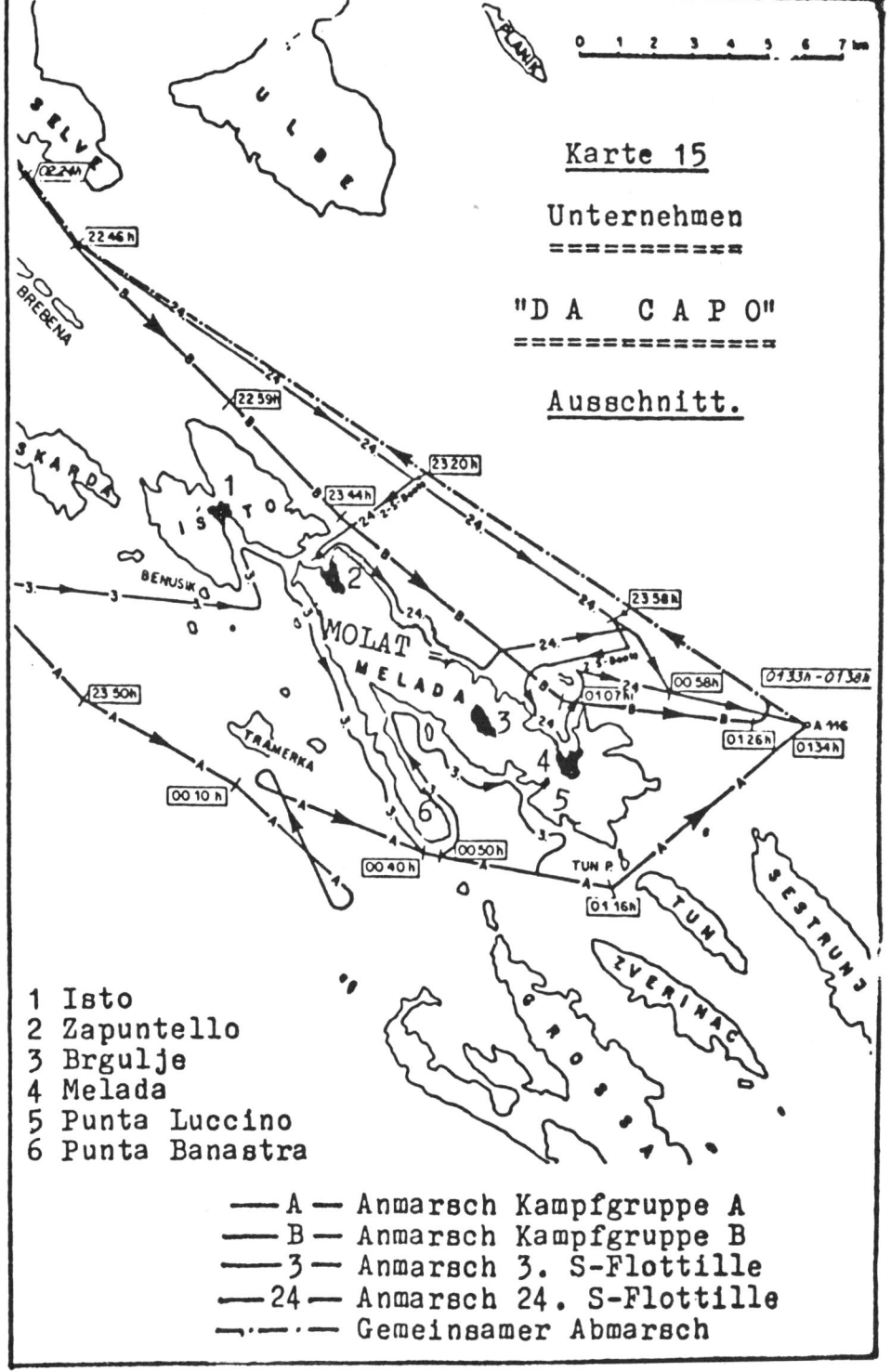

Karte 15

Unternehmen
==========

"D A C A P O"
===============

Ausschnitt.

1 Isto
2 Zapuntello
3 Brgulje
4 Melada
5 Punta Luccino
6 Punta Banastra

——A—— Anmarsch Kampfgruppe A
——B—— Anmarsch Kampfgruppe B
——3—— Anmarsch 3. S-Flottille
——24—— Anmarsch 24. S-Flottille
—·—·—· Gemeinsamer Abmarsch

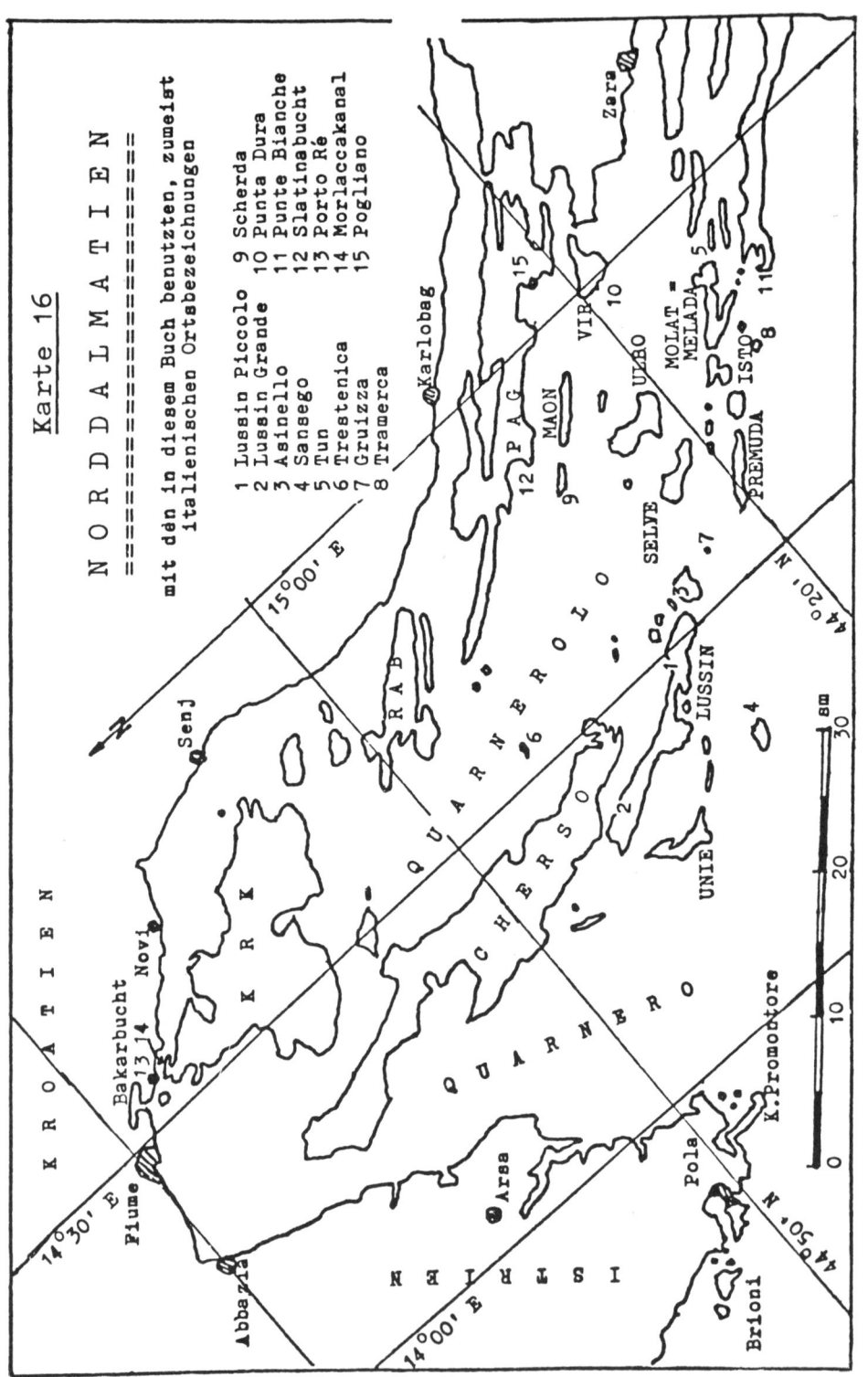

Karte 16

NORDDALMATIEN
==================================

mit den in diesem Buch benutzten, zumeist
italienischen Ortsbezeichnungen

1 Lussin Piccolo	9 Scherda
2 Lussin Grande	10 Punta Dura
3 Asinello	11 Punte Bianche
4 Sansego	12 Slatinabucht
5 Tun	13 Porto Ré
6 Trestenica	14 Morlaccakanal
7 Gruizza	15 Pogliano
8 Tramerca	

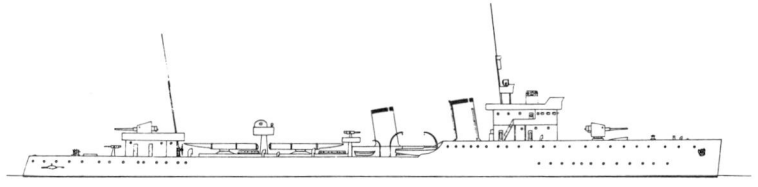

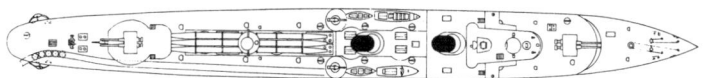

Zerstörer »Turbine«, später »TA 14«
zu italienischer Zeit

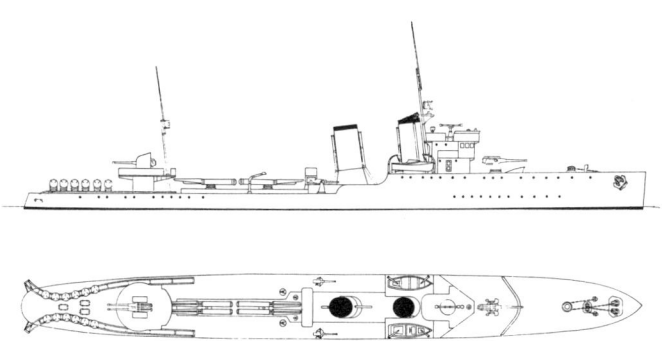

Zerstörer »Francesco Crispi«, später »TA 15«
zu italienischer Zeit

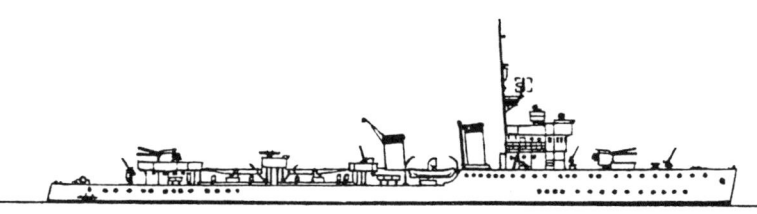

»TA 14« ex Turbine (1944), ähnlich »TA 15« ex Francesco Crispi

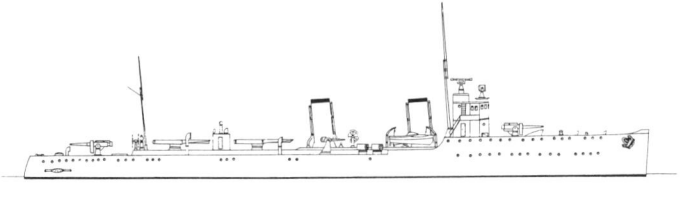

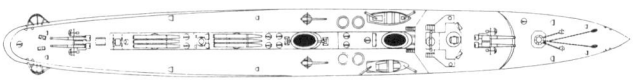

»Castelfidardo«, später »TA 16« und »Calatafimi«, später »TA 19«
zu italienischer Zeit

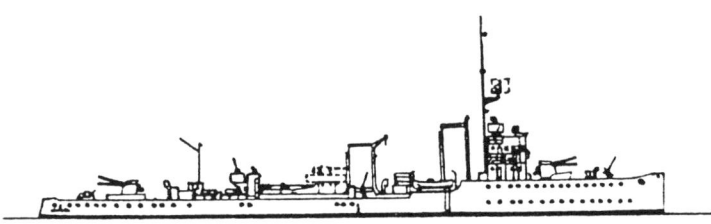

»TA 16« (1944)

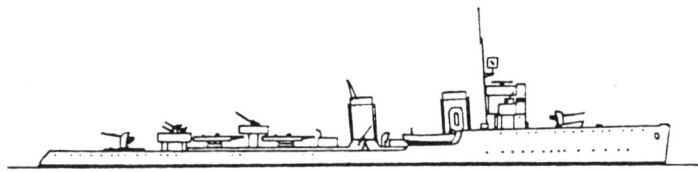

»TA 19« (1944)

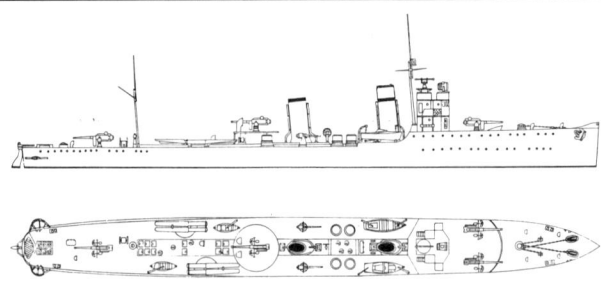

»San Martino«, später »TA 17«, »Solferino«, später »TA 18«
zu italienischer Zeit

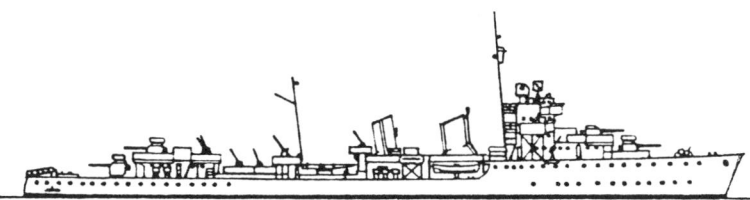

»TA 43« ex Sebenico ex Beograd (1943)

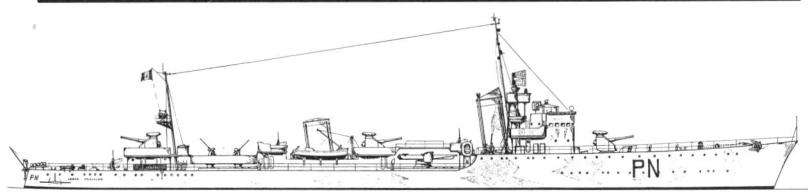

»Leone Pancaldo«, Schwesterschiff von »Antonio Pigafetta«, später »TA 44«
zu italienischer Zeit

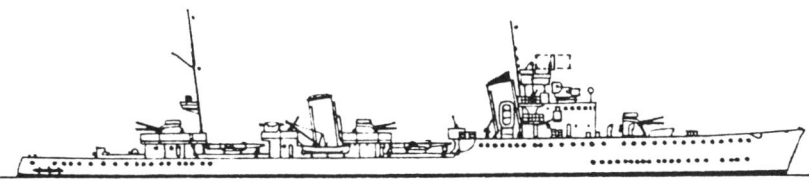

»TA 44« ex Antonio Pigafetta (1944)

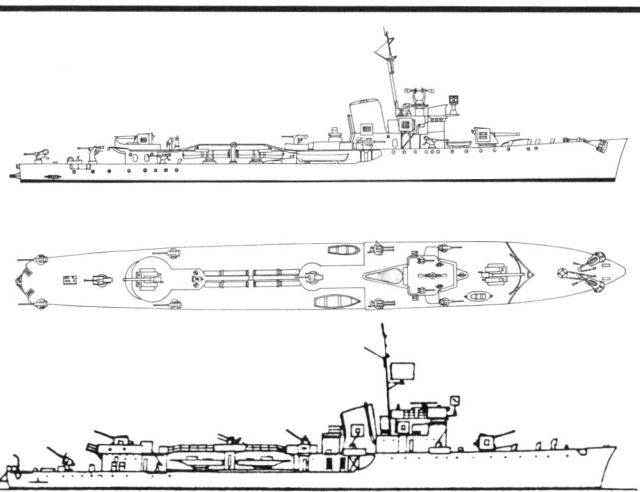

»Stella Polare«/»TA 36« – »Gladio«/»TA 37« – »Spada«/»TA 38« –
»Daga«/»TA 39« – »Pugnale«/»TA 40« – »Lancia«/»TA 41« – »Alabar-
da«/»TA 42« – »Spica«/»TA 45« – »Fionda«/»TA 46« – »Balestra«/»TA 47«

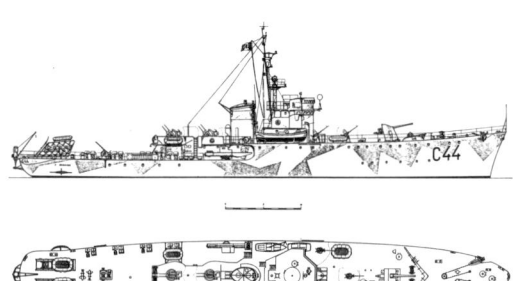

Ital. Korvette »Danaide«, Schwesterschiff von »UJ 201« – »UJ 209«. »Egeria«/»UJ 201« – »Melpomene«/»UJ 202« – »Tersicore«/»UJ 203« nicht i.D. – »Euridice«/»UJ 204« nicht i.D. – »Colubrina«/»UJ 205« – »Bombarda«/»UJ 206« nicht i.D. – »Carabina«/»UJ 207« nicht i.D. – »Scure«/»UJ 209« nicht i.D.

376

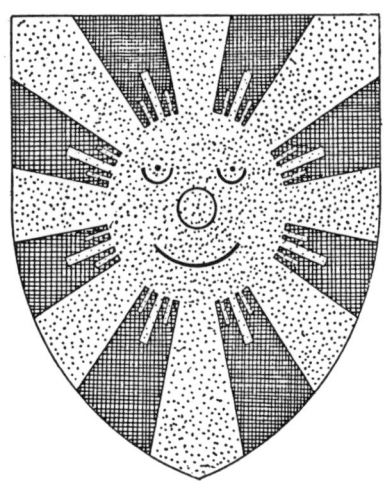

Wappen von »TA 15«, »TA 39«
und »TA 43«

Sonnenwappen zu dem Bordlied:
Wilde Gesellen,
vom Sturmwind durchweht,
Fürsten in Lumpen und Loden,
Zieh'n wir dahin,
bis das Herze uns steht,
Friedlos bis unter den Boden.
Fiedelgewandt, in farbiger Pracht,
Trefft keinen Zeisig ihr bunter.
Ob uns auch Speier und Spötter
verlacht:
Uns geht die Sonne nicht unter!

Wappen von »TA 16«

»Achtung! Jetzt kommen wir!«

Wappen von »TA 37«

Die aufgehende Sonne über dem
Meer ist ein Symbol des Optimis-
mus. Das Schwert bezieht sich auf
den italienischen Namen des Bootes »Gladio«. Die Buchstaben
NNWW, in der Marinebuchstabier-
weise »Nanni Nanni Willi Willi«
gesprochen, waren der Wahlspruch
der Besatzung mit der Bedeutung:
»Nur nicht weich werden!«

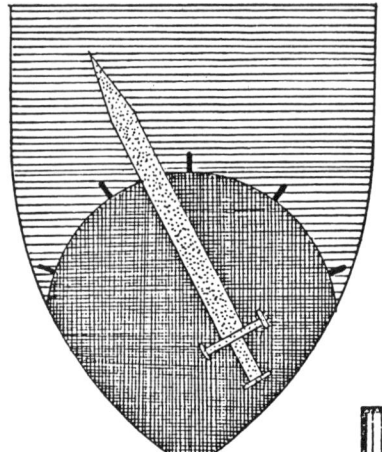

Erstes Wappen von »TA 38«

Unter dem Kommando von Oblt. z. S. Kunst führte »TA 38« ein Wappen, das eine Mine und ein goldenes Schwert zeigte, letzteres mit Bezug auf den italienischen Namen des Bootes »Spada« = Schwert, Degen.

Zweites Wappen von »TA 38«

Lt. z. S. Scheller änderte bei Übernahme des Kommandos das Wappen des Bootes und wählte dafür das Wappen seiner Heimatstadt Regensburg.

Wappen von »TA 40«

Oblt. z. S. Goldammer hat den Wahlspruch von »TA 37«, *NNWW* = Nanni Nanni Willi Willi = »Nur nicht weich werden!« auf »TA 40« übernommen. Das zugehörige Wappen erhielt Dreiecksform. Der Sinn der Buchstaben wandelte sich dann zu »Nach Norden wollen wir!«

378

Wappen von »TA 41«

Oblt.z.S. Ascherfeld bestimmte das Westfalenroß, das Wappentier seiner westfälischen Heimat, zum Wappen seines Bootes.

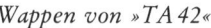

Wappen von »TA 42«

Die Raubkatze wurde von Teilen der Besatzung von dem deutschen Torpedoboot »Jaguar« mitgebracht. Die Hellebarde bezieht sich auf den italienischen Namen des Bootes: »Alabarda«.

ANHANG 3: QUELLENVERZEICHNIS

Qu. 01 Kriegstagebuch der Deutschen Seekriegsleitung 1 Skl. Teil D.; Militärarchiv Freiburg

Qu. 02 Kriegstagebuch des Marinegruppenkommandos Süd; Militärarchiv Freiburg

Qu. 03 Kriegstagebuch des Deutschen Marinekommandos Italien/Marineoberkommando Süd; Militärarchiv Freiburg

Qu. 04 Kriegstagebuch des Führers der Zerstörer; Militärarchiv Freiburg

Qu. 05 Kriegstagebuch des Kommandierenden Admirals Ägäis; Militärarchiv Freiburg

Qu. 06 Kriegstagebuch des Kommandierenden Admirals Adria; Militärarchiv Freiburg

Qu. 07 Kriegstagebuch der 11. Sicherungsdivision; Militärarchiv Freiburg

Qu. 08 Kriegstagebuch der 9. Torpedobootsflottille (Ägäis); Militärarchiv Freiburg

Qu. 09 Kriegstagebuch der 2. Geleitflottille; Militärarchiv Freiburg

Qu. 10 Kriegstagebuch der 1. Geleitflottille; Militärarchiv Freiburg

Qu. 11 Kriegstagebuch »TA 14«; Militärarchiv Freiburg

Qu. 12 Kriegstagebuch »TA 15«; Militärarchiv Freiburg

Qu. 13 Kriegstagebuch »TA 16«; Militärarchiv Freiburg

Qu. 14 Kriegstagebuch »TA 17«; Militärarchiv Freiburg

Qu. 15 Kriegstagebuch »TA 18«; Militärarchiv Freiburg

Qu. 16 Kriegstagebuch »TA 19«; Militärarchiv Freiburg

Qu. 17 Kriegstagebuch »TA 37«; Militärarchiv Freiburg

Qu. 18 Kriegstagebuch »TA 38«; Militärarchiv Freiburg

Qu. 19 Kriegstagebuch »TA 39«; teilw. Militärarchiv Freiburg, teilw. maschinengeschriebener Durchschlag des Originals, Privatbesitz, davon Abschrift, Privatbesitz, davon Ablichtung Militärarchiv Freiburg

Qu. 20 Kriegstagebuch »TA 40«; Militärarchiv Freiburg

Qu. 21 Kriegstagebuch »TA 41«; Militärarchiv Freiburg

Qu. 22 Kriegstagebuch »TA 42«; Militärarchiv Freiburg

Qu. 23 Kriegstagebuch »TA 45«; Militärarchiv Freiburg

Qu. 24 Kriegstagebuch der Kampfgruppe Müller 1943; das Original ging beim Untergang des M/S »Leda« verloren, es wurde dann rekonstruiert. Die als maschinengeschriebener Durchschlag vorliegende Fassung ist die freie Rückübersetzung von einer durch Jean-Louis Roba nach Unterlagen des Imperial War Museum London erstellten französischen Fassung; Privatbesitz

Qu. 25 Seekriegsleitung, Lagebetrachtungen; Militärarchiv Freiburg

Qu. 26 Seekriegsleitung 1 Skl., Lageberichte Teil D; Militärarchiv Freiburg

Qu. 27 Marinegruppenkommando Süd, Gefechtsberichte; Militärarchiv Freiburg

Qu. 28 Marinegruppenkommando Süd, Akten; Militärarchiv Freiburg

Qu. 29 Der Führer der Zerstörer, Akte des 3. Admiralstabsoffiziers »Einzel-aufstellungen der Unternehmungen der Torpedobootsflottillen und der Torpedoboote«; Originalakte in Privatbesitz

Qu. 30 Brandt, Dr. Günther: »Der Seekrieg in der Ägäis September bis November 1943«; Selbstverlag Bayreuth, 1963

Qu. 31 Spigai, Virgilio: »Lero« (italienisch), 3. Auflage; Società Editrice Tirrena, Livorno, 1958

Qu. 32 Bericht des II./Lw.-Jägerregiments 22 über den Anmarsch zum Bereitstellungsort für das Unternehmen »Leopard« vom 22.11.1943; Durchschlag eines maschinengeschriebenen Originals unbekannter Herkunft, Privatbesitz

Qu. 33 Gefechtsbericht des II./Lw.-Jägerregiments 22 über den Einsatz auf Leros, Durchschlag eines maschinengeschriebenen Originals unbekannter Herkunft, Privatbesitz

Qu. 34 »Einsätze des III./1. Jg.Rgt. ›Brandenburg‹ in der Ostägäis Herbst 1943«; Durchschlag eines maschinengeschriebenen Originals unbekannter Herkunft, Privatbesitz

Qu. 35 Britischer Admiralstabsbericht über die Operationen in der Ägäis, überreicht am 27.12.1943 durch den Oberbefehlshaber der Levante, Vizeadmiral Sir Algernon U. Willis, veröffentlicht in »The London Gazette« Nr. 38426 am 10.10.1948, deutsch von Kapt.z.S.a.D. Moritz Schmidt. Lag als Durchschlag eines maschinengeschriebenen Originals, Privatbesitz, vor, als Quelle benutzt jedoch aus den in Qu. 30 abgedruckten Auszügen

Qu. 36 »Versenkung deutscher Schiffe durch brit. Seestreitkräfte in der Ägäis«; aus der Akte ADM 199/889 des Public Record Office in Kew/England, maschinengeschriebener Durchschlag einer Übersetzung ins Deutsche unbekannter Herkunft, Privatbesitz

Qu. 37 »Einsätze der Raiding Force Aegean 1.5.1944–30.7.1944«; aus der Akte ADM 199/889 des Public Record Office in Kew/England, maschinengeschriebener Durchschlag einer Übersetzung ins Deutsche unbekannter Herkunft, Privatbesitz

Qu. 38 Bericht des Chefs der 6. Kompanie an das Bataillon II./K.Gr. SS-Gebirgsjägerregiment »Skanderbeg«; Originaldurchschlag des Originals, Privatbesitz

Qu. 39 Dienstliche Bescheinigungen für Teilnehmer am Rückmarsch durch Jugoslawien über ihre Teilnahme an Nahkämpfen und Bandengefechten zwecks Verleihung der Nahkampfspange, Privatbesitz. Nahezu einzige authentische Quellen für Daten und Orte zum 13. Kapitel.

Qu. 40 Scheller, Wilhelm, Kommandant »TA 38«, persönlicher Erlebnisbericht, Privatbesitz

Qu. 41 Schäfer, Ernst, Oberbootsmann auf »TA 38«, persönlicher Erlebnisbericht vom 1.8.1944 bis 9.5.1945, Privatbesitz

Qu. 42 Buchmann, Hans, KTB-Führer des Chefs der 1. Geleit- bezw. 9. T-Flottille (Adria), persönlicher Erlebnisbericht, Privatbesitz

Qu. 43 Linnekogel, Dieter, Oberfähnrich zur See auf »TA 18«, Bericht über das Ende von »TA 18«, abgedruckt u.a. bei Karl Alman, »Graue Wölfe in blauer See«, aber auch sonst belegt.

Qu. 44 Mündliche und schriftliche Auskünfte zum 13. Kapitel von Teilnehmern am Rückmarsch durch Jugoslawien

Qu. 45 Mündliche und schriftliche Auskünfte von Teilnehmern an den Einsätzen in der Adria und der Ägäis

Qu. 46 F.-K. Birnbaum, persönliche Aufzeichnungen und eigene Kenntnisse – »Sammlung Birnbaum«, Militärarchiv Freiburg

Qu. 47 C. Vorsteher, persönliche Aufzeichnungen und eigene Kenntnisse

Qu. 48 Broders, Walter, Obersteuermann auf »TA 16«, persönliche Erinnerungen

Qu. 49 Honoré, Rolf, Seem. Nummer Eins auf »TA 16« und »TA 18«, persönliche Erinnerungen

Qu. 50 Kunst, Miron, Kommandant »TA 38«, persönliches Tagebuch, Privatbesitz

ANHANG 4: LITERATURVERZEICHNIS

Lt. 01 Jacobsen, H.-A., und Dollinger, H., Hrsg.: »Der Zweite Weltkrieg in Bildern und Dokumenten« Band III; München, Wien, Basel 1962.

Lt. 02 Potter, E.B., Nimitz, Chester W. und Rohwer, Jürgen, Hrsg.: »Seemacht«. Eine Seekriegsgeschichte von der Antike bis zur Gegenwart. Überarbeitete Ausgabe. Mersching 1986.

Lt. 03 Roskill, S.W.: »The War at Sea 1939–1945«; London 1954.

Lt. 04 Ruge, Friedrich: »Der Seekrieg 1939–1945«; Stuttgart 1954.

Lt. 05 Rohwer, J., und Hümmelchen, G.: »Chronik des Seekrieges 1939–1945«; Oldenburg 1968.

Lt. 06 Meister, Jürg: »Der Seekrieg in den osteuropäischen Gewässern 1941–1945«; München 1958.

Lt. 07 Salewski, Michael: »Die deutsche Seekriegsleitung 1935–1945«, Band II; München 1975.

Lt. 08 Salewski, Michael: »Die deutsche Seekriegsleitung 1935–1945«, Band III; München 1975.

Lt. 09 Lohmann, Walter, und Hildebrand, Hans H.: »Die deutsche Kriegsmarine 1939–1945«, Band I und II; Bad Nauheim 1956.

Lt. 10 Lohmann, Walter, und Hildebrand, Hans H.: »Die deutsche Kriegsmarine 1939–1945«, Band III; Bad Nauheim 1956.

Lt. 11 Gröner, Erich: »Die Schiffe der deutschen Kriegsmarine und Luftwaffe 1939–1945 und ihr Verbleib«; München 1967.

Lt. 12 Weyers Taschenbuch der Kriegsflotten 1941/42; München und Berlin 1941.

Lt. 13 Elio Andò – Erminio Bagnasco: »Navi e Marinai Italiani nella seconda guerra mondiale« (italienisch); Bildband, Rom 1977.

Lt. 14 Roskill, S.W.: »Britische Seekriegsgeschichte 1939–1945«, Deutsch von R. Andersch, Oldenburg 1961.

Lt. 15 Shrubb, Lt.Cdr., und Sainsbury, Capt.: »The Royal Navy Day by Day«: Imperial War Museum London.

Lt. 16 »The Secret Navies«; Durchschlag der maschinengeschriebenen Übersetzung eines Auszuges aus einem nicht näher bekannten Buch, Privatbesitz.

Lt. 17 Harnack, Wolfgang: »Zerstörer unter deutscher Flagge 1939–1945«; Herford 1978 (enthält viele Unrichtigkeiten!).

Lt. 18 Alman, Karl: »Graue Wölfe in blauer See«; Rastatt 1967 (enthält viele Unrichtigkeiten!).

Lt. 19 Kühn, Volkmar: »Torpedoboote und Zerstörer im Einsatz 1939–1945«; Stuttgart, 1974 (enthält viele Unrichtigkeiten!).

Lt. 20 Elfrath, Ulrich: »Deutsche Zerstörer 1939–1945; Friedberg/H. (enthält viele Unrichtigkeiten!).

Lt. 21 Kemnade, Friedrich: »Die Afrika-Flottille, Chronik und Bilanz«; Stuttgart 1978.

Lt. 22 von Gartzen, Wirich: »Die Flottille«; Herford 1982.

Lt. 23 von Kutzleben/Schröder/Brenneke: »Minenschiffe 1939–1945«; Herford 1974.

Lt. 24 Buckley, Christopher: »Five Ventures«, daraus »Dodecanese«; Her Majesty's Stationery Office, London 1954.

Lt. 25 Smith, Peter, and Walker, Edwin: »War in the Aegean«; William Kimber and Co, Ltd., London 1974.